I0398611

www.ingramcontent.com/pod-product-compliance
Lightning Source LLC
Chambersburg PA
CBHW070648120526
44590CB00013BA/873
* 9 7 8 1 9 1 2 6 9 9 2 0 9 *

بررسی عهدعتیق

(جلد ۳)

مزامیر و ادبیات حکمتی

ISBN 978-1-912699-20-9
90000
9 781912 699209

بررسی عهدعتیق
(جلد ۳)
مزامیر و ادبیات حکمتی

ارنست لوکاس

مترجم: رامین بسطامی
ویراستاری: نادر فرد
طرح جلد: اندی ساوتن
حروفچینی و صفحه‌آرایی: نادر فرد

انتشارات پارس، ۲۰۲۳
کلیهٔ حقوق برای ناشر محفوظ است

شابک: ۹-۲۰-۹۱۲۶۹۹-۱-۹۷۸

EXPLORING
THE OLD TESTAMENT

Volume 3

The Psalms and
Wisdom Literature

Ernest Lucas

Society for Promoting Christian Knowledge
36 Causton Street
London SW1P 4ST
www.spckpublishing.co.uk

Copyright © Ernest Lucas 2003

All rights reserved.

This translation is published by arrangement with
Society for Promoting Christian Knowledge.

Persian Translation © 2021 Pars Publications

Reprint: 2023

Translated into Persian by: Ramin Bastami
Edited by: Nader Fard
Cover by: Andy Southan
Typesetting and Layout: Nader Fard

Persian Translation Published by:
Multimedia Theological Training Limited
P. O. Box 66099, London, W4 9FE, UK

publications@parstheology.com
www.parsonlineshop.com

ISBN 978-1-912699-20-9

ارنست لوکاس پس از چند سال پژوهش در زمینهٔ بیوشیمی، تحصیل الاهیات را در دانشگاه آکسفورد آغاز کرد و سپس به‌عنوان خادم کلیسای باپتیست دستگذاری و در کلیساهای دورهام و لیورپول مشغول به خدمت شد. وی زمانی که در لیورپول بود، به‌خاطر تحقیقاتی که روی کتاب دانیال انجام داده بود از طرف دانشگاه به درجهٔ دکترا نایل شد. او چند سالی در سمت مدیر آموزش و معاون مدیر انستیتو «مسیحیت معاصر» لندن انجام وظیفه کرد. در سال ۱۹۹۴، لوکاس به کالج باپتیست بریستول، که یکی از نهادهای آموزشی وابسته به دانشگاه بریستول بود، رفت و هم‌اکنون مدرس و معاون مدیر این کالج در زمینهٔ مطالعات کتاب‌مقدسی است. از جمله آثار وی که به تازگی انتشار یافته‌اند می‌توان به «تفسیر کتاب حزقیال» (در مجموعه تفسیرهای کتاب‌مقدس برای مردم، BRF، ۲۰۰۲) و «دانیال» (آپولس، ۲۰۰۲) و «به خدا بیندیش، به دانش بیندیش» (با همراهی ام. فوندر، پاترنوستر، ۲۰۰۸) اشاره کرد. او متأهل و صاحب دو پسر است.

فهرست مطالب

دیباچه ۹
مقدمه ۱۱

فصل ۱ مزامیر ۱۵
انواع گوناگون مزامیر ۱۵
مزامیر و پرستش اسرائیل ۲۸
عنوان‌های مزامیر ۳۸
نشان دادن نگارنده یا گردآورنده ۳۹
نشان دادن نوع مزمور ۴۴
ساختار و رشد کتاب مزامیر ۴۷
سرشت کتاب مزامیر ۵۱
نمونه‌برداری از مزامیر ۵۹
الاهیات مزامیر ۸۴
توازی ۱۰۳

فصل ۲ شعر عبری ۱۰۳
رویکردهای زبان‌شناختی ۱۰۵
وزن شعر ۱۰۹
تشخیص شعر عبری ۱۱۱
بیت، مصرع و بند ۱۱۴
خواندنی‌های بیشتر ۱۱۵

فصل ۳ حکمت و ادبیات حکمتی ۱۱۷
ماهیت حکمت ۱۱۹
حکمت در اسرائیل- پدیده‌ای... .... ۱۲۰
حکمت در اسرائیل- پدیده‌ای... .... ۱۲۵
زمینه‌های فراگیری در اسرائیل... .... ۱۲۷
"تأثیر" حکمت در کتاب‌مقدس ۱۲۸
خواندنی‌های بیشتر ۱۲۹

فصل ۴ کتاب امثال ۱۳۱
ساختار کلی کتاب امثال ۱۳۱
فرم‌های ادبی ۱۳۲
"جملهٔ حکیمانه" ۱۳۴
مَثَل چیست؟ ۱۳۶
یک بررسی موضوعی: واژه‌ها ۱۳۸
تألیف کتاب امثال ۱۴۴
آمنموپ و امثال ۲۲:۱۷-۲۴:۲۲ .... ۱۴۹
بانوی حکمت در کتاب امثال ۱۵۱
امثال و الاهیات ۱۵۴
حکمت پس از امثال ۱۵۹
ساختار کتاب ایوب ۱۶۳

فصل ۵ ایوب ۱۶۳		مضامین الاهیاتی ۲۲۷	
تألیف کتاب ایوب ۱۷۱		خدا ۲۲۹	
تاریخ نگارش و نگارندۀ کتاب ایوب ۱۷۹		رابطۀ خدا با انسان‌ها ۲۳۱	
ادبیات باستانی قابل مقایسه با ایوب ۱۸۳		حکمت ۲۳۲	
کتاب ایوب از دیدگاه ادبی ۱۸۶		مرگ ۲۳۳	
پیام کتاب ایوب ۱۹۱		کتاب جامعه و کانن کتاب‌مقدس.... ۲۳۴	
		خواندنی‌های بیشتر ۲۳۶	
فصل ۶ جامعه ۲۰۱			
متن و زبان کتاب جامعه ۲۰۳		فصل ۷ غزل غزل‌ها ۲۳۹	
کوهِلِت کِی و کجا می‌زیست؟ ۲۰۵		نگارنده ۲۳۹	
مرد و کتاب ۲۰۷		غزل غزل‌ها ۲۳۹	
ساختار ادبی ۲۱۰		متن و زبان ۲۴۳	
یک بررسی اجمالی ۲۱۴		تاریخ نگارش غزل غزل‌ها ۲۴۴	
فرم‌های ادبی ۲۲۰		غزل غزل‌ها، اشعار عاشقانه ۲۴۶	
ژانر ادبی ۲۲۱		یک بررسی اجمالی ۲۵۷	
عوامل تأثیرگذار بر کتاب جامعه ... ۲۲۴		تفسیرهای ساده/ تحت‌اللفظی ۲۶۴	
کوهِلِت: بدبین، شک‌گرا یا........... ۲۲۵		خواندنی‌های بیشتر ۲۷۲	

دیباچه

بررسی عهدعتیق با هدف کمک به درک دانشجویان مبتدی از نوشته‌های عهدعتیق به رشتهٔ تحریر درآمده است. مقصود از نگارش این کتاب آشنایی اولیه با عهدعتیق است، اما ساختار منحصربه‌فردی که در آن به‌کار گرفته شده، دسترسی خوانندگان امروزی به مجلدهای این کتاب را آسانتر می‌سازد. *بررسی عهدعتیق* با پنل‌هایی که با متن اصلی در تعامل هستند، خواننده را درگیر می‌کند. این پنل‌ها خواننده را به واکنش وا می‌دارند، خطوط فکری ارائه می‌کنند، اطلاعات بیشتری در اختیار خواننده قرار می‌دهند و راه‌هایی را نشان می‌دهند که خواننده به‌واسطهٔ آنها می‌تواند موضوعات خاص را به شیوه‌ای ژرف‌تر دنبال کند. هدف از این طرح، کارآمدتر و مفیدتر ساختن مجلدهای این کتاب برای مطالعهٔ مستقل یا به‌عنوان کتاب درسی است.

بررسی عهدعتیق قصد دارد ارتباط مطالعهٔ عهدعتیق را با الاهیات و نیز زندگی مدرن نشان دهد. این کتاب چهار نویسنده دارد که هر یک در حیطه‌ای دست به نگارش زده‌اند که پیش‌تر در آن آثار مکتوب مفصل‌تری منتشر ساخته‌اند و بر این باورند که عهدعتیق برای الاهیات و ایمان و عمل مسیحی، اهمیت بنیادین دارد.

از این‌رو، *بررسی عهدعتیق* بهره‌گیری از رویکردهای مدرن در تفسیر متن را سرلوحهٔ کار خویش قرار داده است. در حالی که مسائل تاریخی و سنتی جایگاه خود را حفظ کرده‌اند، اما رویکردهای تازه‌تری از قبیل نقد کانَنی و نقد ادبی هم مورد لحاظ قرار گرفته‌اند. امید است که این کتاب توانایی مشاهدهٔ کاربردهای بالقوهٔ کتاب‌های عهدعتیق را در زندگی امروزی به دانشجویان هدیه کند.

بررسی عهدعتیق را مجموعه کتاب‌های دیگری با عنوان *بررسی عهدجدید* همراهی می‌کند.

گوردن مک‌کانویل
ویراستار مجموعه

مقدمه

این کتاب با هدف کمک به دانشجویانی نوشته شده است که قصد دارند مزامیر و ادبیات حکمتی عهدعتیق را مطالعه کنند. همچون سایر مجلدهای مجموعهٔ ***کاوش در عهدعتیق*** و ***کاوش در عهدجدید***، این کتاب بدین منظور نوشته شده تا ماخذ دست اول در اختیار دانشجویان قرار گیرد و آنها بتوانند مستقلاً به بررسی متون بپردازند. برای هر کتاب مقدمه‌ای در نظر گرفته شده، که به‌طور اجمالی تحقیقاتی را که اخیراً در مورد کتاب مزبور انجام شده، پوشش می‌دهد. بررسی هر متن به‌صورت اساسی صورت گرفته است. برای کتاب‌های ایوب، جامعه (یا کوُهِلِت) و غزل غزل‌ها، این بررسی در حد و اندازه‌های تفسیر اساسی آن کتاب‌هاست. در مورد امثال ۱۰- ۳۱، ماهیت موضوع باعث شده که چنین تفسیری با مشکل روبه‌رو شود، چراکه متن مستلزم بحث بیشتر در مورد مَثَل‌های منفرد بسیاری است که ارتباطی با یکدیگر ندارند. این کتاب به‌جای ارائهٔ تفسیر اساسی، نگاهی کلی به هر بخش می‌افکند، و این کار را در مورد امثال ۱-۹ با جزئیات بیشتری انجام می‌دهد.

در رابطه با کتاب مزامیر، دست‌چینی از مزامیر نمونه را انتخاب کرده‌ایم تا با جزئیات مورد بحث قرار بگیرند. هر کتاب شامل بررسی موضوعات عمدهٔ الاهیاتی، و البته رویکردهای الاهیاتی است، که برای تفسیر آنها ارائه شده‌اند. نقل‌قول‌هایی که از کتاب‌مقدس انگلیسی آمده، برگرفته از ترجمهٔ New Revised Standard Version هستند، و در صورتی که از نسخهٔ دیگری استفاده شده باشد، مأخذ آن ذکر گردیده است.

کاوش در عهدعتیق، کتابی تعاملی است و در سراسر آن پنل‌های متعددی گنجانده شده است. برخی از آنها (در موردش بیندیشید) دانشجو را تشویق می‌کنند تا دربارهٔ مطالبی که آموخته، بیشتر فکر کند. دیگر پنل‌ها (کندوکاو بیشتر) به دانشجو انگیزه می‌دهند تا در مورد موضوعاتی که به متن اصلی ربط پیدا می‌کنند، به تحقیق بپردازد. پنل‌های دیگری هم هستند که صرفاً زمینهٔ بحث را روشن‌تر و یا متن اصلی را کامل می‌کنند.

منظور از نگارش کتاب این است که دانشجویان با طیفی از نوشته‌های انتقادی و

تفسیری حول و حوش مزامیر و کتاب‌های حکمتی، آشنا شوند. برای هر فصل فهرستی حاشیه‌ای از خواندنی‌های بیشتر در نظر گرفته شده، که کتاب‌های تفسیر و آثاری از این دست را دربرمی‌گیرد. به بیشتر این منابع، در فصل مورد بحث اشاره شده است. مواردی که با * نشانه‌گذاری شده‌اند، ارجحیت بیشتری برای بررسی دارند. دیگر ماخذ یا پیچیده‌ترند یا با موضوعات خاصی ربط پیدا می‌کنند.

شاید این پرسش مطرح شود که آیا برای کنار هم قرار دادن مزامیر و کتاب‌های حکمتی، علاوه بر دلایل کاربردی دلیل خاص دیگری وجود داشته است؟ یکی از توجیهاتی که برای گنجاندن این کتاب‌ها در یک مجلد وجود دارد، حضور پررنگ شعر عبری در آنهاست. مزامیر و غزل غزل‌ها تماماً آثاری منظوم هستند. ایوب مقدمه و مؤخره‌ای منثور دارد، اما عمدهٔ بخش‌های این کتاب هم منظوم است. کتاب امثال در زبان عبری، در قالب شعر سروده شده است. جامعه هم دربرگیرندهٔ چندین مَثَل است. بعضی از پژوهشگران بر این باورند که کتاب مزبور حاوی اشعاری هم هست، اما اینکه چه حجمی از کتاب جامعه به شعر سروده شده، جای بحث دارد. معمولاً کتاب‌هایی که واقعاً در زمرهٔ ادبیات حکمتی می‌گنجند، کتاب‌های ایوب، امثال و جامعه هستند. با وجود این، چنانکه خواهیم دید، می‌توان در این باره بحث کرد که کتاب غزل غزل‌ها با ادبیات حکمتی ارتباطی تنگاتنگ دارد. همچنین کتاب مزامیر حاوی چندین "مزمور حکمتی" است، هرچند برخی از محققان در مورد تعداد این مزمورها اتفاق نظر ندارند و برخی دیگر اصولاً چنین طبقه‌بندی‌ای را برای مزامیر زیر سؤال می‌برند.

از همه بالاتر، این کتاب با اعتقاد به این موضوع نوشته شده که مزامیر و ادبیات حکمتی برای مخاطبان امروزی خود، حرف‌های مهمی برای گفتن دارند. احتمالاً کمتر کسی هست که صحت این گفته را در مورد مزامیر، که همواره در زندگی روحانی یهودی و مسیحی- اعم از پرستش فردی و جمعی- جایگاهی برجسته داشته، زیر سؤال ببرد. اگرچه کتاب ایوب فیلسوفان، هنرمندان و این اواخر روان‌شناسان را به هیجان آورده است، اما در کل، مردم تنها با داستان منثور این کتاب آشنا هستند- و تازه در مورد آن هم گه‌گاه دچار کج‌فهمی می‌شوند. دیگر کتاب‌ها از شهرت کمتری برخوردارند، و گاه مردم برداشتی نادرست از آنها می‌کنند. امثال را با "شریعت" اشتباه می‌گیرند و غزل غزل‌ها را هم معمولاً تمثیلی می‌پندارند، تا جایی که پیام اصلی آن به‌کلی نادیده گرفته می‌شود. از کتاب جامعه تنها یکی دو عبارت معروف است، اما کل این کتاب مورد غفلت واقع می‌شود. امیدواریم که این کتاب در درک بهتر این کتاب‌های کتاب‌مقدسی و ارائهٔ تفسیر درستی از پیام آنها، به خوانندگان یاری لازم را برساند.

علایم اختصاری

NIDOTTE	New International Dictionary of Old Testament Theology and Exegesis	AB	Anchor Bible
		BZAW	Beihefte zur Zeitschrift für die alt testamentliche Wissenschaft
NIVAC	New International Version Application Commentary	*CBQ*	*Catholic Biblical Quarterly*
		DSB	Daily Study Bible
NRSV	New Revised Standard Version	EC	Epworth Commentaries
OTL	Old Testament Library	FOTL	Forms of Old Testament Literature
PEQ	*Palestine Exploration Quarterly*		
SBLDS	Society of Biblical Literature Dissertation Series	HSM	Harvard Semitic Monographs
		ICC	International Critical Commentary
SR	*Studies in Religion*		
TOTC	Tyndale Old Testament Commentary	*JBL*	*Journal of Biblical Literature*
		JQR	*Jewish Quarterly Review*
VT	*Vetus Testamentum*	*JSOT*	*Journal for the Study of the Old Testament*
VTSup	Vetus Testamentum Supplements		
		JTS	*Journal of Theological Studies*
WBC	Word Biblical Commentary	LXX	Septuagint
WMANT	Monographien zum Alten und Neuen Testament	MT	Massoretic Text
		NCB	New Century Bible
		BEB	New English Bible
		NICOT	New International Commentary on the Old Testament

نقشهٔ خاور نزدیک باستان

فصل ۱

مزامیر

کتاب مزامیر همواره در زندگی روحانی یهودیـــان و مســـیحیان از اهمیـــت ویژه‌ای برخوردار بوده است. آتاناسیوس، از رهبران کلیســا در ســدهٔ چهارم میــلادی، یکی از دلایل ایـــن اهمیت ویـــژه را چنین خلاصه کرده اســت: «اگرچه بیشــتر قســمت‌های کتاب‌مقدس ***خطاب به*** ما ســخن می‌گویند، مزامیــر ***از جانب*** ما حــرف می‌زنند.» قوم خدا طی ســده‌های متمادی زبان پرســتش و شــکایت، توکل و تردید، و دادخواهی و شــکرگزاری را از زبان مزامیر آموخته‌اند، و از این طریق رابطه‌شـــان را با خدا زنده نگه داشـــته‌اند. شاید از آنجایی که افراد احساس کرده‌اند مزامیر حرف دل‌شان را می‌زند، این تصور پدید آمده که کتاب مزامیر مجموعه‌ای از ســرودهای دینی است که توسط افراد، و به‌ویژه داوود پادشــاه، و اساساً برای استفادهٔ شخصیِ نویسندگان‌شان نگاشته شده‌اند.

انواع گوناگون مزامیر

در دههٔ ۱۹۲۰ و با تلاش هرمان گونکل[1] و شــماری از شــاگردانش، بررسی کتاب مزامیر وارد مرحلهٔ مهم و تازه‌ای شــد. تا آن زمان تصور غالب بر این بود که خواننده‌ای که به‌طور اتفاقی کتاب مزامیر را در دســت گرفتــه، احتمالاً بــا موضوعــات متنوعی روبه‌رو می‌شود. اما از دید گونکل در همین تنوع- چه در فرم، چــه در محتوای مزامیر مختلــف- الگوهای مشــترکی وجود دارد. او بر اساس ســبک ادبی مزامیر (به آلمانی *Gattungen*) دســت به طبقه‌بنــدی همهٔ آنها زد. ایــن طبقه‌بندی بر این باور مبتنی بود که انواع متمایز مزامیر، ریشه در کاربرد آنها در آیین‌های پرستشی معبد اورشلیم داشته‌اند. گونکل متوجه دو دستهٔ اصلی از مزامیر شد: *ســرودها* و *مرثیه‌ها*. البته او چند نوع دیگر هم یافت که نســبت به دو نوع قبلی چندان متداول نبودند.

محققان کار گونکل را بــه نقد و بحث کشــیدند و پــس از او بــر ســر جزئیات طبقه‌بندی‌اش نظــرات مخالفی ارائه کردند. اما این هیچ تعجبی ندارد، چراکه شــاعران همواره این آزادی را برای خود قایل بوده‌اند که قالب‌ها را بشکنند و یا در آنها دست ببرند. نقدی که بر گونکل وارد دانستند این بود که

1. Hermann Gunkel

تحلیلش در عمل نه تنها فرم ادبی هر مزمور، که حتی محتـوای آن را هم در نظر می‌گیرد. در واقع، برخـی از طبقه‌بندی‌های او، مقدمتاً بر پایهٔ محتوا شکل گرفته‌اند. با این حال، شاید این بهایی باشد که هر کسی ناگزیر است به‌خاطر ایجاد یک طبقه‌بندی کارآمد بپردازد. اگر ماهیت محتوا بتواند به توضیح اینکه چرا گروهی از مزامیر را نمی‌توان در هیچ‌یک از گروه‌های شناخته‌شده گنجاند کمکی بکند، شاید بتوان تا اندازه‌ای این بها را توجیه کرد. با اینکــه در این زمینه هیچ اجماع نظری وجود ندارد، اما طـرح طبقه‌بندی زیر یکی از آنهایی است که مورد پذیرش گسترده‌ای قرار دارد.

۱. سرودها
الف- ستایش خدا به‌طور معمول
ب- مزامیر گرامیداشت پادشاهی یهوه
پ- سرودهای صهیون

۲. مرثیه‌ها
الف- مرثیه‌های فردی
ب- مرثیه‌های جمعی

۳. سرودهای شکرگزاری
الف- شکرگزاری‌های فردی
ب- شکرگزاری‌های جمعی

۴. مزامیر سلطنتی

۵. انواع فرعی: مزامیر اعتماد، مزامیر حکمت و غیره.

در موردش بیندیشید

سرودنامه‌ها

به چند نمونه از سرودنامه‌های امروزی نگاهی بیندازید. سرودها بر چه اساسی مرتب شده‌اند- ترتیب الفبایی، مطابقت با سالنامهٔ مسیحی، طبق بخش‌های مختلف جلسهٔ کلیسایی؟ با نگاه کردن به خود سرودها آیا می‌توانید "گونه‌های" عمده‌ای را تشخیص دهید؟

سرودها

از خصوصیـات بارز این قبیل مزامیر، می‌توان به ستایش خدا به‌طور معمول و داشتن ساختاری ساده و سه‌بخشی اشاره کرد.

- بــا دعوت به سـتایش خدا آغاز می‌شوند.
- موضوع ستایش در بخش اصلی بیان می‌شود، و اغلب در ابتدای آن از واژهٔ *ki* ("زیرا") استفاده شده است.
- مزمور با دعوتی دوباره به ستایش خدا پایان می‌یابد، کــه اغلب این دعوت یادآور بخش آغازین است.

مزمور ۱۱۷، یعنـی کوتاه‌ترین مزمور نمونهٔ شاخص این ساختار است.

آیـهٔ ۱ ای همـهٔ قوم‌هـا، خداوند را بستایید!
ای تمامی ملت‌ها، تمجیدش کنید!
آیهٔ ۲ زیرا عظیم است محبت او به ما،
و جاودانه است وفاداری خداوند.
هللویاه!

نمونهٔ خوب دیگر، مزمور ۱۱۳ اسـت که در آن آیه‌های ۱-۳ فراخوان آغازین به ستایش‌اند، آیه‌های ۴-۹ب موضوع ستایش را مطرح می‌کننــد و آیهٔ ۹پ هم جمع‌بندی

مزمور است. این ساختار ابتدایی را می‌توان به اَشکال گوناگون تغییر داد. در مزمور ۱۵۰ دلیل ستایش بسیار مختصر ذکر شده (آیهٔ ۲)، و جمع‌بندی آن که خواننده را به ستایش تشویق می‌کند، مفصل است (آیه‌های ۳-۶). مزمور ۳۳ چنان که از سرود ستایش انتظار می‌رود، شامل مقدمه (آیه‌های ۱-۳) و بخش اصلی (آیه‌های ۴-۱۹) است، ولی با ابراز اعتماد و توکل به خداوند پایان می‌یابد (آیه‌های ۲۰-۲۲). برخی از ستایش‌های معمولی روی سروری یهوه بر کل آفرینش متمرکزند (مزمور ۸؛ ۲۹؛ ۱۰۴) و بعضی دیگر به بزرگداشت اعمالش در تاریخ، اختصاص می‌یابند (مزمور ۱۰۵).

اگرچه در مزامیر اشارات متعددی به معبد و صهیون شده، اما شش مزمور به‌طور خاص صهیون را سوژهٔ اصلی خود قرار داده‌اند. این مزامیر با ستودن شهری که به‌عنوان مرکز پرستش برگزیده شده، و با تمجید از محافظتی که یهوه از این شهر به‌عمل می‌آورد، عملاً خود او را می‌ستایند. این سرودهای صهیون عبارتند از: مزمور ۴۶، ۴۸، ۷۶، ۸۴، ۸۷ و ۱۲۲. آنها فاقد ساختار مشخصِ ستایش‌های معمول هستند.

زیرگروه دیگر سرودها دربرگیرندهٔ مزامیری است که از پادشاهی یهوه تجلیل به‌عمل می‌آورند (مزمور ۴۷؛ ۹۳؛ ۹۶-۹۹؛ بعضی از صاحب‌نظران مزمور ۹۵ را هم جزو این گروه می‌دانند). به‌جز مزمور ۹۸، همهٔ آنها عبارت «خداوند/ خدا پادشاهی می‌کند» یا چیزی شبیه به آن را در خود دارند. مزامیر ۹۷ و ۹۹ در داشتن ساختار سه‌بخشی با پرستشِ کلی، وجه اشتراک دارند. بعداً در مورد جایگاه احتمالی این مزامیر در پرستش خداوند در معبد اورشلیم، بحث خواهیم کرد.

> **کندوکاو بیشتر: سرودها**
>
> ساختار مزمور ۹۷ و ۱۰۳ را به‌عنوان نمونه‌هایی از ستایش‌های کلی، مورد تجزیه و تحلیل قرار دهید.
>
> مزمور ۹۵ نمونهٔ جالبی است که با فرم متداول فرق دارد. آیه‌های ۱-۷الف از الگوی معمول در ستایش‌ها پیروی می‌کند. اما در پی آنها شاهد کلام نبوتی هستیم (آیه‌های ۷ب-۱۱).

مرثیه‌ها

مرثیه‌ها متداول‌ترین نوع مزامیر هستند. یک‌سوم مزامیر به این نوع اختصاص یافته است. آنها ابراز واکنش سرایندهٔ مزمور به خدا در هنگامهٔ نیاز یا مصیبتند. این مزامیر ساختاری انعطاف‌پذیر دارند، از چند عنصر تشکیل شده‌اند که همهٔ آنها یک‌جا در مزمور به‌کار نمی‌روند، و ترتیب قرار گرفتن‌شان هم فرق می‌کند. در زیر فهرستی از عناصر متداول‌تر ارائه شده است.

- استمداد از خدا. اکثر آنها با این عنصر آغاز می‌شوند.
- گلایه. این بخش توصیفی است از بخت‌برگشتگی یا فلاکتی که سرایندهٔ مزمور متأثر از آن است. گلایه را می‌توان بدنهٔ اصلی مرثیه به‌شمار آورد.
- دادخواست. سرایندهٔ مزمور برای مداخله و خلاصی به خدا متوسل

می‌شود. گاه سراینده علل توسلش را به خدا، ذکر می‌کند- سرشت خدا، عزت خدا، عمق نیاز سراینده.

- دعوت از خدا برای انتقام گرفتن از شریرانی که باعث پریشانی سرایندهٔ مزمور شده‌اند. این دعوت می‌تواند جزئی از دادخواست باشد.
- اعتراف به گناه.
- اظهار بی‌گناهی هم جایگزینی است برای اعتراف به گناه.
- تعهد سپردن برای ستایش و تشکر از خدا، بعد از خلاصی از گرفتاری.
- ابراز اعتماد و توکل به خدا.
- بانگ ستایش و شکرگزاری.

مزمور ۵۴ نمونه‌ای از یک مرثیهٔ فردی است.

آیه ۱- استمداد از خدا
خدایا، به نام خویش نجاتم ده!
به قدرت خود، دادرسی‌ام کن !
آیه ۲- دادخواست
خدایا، دعایم بشنو،
و به سخنان دهانم گوش بسپار!
آیه ۳- گلایه
زیرا بیگانگان بر ضد من برخاسته‌اند،
و بیدادگران قصد جان من دارند،
آنان که خدا در برابر دیدگانشان نیست. سلاه
آیه ۴- ابراز اعتماد
هان، خداست یاور من؛
خداوندگار است زنده نگاهدارنده جان من.
آیه ۵- دعوت برای انتقام‌گیری
بدی دشمنان مرا به خود ایشان بازگردان!
در وفاداری خویش، از میانشان بردار!
آیه ۶- تعهد سپردن
و من قربانیِ داوطلبانه به تو تقدیم خواهم کرد،
و نام تو را، ای خداوند، خواهم ستود،
چرا که نیکوست!
آیه ۷- بانگ ستایش
زیرا تو مرا از هر تنگی رهانیده‌ای،
و چشمانم پیروزمندانه بر دشمنانم نگریسته است.

در مرثیه‌های فردی، وضعیت پریشان سرایندهٔ مزمور با الفاظی بسیار کلی بیان می‌شود. با این‌حال، در همهٔ آنها سه بن‌مایه تکرار می‌شوند که بحث‌های زیادی برانگیخته‌اند. ظاهراً بعضی از مزامیر (مثلاً مزمور ۷؛ ۲۶؛ ۲۷) استدعای کسی هستند که به دروغ و ناروا به جرمی متهم شده است. هم اچ. اشمیت[1] و هم دبلیو بیرلین[2] به روش‌های گوناگون این نکته را مبنای استدلال خود کرده‌اند و آن را بخشی از روند محاکمهٔ مذهبی در معبد دانسته‌اند. شاید در این استدلال رگه‌هایی از حقیقت نهفته باشد، چراکه در اول پادشاهان ۸:۳۱-۳۲ به فردی اشاره شده که قرار است برای ادای سوگند در پیشگاه خدا به معبد بیاید. با وجود این، برای اثبات روندی که اشمیت و بیرلین با

1. H. Schmidt; 2. W. Beyerlin

جزئیات مطرح کرده‌اند، شواهد کافی در دست نیست.

از ظواهر امر پیداست که مزامیر دیگر به گونه‌ای از بیماری دلالت دارند (مثلاً مزمور ۶؛ ۳۱؛ ۳۵؛ ۳۸؛ ۸۸). در بیشتر این مزامیر به دشمنان هم اشاره شده است. گه‌گاه از آنها زیر عنوان "بدکاران" یاد شده است (مثلاً، مزمور ۸:۶). اس. ماوینکل[1] چنین استدلال می‌کند که افراد مزبور جادوگرانی هستند که سرایندهٔ مزمور را طلسم کرده‌اند. و در اینجا سرایندهٔ مزمور طی اقدامی متقابل، طلسم آنها را می‌شکند. اما نظر او چندان مورد پذیرش قرار نگرفته است. واقعیت این است که در مزامیر هیچ مدرکی دال بر اینکه دشمنان عامل بیماری هستند، وجود ندارد. در حقیقت، گاهی تصور بر این است که خود یهوه منشأ بیماری است (مثلاً مزمور ۱:۳۸ به بعد). وانگهی، در زبان عبری برای "جادوگری" واژهٔ به‌خصوصی وجود دارد و این واژه در اصطلاح "بدکاران"، که اصطلاحی کلی برای "بدی و شرارت" است، به چشم نمی‌خورد.

ظاهراً در معدودی از مرثیه‌ها، منظور از دشمنان افراد بیگانه است (مثلاً، مزمور ۱۵:۱۰-۱۶؛ ۷:۵۶؛ ۵:۵۹ و ۸). پس شاید فرد نامبرده در این مزمور، نمایندهٔ قوم باشد. محققان بسیاری تصور کرده‌اند که این نماینده شخص پادشاه است، ولی می‌تواند یکی از فرماندهان ارشد نظامی، یا حتی کاهن اعظم هم باشد. بعدها، هنگام بحث پیرامون مزامیر سلطنتی، باز به این موضوع خواهیم پرداخت.

---

1. S. Mowinckel

در مزامیر مرثیه‌ای، هرجا که "من" به‌کار رفته، این ضمیر به نمایندگی از طرف کل ملت، و از این‌رو مرثیه‌ای جمعی است. شمار آن دسته مرثیه‌هایی که به‌خاطر کاربرد ضمیر "ما" آشکارا وجههٔ جمعی دارند، از تعداد مرثیه‌های فردی کمتر است. مرثیه‌های یادشده بازتاب مصیبت‌هایی همچون شکست در جنگ (مزمور ۴۴؛ ۶۰؛ ۷۴؛ ۷۹؛ ۸۳) یا خشکسالی و قحطی (مزمور ۱۲۶؛ ۱۴۴) هستند.

در شمار قابل‌ملاحظه‌ای از مرثیه‌های فردی، و اغلب در انتهای مرثیه، اطمینان به اینکه یهوه دعای سرایندهٔ مزمور را شنیده به چشم می‌خورد (مثلاً، مزمور ۸:۶ به بعد؛ ۶:۲۸ به بعد؛ ۹:۵۶ به بعد؛ ۱۲:۱۴۰ به بعد). توجیهی که برای مسئلهٔ مزبور پیشنهاد شده این است که کاهن یا نبی در مورد رهایی ملت نبوت کرده و واپسین کلمات مزمور واکنشی است به آن نبوت. در تأیید این نظریه خاطرنشان شده که در تعدادی از نبوت‌های نجات که در اشعیا ۴۰-۵۵ (که مشخصاً با واژهٔ "مترس..." همراهند) آمده‌اند، از همان لحن و واژگانی استفاده شده که در مزامیر مرثیه‌ای به‌کار رفته‌اند. از سویی دیگر، برخی از مزامیر حاوی نداهای وحیانی/نبوتی هستند (مثلاً مزمور ۸:۳۲-۹؛ ۵:۵۰-۲۳؛ ۶:۶۰-۸؛ ۱۹:۸۹-۳۷). عده‌ای از محققان در مخالفت با این توجیه عنوان کرده‌اند که به‌جز دو مورد استثناء (مزمور ۶:۱۲ و ۶:۶۰-۸) بعید است مزامیر مرثیه‌ای حاوی وحی‌های نبوتی باشند. با این‌حال، شاید بدین‌خاطر باشد که مزامیر نیایش‌های خاصی بودند که انتظار می‌رفت مردم بدانها واکنشی خودجوش نشان دهند.

کندوکاو بیشتر: مرثیه‌ها

ساختار مرثیه‌های زیر را مورد تجزیه و تحلیل قرار دهید: مزمور ۳ و ۶ و ۵۱ و ۶۰.

توجه داشته باشید که مزمور ۱۸:۵۱-۱۹ ویرانی دیوارهای اورشلیم را مفروض انگاشته و ظاهراً ربطی به مرثیهٔ فردی ندارد. احتمالاً این آیات بعدها و در دوران پس از تبعید و بر اساس موضوع آیه‌های ۱۵-۱۷- یعنی قربانی- به مزمور افزوده شده‌اند.

مزمور ۶۰ به‌خاطر وحی نبوتی مندرج در آیه‌های ۶-۸، موردی غیرمعمول است.

سرودهای شکرگزاری

سرودهای شکرگزاری بیانگر تشکرات و تمجیداتی هستند که سرایندهٔ مزمور به‌سبب آنکه خدا او را از موقعیت خاصی رهانیده، نثارش می‌کند. با این‌همه، ستایش خدا تنها هدف این سرودها نیست. آنها در عین‌حال بر کار نجات‌بخش خدا گواهی می‌دهند و آن را در پیشگاه جماعت اعلام می‌کنند. از آنجایی که شیوهٔ ارائهٔ آنها، تمجید خدا از طریق گفتن ***دربارهٔ*** خداست- در صورتی که ستایش‌های معمول، ابراز تمجید **به** خداست- کلاوس وسترمان[1] این دو فرم از مزامیر را با یکدیگر مرتبط دانسته، و مزامیر شکرگزاری را "مزامیر ستایش اعلانی"[2] نامیده است. وی همچنین استدلال می‌کند که در زبان عبری هیچ واژهٔ معینی برای "تشکر" وجود ندارد و فعل *hodah* که اغلب آن را "تشکر کردن" ترجمه می‌کنند، بهتر است "تمجید کردن" معنی شود. گرچه برخی از پژوهشگران نظر وسترمان را در مورد این اصطلاح پذیرفته‌اند، اما اکثریت‌شان با او مخالفند. راستش را بخواهید، شکرگزاری‌ها برخلاف ستایش‌های معمولی، رابطهٔ نزدیکی با مرثیه‌ها دارند. در مزامیر مرثیه‌ای، سراینده اغلب در برابر همگان وعده می‌دهد که در قبال اقدام رهایی‌بخش خدا، تشکرات خود را به او ابراز نماید (مثلاً، مزمور ۱۷:۷؛ ۲۸:۳۵)، و گاه حتی نذر می‌کند که قربانی تشکر تقدیم کند (مثلاً، مزمور ۶:۲۷؛ ۶:۵۴ به بعد).

بنابراین، سرودهای شکرگزاری را می‌توان واکنش سرایندهٔ مزمور به استجابت دعایش در درگاه خدا- که به‌صورت مرثیه ادا شده بود- دانست، که معمولاً با قربانی‌های تشکر همراه است. پس‌زمینهٔ مزبور، سرودهای شکرگزاری را از سرودهای ستایش معمول به‌کلی متمایز می‌سازد. از این گذشته، وسترمان احتمالاً روی معنای *hodah* بیش از اندازه حساسیت به‌خرج داده است. واژه‌ای را که طیف گسترده‌ای از معانی را دربرمی‌گیرد، باید با توجه به زمینهٔ متنی که در آن به‌کار رفته، ترجمه کرد. وقتی *hodah* بر واکنش فرد به کار رهایی‌بخشی که خدا به انجام رسانده دلالت می‌کند، "شکرگزاری" بایستی ترجمهٔ درست و مناسبی برای آن باشد.

شکرگزاری فردی از ساختاری سه‌بخشی تبعیت می‌کند.

1. Claus Westermann; 2. 'Declarative Psalms of Praise'

مزامیر

- مقدمه، که نام یهوه را آورده، او را به یاری می‌طلبد. ممکن است این قسمت شامل اعلام نیت سراینده از شکرگزاری یهوه هم بشود، و با افزوده‌های شعری گوناگون شاخ و برگ هم پیدا کند.
- بخش اصلی، اساساً گزارشی از تجربهٔ سرایندهٔ مزمور است. این بخش می‌تواند شامل اجزای زیر باشد:
 ۱. توصیفی از وضعیت پریشان‌حال سراینده در گذشته.
 ۲. دعا برای خلاصی از آن وضعیت.
 ۳. شرحی از اقدام رهایی‌بخش یهوه.
 ۴. اشاره‌ای به ادای نذر سراینده.
- جمع‌بندی، که اغلب مشتمل بر ستایش یهوه است و سراینده در آن جماعت یا خودش را به تمجید او ترغیب می‌کند.

مزمور ۱۱۶ نمونه‌ای از شکرگزاری فردی است.

آیه‌های ۱-۲ مقدمه: سراینده با فریاد نام یهوه را می‌خواند و نیتش را از «خواندن او» ابراز می‌کند.

خداوند را دوست می‌دارم،
زیرا آواز من و فریاد التماسم را شنیده است.
چون گوش خود را به من مایل گردانیده،
در روزهای زندگی خود او را خواهم خواند.

آیه‌های ۳-۱۱ توصیف سرایندهٔ مزمور از وضعیت پریشانش، که دعای او در وقت تنگی (آیه ۴) و اشاره به اقدام رهایی‌بخش یهوه (آیه‌های ۶ب و ۸-۹) را هم شامل می‌شود.

بندهای مرگ بر گرد من پیچید،
فشارهای هاویه مرا درگرفت،
به تنگی و اندوه گرفتار آمدم.
آنگاه نام خداوند را خوانده، گفتم:
«آه، ای خداوند، جانم را خلاصی ده!»
خداوند فیاض و عادل است؛
خدای ما رحیم است.
خداوند ساده‌دلان را حفظ می‌کند؛
او در ذلت من مرا نجات بخشید.
ای جان من به استراحت خود برگرد،
زیرا خداوند بر تو احسان کرده است.
زیرا که تو جان مرا از مرگ رهانیدی،
و چشمانم را از اشک، و پاهایم را از لغزش،
تا در حضور خداوند گام بردارم،
در سرزمین زندگان!
ایمان داشتم، پس گفتم: «بسیار ذلیل گشته‌ام!»
در پریشانی خود گفتم: «همهٔ آدمیان دروغ‌گویند!»

آیه‌های ۱۲-۱۹الف بیان انگیزهٔ سراینده از ادای نذرش
دِین خود را به خداوند چگونه ادا کنم،
برای همهٔ احسان‌هایی که به من کرده است؟

پیالۀ نجات را بر خواهم افراشت
و نام خداوند را خواهم خواند.
نذرهای خود را به خداوند
ادا خواهم کرد،
در حضور تمامی قومش.
مرگ سرسپردگان خداوند در نظر
او گرانبها است.
خداوندا، من بندۀ توام؛
بندۀ تو و پسر کنیز تو؛
تو بندهای مرا گشودی!
قربانی شکرگزاری به تو تقدیم
خواهم کرد
و نام خداوند را خواهم خواند.
نذرهای خود را به خداوند
ادا خواهم کرد،
در حضور تمامی قومش،
در صحن‌های خانه خداوند،
در میان تو، ای اورشلیم!
هللویاه!

همچون مرثیه‌های فردی، بعضی از سرودهای شکرگزاریِ فردی هم هستند که سراینده در آنها در نقش نمایندۀ جماعت ظاهر می‌شود و از جانب آنها سخن می‌گوید. این قضیه در مورد مزامیر ۱۸ و ۱۱۸، که به‌روشنی به نزاع با اقوام بیگانه مربوط است، صدق می‌کند. کمتر مزموری هست که محققان آن را جزو مزامیر شکرگزاری جمعی بدانند. اکثریت ایشان مزمور ۱۲۴ را در این طبقه‌بندی جای می‌دهند. حتی با وجودی که در این مزمور واژۀ "شکرگزاری" به‌کار نرفته، اما مضمونش آشکارا شکرگزاری از خدا به‌خاطر عمل رهایی‌بخش اوست. مزمور ۱۲۹ هم از جهاتی با مزمور ۱۲۴ وجه اشتراک دارد (از جمله تشویق قوم‌اسرائیل بگوید» - در آیۀ آغازین). با این‌حال، چنین به‌نظر می‌رسد که مضمون آن بیش از آنکه شکرگزاری باشد، اعتماد به یهوه به‌خاطر کاری است که انجام داده. مزمور ۶۷ مضمونی دوگانه دارد. هم ستایش خدا برای محصول است- که می‌توان آن را نوعی شکرگزاری دانست- و هم دعایی است برای طلبیدن برکت او در آینده- که شاید بازتاب یکی از عناصر به‌کار رفته در مزامیر مرثیه‌ای باشد- و آرزوی ایشان برای آنکه بار دیگر قحطی را تجربه نکنند.

کندوکاو بیشتر: سرودهای شکرگزاری

ساختار سرودهای شکرگزاری زیر را تجزیه و تحلیل کنید: مزمور ۳۲ و ۳۴ و ۱۱۸.

توجه داشته باشید که مزمور ۳۲ به‌خاطر داشتن وحی نبوتی (آیه‌های ۸-۹)، موردی غیرعادی است.

با اینکه عمدۀ آیه‌های مزمور ۱۱۸ به زبان اول شخص مفرد نوشته شده، اما به رهایی در نبرد مربوط می‌شود. "من" که گوینده است، می‌تواند سردار لشکر یا پادشاه باشد، که دارد از جانب قوم سخن می‌گوید. این می‌تواند تغییر ضمیر از مفرد به جمع، در آیه‌های ۲۵-۲۷ را توجیه کند. در این صورت آیه‌های نامبرده واکنش قوم به پیروزی هستند.

مزامیر سلطنتی

اگرچه گونکل مزامیر سلطنتی را در فهرست انواع اصلی مزامیر خود گنجانده،

اما آنها از لحاظ ادبی گونه‌ای متمایز به‌شمار نمی‌روند. آنها مزمورهایی از انواع مختلف هستند که وجه تمایزشان از مزامیر دیگر، محتوای آنهاست. دغدغهٔ مزامیر سلطنتی، رابطهٔ میان خدا و پادشاه است. گونکل مزامیر زیر را جزو مزامیر سلطنتی آورده است: مزمور ۲ و ۱۸ و ۲۰ و ۲۱ و ۴۵ و ۷۲ و ۸۹ و ۱۰۱ و ۱۱۰ و ۱۳۲ و ۱۴۴. در همهٔ آنها به شخص پادشاه اشارهٔ صریح شده است. نظر بعضی از محققان بر این است که مزامیر دیگری را هم می‌توان به این فهرست افزود. چنانکه پیش‌تر هم دیدیم، هم در مزامیر مرثیه‌ای و هم شکرگزاری مواردی وجود دارد که در آن شخصی به نمایندگی از طرف جمع سخن می‌گوید. آنهایی که فکر می‌کنند نمایندهٔ مزبور احتمالاً شخص پادشاه بوده، این دسته از مزامیر را هم در فهرست مزامیر سلطنتی گنجانده‌اند. گروهی دیگر، مزامیر مرثیه‌ای و شکرگزاری را که در آنها کسی نمایندهٔ جمع نیست، اما در آنها به‌نوعی دیگر به خصوصیات "سلطنتی" اشاره شده، به فهرست یادشده افزوده‌اند. داوری‌های فردی دیگری هم صورت گرفته که از مقبولیت گسترده‌ای برخوردار نیستند. عده‌ای چنین استدلال کرده‌اند که اشاره به نام داوود در عنوان مزمور را باید جدی گرفت و آن را نشانه‌ای از سلطنتی بودن آن مزمور دانست. ولی همان‌گونه که در صفحات بعدی در موردش بحث خواهیم کرد، مشکل اینجاست که در مورد تاریخ و ماهیت این عنوان‌ها هیچ قطعیتی وجود ندارد.

در فهرست گونکل طیفی از مزامیر به موقعیت‌ها و مناسبت‌های سلطنتی اختصاص یافته است. همگان با این موضوع موافقند که مزمور ۲ و ۱۱۰ مزامیر تاجگذاری هستند. هر دو شامل نداهایی از جانب خدا هستند که پادشاه را مورد خطاب قرار داده‌اند. ندای وحیانی یادشده در مزمور ۷:۲ چنین آغاز می‌شود: «تو پسر من هستی؛ امروز تو را مولود ساختم.» این آیه بازتاب کلامی است که خدا به‌واسطهٔ ناتان نبی در مورد جانشینی داوود فرمود و در دوم سموئیل ۱۴:۷ ثبت شده‌اند: «من او را پدر خواهم بود، و او مرا پسر.» بی‌گمان این وعده در خاندان داوود از پادشاهی به پادشاه بعدی منتقل می‌شده است. در گزارش تاجگذاری یوآش به این نکته اشاره شده که کاهن اعظم نسخه‌ای از "شهادت" را به پادشاه داد (دوم پادشاهان ۱۲:۱۱). روشن نیست که این شهادت دقیقاً چه بوده، ولی می‌تواند سندی باشد که در آن چیزی مانند "حکم" مندرج در مزمور ۲:۷-۹ نوشته شده بود. هم در مورد یوآش و هم سلیمان (اول پادشاهان ۳۳:۱ به بعد) مراسم تاجگذاری از دو بخش تشکیل شده بود: تدهین پادشاه در قدس و بر تخت نشستنش در کاخ. طبیعتاً مزمور ۱۱۰ به جلوس پادشاه بر تخت مرتبط است. در مزمور ۱۰۱ پادشاه (آیهٔ ۸ صراحتاً حاکی از آن است که سخنگو کسی نیست جز پادشاه) خود را به آرمان‌های والای اخلاقی متعهد می‌سازد. این مزمو با "سوگند تاجگذاری" تناسب کامل دارد، اما شاید در مناسبت‌های دیگر هم به‌کار می‌رفته است. مزمور ۷۲ دعایی است در حق پادشاه، و تصویری آرمانی از فرمانروایی او ارائه می‌دهد. این مزمور هم می‌توانسته در مراسم تاجگذاری نقش داشته باشد.

پادشـــاه فرماندهی کل نیروهای مسلح کشـــور را بر عهده داشـــت، از این‌رو جای شـــگفتی نیســـت اگر ببینیم کـــه تعدادی از مزامیر سلطنتی برای موقعیت جنگی نوشته شده باشـــند. همگان با این مطلب موافقند کـــه مزامیر ۲۰ و ۱۴۴ دعاهایی هســـتند که در آنها ســـراینده برای پیـــروزی در نبرد از یهوه استمداد طلبیده اســـت. از قرار معلوم مزمـــور ۱۸ (که جملاتی شـــبیه آن در دوم سموئیل هم تکرار شده) شکرگزاری پادشاه به‌خاطر پیروزی‌اش در جنگ اســـت. زمینهٔ تاریخی مزمور ۲۱ چندان مشخص نیست. در آیه‌هـــای ۸-۱۳ پیروزی بر دشـــمنان در آینده به تصویر کشـــیده شـــده، و از این‌رو عده‌ای آن را مزمـــوری می‌دانند که پیش از آغاز نبرد بازخوانی می‌شـــده است. از سوی دیگر، برای عده‌ای وجود عنصر شکرگزاری در آیه‌های ۱-۷ حاکی از آن است که سراینده پیروزی‌ای را که همان اواخر به‌دست آورده، جشن گرفته است. ابهامی که در متن وجود دارد، و اشـــاره به تاجگذاری پادشاه، سبب شـــده تا برخـــی آن را ســـرودی بدانند که سرایندگان در ســـالگرد تاجگذاری پادشاه می‌خوانده‌اند. مزمور ۸۹ با ستایش یهوه، و به‌ویژه عهدی که با داوود بسته، آغاز می‌شود (آیه‌هـــای ۱-۱۸). در آیه‌هـــای ۱۹-۳۷ به وحی الاهـــی مفصلی برمی‌خوریم که ظاهراً بر پایهٔ نبوت ناتان نبی در دوم ســـموئیل ۷ نوشته شده اســـت. مزمور نامبرده با کلماتی غم‌انگیـــز و مرثیه‌گونه به پایان می‌رســـد، و سراینده یهوه را به خلف وعده‌ای که به داوود داده، متهم می‌سازد (آیه‌های ۳۸-۵۱؛ آیهٔ ۵۲ حمد و ثنایی اســـت که کتاب سوم مزامیر با آن پایان می‌پذیرد). این مزمور حکایت از آن دارد که پادشـــاه در جنگ شکست خورده، و احتمالاً کشته شده است. سراینده از یهوه تمنا می‌کند که پا به میدان گذاشته، قوم خود را برهاند. این ممکن است اشاره‌ای باشد به مرگ یوآش در نبردی که در سال ۶۰۹ پ. م. به‌وقوع پیوســـت (دوم پادشاهان ۲۹:۲۳ به بعد). با این‌حال، عمق سرخوردگی و یأسی که در این مزمور موج می‌زند، نشـــانگر آن اســـت که در دورهٔ پس از ویرانی اورشلیم به‌دســـت بابلیان در سال ۵۸۷ یا ۵۸۶ پ. م. نوشته شده است.

مزمور ۴۵ به مناســـبت عروسی پادشاه سروده شده است. سراینده در آیه‌های ۲-۹ به توصیف دامـــاد، و در آیه‌های ۱۰-۱۵ به توصیف عـــروس پرداخته اســـت. ذکر نام شـــهر صور در آیهٔ ۱۲ باعث شده که عده‌ای آن را به اخاب، پادشاه اسرائیل که با ایزابل، شاهدخت صوری ازدواج کرد، ربط بدهند. بـــا وجود این، از آیهٔ ۶ که بـــه وعدهٔ خدا به داوود اشاره دارد، چنین برمی‌آید که پادشاه مزبور بایســـتی از خانـــدان داوود و یکی از پادشاهان یهودا باشد. اشاره‌ای که در آیهٔ ۱۲ به نام صوری‌ها شـــده، ممکن اســـت صرفاً منظورش بیگانگان ثروتمندی باشد که تحفه و هدایای خود را به جشـــن عروسی پادشاه فرستاده‌اند.

تردیدی نیست که مزمور ۱۳۲ با روایت منـــدرج در دوم ســـموئیل ۶-۷ ارتباطـــی تنگاتنـــگ دارد. در آن روایـــت، ماجـــرای جســـتجوی داوود بـــرای یافتـــن صندوق عهـــد، آوردن آن به اورشـــلیم و وعدهٔ یهوه که به‌واســـطهٔ ناتان نبی به او داده شد، آمده اســـت. بخشـــی از این مزمـــور در کتاب دوم تواریخ ۴۱:۶ به بعد نقل شـــده، و آن به

ثبت رویدادهـــای مربوط به آوردن صندوق عهد به معبد توســـط سلیمان، در موسم عید خیمه‌ها، اختصاص یافته است. از ظاهر امر پیداست که مزمور ۱۳۲:۶-۱۰ بازتاب آیین نمایشـــیِ آوردن صندوق عهد به اورشـــلیم است. شاید این مراسم را هر ساله و به‌عنوان جزیـــی از آیین‌هـــای عید خیمه‌هـــا برگزار می‌کرده‌اند.

عجالتـــاً این بحـث را همین‌جا متوقف کرده، ادامهٔ آن را به ایدئولوژی پادشاهی در یهودا و تفسیر مسیحاییِ آن موکول می‌کنیم.

مزامیر اطمینان

این مزامیر گروهی دیگر از مزامیرند که هیچ سبک و ســیاق ادبی متمایزی ندارند. چیزی که آنها را کنار یکدیگر قرار می‌دهد، "حـــال و هوای" آنهاســـت. گاهـــی به آنها ســـرودهای توکل هم گفته می‌شود. اگرچه همگان بر ایـــن باورند کـــه مزامیر اطمینان گروهی متمایز از مزامیر هســـتند، اما بر سر تعداد این مزامیـــر اختلاف نظر وجود دارد. همه قبول دارند کـــه مزامیر ۱۱ و ۲۳ و ۶۲ جزو مزمورهای اطمینان فردی هســـتند، و در این خصیصه مشـــترکند کـــه کلاً خدا را به‌صورت سوم شـــخص مورد خطاب قرار می‌دهند. خیلی‌هـــا مزامیر ۴ و ۱۶ و ۱۳۱ را هم در زمرهٔ مزامیر اطمینان دانسته‌اند. شاید بتوان مزامیر ۱۱۵ و ۱۲۵ و ۱۲۹ را هم جزو مزامیر اطمینان جمعی به‌شمار آورد، ولی در همهٔ موارد طبقه‌بندی قاطعی وجود ندارد.

گونکل این مزامیر را شـــکل متحول‌شدهٔ مطالبی می‌داند کـــه در مزامیر مرثیه‌ای بیان شده‌اند. دیگران مزامیر اطمینان را به مزامیر شکرگزاری نزدیکتر یافته‌اند.

مزامیر حکمتی

تقریباً همه با ایـــن موضوع توافق دارند که در طبقه‌بندی مزامیر، دســـته‌ای هست که قرابت زیادی با ادبیات حکمتی کتاب‌مقدس عبـــری دارد. این گـــروه را هـــم نمی‌توان بر اساس ســـبک ادبی خاصی تعریف کرد. معیارهای به‌کار رفته در تعیین اینکه کدامیک از مزامیـــر بایـــد در زمرهٔ مزامیـــر حکمتی قرار بگیرنـــد، عبارتند از وجـــود ایده‌ها، و ویژگی‌های زبان‌شـــناختی و سبکی، که آنها را در ســـایر نمونه‌های ادبیات حکمتی نیز می‌توان مشـــاهده کرد. با این‌همه، به‌خاطر اشکالاتی که در تعیین تعداد مزامیر حکمتی هست، در این مورد هیچ اتفاق نظری وجود ندارد. این امر ســـبب شده که عده‌ای اعتبار این طبقه‌بندی را زیر ســـؤال ببرند. مزامیر ۱ و ۳۴ و ۳۷ و ۴۹ و ۷۳ و ۱۱۱ و ۱۱۲ در بیشـــتر فهرســـت‌های مزامیر حکمتی قرار دارند. وجه مشـــترک همهٔ آنها این است که سراینده‌شان پرسش معنای زندگی، و به‌ویژه معضل کامیابی شـــریران و رنج پارسایان را پیش می‌کشـــد. همچنین در آنهـــا از واژه‌ها و عباراتی اســـتفاده شده که مشابه‌شان را در ادبیات حکمتی نیز می‌توان یافت.

برخـــی از پژوهشـــگران، و از جملـــهٔ آنهـــا ماوینکل، چنین اســـتدلال کرده‌اند که این مزمورهـــا هرگز برای پرســـتش به‌کار نمی‌رفته‌اند. اینـــان بـــرای مزامیر حکمتی جایگاهی فکری و آموزشـــی قایل شده‌اند، و آنها را اشـــعاری می‌بینند که جدا از مقولهٔ پرستش و برای آموزش به‌کار می‌رفته‌اند. با این‌حال، هنوز روشن نیست که چرا باید در کتاب زبور گنجانده شـــوند. همچنین معلوم

نیست که چرا موضوعات به‌کار رفته در این مزمورها نباید در پرستش جایگاهی داشته باشند.

سبک‌های جزئی دیگر

دو مزمور هست که به‌خاطر مطالب‌شان، یعنی تمجید از تورات (شریعت) خدا، به یکدیگر مربوطند. این دو عبارتند از مزامیر ۱۹ و ۱۱۹. مزمور ۱۹ به دو نیمه تقسیم می‌شود. نیمهٔ اول (آیه‌های ۱-۶) از آفرینش، و به‌ویژه خورشید که شاهدی بر جلال خداست، صحبت می‌کند. نیمهٔ دوم (آیه‌های ۷-۱۴) به تمجید از تورات می‌پردازد. با اینکه برخی از محققان این مزمور را در اصل دو مزمور جداگانه می‌دانند که بعداً به هم پیوند شده‌اند، اما تلقی جدا بودن دو نیمهٔ مزبور، به مثابه نادیده گرفتن خط فکری واحدی است که در هر دو به چشم می‌خورد. در خاور نزدیک باستان، مردم نه تنها خورشید را منبع روشنایی و زندگی، که حتی منشأ و پشتیبان عدالت می‌دانستند. برای این موضوع از مصر، تمدن‌های میان‌رودان و نیز هیتی‌ها شواهدی در دست هست. شاید در پَس عبارت «هیچ چیز از حرارتش پنهان نیست»[1] (ر.ک. مزمور ۶:۱۹پ) همین ایده نهفته باشد. بنابراین، اشاره به خورشید در نیمهٔ اول سروده، زمینه‌سازی برای مضمون نیمهٔ دوم محسوب می‌شود. از این گذشته، اگر بپرسیم که آفرینش از چه جهت بر خدا شهادت می‌دهد، پاسخ، نظم و ترتیبی است که در حرکات خورشید یافت می‌شود. اعطای "شریعت" به جهان مادی توسط خدا، نسخهٔ مشابهی است از اِعطای قوانین اخلاقی. مزمور ۱۱۹ گلچینی است از تأملات سراینده در ژرفای تورات.

مزمور ۱۱۹

دو مزموری که موضوع خود را تورات (شریعت) قرار داده‌اند، مزامیر ۱۹ و ۱۱۹ مصادف به‌نظر می‌سند. مزمور ۱۱۹ هم بلندترین و هم ساختارمندترین مزمور در کتاب زبور به‌شمار می‌آید.

این مزمور در فرم گلچینی ادبی ارائه شده است. هر هشت آیهٔ نخست این مزمور با اولین حرف الفبای عبری آغاز می‌شوند، و هر هشت آیهٔ دوم با حرف دوم، و به همین ترتیب هر ۲۲ حرف الفبای عبری به ترتیب به‌کار می‌روند، که مجموعاً ۱۷۶ آیه را تشکیل می‌دهند.

در سراسر این مزمور برای تورات هشت اصطلاح اصلی به‌کار رفته است.

۱. تورات/ رهنمود (۲۵ بار)
۲. شهادت (۲۳ بار)
۳. داوری (۲۳ بار)
۴. فرمان (۲۲ بار)
۵. قانون (۲۲ بار)
۶. کلام (۲۲ بار)
۷. حکم (۱۹ بار)
۸. راه/ طریقت (۳ بار)

جز دو آیهٔ ۹۰ و ۱۲۲، در همهٔ آیات این مزمور یکی از اصطلاحات بالا به‌کار رفته است. در مزمور ۱۱۹ هیچ اندیشهٔ پیش‌رونده‌ای به چشم نمی‌خورد. صرفاً گلچینی است از گفته‌های تأمل‌برانگیز در باب تورات.

با اینکه معمولاً موضوع کلی مزمور ۱ را "دو طریق"- طریق پارسایان و طریق

1. در متن انگلیسی کتاب آمده: "هیچ چیز از نگاهش پنهان نیست"- م.

شریران- می‌خوانند، اما تنها "طریق" اصلی در مزمور ۱۱۹، طریق پارسایان و لذت بردن از شریعت و تأمل در آن است (آیهٔ ۳).

مزامیر ۱۵ و ۲۴، هر دو "مناجات‌های دروازه" هستند که ظاهراً هنگام ورود پرستندگان به معبد سراییده می‌شدند. پرستندگان می‌پرسیدند که چه کسی می‌تواند وارد معبد شود (مزمور ۱۵:۱؛ ۲۴:۳)، دروازه‌بان نیز پاسخ می‌داد (مزمور ۱۵:۲-۵ب؛ ۲۴:۴-۵)، و سپس پرستندگان تصدیق می‌کردند که شرایط لازم برای ورود را پذیرفته‌اند (مزمور ۱۵:۵پ؛ ۲۴:۶). مشابه این نیایش را می‌توان در اشعیا ۳۳:۱۴-۱۶ نیز دید.

عناوین مزمورهای ۱۲۰-۱۳۴ باعث شده‌اند که مزامیر نامبرده را "سرودهای درجات"[1] بنامند، هرچند این گروه شامل گونه‌های متنوعی از مزامیر (سرود، مرثیه، سرودهای شکرگزاری، مزامیر اطمینان) می‌شوند. دیدگاه رایج آن است که این مزامیر را زایرانی که برای شرکت در اعیاد بزرگ به‌سوی اورشلیم برمی‌آمده‌اند، می‌خوانده‌اند (ر.ک. مزمور ۱۲۲:۴). دیدگاهی متفاوت می‌گوید که واژه‌ای که برآمدن ترجمه شده، در جاهای دیگر کتاب‌مقدس عبری، همواره به معنای "پله" یا "طبقه" بوده است. بنابراین، تصور می‌کنند که زایران مزامیر یادشده را هنگام بالا رفتن از پلکانی به سمت دروازه‌های اورشلیم، یا پلکان محوطهٔ پیرامون خودِ معبد می‌خوانده‌اند. معدودی از محققان نیز معتقدند که "برآمدن" اشاره‌ای است به بازگشت اسرائیل از تبعید بابل. در نقطهٔ مقابل آن، اشارات ضمنی در برخی مزامیر نشان می‌دهد که اورشلیم و معبد بازسازی شده‌اند (مثلاً مزمور ۱۲۲؛ ۱۲۶؛ ۱۳۴). گولدر[2] خاطرنشان می‌سازد که "بازگشت از اسارت" در چندین مرحله طی دوره‌ای طولانی اتفاق افتاد، و می‌کوشد این مزامیر را به کتاب نحمیا ربط بدهد. به‌نظر وی، این مزامیر بخشی از عبادت قوم اسرائیل را در خلال عید خیمه‌ها، و پس از تکمیل بازسازی دیوارهای اورشلیم، توسط نحمیا تشکیل می‌داده‌اند. او سعی می‌کند آنها را با عباراتی از کتاب نحمیا که با ضمیر اول شخص مفرد بیان شده‌اند ربط بدهد، و چنین نظر می‌دهد که مزامیر مذکور در پاسخ به این عبارات- که به‌زعم او "شهادات نحمیا" در مراسم عید بوده‌اند- نوشته شده‌اند. برخی از نظرات گولدر که مزامیر درجات را با "شهادات" ربط می‌دهند، پذیرفتنی به‌نظر می‌رسند و بعضی دیگر، فاقد ادلهٔ کافی برای اثبات هستند.

به‌زعم گالدر، متونی از کتاب نحمیا که در آنها "من" گوینده است، حاکی از آنند که مزامیر به‌عنوان پاسخی هستند بر "شهادات" نحمیا که در اعیاد ارائه می‌شد. برخی از ارتباطاتی که گالدر در خصوص مزامیر و "شهادات" پیشنهاد می‌کند محتمل و برخی دیگر ضعیفند.

مزامیر ۱۴۶-۱۵۰، هر یک با بانگ "هللویاه" (ستایش از آن خداوند است) آغاز می‌شوند و پایان می‌یابند. در یهودیت به آنها مزامیر **هَلِل** (Hallel) می‌گویند و این مزامیر بخشی از دعای صبحگاهی کنیسه را تشکیل می‌دهند.

۱. Songs of Ascent– یا سرودهای برآمدن [بالا رفتن]- م.

2. Goulder

یکی از سنت‌های مناجات مسیحی که قدمتش به سده‌های میانی بازمی‌گردد، هفت مزمور را با هم زیر عنوان "مزامیر ندامت"[1] گروه‌بندی کرده است. این مزامیر عبارتند از: ۶، ۳۲، ۳۸، ۵۱، ۱۰۲، ۱۳۰ و ۱۴۳. اکثرشان مزامیر مرثیه‌ای هستند، اما طبقه‌بندی آنها بیشتر بر مبنای محتوای متن صورت گرفته، نه فرم ادبی. در اواخر سده‌های میانی شرح و تفسیرهایی بر این مزامیر نوشته شده تا خواننده را در ارتقای پرهیزکاری شخصی کمک کنند. بعضی از این تفسیرها با "هفت گناه مهلک" در ارتباطند، و بدین ترتیب هر یک از هفت مزمور ندامت خواننده را از ارتکاب یکی از این گناهان کبیره بازمی‌دارند.

مزامیر و پرستش اسرائیل

بر اساس عناوینی که در صدر هر مزمور آمده، حدود نیمی از آنها به داوود پادشاه مرتبط هستند. چنانکه در آینده خواهیم دید، معنای دقیق این عناوین، و همچنین زمان افزودن‌شان به مزامیر، چندان روشن نیست. با این‌حال، بر این نکته دلالت می‌کنند که از همان آغاز این مزامیر بیانگر تجربیات شخصی نگارنده بوده‌اند، و با این تعبیر یکجور خود-زندگینامه به‌شمار می‌روند. حتی در مواردی که کاملاً مشخص است که مزموری از دغدغه‌های کل جماعت سخن می‌گوید، باز مسلم است که سرایندۀ مزمور از منظر فردی خود به این دغدغه‌ها نگریسته است. با وجودی که در خلال سدۀ نوزدهم میلادی اکثریت محققان از این نظریه که داوود سرایندۀ اصلی کتاب مزامیر بوده فاصله گرفتند، اما تا اوایل سدۀ بیستم

---

1. Penitential Psalms

انواع مزامیر

هیچ تعجبی ندارد که دو محقق در طبقه‌بندی مزامیر به انواع مشخص، اتفاق نظر کامل نداشته باشند. این انتظار کاملاً به‌جاست که شاعران گه‌گاه در فرم‌های سنتی، به‌عنوان مدل‌های زیربنایی کارشان، تغییراتی ایجاد کنند. نتیجه این می‌شود که برخی از مزامیر در جایی مابین انواع اصلی قرار می‌گیرند و انتساب آنها به یکی از طبقه‌بندی‌ها دشوار جلوه می‌کند. به‌نظر می‌رسد مزامیر دیگر در هیچ‌یک از دسته‌بندی‌های پذیرفته جای نمی‌گیرند. در زیر به طبقه‌بندی اکثریت مزامیر که مورد پذیرش عموم پژوهشگران است، اشاره می‌کنیم.

سرودها
ستایش‌های معمول ۸ و ۲۹ و ۳۳ و ۶۵ و ۹۵ و ۱۰۰ و ۱۰۳ و ۱۰۴ و ۱۱۳ و ۱۱۴ و ۱۱۷ و ۱۳۴-۱۳۶ و ۱۴۵-۱۵۰
پاسداشت پادشاهی یهوه ۴۷ و ۹۳ و ۹۶-۹۹
سرودهای صهیون ۴۶ و ۴۸ و ۷۶ و ۸۴ و ۸۷ و ۱۲۲

مرثیه‌ها
مرثیه‌های فردی ۳ و ۵-۷ و ۱۳ و ۱۷ و ۲۲ و ۲۵-۲۸ و ۳۵ و ۳۹ و ۴۱-۴۳ و ۵۱ و ۵۴-۵۷ و ۶۱ و ۶۴ و ۶۹ و ۷۱ و ۸۶ و ۸۸ و ۱۰۲ و ۱۰۹ و ۱۳۰ و ۱۴۰-۱۴۳
مرثیه‌های گروهی ۱۲ و ۴۴ و ۶۰ و ۷۴ و ۷۹ و ۸۰ و ۸۳ و ۸۵ و ۹۰ و ۱۲۶ و ۱۳۷

سرودهای شکرگزاری
شکرگزاری‌های فردی ۹ و ۱۰ و ۳۲ و ۳۴ و ۹۲ و ۱۱۶ و ۱۱۸ و ۱۳۸
شکرگزاری‌های گروهی ۶۷ و ۱۰۷ و ۱۲۴

مزامیر سلطنتی
۲ و ۱۸ و ۲۰ و ۲۱ و ۴۵ و ۷۲ و ۸۹ و ۱۰۱ و ۱۱۰ و ۱۳۲ و ۱۴۴

مزامیر اطمینان
مزامیر اطمینان فردی ۴ و ۱۱ و ۱۶ و ۲۳ و ۶۲ و ۹۱ و ۱۲۱ و ۱۳۱
مزامیر اطمینان گروهی ۱۱۵ و ۱۲۵ و ۱۲۹

مزامیر حکمتی
۱ و ۳۴ و ۳۷ و ۴۹ و ۷۳ و ۱۱۱ و ۱۱۲

مزامیر تورات
۱ و ۱۹ و ۱۱۹

کماکان رویکـــرد غالب به مزامیر شـــمرده می‌شد.

رویکـــرد نقد فرم گونکل نگرشـــی تازه را، به خاســـتگاه مزامیر، در محافل پژوهشی برانگیخت. او متوجه شد که انواع گوناگون مزامیـــری که تعییـــن کرده بود، ریشـــه در آیین‌های دینی و پرستش قوم اسرائیل دارند. آنها بازتاب‌دهندهٔ فعالیت‌های مختلفی بودند که در این آیین‌های دینی انجام می‌شـــد. با وجود این، وی همچنان بر این بود که مزامیر حفظ‌شده در کتاب زبور، آثاری آزاد از افراد متفاوتند کـــه فرم‌های ســـنتی را برای بیان احساسات و افکار خودشان به‌کار گرفته‌اند. از نـــگاه او، مزامیر ثبت‌شـــده نمونه‌هایی از مزامیر اصلی مرســـوم در آیین‌ها بودند که از لحاظ "روحانی" ارتقا یافته بودند. اشاراتی را که در مزامیر به موضوعات آیینی شده، باید استعاری تلقی کرد.

سپس، ماوینکل بر اساس رویکرد گونکل یک نتیجه‌گیری منطقی اســـتنتاج کرد. او بر این باور بود که بیشتر مزامیر بر پایهٔ مناسبتی دینی در پرســـتش قوم اســـرائیل ســـراییده شـــده‌اند، و از این‌رو اگر می‌خواهیم آنها را درست بفهمیم، باید زمینهٔ آیینی سروده‌های گوناگون را مشـــخص و خوب درک کنیم. ایـــن نه به معنـــای نادیده گرفتـــن دینداری ســـرایندگان مزامیـــر که در سروده‌هاشـــان منعکس شـــده، بلکه تأکید بر این نکته است که ایشـــان ســـرایندگانی حرفه‌ای بودند که قراردادهای دینی در پرستش قوم اسرائیل را به خدمت آیین‌های همگانی می‌گرفتند.

در مزامیر به آیین‌های دینی و فعالیت‌های مرتبط با این آیین‌ها، اشـــارات زیادی وجود دارد. اگـــر به‌جای تفســـیرهای اســـتعاری "روحانـــی" از مزامیر، آنها را ســـروده‌هایی بدانیم که در پرســـتش دسته‌جمعی در معبد اورشـــلیم به‌کار می‌رفته‌اند، این نوشـــته‌ها مفهوم بیشـــتری پیـــدا می‌کننـــد. در مزامیر اشارات متعددی به معبد وجود دارد (برای مثال، مزامیـــر ۴:۲۷؛ ۲:۶۳؛ ۶:۹۶؛ ۱:۱۲۲). چنانکه پیش‌تـــر دیدیم، مزامیـــر ۱۵ و ۲۴ حاوی "مناجات دروازه" هســـتند که زایران آنها را در آستانهٔ ورود به معبد می‌خواندند. از مزمـــور ۲۴ چنین برمی‌آید که این مزمور، به بیانی، جزو مراسم ورود خودِ خدا به معبد بوده است. هیچ تردیدی نیست که صندوق عهد نمایندهٔ حضور خدا بوده اســـت. لحن به‌کار رفتـــه در آیهٔ ۸ حاکـــی از این مطلب است، چراکه در دورهٔ آغازین تاریخ اسرائیل، در هنگامهٔ نبـــرد، صندوق عهد نماد حضور خدا با قومش بـــود (ر.ک. اعداد ۳۵:۱۰ به بعد).

این شاه جلال کیست؟
خداوند نیرومند و دلاور،
خداوند که در جنگ، دلاور اســـت!
(مزمور ۸:۲۴)
هـــرگاه صندوق عزیمـــت می‌کرد،
موسی می‌گفت:
«برخیز، ای خداوند، تا دشـــمنانت
پراکنده شوند،
و آنـــان کـــه از تو نفـــرت دارند، از
حضورت بگریزند.»
و چون بازمی‌ایستاد، می‌گفت:
«بازگرد، ای خداوند؛ نزد هزاران هزار
اسرائیل بازگرد.» (اعداد ۱۰:۳۵-۳۶)

احتمالاً مزمور ۱۳۲ دنبالهٔ مراســـم ورود به معبد در مزمور ۲۴ است و انگار با رویداد

آوردنِ صندوق عهد به اورشلیم، توسط داوود مرتبط باشد (ر.ک. دوم سموئیل ۶). مزمور ۶۸:۲۴-۲۷ شرحی مفصل از این مراسم به‌دست می‌دهد.

خدایا، رژهٔ تو دیده می‌شود
رژهٔ خدای من و شاه من به اندرون قدس.
در پیش، سرایندگانند؛ در پس، نوازندگان،
و در میان، دوشیزگان دف‌نواز.
خدا را در جماعت بزرگ متبارک خوانید،
خداوند را، ای شما که از چشمه اسرائیلید!
آنجاست بنیامین کوچک، پیشاپیش ایشان،
و آنجایند بزرگان یهودا، در گروه خویش،
و بزرگان زبولون، و بزرگان نفتالی.

این مزمور با کلماتی آغاز می‌شود که بازتاب‌دهندهٔ اعداد ۱۰:۳۵ است، و از این‌رو ممکن است به رژهٔ قوم اسرائیل که صندوق عهد را همراهی می‌کردند، اشاره داشته باشد. مزمور ۴۸:۱۲ به بعد و ۱۱۸:۱۹ به بعد هم به گونه‌های مختلف رژه‌های آیینی دلالت می‌کنند.

از دیگر فعالیت‌های آیینی هم یاد شده است، از جمله سرودخوانی (برای مثال، مزمور ۹:۱۱؛ ۳۰:۴؛ ۳۳:۲) و رقص (مزمور ۸۷:۷؛ ۱۴۹:۳؛ ۱۵۰:۴). اشارات متعددی به آلات و سازهای موسیقی گوناگون هم وجود دارد (مثلاً، مزمور ۳۳:۲؛ ۴۷:۵؛ ۸۱:۲؛ ۹۸:۶؛ ۱۵۰:۵).

اگر رویکرد ماوینکل را بپذیریم، می‌توانیم چنین نتیجه بگیریم که سرودهای شکرگزاری هنگام تقدیم هدایای شکرگزاری سراییده می‌شده‌اند، و این همان چیزی است که توصیفش در لاویان ۷:۱۱-۱۵ آمده است. دستِ‌کم بعضی از سرودها شاید همراه با تقدیم قربانی‌های سوختنی (لاویان ۱:۳ به بعد) خوانده می‌شدند، که ظاهراً پیش از هر چیز نشانهٔ تسبیح و تکریم خدا بودند. علاوه به اشارات کلی به قربانی‌ها (مزمور ۴:۵؛ ۲۷:۶؛ ۵۰:۸)، به‌طور خاص نام انواع قربانی هم ذکرشده است: قربانی‌های سوختنی (مزمور ۲۰:۳؛ ۵۰:۸؛ ۵۱:۱۴؛ ۱۰۷:۲۲؛ ۱۱۶:۱۷)، قربانی برای بستن عهد (مزمور ۵۰:۵)، قربانی داوطلبانه (مزمور ۵۴:۶).

چنانکه دیدیم، برخی از مزامیر سلطنتی با مناسبت‌های ویژه‌ای همچون تاجگذاری، عروسی و دعای پیش و پس از جنگ در ارتباطند. بی‌گمان این مناسبت‌ها- لااقل بخشی از آنها- در معبد برگزار می‌شده‌اند. از کتاب زبور اغلب با عنوان "سرودنامهٔ معبد دوم" یاد شده، معبدی که در پی بازگشت قوم اسرائیل از اسارت بابل بازسازی شد (عزرا ۵-۶). چنانکه خواهیم دید، هیچ جای شک نیست که کتاب مزامیر در دوره‌ای که ما اکنون آن را به‌عنوان "دورهٔ پس از تبعید" می‌شناسیم، به شکل و فرم کنونی درآمد. بنابراین، و با توجه به حقیقت مزبور، می‌توان نام این کتاب را "سرودنامهٔ معبد دوم" گذاشت. با وجود این، همان‌طور که بحث ما پیرامون تاریخ نگارش مزامیر نشان خواهد داد، دلایل خوبی وجود دارد که به موجب آنها باور داشته باشیم که

برخی از مزامیر به دورهٔ پیش از تبعید تعلق دارند و از این‌رو در معبد اول- که به فرمان سلیمان ساخته شد- سراییده می‌شدند. این امر در مورد مزامیر سلطنتی یا مزامیر مرتبط با صندوق عهد، با قطعیت بیشتری مصداق پیدا می‌کند. با سقوط اورشلیم در سال ۵۸۷ یا ۵۸۶ پ. م.، دوران پادشاهی در اسرائیل به پایان رسید و صندوق عهد گم شد.

ای. اس. گرشتنبرگر[1] مانند معدودی از محققان این بحث را مطرح کرده که بیشتر مزامیر ریشه در محیط بیرون از معبد دارند و در بستر جماعت‌های محلی و محافل پرستشی کوچک شکل گرفته‌اند. وی زمینهٔ مناسب برای شکل‌گیری مزامیر را پرستش در کنیسه‌ها می‌داند که در دورهٔ پس از تبعید، در میان یهودیان متداول شد. ضعف عمدهٔ استدلال او این است که از پرستش در کنیسه در دورهٔ فرمانروایی ایرانیان هیچ مدرکی در دست نیست، و حتی روشن نیست که اصلاً در آن زمان کنیسه‌ای بوده یا نه. با توجه به فقدان مدارک نامبرده، نمی‌توان به استدلال وی چندان اعتماد کرد، زیرا شواهد زیادی از خود مزامیر وجود دارد که به پرستش در معبد- و در پاره‌ای موارد پرستش در معبد "پیش از تبعید"- دلالت می‌کنند.

جشنوارهٔ پاییزی: به تخت نشستن یهوه؟

طبق قدیمی‌ترین گاهشمار آیینی قوم اسرائیل (خروج ۲۳:۱۴- ۱۷؛ ۳۴:۲۲ به بعد) در روزگار پیش از تبعید، از همهٔ مردان اسرائیلی انتظار می‌رفت سه بار در سال برای شرکت در اعیاد بزرگ، در پرستشگاه اسرائیل حضور به‌هم رسانند. این اعیاد سه‌گانه عبارت بودند از عید نان فطیر، که با درو محصول جو در بهار در ارتباط بود؛ عید هفته‌ها که در موسم درو گندم در اوایل تابستان آن را جشن می‌گرفتند، و عید خیمه‌ها در پاییز، یعنی هنگام چیدن انگور و سایر میوه‌ها.

در موردش بیندیشید
خاستگاه سرودها

شاید کشف خاستگاه سرودهای محبوب‌تان، برای شما جالب باشد. بعضی از سرودنامه‌ها همراه با هر سرود این قبیل اطلاعات را در اختیار خواننده گذاشته‌اند. در زیر به چند مورد از توضیحاتی که همراه سرودهای معروف وجود دارد، اشاره می‌کنیم.

"Amazing grace" این سرود را جان نیوتن (۱۷۲۵-۱۸۰۷) براساس شهادت زندگی خودش سروده است. او خودش را فردی توصیف می‌کند که «زمانی بی‌وفا و عیاش بود» و «محض رحمت عظیم خداوند و منجی، عیسای مسیح نجات یافت، بخشوده شد و منصوب گردید تا ایمانی را وعظ کند که زمانی طولانی را صرف نابودی‌اش کرده بود.»

"Beauty for brokenness (یا خدای مسکینان)". این سرود جدید توسط گراهام کندریک[2] (۱۹۵۰-) و در بیست و پنجمین سالگرد تأسیس بنیاد بین‌المللی مسیحی امدادرسانی Tear Fund نوشته شده است.

1. E. S. Gerstenberger

2. Graham Kendrick

"Eternal Father, strong to save"را ویلیام وایتینگ[1] (۱۸۲۵- ۱۸۷۵)، استاد مدرسهٔ هم‌سرایی وینچستر، و برای یکی از شاگردانش که قرار بود به زودی رهسپار آمریکا شود، سروده است. به همین دلیل سرود مزبور به "سرود ملوانان" تبدیل شده است.

"God of grace and God of glory". هری امرسن فاسدیک[2] (۱۸۷۸- ۱۹۶۹) این سرود را برای خدمت فداکارانه در افتتاحیهٔ رسمی کلیسای نیو ریورساید در نیویورک در سال ۱۹۳۱ نوشت. وی این سرود را «دعایی شخصی که وجودش برای خدمت کلیسای جدید جداً لازم بود» توصیف کرد.

"Onward, Christian soldiers". سابین برینگ- گولد[3] (۱۸۳۴-۱۹۲۴) این سرود را برای رژهٔ بچه‌های کانون شادی نوشت تا در حالی که پیشاپیش آنها صلیب و پرچمی حمل می‌شد، این سرود را بخوانند. می‌گویند لرد کرزن، نایب‌السلطنهٔ هندوستان خواندن این سرود را در جلسات کلیسایی، در دورهٔ دربار بزرگ[4] ۱۹۰۲ قدغن کرده بود، چونکه در یکی از ابیاتش آمده بود: «شاید تاج و تختها زوال پذیرند، پادشاهی‌ها بیایند و بروند.»

برخی از اطلاعات بالا را می‌توانید در Colquhoun 1980، و Routely 1979 بیابید.

نظر ماوینکل بر این است که عید خیمه‌ها جشنوارهٔ سال نو بوده و نقاط مشترک زیادی با سال نو بابلی (اکیتو[5]) داشته، (هرچند بابلیان این جشن را در هنگام بهار برگزار می‌کردند). توصیف این جشن در به‌اصطلاح حماسهٔ آفرینش بابلی (*انوما الیش*[6])، آمده است. حماسه از پیروزی خدای مردوک بر نیروهای آشفتگی آغازین (Chaos)، که نمادش هیولایی به نام تیامات و لشکری از هیولاهای دریایی دیگر است، و سپس آفرینش جهان به دست مردوک سخن می‌گوید. بر تخت نشستن مردوک به‌عنوان پادشاه خدایان، با همین جشن مصادف بود. ماوینکل چنین استدلال کرد که در کتاب‌مقدس عبری، و سپس نوشته‌های رابی‌ها، اشاراتی مبنی بر وجود مضمونی مشابه آن در برگزاری عید خیمه‌ها وجود دارد. وی خروج ۱۶:۲۳ را چنین تفسیر می‌کند که عید مزبور در هنگام نو شدن سال برگزار می‌شده است. زکریا ۱۶:۱۴ به بعد، به‌طور خاص عید خیمه‌ها را با پرستش یهوه، به‌عنوان پادشاه پیوند می‌دهد.

> آنگاه باقی‌ماندگان تمامی قوم‌هایی که بر ضد اورشلیم آمده بودند، جملگی همه‌ساله برخواهند آمد تا پادشاه، یعنی خداوند لشکرها را پرستش کنند و عید خیمه‌ها را جشن بگیرند.

در دوران پس از کتاب‌مقدس، یکی از مضامین مهمی که با جشنوارهٔ سال نو یهودی

1. William Whiting; 2. Harry Emerson Fosdick; 3. Sabine Baring-Gould

۴. Great Durbar– یا دربار دهلی مراسمی بود که از سوی حکام انگلیسی هندوستان در دوران استعمار، و در سه نوبت در Coronation Park دهلی برگزار شد (۱۸۷۷، ۱۹۰۲ و ۱۹۱۱) و هدف از آن اعلام جانشینی پادشاهان بریتانیا به‌عنوان امپراتور هندوستان بود– م.

5. Akitu; 6. Enuma Elish

گره خــورد و هنوز هم اهمیتــش را حفظ کرده، پادشاهی یهوه است. عنوان مزمور ۲۹ در ترجمــهٔ هفتاد، آن را به عید خیمه‌ها ربط می‌دهد. این مزمور با اشاره به جلوس یهوه بر تخت پادشاهی و فراخواندنش به برکت دادن قومــش، پایان می‌یابــد. مزامیری که ماوینکل آنهــا را "مزامیر جلوس بر تخت"[1] نامیده (مزمــور ۴۷؛ ۹۳؛ ۹۶- ۹۹)، همگی عبارت ***یهــوه ملــک***[2] (***ملــک الوهیم***[3] در مزمور ۸:۴۷) را در خــود دارند. به‌زعم او، می‌شود عبارت مزبور را "یهوه (خدا) پادشاه شده است" معنی کرد، نه آنچنان که همگان تصور می‌کنند "یهوه (خدا) پادشــاه است". بنابر اســتدلال وی، این مزامیر در مراســم نمایشــی جلوس یهوه بر تخت سلطنت و اِعمال حاکمیتش بر همهٔ نیروهای آشفتگی در نخســتین ایام آفرینش هستی، به‌کار برده می‌شدند. قوم اسرائیل با تکرار نمایشیِ غلبهٔ یهوه بر آشفتگی و بی‌نظمی آغازین، به‌لحاظ آیینی به خود اطمینان می‌داد که کنترل همه چیز در دستان خداوند است و قوم اسرائیل ســال خوبــی پیــش رو دارد. در این آیین نمایشی، صندوق عهد نمایندهٔ حضور خدا بود. بدین‌ترتیب، ماوینــکل مزامیری را که در مراســم رژه به‌کار می‌رفتند، با جشنوارهٔ پاییزی ربط می‌دهــد. وی همچنین تصور می‌کند که پادشاه هم در این مراسم به‌عنوان نمایندهٔ یهوه شــرکت می‌کرده، و از این‌رو مزامیر ســلطنتی هم با مراســم مزبور پیوند تنگاتنگی داشته‌اند.

بیشتر شواهد و مدارکی که ماوینکل برای ربط دادن عید خیمه‌ها به سال نو و مضمون پادشاهی یهوه ارائه می‌کند، پسا-تبعیدی و حتی پسا-کتاب‌مقدســی است و از این رو پیرامون آنچه که در دوره پیش از تبعید روی داده، با ابهام روبه‌رو اســت. نخستین مدرک او زکریــا ۱۴:۱۵ به بعد اســت، که احتمالاً در ســده پنجم پ. م نوشته شده. دفاعی که ماوینــکل از کاربرد این مــدرک می‌کند، بر طبیعت محافظه کارانه آیین مذهبی اســتوار است. مدرک وی چندان هم خالی از اعتبار نیســت، اما باید همیشه مقابل شواهد متأخر علامت سؤال گذاشت.

کندوکاو بیشتر
اعیاد زیارتی

با اســتفاده از فرهنــگ کتاب‌مقدس، هرچه می‌توانید در مورد ســه "جشــن زیارتی" نان فطیــر، هفته‌ها و خیمه‌ها/ سایه‌بان‌ها اطلاعات کسب کنید.

اســتنباط ماوینکل از عبارت "در پایان سال" در خروج ۱۶:۲۳ برای ارجاع دادن به سال نو، اکنون دیگر به‌کلی اعتبار خود را از دست داده اســت. هروقت ریشهٔ عبری *ṣʾ*، که "در پایان" ترجمه شــده، در کتاب‌مقدس عبــری و در ارتباط با دوره‌های زمانی به‌کار رفته، همیشــه دلالت بر پایان آن دوره داشته اســت. پس اینجا هم "در پایان سال" معنی می‌دهــد. این بــا واقعیتی دیگــر هم جور درمی‌آید: اینکــه هم در خروج ۲۳ و هم در خروج ۳۴ عید خیمه‌ها در انتهای فهرســت اعیاد قرار گرفته است. با این‌حال، پایان یک سال به معنای آغاز قریب‌الوقوع سالی دیگر اســت، و خروج ۲۲:۳۴ موسم عید خیمه‌ها

1. 'Enthronement psalms'; 2. Yahweh malak; 3. malak ᵉlohim

را در هنگام "گردش سال" قرار می‌دهد، پس ربط دادن آن با سال نو امری محتمل است. دیوید کلاینز به این نکته اشاره کرده که خروج ۲۳ و ۳۴ بر سال کشاورزی دلالت می‌کنند، و چنین استدلال می‌کند که در روزگار پیش از تبعید، گاهشمار مدنیِ سال نو، همچون تقویم بابلی، در بهار آغاز می‌شده است. با همهٔ اینها، مشکل بتوان توضیح داد که چرا در یهودیت متأخر سال نو را در فصل پاییز جشن می‌گرفته‌اند. شاید معقول‌تر باشد که ارجاعاتی از قبیل لاویان ۳۴:۲۳ را، که عید خیمه‌ها را در "ماه هفتم" عنوان کرده‌اند، نتیجهٔ اقتباس گاهشمار بابلی توسط یهودیان در اواخر سدهٔ ششم پ.م. و هنگامهٔ استیلای بابلیان بر اسرائیل، یا دورهٔ اسارت بدانیم. روی هم رفته، و با در نظر گرفتن همهٔ جوانب، می‌بینیم که شواهد مربوط به ارتباط دادن عید خیمه‌ها با سال نو، محکم نیستند.

در اواخر سدهٔ نوزدهم و اوایل سدهٔ بیستم، اغلب چنین استدلال می‌کردند که مزامیر سلطنتی به دورهٔ فرمانروایی مکابیان یا هسمونیان بر یهودیه، در سده‌های دوم یا اول پ. م. مربوطند. پیداست که این استدلال نظر ماوینکل پیرامون ارتباط این مزامیر با جشنواره را، در دورهٔ پیش از تبعید، نامحتمل می‌شمرد. امروزه کمتر محققی است که چنین موضعی داشته باشد. برای شروع باید گفت که همگان اتفاق‌نظر دارند که کتاب مزامیر تا پیش از دورهٔ مکابیان شکل و فرم نهایی خود را یافته بود. یکی از شواهد این مطلب، نقل‌قول اول تواریخ ۳۶:۱۶ از مزمور ۱۰۶ است که حتی نیایش پایانی ویراستار مزمور را هم شامل می‌شود. کتاب‌های تواریخ ایام را معمولاً مربوط به سدهٔ چهارم پ. م. تاریخ‌گذاری می‌کنند. مدرک دوم اینکه، یهودیان در زمان هسمونیان از به‌کار بردن نام **یهوه** برای خداوند، اکراه داشتند، حال آنکه این نام در مزامیر سلطنتی آزادانه به‌کار رفته است. و آخر از همه اینکه، در برخی از این مزامیر شاخصه‌هایی وجود دارد که بازتاب‌دهندهٔ روزگار پیش از تبعید است، مانند اشاراتی که به صندوق عهد شده (مزمور ۸:۱۳۲)، و همرتبه دانستن پادشاه با کاهن «در رتبهٔ ملکیصدق» (مزمور ۴:۱۱۰).

میان اشعار به‌کار رفته در اشعیا ۴۰–۵۵ و اشعار موسوم به مزامیر جلوس، هم در مضامین و هم حتی در عبارت‌بندی، مشابهت‌های خیره‌کننده‌ای وجود دارد. این شباهت‌ها شامل عبارت «خدای تو پادشاهی می‌کند» در اشعیا ۷:۵۲ هم می‌شود. با توجه به این شباهت‌ها، محققان استدلال کرده‌اند که سرایندگان مزامیر به سبک اشعار نبوتی نزدیک شده‌اند، و از این نزدیکی می‌توان به‌طور ضمنی نتیجه گرفت که مزامیر به دوران پسا–تبعید تعلق دارند. با این‌حال، ترجمهٔ ماوینکل از عبارت *Yahweh malak* بحث‌های داغی برانگیخته است. فرم زمان کامل فعل *malak* به کرات هم به معنی «او پادشاه بود» و هم «او پادشاه شد» به‌کار رفته است. با توجه به زمینهٔ متن تاجگذاری‌ها، این فعل به معنای «او پادشاه شده است» به‌کار رفته است (دوم سموئیل ۱۰:۱۵؛ دوم پادشاهان ۱۳:۹؛ اول سموئیل ۱۴:۱۲؛ اول پادشاهان ۱۱:۱و۱۳و۱۸). بنابراین، ترجمهٔ ماوینکل از عبارت مزبور در مزامیر، کاملاً به‌جاست. در واقع، طبیعی به‌نظر می‌رسد که در مزمور ۸:۴۷ و در پی اشاره به اینکه «خدا در میان فریاد شادمانی صعود

کرده است» (آیهٔ ۵)، اشارهٔ سراینده به جلوس یهوه بر تخت باشد. تنها ایراد اصلی در ترجمهٔ ماوینکل، اشکال الاهیاتی و مفهومی است، نه دستور زبانی. کیست که بتواند یهوه را بر تخت بنشاند؟ در مورد مردوک این خدایان دیگر هستند که پادشاهی او را اعلام می‌کنند. آیا بر تخت نشستن سالانهٔ یهوه تلویحاً بدین‌معناست که زمانی هم بوده، یا هست که او پادشاه نبوده، یا نباشد؟ در پاسخ به اشکال مزبور، استدلال می‌کنند که ما در اینجا با معضلات اجتناب‌ناپذیر مربوط به زبان آیینی و دینی روبه‌رو هستیم. زبان آیینی به واقعیاتی دلالت می‌کند که فراتر از چارچوب درک ما از فضا-زمان است. شاید کاری که در جشنواره انجام می‌دادند، صرفاً گرامیداشت پادشاهی یهوه و تازه نگاه داشتن این واقعیت در تجربهٔ دینی قوم اسرائیل بوده، نه "اظهار نظر کردن" دربارهٔ پادشاهی یهوه. از این‌رو است که اکنون بیشتر پژوهشگران ترجمهٔ «یهوه سلطنت می‌کند» یا «یهوه پادشاه است» را می‌پسندند. برای کسب اطلاعات بیشتر پیرامون این موضوع، به بحثی که در مورد تفسیر مزمور ۹۶ ارائه شده، نگاه کنید.

جشنوارهٔ پاییزی: تجدید عهد؟

پژوهشگران دیگری نیز بسیاری از مزامیر را به جشنوارهٔ پاییزی مرتبط دانسته‌اند، اما چنین نظر داده‌اند که مضمون اصلی جشنوارهٔ پاییزی چیزی غیر از مضمونی است که ماوینکل مطرح کرده. ای. وایزر[1] در تفسیری که بر کتاب مزامیر نوشته، نظر می‌دهد که مضمون جشنوارهٔ پاییزی، تجدید عهد سینا بوده است.

دو مزمور را می‌توان با قطعیت بیشتری به تجدید عهد مرتبط دانست. مزمور ۵:۵۰ به بستن عهدی میان خدا و قومش اشاره می‌کند. مزمور در ادامه سراغ کسانی می‌رود که عهد را در زبان نگاه می‌دارند، اما در عمل از احکامش اطاعت نمی‌کنند (آیهٔ ۱۶)، و ایشان را به توبه فرامی‌خواند. اشارهٔ آشکاری که در آیهٔ ۲ این مزمور به مراثی ۱۵:۲ شده («آیا این است شهری که کمال زیبایی‌اش می‌خواندند؟») حاکی از آن است که مزمور نامبرده در دورهٔ پیش از تبعید نوشته شده. در مورد مزمور ۸۱ کاملاً پیداست که برای روز عید سروده شده است (آیهٔ ۳).

کرنا را بنوازید در اول ماه، در ماه تمام،
در روز عیدمان!

کنار هم آوردن کرنانوازی در روز اول ماه (ماه نو) و عیدی که در میانهٔ ماه (ماه کامل) برگزار می‌شود، با توصیفی که در لاویان ۲۳:۲۳ به بعد در مورد ماه هفتم و عید خیمه‌ها آمده جور درمی‌آید. سپس مزمور به خروج قوم اسرائیل از مصر و دیگر رویدادهایی که پیش از رسیدن بنی اسرائیل به سینا اتفاق افتاد، اشاره می‌کند (مزمور ۸۱:۵-۷). پس از آیهٔ ۸ که قوم را به شنیدن صدای خدا فرامی‌خواند، آیه‌های ۹-۱۰ یادآور سرآغاز ده فرمان هستند. سپس خدا اشتیاق خود را برای برکت دادن قوم اعلام می‌کند، منتها به شرطی که ایشان صدایش را بشنوند و از او اطاعت کنند. بعدها سنت یهودی این مزمور را به عید خیمه‌ها و سال نو مرتبط دانست. اگر چنانکه برخی محقق استدلال کرده‌اند، عهد سینا بر اساس "عهدنامهٔ

1. A. Weiser

دست‌نشـــاندگی″ میان یک ″پادشاه بزرگ″ و پادشـــاه دست‌نشـــانده‌اش تنظیم شـــده باشـــد- که در این مدل یهوه ″پادشاه بزرگ″ و دست‌نشانده ″قوم اســـرائیل″ است- پس مضمون پادشاهی یهوه به‌طور کاملاً طبیعی با مضمون پیشنهادی جشنوارهٔ پاییزی مطابقت پیدا می‌کنـــد. در حقیقت مزمور ۸:۹۵ (یکی از مزامیـــر جلوس) به طغیان بنی‌اســـرائیل علیه خدا در مریبه اشـــاره می‌کند، رویدادی که در مزمور ۷:۸۱ هم از آن یاد شـــده است. از آنجایی که به موســـی فرمان داده شده بود الواح ده فرمان را در صندوق عهد نگاه دارد (خروج ۲۰:۴۰؛ تثنیه ۵:۱۰)، انتظار می‌رود که صندوق عهد در مراسم تجدید عهد نقشی پررنگ داشته باشد، و از این‌رو مزامیر ۲۴ و ۱۳۲ را هم می‌توان در زمرهٔ مزامیر مرتبط با جشنواره دانست. در واقع، پس‌زمینه‌ای که وایزر مطرح می‌کند، مزامیر بسیاری را برای جشنوارهٔ تجدید عهد متناسب می‌سازد. گاه خط و ربط‌هایی که او پیشنهاد می‌کند، فاقد پشتوانهٔ لازم هستند.

مـــدرک اصلی در مورد اینکه در روزگار پیش از تبعید جشـــنوارهٔ تجدید عهد برگزار می‌شـــده، و این جشـــنواره با عید خیمه‌ها در ارتبـــاط بوده، تثنیه ۹:۳۱-۱۳ اســـت. با وجود این، در متن مزبور قید شـــده که عهد را باید هر هفت ســـال یک‌بار تجدید کرد، نه هرســـاله. برخی از پژوهشگران استدلال کرده‌اند کـــه خودِ الاهیات عهـــد پدیده‌ای است که در ســـدهٔ هفتم پ. م. معرفی شده، و این دوره‌ای اســـت که اکثـــراً آن را زمان نگارش کتاب تثنیه، در شکل و فرم امروزی آن، می‌دانند. با این‌همه، به‌نظر می‌رســـد که مفهوم عهد در سدهٔ هشتم پ. م. هم بخشی از الاهیـــات کتاب‌های انبیا بـــوده، هرچند تنها هوشـــع است که صراحتاً اصطلاح عهد را به‌کار می‌برد (هوشـــع ۷:۶؛ ۱:۸). احتمال دارد که اشـــارهٔ مذکور در تثنیه ۳۱ بازتاب کاری باشد که بعدها در دورهٔ پیش از تبعید انجام می‌گرفت. طبـــق نحمیا ۸، عزرا کتاب شـــریعت را در خلال عید مـــاه هفتم، یعنی عید خیمه‌ها، خواند. خواندن شـــریعت به تجدید عهد قوم با خدا انجامید. با این‌همه، در مقاطعـــی از دورهٔ پـــس از تبعید، تجدید عهد مقارنِ عید هفته‌ها ذکر شـــده اســـت. تاریخ‌گذاری دقیق عید در لاویان ۱۵:۲۳ به بعد، زمان این عید را در ســـومین ماه ســـال مشـــخص می‌کند، یعنی زمانی که گفته شده بنی‌اسرائیل به سینا رسیدند (خروج ۱:۱۹). در این دوره جماعتی که در قمران گرد آمده بودند، جشـــنوارهٔ تجدید عهد را در موسم عید هفته‌ها جشن می‌گرفتند. برای اکثریت یهودیان، عید هفته‌ها زمانی بود که در ســـینا با خدا عهد بســـتند و شریعت بدیشان اعطا گردید.

جشنوارهٔ پاییزی: جشنواره‌ای سلطنتی در پیوند با صهیون؟

اچ. جی. کراوس[1] اســـتدلال می‌کند که مقصود اصلی از برگزاری جشنوارهٔ پاییزی پاسداشت انتخاب اورشلیم/ صهیون توسط یهوه، پایه‌گذاری معبد و متعاقب آن حفاظت و امنیت قوم برگزیده خدا بوده است. به‌زعم وی، این پاسداشـــت وامدار مراسمی بود که پیش از تشـــکیل قوم اسرائیل انجام می‌شد، و یکی از آیین‌های سلطنتی کنعانیِ اورشلیم بوده است.

1. H. J. Kraus

سرودهای صهیون در این جشن‌ها جایگاهی پررنگ دارند. دو نمونه از آنها ارتباط احتمالی جشن مزبور را با آیین‌های کنعانی آشکار می‌سازند. در مزمور ۴:۴۶ چنین آمده:

نهری هست که جویبارهایش شهر
خدا را فرحناک می‌سازد،
مسکن قدوس آن متعال را.

اورشلیم چنین نهری ندارد. این در بهترین حالت، می‌تواند اشاره‌ای مبالغه‌آمیز به جویبار جیهون[1] باشد. با این‌حال، در اشعار اوگاریتی دربارهٔ سکونتگاه **ال**، خدای کنعانی، گفته شده که این مکان در سرچشمهٔ رودها قرار دارد. از این گذشته، خدا در اینجا ***ال الیون***[2] (متعال) نامیده شده است. این عنوانی است که برای خدای ملکیصدق، کاهن-پادشاه کنعانی اورشلیم، که شرحش در داستان مربوط به دیدار او با ابراهیم آمده (پیدایش ۱۸:۱۵) به‌کار رفته است. به‌نظر می‌رسد که در مزمور یادشده، نام کنعانی ***ال الیون*** برای خدای اسرائیل استفاده شده است. در مزمور ۱:۴۸ب-۲ صهیون چنین توصیف شده است:

در کوه مقدس خویش. کوه صهیون،
جمیل در بلندی‌اش
و شادی تمامی جهان است کوه
صهیون،
در جوانب شمال، قریه پادشاه عظیم.

هیچ‌یک از اشاراتی که به بلندی و "جوانب شمال" شده، با موقعیت جغرافیایی کوه صهیون همخوانی ندارند. با وجود این، اشارات مزبور بازتاب توصیفاتی هستند که در اشعار اوگاریتی از سکونتگاه خدای بعل شده است. از ظواهر امر چنین پیداست که سرایندهٔ مزمور همان اصطلاحات سنتی کنعانی را که برای سکونتگاه خدا به‌کار می‌رفته، برای کوه صهیون به‌کار برده است. هر دو مزمور یادشده از امنیت صهیون به‌واسطهٔ حضور خدا در آن، سخن گفته‌اند (مزمور ۵:۴۶؛ ۳:۴۸). از آنجایی که صندوق عهد نماد حضور خدا بود، مزامیری که به‌نوعی با آن در ارتباطند، در نظریهٔ کراوس پیرامون جشنوارهٔ پاییزی، از جایگاه ویژه‌ای برخوردارند. به‌لحاظ تاریخی، گزینش صهیون به‌عنوان سکونتگاه یهوه به‌طرز تفکیک‌ناپذیری با گزینش داوود و جانشینانش توسط یهوه، گره خورده است. این داوود بود که اورشلیم را از یبوسیان گرفت و پایتخت خود ساخت. او بود که با یافتن صندوق عهد و آوردنش به اورشلیم، این شهر را به مرکز پرستش یهوه تبدیل کرد. سلیمان، پسر داوود، بود که معبد را بنا کرد. از این‌رو می‌توان دریافت که چرا کراوس در مورد جشنوارهٔ سلطنتی صهیون چنین نظری دارد. در این جشنواره، و نیز در سرودهای جلوس یهوه، مزامیر سلطنتی جایگاه ویژه‌ای دارند، زیرا پادشاهی که از دودمان داوود است نمایندهٔ حاکمیت یهوه بر زمین محسوب می‌شود.

نظریهٔ کراوس بیش از نظریه‌های ماوینکل و وایزر مورد تردید قرار گرفته است، زیرا خارج از مزامیر، شواهدی دال بر تأیید این نظریه وجود ندارد.

1. Gihon; 2. El Elyon

جشنوارهٔ پاییزی: جمع‌بندی

همهٔ نظریه‌های ماوینکل، وایزر و کراوس در مورد جشنوارهٔ پاییزی نمی‌توانند درست باشند. این احتمال وجود دارد که هر یک از آنها شواهدی جداگانه از جشنواره‌های بزرگ یافته باشند. با این‌حال، اشکال کار در روش‌شناسیِ محققان نامبرده است. مثلاً فرض کنید کتاب "دعای عمومی"[۱] (یا مناجات‌نامهٔ مجملی شبیه به آن)، دعاها، اعتقادنامه‌ها و سرودنامه‌های دیگر پاره‌پاره و دوباره به‌طرزی اتفاقی کنار هم چیده شده باشند. بدون داشتن شواهد آشکار از ساختار فرضاً دعای بامدادی، به‌سختی می‌توان دست به بازآفرینی ادبیات پرستشی آن زد. شاید بیشترین نتیجه‌گیری‌ای که می‌توانیم از نظریه‌های ماوینکل، وایزر و کراوس بکنیم، این باشد که ایشان به مضامین اصلیِ متفاوتی در پرستش رایج در معبد اورشلیم پرداخته‌اند.

در موردش بیندیشید
پادشاهی یهوه

گروهی از مزامیر که، طبق نظریه‌های ماوینکل، وایزر و کراوس، سه جلوهٔ متفاوت از جشنوارهٔ پاییزی را در خود دارند، آنهایی هستند که به گرامیداشت پادشاهی یهوه اختصاص یافته‌اند. احتمال وجود چنین چیزی باعث شده که فرضیهٔ محوریت مضمون پادشاهی یهوه در پرستش قوم اسرائیل، قوت پیدا کند. جایگزین شدن سلطنت‌های مطلقه با دموکراسی، باعث شده بسیاری با "مدل" خداسالاری مشکل پیدا کنند. شما چه اشکالاتی در آن می‌بینید؟ آیا می‌توانید به "مدل" جایگزین مناسبی بیندیشید؟

عنوان‌های مزامیر

در کتاب‌مقدس عبری به جز ۳۴ مورد، همهٔ مزامیر عنوانی برای خود دارند. اگرچه غالباً واژهٔ "عنوان" را برای آنها به‌کار می‌برند، اما این واژه اصطلاحی غلط‌انداز است. بهتر است اصطلاح "انتساب" را به‌کار ببریم، زیرا اصطلاح مزبور نشانگر چیزهایی است از قبیل: مجموعه‌ای که آن مزمور بدان تعلق دارد، نوع آن مزمور، چگونگی اجرای آن، موقعیتی که مزمور در آن نوشته شده، و گه‌گاه جزئیاتی دیگر. در ترجمهٔ یونانی زبور، به استثنای مزمور ۱ و ۲، به همهٔ مزامیر بی‌عنوان، عنوانی افزوده شده است. همچنین ترجمهٔ یادشده در چندین عنوان دیگر هم دست برده است. این واقعیت که مترجمان یونانی کتاب‌مقدس این افزوده‌ها و تغییرات را در اثرشان اعمال کرده‌اند، نشان می‌دهد که تا سدهٔ دوم پ. م. هیچ عنوان ثابتی برای مزامیر وجود نداشته است. و این واقعیت که دو نسخهٔ متفاوت از یک مزمور (مزامیر ۱۴ و ۵۳) وجود دارد، حاکی از آن است که عناوین گوناگون به‌نوعی نشانگر این هستند که آنها از ابتدا بخشی از بدنهٔ اصلی مزمور نبوده‌اند، بلکه بعدها بدان افزوده شده‌اند. در این مورد به‌خصوص، احتمالاً

---

۱. The Book of Common Prayer– کتاب دعایی است که در مراسم عبادی کلیسای انگلیکان به کار می‌رود. این کتاب در سال ۱۵۴۹ و در دوره پادشاهی ادوارد ششم منتشر شده و حاصل بازنویسی متون مسیحی پس از جدایی کلیسای انگلستان از کلیسای کاتولیک است– م.

آنها پس از زمانی که دو نسخهٔ متفاوت از یک مزمور در ذیل دو مجموعهٔ جداگانه قرار گرفته‌اند، به آنها افزوده شده‌اند.

موضوعات اشاره شده در عنوان‌ها را می‌توان بنا بر نوع اطلاعاتی که به‌دست می‌دهند، طبقه‌بندی کرد. برخی از عناوین حاوی اطلاعاتی هستند که به بیش از یک نوع به‌خصوص دلالت می‌کنند.

نشان دادن نگارنده یا گردآورنده

"مزمور داوود"

در کتاب‌مقدس عبری، این عنوان را می‌توان بر بالای ۷۳ مزمور مشاهده کرد. معنای آن مورد بحث است، زیرا هم حرف ربط عبری l^e و هم واژه "داوود" را می‌توان به شیوه‌های گوناگون تفسیر کرد. حرف ربط مزبور می‌تواند بر نگارندهٔ ("اثر")، مالکیت ("متعلق به")، و کسی که اثر برایش نوشته شده ("برای") دلالت داشته باشد. در متون اوگاریتی، ظاهرا حرف ربط l^e کسی را نشان می‌دهد که در شعر مزبور شخصیت اصلی به حساب می‌آید ("دربارهٔ"). واژهٔ "داوود" هم می‌تواند بر خود داوود پادشاه یا هر پادشاهی از دودمان داوود دلالت داشته باشد (چنانکه در هوشع ۵:۳؛ حزقیال ۲۳:۳۴ به بعد؛ ۲۴:۳۷ به بعد هم می‌بینیم). این احتمالات باعث شده‌اند که تفسیرهای متعددی از این عنوان صورت بگیرد.

هم در سنت یهودی و هم در سنت مسیحی، از عنوان مزبور چنین استنباط شده که داوود نگارندهٔ این مزامیر است. به‌طور قطع روایتی قدیمی وجود دارد که داوود را به موسیقی و مزامیر پیوند می‌دهد. در سدهٔ هشتم پ. م. عاموس نبی به مهارت داوود در نواختن آلات موسیقی اشاره می‌کند (عاموس ۵:۶). مطابق داستانی که در اول سموئیل ۱۴:۱۶-۲۳ نقل شده، همین مهارت بود که پای داوود را به دربار شائول پادشاه باز کرد. او با آوردن صندوق عهد به اورشلیم (دوم سموئیل ۶) و برنامه‌ریزی برای ساختن معبد (اول سموئیل ۷)، پرستش اسرائیل را متحول نمود. در روایتی متأخرتر از داوود به‌عنوان کسی که مروج سرایش مزامیر و سازمان‌دهندهٔ موسیقی و عبادت در معبد بوده (اول تواریخ ۱۳-۲۹)، یاد شده است. از این‌رو کاملاً منطقی است که در کتاب زبور مزامیری باشند که تمام یا قسمتی از آنها را خود داوود سروده باشد. با این‌همه، چند مزمور هستند که عنوان "مزمور داوود" را بر خود دارند، و دستِ‌کم در فرم کنونی‌شان متعلق به دورانی پس از زمانهٔ داوودند (مثلاً، ۱۸:۵۱ به بعد؛ ۳۵:۶۹ به بعد). علاوه بر مزامیری که در کتاب‌مقدس عبری به داوود منتسب شده‌اند، در ترجمهٔ هفتاد ۱۴ مزمور دیگر هستند که عنوان "مزمور داوود" را دارند و این نشان‌دهندهٔ تمایل فزایندهٔ مردم به مرتبط دانستن داوود با مزامیری با خاستگاه ناشناخته است.

احتمال دارد که در مواردی، منظور از "مزمور داوود" این بوده که آن مزمور برای استفادهٔ پادشاه (مثلاً مزمور ۱۸، شکرگزاری برای رهایی در جنگ) یا به منظور دعا کردن در حق پادشاه (مثلاً مزمور ۲۰، دعایی برای عطای پیروزی در جنگ به پادشاه) سروده شده است.

شاید محتمل‌ترین دلیل برای خاستگاه عنوان "مزمور داوود" این باشد که به مزامیری دلالت دارد که از مجموعه سروده‌های

سلطنتی اقتباس شده‌اند، و احتمالاً هم مزامیر سرودهٔ داوود را شامل می‌شده‌اند و هم مزامیری که توسط دیگران برای استفادهٔ پادشاهان بعدی تصنیف گشته‌اند.

در کتاب‌مقدس عبری، سیزده مزموری که عنوان "مزمور داوود" را بر خود دارند، موقعیت‌هایی تاریخی از زندگی او را زمینه قرار داده‌اند. اکثر آنها به رویدادهایی اشاره می‌کنند که شرح‌شان در کتاب‌های سموئیل آمده است. مایکل گولدر چنین استدلال کرده که عناوین تاریخی در مزامیر ۵۱-۷۲، در واقع، برای داوود و توسط یکی از ملازمان نزدیکش نوشته شده‌اند، و رویدادهای خاصی از دوران زندگی او را بازتاب داده‌اند. با وجود این، میان عناوین مزامیر داوودی و گزارش کتاب سموئیل، مغایرت‌هایی دیده می‌شود. برای نمونه، عنوان مزمور ۳۴ به تظاهر داوود به دیوانگی در برابر ابیملک اشاره می‌کند، حال آنکه در اول سموئیل ۱۰:۲۱ پادشاه مربوطه اخیش است. عنوان مزمور ۶۰ کشتاری را که در دوم سموئیل ۱۳:۸ به داوود نسبت داده شده، به یوآب منسوب می‌داند. تازه در دو نسخهٔ مزبور، شمار کشته‌شدگان هم متفاوت ذکر شده است. این واقعیت که در ترجمهٔ هفتاد عناوین تاریخی بیشتری به متن اصلی افزوده شده، حاکی از گرایش فزایندهٔ مردم به منتسب دانستن مزامیری است که با الهام از رویدادهای مشهور در زندگی داوود سروده شده‌اند. برای مثال، "پناه/ پناهگاه" نامیدن خدا توسط سراینده‌ای که دشمن از هر سو احاطه‌اش کرده (مزمور ۱:۵۷؛ ۵:۱۴۲) شاید انگیزه‌ای شده تا این مزامیر را به برهه‌ای از زندگی داوود نسبت دهد، که در غارها پنهان شده بود و شائول دنبالش می‌گشت. پیتر اکروید[1] خاطرنشان می‌سازد که در برخی از دست‌نوشته‌های قدیمی به‌جامانده از دوم سموئیل، در مقاطعی از داستانِ داوود جای خالی وجود دارد، و این جاها برای این خالی گذاشته شده‌اند که بعداً مزامیر مرتبط با آن رویدادها را در آنها درج کنند. این نظریه، انتساب خاستگاه مزامیری از این دست، به رویدادهای تاریخی را تقویت می‌کند.

کندوکاو بیشتر: عناوین تاریخی در مزامیر

بعضی از مزامیر زیر را همراه با عبارات مربوط به آنها از کتاب‌های اول و دوم سموئیل بخوانید. میان مزمور و داستان مربوطه چه ارتباطی پیدا می‌کنید؟ آیا به‌نظر شما احتمال اینکه مزمور مورد بحث در هنگام رویدادهای گزارش‌شده در داستان سروده شده باشد بیشتر است، یا اینکه آن مزمور مستقلاً نوشته شده و بعدها آن را به رویداد منسوب ساخته‌اند؟

مزمور ۳	فرار داوود از دست ابشالوم (دوم سموئیل ۱۵-۱۶)
مزمور ۷	نگرانی‌های داوود به سبب سخنان کوش بنیامینی (رویداد اصلی ناشناخته است)
مزمور ۱۸	رهایی داوود از دست شائول (اول سموئیل ۲۷:۲۴)
مزمور ۳۴	تظاهر داوود به دیوانگی (اول سموئیل ۲۱)

1. Peter Ackroyd

مزمور ۵۱	محکوم کردن زنای داوود، توسط ناتان نبی (دوم سموئیل ۱۲)	
مزمور ۵۲	خیانت دوآغ نسبت به داوود (اول سموئیل ۲۲)	
مزمور ۵۴	خیانت زیفیان به داوود و آمدنشان به نزد شائول (اول سموئیل ۲۳)	
مزمور ۵۶	فلسطینیان داوود را در جت دستگیر می‌کنند (اول سموئیل ۲۱)	
مزمور ۵۷	فرار داوود از دست شائول (اول سموئیل ۲۲)	
مزمور ۵۹	شائول مردانی را می‌فرستد تا داوود را در خانه‌اش بکشند (اول سموئیل ۱۹)	
مزمور ۶۰	جنگ‌های داوود با ارامیان و ادوم (دوم سموئیل ۸؛ ۱۰)	
مزمور ۶۳	داوود در صحرای یهودا (اول سموئیل ۲۳-۲۴)	
مزمور ۱۴۲	فرار داوود از دست شائول (اول سموئیل ۲۲)	

"مزمور آساف"

این عنوان را می‌توان در بالای ۱۲ مزمور مشاهده کرد، که به‌جز مزمور ۵۰، گروه متمایزی از مزامیر را تشکیل می‌دهند که در یک‌جا جمع شده‌اند (مزامیر ۷۳-۸۳). آساف در کتاب تواریخ ایام و در روزگار داوود پدیدار می‌شود و سمتش رهبری نوازندگان و سرایندگان است (اول تواریخ ۱۹:۱۵؛ ۴:۱۶ به بعد). "پسران آساف" بعدها همین نقش را بر عهده گرفتند (اول تواریخ ۱:۲۵؛ دوم تواریخ ۱۲:۵؛ عزرا ۴۱:۲؛ ۱۰:۳؛ نحمیا ۴۴:۷؛ ۲۲:۱۱). منطقی به‌نظر می‌رسد اگر فرض کنیم که مزامیر منتسب به آساف حاصل کار مداوم همین صنف سرایندگان و نوازندگان معبد بوده است. این واقعیت که عناوین مزامیر یادشده، آنها را به خود آساف نسبت می‌دهند، در حالی که بعضی از آنها آشکارا به زمانی متأخرتر از روزگار داوود تعلق دارند (مثلاً، مزامیر ۷۴و۷۹ که به ویرانی معبد در سال ۵۸۶ گواهی می‌دهند)، نشانگر آن هستند که عنوان "مزمور آساف" به زنجیره‌ای از مزامیر اشاره می‌کند که همانند مزامیر منتسب به داوود، در طول زمانی طولانی نوشته و به مجموعهٔ مزامیر افزوده شده‌اند.

- مزامیر آسافی واجد خصوصیات متمایزی هستند که نظریهٔ تعلق آنها به مجموعه‌ای جداگانه را تأیید می‌کنند.
- مضمون داوری الاهی در همهٔ این مزامیر مشترک است، هرچند این مضمون به طرق گوناگون خود را نمایان می‌سازد. بدین‌ترتیب، هدف داوری می‌تواند اسرائیل (مزمور ۵۰؛ ۷۷؛ ۷۸؛ ۸۰؛ ۸۱)، اورشلیم (مزمور ۷۴؛ ۷۹)، سایر اقوام (مزمور ۷۵؛ ۷۶؛ ۸۳)، شریران (مزمور ۷۳) یا خدایان (مزمور ۸۲) باشد.
- چندین فقره از این مزامیر به اعمال عظیم یهوه در گذشته، اشاره می‌کنند: آفرینش (مزمور ۷۴) خروج (مزمور ۷۷؛ ۷۸؛ ۸۰؛ ۸۱)، تسخیر

کنعان (مزمور ۷۸)، دورهٔ داوران (مزمور ۷۸؛ ۸۳).

- نسبت به کل کتاب مزامیر، در این گروه از مزامیر اشارات بیشتری به قوم اسرائیل به‌عنوان گله‌ای که یهوه شبانی‌اش را بر عهده دارد، به چشم می‌خورد.
- به قبایل شمالی اسرائیل، به‌ویژه آنهایی که زیر نام یوسف هستند (منظور قبایل منسی و افرایم است- م.) اشارات متعددی شده است. در کل کتاب زبور، گذشته از مزامیر آسافی تنها یک جای دیگر هست که در آن به یوسف اشاره شده است (مزمور ۱۰۵:۱۷).
- در مزامیر ۵۰ و ۷۲ و ۸۱ و ۸۲ شاهد وحی‌های الاهی هستیم.
- به‌جز مزامیر ۷۳ و ۷۷، اینها در ردیف مزامیر دسته‌جمعی قرار دارند.

بعضی‌ها با توجه به تأکید مزامیر آسافی بر داوری الاهی، توسل به اعمال یهوه در گذشته و حضور وحی‌های الاهی، برای این دسته از مزامیر زمینه‌ای نبوتی قایل شده‌اند و خاطرنشان می‌کنند که دوم تواریخ ۲۹:۳۰ از آساف با عنوان رائی یاد می‌کند، و اول تواریخ ۲۵:۱-۶ هم پسران آساف و دیگر سرایندگان معبد را در حال نبوت کردن توصیف کرده‌اند. به‌خاطر اشاراتی که در این مزامیر به قبایل شمالی اسرائیل شده، عده‌ای نظر داده‌اند که بنی‌آساف پیش از آمدن به اورشلیم، در شمال زندگی می‌کرده‌اند. با این حال، مزمور ۷۸ صراحتاً لحنی ضد شمالی دارد، و اشاراتی که در آنها به یوسف شده، عمدتاً نتیجهٔ علاقه به رویدادهایی است که حول و حوش خروج به‌وقوع پیوسته‌اند.

گولدر استدلال کرده که مزامیر آسافی جزئی از مراسم عبادتی جشنوارهٔ سال نو بوده‌اند که در اواخر سدهٔ هشتم پ. م. در بیت‌ایل برگزار می‌شده، و اینکه آنها حاوی قدیمی‌ترین شکل سنت‌هایی هستند که اکنون شکل متحول‌شده‌شان در کتاب‌های خروج تا اعداد موجود است. او مشخصاً این مزامیر را با نوشته‌های "الوهیستی" در این کتاب‌ها مرتبط می‌داند. متون الوهیستی نوشته‌هایی هستند که در آنها نام خدا به صورت "الوهیم" ذکر شده، نه "یهوه". "الوهیم" نامی است که در مزامیر آسافی عمدتاً برای خدا به‌کار رفته است. بنا بر استدلال گولدر، پس از سقوط پادشاهی شمالی اسرائیل، این مزامیر به اورشلیم آورده شدند. قوی‌ترین بخش از استدلال گولدر نزدیکی میان مزامیر آسافی و نوشته‌های "الوهیستی" مندرج در کتاب‌های خروج تا اعداد است. مطالبی که وی در مورد زمان و مکان شکل‌گیری این مزامیر، و نیز حضور بعدی آنها در پرستش اورشلیم گفته، تا حد زیادی با حدس و گمان همراه است و باید در آنها تردید کرد. این حدس و گمان‌ها به توجیه لحن ضدشمالیِ مزمور ۷۸، و همین‌طور اشاراتی که در مزمور ۷۹ به ویرانی اورشلیم شده و جزو افزوده‌های ویرایشی است، هیچ کمکی نمی‌کند.

"مزمور بنی قورح"

این عنوان بر بالای ۱۱ مزمور (با فرض اینکه مزامیر ۴۲-۴۳ را یک مزمور حساب کنیم) قرار گرفته است، که در سه گروه

دسته‌بندی شده‌اند (مزامیر ۴۲-۴۹؛ ۸۴-۸۵؛ ۸۷-۸۸). شگفت اینکه، مزمور ۸۸ را به هیمان ازراحی هم منتسب دانسته‌اند (نگاه کنید به ص ۴۴). چند مورد از این مزامیر با کوه صهیون مرتبط هستند (مزامیر ۴۲-۴۳؛ ۴۶؛ ۴۸؛ ۸۴؛ ۸۷)، و تأکیدی که بر حرمت و تقدس صهیون می‌کنند حاکی از خاستگاه پیشا-تبعیدی این مزامیر در پرستش خدا در معبد سلیمان است.

مایکل گولدر استدلال می‌کند که خاستگاه مزامیر بنی‌قورح پرستشگاه شمالیِ دان است، و تا پیش از آنکه این مزامیر را در سدهٔ هفتم پ. م. برای استفاده در پرستش به اورشلیم بیاورند، در پرستشگاه دان سراییده می‌شدند. او در تأیید نظراتش به عبارت «بلندی‌اش... در جوانب شمال» (طبق ترجمهٔ خودش) در مزمور ۲:۴۸ متوسل می‌شود و نهر مذکور در مزمور ۴:۴۶ را با رود اردن یکی می‌داند. با این‌حال، بیشتر محققین برای این آیات کاربردی اسطوره‌ای در تصویرپردازی کنعانی قایل هستند که از دوران پرستش خدایان در اورشلیم به‌جای مانده است. همچنین در حالی که گولدر اشاراتی را که در مزمور ۶:۴۲ به سرزمین اردن و کوه حرمون شده، پشتوانه‌ای برای دیدگاهش می‌پندارد (زیرا مکان‌های یادشده در نزدیکی دان واقع شده‌اند)، سایرین خاطرنشان می‌سازند که این آیه بر آن تأکید دارد که مکان‌های مذکور با پرستشگاه یهوه فاصله زیادی دارند.

جی. مکسول میلر[1] بر این باور است که مزامیر بنی‌قورح خاستگاهی جنوبی دارند. او استدلال خود را در مورد مزامیری که عنوان "بنی‌قورح" دارند، بر پایهٔ استراکون[2] یافت شده در نزدیکی پرستشگاه عراد در جنوب یهودیه استوار می‌سازد. روشن نیست که آیا این مدرک باستان‌شناسی به پسران قورح از سبط لاوی که در کتاب‌مقدس از آنها یاد شده، دلالت می‌کند یا نه. میلر برای محکم‌کاری به عبارت مندرج در مزمور ۲:۴۸ که کوه صهیون را مکانی «در جوانب [دوردست‌های] شمال» ذکر می‌کند، متوسل می‌شود. با وجود این، همچنان که پیش‌تر هم خاطرنشان کردیم، بیشتر پژوهشگران آن را توصیفی اسطوره‌ای می‌دانند، نه اشاره‌ای تحت‌اللفظی به مکانی جغرافیایی.

تمرکز اکثر این مزامیر بر کوه صهیون نشان می‌دهد که خاستگاه آنها اورشلیم بوده است. در اول تواریخ ۱:۲۶ پسران قورح به‌عنوان دربانان معبد معرفی شده‌اند، اما در دوم تواریخ ۱۹:۲۰ و در دوران فرمانروایی یهوشافاط، نقش سرایندگان معبد را بر عهده دارند.

"(منسوب) به یدوتون"

یدوتون نامی است که چندین بار در کتاب تواریخ ایام (مثلاً اول تواریخ ۹:۱۶؛ دوم تواریخ ۱۲:۵) و یک‌بار هم در نحمیا (۱۷:۱۱) بدان برمی‌خوریم. او یکی از نوازندگان و سرایندگانی بوده که در زمان داوود و سلیمان می‌زیسته، و پسرانش پا جای پای وی گذاشته، این خدمت را تداوم بخشیدند. بنابراین، اشاره‌ای که در عنوان

1. J. Maxwell Miller

۲. Ostracon- سفال‌نوشته؛ به تکه سفال‌هایی گفته می‌شود که روی آنها نوشته‌ای وجود دارد. در یونان باستان از این تکه سفال‌ها برای رأی‌گیری در اکلسیا (مجمع عمومی) پیرامون طرد یا تبعید کردن یکی از شهروندان از شهر استفاده می‌کردند- م.

مزمور به یدوتون شـــده، می‌تواند همچون مورد بنی‌آســـاف و بنی‌قورح، بر دودمانی از نوازندگان دلالت داشـــته باشد. با این‌حال، مزامیر ۳۹ و ۶۲ هم به داوود منتسب هستند و هم به یدوتون، و مزمور ۷۷ هم به یدوتون منتسب است و هم به آساف. از این گذشته، در مزامیر ۶۲ و ۷۷ حرف اضافهٔ *al'* ("منتسب به") به‌کار رفته است. این امر باعث شده است که برخی تصور کنند، "یدوتون" نام یکی از آلات موسیقی یا شیوه‌ای در نوازندگی بوده است. احتمال ضعیف‌تر نظر ماوینکل است که واژهٔ مزبور را بـــه معنی "اعتراف" گرفته، و می‌گوید مزامیر یدوتـــون برای کاربرد در مراسم توبه و انابه به‌کار می‌رفته‌اند.

"مزمور سلیمان"

دو مزمور ایـــن عنوان را بـــر خود دارند: مزامیـــر ۷۲ و ۱۲۷. مزمـــور ۱۲۷ احتمالاً در دوران پس از تبعید نوشته شده، و ممکن است ربط دادن هر دو مزمور به ســـلیمان، ســـنتی متأخر باشـــد که بر مبنای محتوای این مزامیر انجام گرفته است. اشاره‌ای که در مزمور ۱۲۷ به «بنا کردن خانه» شـــده، شاید به پروژه‌های ساختمانی ســـلیمان، و به‌ویژه ساخت و ساز معبد مربوط باشـــد. ممکن اســـت دلیل ربط دادن مزمور ۷۲ به سلیمان، اشاراتی باشد که به داوری ([عدالت] در ترجمه فارسی- م.) پادشاه (مزمور ۱:۷۲) و هدایای پیشکشی شبا (آیه‌های ۱۰ و ۱۵) شده است.

"قصیده ایتان ازراحی"

در اول پادشـــاهان ۳۱:۴ ایتـــان ازراحی به‌عنوان یکی از حکمای نامدار زمان سلیمان معرفی شـــده است. احتمالاً عنوان مزمور ۸۹ او را با یکی از نوازندگان معبد در زمان داوود، موسوم به ایتان پسر قوشیا، یکی دانسته، که در اول تواریخ ۱۷:۱۵و۱۹ از وی یاد شده است. نکته‌ای که بیش از پیش موجب ســـردرگمی شده، این اســـت که اول تواریخ ۶:۲ ایتان و دیگر حکمای نام برده در اول پادشاهان ۳۱:۴ را جملگی پسران زراح می‌داند (آیا "ازراحی" گونهٔ تغییر شکل یافته آن است؟)

"قصیدهٔ هیمان ازراحی"

در اول پادشاهان ۳۱:۴ هیمان پسر ماحول یکی از نامدارترین حکمای زمان ســـلیمان است که از او در کنار ایتان ازراحی یاد شده است. شـــاید عنوان مزمور ۸۸ او را با هیمان پســـر یوئیل که در زمان داوود از نوازندگان معبد بـــوده و از وی در اول تواریخ ۱۷:۱۵ و ۱۹ نام برده شـــده، یکی دانسته است. در اول تواریخ ۵:۲۵ نگارنـــده هیمان را «رائی پادشاه» معرفی کرده است. چنانکه پیش‌تر هم اشاره کردیم، اول تواریخ ۶:۲ ایتان، هیمان و سایر حکمای نام‌برده در اول پادشاهان ۳۱:۴ را پسران زراح دانسته است.

"دعای موسی، مرد خدا"

این عنوانی اســـت که به مزمور ۹۰ داده شده. در این مزمور هیچ نکته‌ای وجود ندارد که به‌طور مشـــخص آن را با موســـی مرتبط نشـــان دهد، یا حقیقتاً حاکی از آن باشد که مزمور نامبرده از اشعار متقدم بوده است.

نشان دادن نوع مزمور

mizmor

مزمور عنوانی است که ۵۷ بار به‌کار رفته و تنها در کتاب زبور یافت می‌شود. احتمالاً

این اصطلاح بر سرودی آیینی دلالت می‌کند که با همراهی سازهای زهی سراییده می‌شده و معمولاً آن را در زبان انگلیسی "psalm" ترجمه کرده‌اند.

shir

از ۲۹ باری کـه اصطـلاح *شـعر* به‌کار بـرده شـده، در ۱۳ مـورد بـا اصطـلاح *مزمور* (*mizmor*) همراه است. این واژه اصطلاحی است که عموماً برای "سروده" استفاده می‌شود، اما در عنوان مزامیر احتمالاً معنایی تخصصی داشته که اکنون از آن اطلاعی در دست نیست.

maskil

اصطـلاح *مسـکیل* ("حکمـت" یـا "روشـنگری" کـه در برگـردان فارسـی "قصیده" ترجمه شده است- م.) بر صدر ۱۷ مزمور جای گرفته است. کـاربردش در مزمور ۸:۳۲ حاکی از آن است که منظور سـرایندـه، مزموری بوده که با هدف تعلیم سراییده شده است.

mikhtam

اصطلاح *مکتوم* در شـش مزمور به‌کار رفته است. از آنجایی که ریشهٔ اکدی *ktm* برای "کفاره کردن" به‌کار می‌رفته، ماوینکل آن را "مزمور کفاره" ترجمه کرده است.

tᵉfillah

واژهٔ *تفیله* معادل "دعا" است و در عنوان پنج مزمور دیده می‌شـود. در اینجـا شـاید مفهوم دقیق‌تری از گونه‌ای مزمور مرثیه‌ای مورد نظر بوده است، چون این اصطلاح در صدر مزامیر مرثیـه‌ای (مزامیر ۱۷؛ ۸۶؛ ۹۰؛ ۱۰۲؛ ۱۴۲) قرار گرفته است.

tᵉhillah

با وجودی که اصطلاح *تهیله* ("تسـبیح" در ترجمهٔ فارسی- م.) در سراسـر کتـاب زبـور به‌کار رفتـه، امـا تنهـا در عنوان یک مزمور (مزمور ۱۴۵) قرار دارد. معنای این واژه سرود ستایش است.

shiggayon

اصطلاح *شگایون* ("شجایون" در ترجمهٔ فارسی- م.) تنها در مزمور ۷ یافت می‌شود، و می‌توانـد از ریشهٔ کلمه‌ای باشد که به معنای "شیون" است. اگر چنین باشد، امکان دارد که شـگـایون بر مرثیه‌ای بودن آن مزمور دلالت کند.

shir yᵉdidhot

شـعر یدیدهوت ("سرود حبیبات" در ترجمهٔ فارسی- م.) به معنی "سروده‌ای عاشقانه" است، یعنی "نغمهٔ عاشقانه"، و این عنوانی مناسب برای مزمور ۴۵ است.

shir hammaʿᵉlot

اصطلاح *شـعر همائلوت* ("سـرود درجـات" در ترجمـه فـارسـی- م.) را معمولاً "سـرود برآمدن (صعود کردن)" ترجمـه می‌کننـد و این اصطـلاح در عنوان مزامیر ۱۲۰-۱۳۴ دیـده می‌شـود. در هنگام بحث پیرامون انواع فرعی مزامیر، در مورد مفهوم آن سخن گفتیم.

نشان دادن کاربرد عبادتی

از عنوان چند مزمور هم می‌توان به کاربرد عبادتی آنها پی برد. در مورد مزمور ۳۰ گفته شده که برای "متبرک ساختن خانه [وقف معبد- م.]" است. غالباً این اصطلاح در رابطه با تطهیر معبد توسط یهودا مکابیوس در سال ۱۶۴ پ. م. ذکر می‌شود و همین اقدام یهودا بود که منشأ برگزاری عید وقف ("عید تجدید" در ترجمهٔ قدیمی- م.) یا **هنوکا**[1] شد. عنوان مزامیر ۳۸ و ۷۰ آنها را به هدایای یادگاری (یا تذکر- م.) و عنوان مزمور ۱۰۰ آن را به هدایای شکرگزاری پیوند می‌دهد. مزمور ۹۲ هم برای سراییدن در روز شبات تصنیف شده است.

اصطلاحات فنی موسیقایی

متداول‌ترین آنها *lam^enasseah* است که در ۵۵ عنوان تکرار شده است. معنای آن روشن نیست. مترجمین هفتاد از معنی آن آگاهی نداشتند، و این از ترجمهٔ آنها از این اصطلاح به‌عنوان "برای پایان/ ابدیت" پیدا است. فراگیرترین نظریه‌ای که در مورد معنای این اصطلاح وجود دارد، "برای رهبر ارکستر/ سالار مغنیان" است.

به آلات موسیقی‌ای که باید برخی از مزامیر را همراهی کنند، اشاره شده است. مزامیر ۴ و ۶ و ۵۴ و ۵۵ و ۶۱ و ۶۷ و ۷۶ باید با همراهی سازهای زهی ("بر ذوات اوتار" در ترجمهٔ قدیمی- م.) سراییده شوند. احتمالاً منظور این بوده که این مزامیر بدون نواختن سازهای بادی و کوبه‌ای اجرا شوند. مزمور ۵ باید با همراهی فلوت ("بر ذوات نفخه" در ترجمهٔ قدیمی- م.) اجرا گردد. مزمور ۵ مرثیه است و بابلیان برای مرثیه‌خوانی فلوتی ویژه داشتند. اصطلاح *sh^eminit* ("بر ثمانی" [یا هشتم] در ترجمهٔ قدیمی- م.) (مزامیر ۶ و ۱۲) شاید به معنای آلت موسیقی ۸ تار، یا اجرای هشت‌صدایی بوده است.

در مورد تعدادی از عبارات چنین تصور می‌شود که به الحان خاص اشاره دارند: "جتیت" (مزامیر ۸؛ ۸۱؛ ۸۴)؛ "هلاک مکن" ("بر لاتهلک" در ترجمهٔ قدیمی- م.) (مزامیر ۵۷؛ ۵۸؛ ۵۹؛ ۷۵)؛ "بر سوسن‌ها" (مزامیر ۴۵؛ ۶۹؛ ۸۰؛ مزمور ۶۰ عنوان "بر سوسن شهادت" را بر خود دارد)؛ "بر غزالهٔ صبح" (مزمور ۲۲)؛ "بر فاختهٔ ساکت در بلاد بعیده" (مزمور ۵۶). معنی "موت لبین" (مزمور ۹)، "علاموت" (مزمور ۴۶)، "محلت (لعنوت)" (مزامیر ۵۳ و ۸۸) روشن نیست.

کندوکاو بیشتر:
مزامیر و موسیقی

در کتاب مزامیر شواهدی دال بر نزدیکی تنگاتنگ مزامیر و موسیقی وجود دارد.

- در زبان عبری، این کتاب *t^ehillim* (تهیلیم= سرودهای ستایش) نامیده می‌شود، هرچند در خود کتاب، واژهٔ یادشده تنها در عنوان مزمور ۱۴۵ به‌کار رفته است.

- فعل *zamar* (همراهی کردن در سرایندگی) بیش از ۴۰ بار در مزامیر به‌کار رفته، و واژهٔ *mizmor* (سرودی که

---
1. Hanukkah

همراه با موسیقی خوانده می‌شود) هم ۵۷ بار آمده اسـت. از واژهٔ shir (سرود) هم ۴۰ بار استفاده شده است.

• اصطلاح "برای رهبر ارکستر/ سالار مغنیان" در عناوین ۵۵ مزمور جای گرفته اسـت. عناوینی که با آساف (مزامیر ۵۰؛ ۷۳- ۸۳) و قورح (مزامیر ۴۲- ۴۹؛ ۸۴؛ ۸۵؛ ۸۷؛ ۸۸) آغـاز می‌شـوند، احتمالاً خاستگاه و کاربرد این مزامیر را در میان صنف نوازندگان معبد نشـان می‌دهند. نویسندهٔ کتاب تواریخ ایام آساف را یکی از رهبران موسیقی در معبد معرفی کرده است (اول تواریخ ۱۷:۱۵ و ۵:۱۶ به بعد؛ دوم تواریخ ۱۲:۵).

• برخـی اصطلاحـات منـدرج در عنوان مزامیر به نغمه‌ها و دسـتگاه‌های موسیقی اشاره دارند: مثلاً، "بر سوسن‌ها" (مزامیـر ۴۵؛ ۶۹؛ ۸۰)، "بـر لاتهلـک" (مزامیر ۵۷- ۵۹؛ ۷۵)

• هم در عنوان و هـم در متن مزامیر، نام چندین سـاز موسـیقی ذکر شـده اسـت. سـازهای زهـی و از جملـهٔ آنهـا بربـط (مزمـور ۲:۳۳) و چنـگ (مزامیـر ۲:۳۳؛ ۴:۴۳؛ ۸:۵۷؛ ۳:۱۵۰). از میان سـازهای بادی می‌تـوان به کرنا و سرنا (مزمور ۶:۹۸)، نی (مزمور ۴:۱۵۰) و فلـوت (عنـوان مزمـور ۵) اشـاره کرد. از سـازهای کوبه‌ای هم نام سـنج (مزمـور ۵:۱۵۰) و دف (مزامیر ۲:۸۱؛ ۳:۱۴۹؛ ۴:۱۵۰) به چشم می‌خورد.

در فرهنگ‌های کتاب‌مقدس جستجو کنیـد و ببینید که در ارتباط با سـازهای گوناگون موسـیقی در کتاب مزامیر، چه مطالبی گفته شده است.

ساختار و رشد کتاب مزامیر

ساختار

کتاب مزامیر در شکل و فرمی که اکنون در دسـت ماست، با چهار دعای ستایش که در انتهای هر کتاب آمده و پایان آن را اعلام می‌کنند، به پنج "کتاب" تقسیم می‌شود.

ساختار کتاب مزامیر

کتاب ۱ مزامیر ۱-۴۱

یهوه خدای اسرائیل متبارک باد.
از ازل تا به ابد. آمین و آمین
(مزمور ۱۳:۴۱)

کتاب ۲ مزامیر ۴۲-۷۲

متبارک باد یهوه خدا، خدای اسرائیل!
تنها اوست که کارهای شگفت می‌کند.
متبارک باد نام شکوهمندش تا ابد!
تمامی زمین از جلال او آکنده باد! آمین و آمین!
دعاهای داوود پسر یَسّی پایان می‌یابد.
(مزمور ۱۸:۷۲-۲۰)

کتاب ۳ مزامیر ۷۳-۸۹

خداوند تا به ابد متبارک باد!
آمین و آمین! (مزمور ۵۲:۸۹)

کتاب ۴ مزامیر ۹۰-۱۰۶

متبارک باد یهوه، خدای اسرائیل،
از ازل تا ابدالآباد.
و تمامی مردم بگویند، «آمین». هللویاه!
(مزمور ۴۸:۱۰۶)

کتاب ۵ مزامیر ۱۰۷-۱۵۰

مشابهت‌ها میان هر چهار دعای ستایش کامـلاً آشـکار اسـت. مزمـور ۱۵۰ فاقد دعای ستایش اسـت، اما، در واقع، کل این مزمور به‌نوعی دعای ستایش به‌شمار می‌رود

و مضمونش نیز «ستایش خداوند!» است. احتمالاً به همین علت است که آن را در پایان کتاب قرار داده‌اند. اکنون بیشتر محققان بر این باورند که مزمور ۱ در زمانی متأخر و به‌عنوان پیشگفتاری شایسته بر کتاب، به مزامیر افزوده شده است. این مزمور یکی از معدود مزامیر موجود در کتاب اول است که عنوان "مزمور داوود" را ندارد و مضمون دو طریق- یعنی طریق پارسایان و طریق شریران- موقعیتی مناسب بدان بخشیده است. نشان شخص پارسا این است که «رغبتش در شریعت خداوند باشد و شبانه روز در شریعت او تأمل کند» (مزمور ۲:۱). به احتمال زیاد تقسیم‌بندی مزامیر به پنج کتاب، تقلیدی از پنج کتاب تورات بوده. ***میدراش تهیلیم***[1] در تفسیر مزمور ۱:۱ می‌گوید: «موسی به اسرائیل پنج کتاب داد، و داوود هم به اسرائیل پنج کتاب مزامیر هدیه کرد.» همان‌گونه که پیش‌تر هم خاطرنشان کردیم، خیلی جالب است که نقل‌قول از مزمور ۱۰۶ که در اول تواریخ ۱۶:۳۵-۳۶ آمده، دعای نیایش را هم دربرمی‌گیرد (مزمور ۴۸:۱۰۶). و این نشان می‌دهد که تقسیم‌بندی کتاب زبور به پنج کتاب در زمانی انجام شده که کتاب تواریخ ایام به اتمام رسیده بود، یعنی زمانی در سدهٔ چهارم پ. م.

محققین بر این نظرند که تقسیم‌بندی مزامیر به پنج کتاب با کاربرد آنها در مراسم قرائت کنیسه، در کنار قرائت تورات مرتبط است. ضعف این نظریه از آنجاست که به‌نظر می‌رسد ایشان کوشیده‌اند مشابهت‌های کاربردی میان عبارات قرائتی تورات و مزامیر پیدا کنند، حال آنکه تعداد مزامیر در هر "کتاب" و عبارات قرائتی در کتاب مربوطه از تورات با یکدیگر مطابقت ندارند. از این گذشته، رسم قرائت متون در کنیسه احتمالاً در دورانی بسیار متأخر و تحت تأثیر ویرایش نهایی کتاب زبور صورت گرفته است.

گلچین گلچین‌ها

اشارات صریحی که در کتاب مزامیر کنونی وجود دارند نشان می‌دهند که این مجموعه در ابتدا کوچکتر بوده، و در نتیجه، کتاب مزامیر فرایند رشدی تدریجی را طی کرده است. یکی از این اشارات عبارتی است در مزمور ۲۰:۷۲ که می‌گوید: «دعاهای داوود پسر یسی پایان می‌یابد.» از آنجایی که بعد از آن شاهد مزامیری هستیم که عنوان "مزمور داوود" را دارند، این تنها در صورتی می‌تواند مفهوم داشته باشد که زمانی این عبارت نشانهٔ پایان گلچین مزامیر "داوودی" بوده، و کتاب‌های ۳-۵ مجموعه‌ای کاملاً جداگانه بوده‌اند و بعدها بدان افزوده شده‌اند. همچنین با این واقعیت روبه‌رو هستیم که در کتاب کنونی چندین مزمور دوباره تکرار شده‌اند: مزمور ۱۴= مزمور ۵۳؛ مزمور ۱۳:۴۰-۱۷= مزمور ۷۰؛ مزمور ۱۰۸= مزمور ۷:۵۷-۱۱ + ۵:۶۰-۱۲. این به بهترین شکل توضیح می‌دهد که موارد تکرارشده، در اصل به مجموعه‌هایی جداگانه تعلق داشته‌اند، و طی فرایند شکل‌گیری زبور کنونی با یکدیگر ادغام شده‌اند. از طرق گوناگون می‌توان تعدادی از مجموعه‌های اولیهٔ احتمالی را تشخیص داد.

1. Midrash Tehillim

مزامیر ۳-۴۱

جدا از دو مورد استثناء، این مزامیر همگی عنوان "مزمور داوود" را دارند. مزمور ۱۰ که فاقد این عنوان است، در واقع، نیمهٔ دوم مزمور ۹ است. این نتیجه‌گیری ناشی از حضور الگوی توشیحی[1] (هرچند ناقص) مشابهی است که هر دو مزمور از آن پیروی می‌کنند. در ترجمهٔ هفتاد و برخی از دست‌نوشته‌های عبری، هر دو مزمور با هم ادغام شده‌اند. مزمور ۳۳، مزمور دیگری است که عنوان "مزمور داوود" را ندارد، و احتمالاً بعدها به این مجموعه افزوده شده، و شاید این ناشی از برخی شباهت‌ها میان مزمور ۱۱:۳۲ و مزمور ۱:۳۳ باشد. در این مجموعه اکثر مزامیر مرثیه‌هایی فردی هستند. به این گروه از مزامیر، گاه عنوان "گلچین اول داوودی" اطلاق می‌شود.

زبور الوهیستی

در مزامیر ۳-۴۱ از نام‌هایی که برای خدا به‌کار رفته، "یهوه" ("خداوند" در ترجمه‌های فارسی[2]) به ۲۷۸ مورد بالغ می‌شود و "الوهیم" ("خدا در ترجمه‌های فارسی") به ۱۵ مورد. در کتاب دوم (مزامیر ۴۲-۸۳) این ترتیب برعکس است، یعنی ۴۴ بار "یهوه" و ۲۰۱ بار "الوهیم" به‌کار رفته است. در کتاب‌های سوم تا پنجم (مزامیر ۸۳-۱۵۰) ترتیب دوباره عوض می‌شود و "یهوه" نام غالب را تشکیل می‌دهد و کاربرد این نام حتی از مزامیر ۳-۴۱ هم پیشی می‌گیرد. این واقعیت که در مزامیر ۴۲-۸۳ "الوهیم" نام غالب است، نتیجهٔ ویرایشی تعمدی است و با مقایسهٔ دو جفت از مزامیر تکراری می‌توان به این تعمد پی برد: مزمور ۱۴= مزمور ۵۳ و مزمور ۴۰:۱۳-۱۷= مزمور ۷۰. همچنین در مواردی که مزامیر الوهیستی همتایانی بیرون از کتاب مزامیر دارند، باز در متن‌های مشابه نام "یهوه" به‌کار رفته است (مزمور ۷:۵۰ // خروج ۲:۲۰؛ مزمور ۱:۶۸ و ۷ و ۸ // اعداد ۳۵:۱۰ و داوران ۴:۵-۵).

خود مزامیر الوهیستی دستِ‌کم به سه مجموعهٔ کوچکتر تقسیم می‌شوند. بیشتر مزمورهای مندرج در مزامیر ۵۱-۷۲ عنوان "مزمور داوود" را دارند، و جمع‌بندیِ «دعاهای داوود پسر یسی پایان می‌یابد» در انتهای مزمور ۷۲ شاید در اصل به همین "گلچین دوم از مزامیر داوودی" دلالت می‌کرده است. مزامیر ۴۲-۴۹ همگی زیر عنوان "مزمور بنی‌قورح" جای می‌گیرند. مزامیر ۵۰ و ۷۳-۸۳ هم جملگی به آساف منتسب هستند. مزامیر ۸۴-۸۹ با وجودی که "یهویستی" به‌شمار می‌آیند، اما به‌نظر می‌رسد که "ضمیمه‌ای" آگاهانه بر زبور الوهیستی را تشکیل می‌دهند. این گلچین از مزموری داوودی (مزمور ۸۶) درست شده که با مزامیر آسافی (مزامیر ۸۴-۸۵؛ ۸۷-۸۸)، به‌علاوهٔ مزموری که به ایتان- یکی از نوازندگان معبد- منتسب است (مزمور ۸۹) احاطه شده است. شواهد حاکی از آنند که مزامیر ۴۲-۸۹ پیش از آنکه به مزامیر ۳-۴۱ اضافه شوند، در نتیجهٔ فرایندی پیچیده رشد کرده‌اند و از مجموعه‌های کوچکتر به مجموعهٔ کنونی تبدیل شده‌اند، و در همین مقطع بوده که مزمور ۲ هم به‌عنوان پیشگفتاری بر گلچین عمدتاً "داوودی" به

---

۱. Acrostic شعری که اگر حروف اول یا وسط یا آخر هر بند آن با هم نوشته شود واژهٔ یا عبارتی را تشکیل می‌دهد. و.

2. 'The Lord' in English translations

آنها افزوده شده است. این امر شاید نشان دهد که طی مرور زمان بر کل مزامیر چه‌ها گذشته است.

مزامیر ۹۰-۱۵۰

مزامیر ۹۰-۱۵۰ در مقایسه با مزامیر پیشین، ساختاری آشکار ندارند. در این قسمت، شماری از مجموعه‌های کوچکتر قابل تشخیص‌اند. مزامیر ۱۲۰-۱۳۴ همگی با عنوان "سرود برآمدن [درجات در ترجمۀ قدیمی- م.]" آغاز می‌شوند (پیش‌تر، و در بحث "انواع فرعی" مزامیر بدانها پرداختیم). در مزامیر ۱۰۸-۱۱۰ و ۱۳۸-۱۴۵ مجموعه‌های کوچکی از مزامیر داوودی را می‌بینیم. مزامیر ۹۳ و ۹۵-۹۹ مضمونی واحد دارند و آن پادشاهی یهوه است، و مزامیر ۱۴۶-۱۵۰ همگی با واژۀ "هللویاه" (ستایش از آن خداوند است) آغاز می‌شوند.

رشد زبور

بازسازی قطعی فرایند رشد زبور کاری ناممکن است. با این‌همه، برخی پژوهشگران در راستای بازسازی فرضی جزئیات، گام‌هایی برداشته‌اند (برای مثال، ای. ای. اندرسن[1] اس. ای. گیلینگام[2] کی. سیبولد[3]). با اینکه نظرات ایشان در جزئیات دارای اختلاف، اما در برخی نکات اتفاق‌نظر نسبی دارند.

- در مراحل اولیه، چندین مجموعۀ کوچک شکل گرفته‌اند. عواملی همچون موضوع، کاربرد آیینی یا خاستگاه مشترک گروهی خاص از مزامیر، باعث شده که این مزمورها در کنار هم جمع شوند.

- از به‌هم‌آمیختن این مزامیر نخستین گلچین داوودی شکل گرفت و به شالوده‌ای برای زبور کنونی ما تبدیل شد.

- مزامیر الوهیستی پا به عرصۀ وجود نهادند و در نهایت به نخستین گلچین داوودی پیوستند. همان‌طور که در بالا هم اشاره کردیم، شاید در همین مقطع مزمور ۲ به مجموعه افزوده شده باشد. اینکه آیا "ضمیمۀ" مزامیر ۸۴-۸۹ هم در همین مقطع افزوده شده یا پیش‌تر به زبور الوهیستی پیوسته بوده، هنوز جای بحث دارد.

- به‌راستی روشن نیست که این "زبور تلفیق‌شده" چگونه رشد کرده و به‌صورت امروزی‌اش درآمده است. رشد این مجموعه شاید در مقطعی با مزمور ۱۱۹ پایان یافته است. شاید هم افزودن مزمور ۱ به‌عنوان پیشگفتار و جمع‌بندی حکمتی/ تورات‌ی، نقطۀ پایان این رشد بوده است.

- سرانجام اینکه این مجموعه به پنج کتاب تقسیم‌بندی شد. حجم این کتاب‌ها به‌طور قابل ملاحظه‌ای متفاوت است. معلوم نیست چه دلایلی در پَس این تقسیم‌بندی بوده است. تقسیم‌بندی‌ها پس از مزمور ۴۱ و مزمور ۷۲ ممکن است علایم "پایان مجموعه" را از زمانی که واقعاً انتهای مجموعه‌های کوچکتر بودند، حفظ کرده‌اند.

---

1. A. A. Anderson; 2. S. E. Gillingham; 3. K. Seybold

با توجه به عـــدم قطعیتی که در ارتباط با روند رشـــد مزامیر وجـــود دارد، در مورد زمان‌بندی این مراحل هم نمی‌توان با اطمینان ســـخنی گفت. این واقعیت که بیشتر مزامیر را نمی‌شـــود با قطعیـــت تاریخ‌گذاری کرد، به دشـــواری موضوع افزوده است. بیشترین چیزی که در این‌باره می‌توان گفت آن است که پَس‌زمینهٔ طبیعی اکثر مزامیر ســـلطنتی و سرودهای صهیون، متعلق به پیش از تبعید و دوران پادشاهی است. مزامیری که بر اهمیت تورات متمرکز شـــده‌اند (مزامیـــر ۱؛ ۱۹؛ ۱۱۹) احتمالاً بازتاب اندیشـــهٔ پسا-تبعیدی هســـتند. موضوع بحث‌برانگیزتر این است که آیا مزامیری که بیشـــتر از اعمال آیینی و ظاهری، بر اهمیت رویکردهای باطنی تأکید دارند (مثلاً، مزمور ۶۹:۳۰-۳۱)، باید پسا-تبعیدی باشـــند؟ مطالبی که این قبیل مزامیر می‌گویند، به گفته‌های انبیای ســـدهٔ هشـــتم (مانند هوشـــع ۶:۶) شـــباهت زیادی دارد. چنانکه در بالا هم یادآور شدیم، نقل‌قول از مزمور ۱۰۶ در اول تواریخ ۱۶:۳۵-۳۶ شاید نشانگر آن باشد که کتاب زبور اساساً تا پیش از ســـدهٔ چهارم پ. م. به شکل و فرمی که ما می‌شناسیم، درآمده است. نبود شواهدی از تأثیرات ترجمـــهٔ یونانیِ کتاب‌مقدس، در هیچ‌یک از مزامیر، این نظریه را تأیید می‌کند.

کندوکاو بیشتر: رشد مزامیر

آنچه را که محققان زیر در مورد فرایند رشـــد کتاب زبور گفته‌اند، برای خودتان بخوانیـــد و ببینید کدام نظریه را بیشـــتر می‌پسندید.

ای. ای. اندرسن ۱۹۷۲، جلد ۱، صص ۲۴-۲۹.
اس. ای. گیلینگام ۱۹۹۴، صص ۲۳۸-۲۴۵.
کی. سیبولد ۱۹۹۰، صص ۱۴-۲۳.

سرشت کتاب مزامیر

در پـــی مطالعات گونـــکل و ماوینکل، بررسی مزامیر روی فرم و محتوای تک‌تک آنها و بســـتر احتمالی، که این مزامیر در آنها شـــکل گرفتند- و خود نیز متأثر از آیین‌های معبد بود- متمرکز شـــد. یکـــی از نتایج این بررســـی‌ها ظهور و تقویت این دیدگاه بود که کتـــاب مزامیر مجموعه‌ای نامنســـجم از اشـــعار گوناگون، یا به معنای دقیق‌تر کلمه- چنانکه قبـــلاً دیدیم- "گلچینی از گلچین‌ها" است. از این‌رو علاقه به خواندن آن به‌عنوان یک کلیت واحد و اثر ادبی یکپارچه، از بین رفت.

در خلال دهـــهٔ ۱۹۸۰ تمرکز مطالعات مزامیری دســـتخوش تغییری بارز شـــد و شـــماری از پژوهنـــدگان شـــروع به مطرح ســـاختن پرســـش‌هایی پیرامـــون نگارش، ویرایـــش و یکپارچگی کلی ایـــن اثر و پیام کتاب مزامیـــر کردند. آیا می‌تـــوان زبور را به‌عنوان یک "کتاب" واحد و به مفهوم کلیتی ادبی که واجد ســـاختار و پیام مشـــخصی اســـت، خواند؟ این پرسش تمرکز مطالعات را از روی تک‌تـــک مزامیـــر کـــه کم‌وبیش منفرد می‌نمودند، برداشـــت، و بـــه مزامیر هـــم به‌صورت فردی و هـــم مجموعه‌هایی کـــه تک‌تک مزامیر بنا به شباهت‌های‌شـــان در آنها جای گرفته‌اند، جلـــب کرد. آیا این نشـــان می‌دهد که کتاب مزامیر از مضمون

یا پیامی مشـــخص برخوردار است؟ در کل دو تحول در زمینهٔ مطالعات کتاب‌مقدســـی، در ایـــن تغییر رویکرد نقش داشـــتند. یکی ظهور "نقد کاننی"[۱] بود که مدافعان بسیاری داشت و از بارزترین‌شان می‌توان به بروارد چایلدز[۲] و جیمز سندرز[۳] اشاره کرد. این نقد باعث ارتقای درک خوانندگان از کتاب‌های کتاب‌مقدس در شـــکل و فـــرم نهایی و به اصطـــلاح "کاننی" آنهـــا، یعنی کتاب‌مقدس یهودیان و مسیحیان، شد. تحول دوم، ظهور اَشـــکال مختلف "نقد ادبی"[۴] (از قبیل "نقد بلاغی"[۵] "نقد روایی"[۶] "تحلیل ساختاری"[۷]) بود که بـــه خواندن متون به‌عنوان یک کلیت رونق بیشتری بخشید.

پادشاهی و حکمت

جی. اچ. ویلسن در ارتباط با رویکرد نوین به مزامیر، دست به اقدامی سرنوشت‌ساز زد. او به مطالعهٔ دیگر مجموعه سروده‌های خاور نزدیک باستان ("مجموعه سرودهای معبد" و "بایگانـــی الواح گلی" ســـومری و مزامیر دست‌نوشتهٔ قمران) پرداخت. ویلسن در آنها متوجه فنون ویراستاری گوناگونی شد. او بر مبنای مشاهداتش جستجو برای یافتن فنون ویراستاری مشابه را، در کتاب مزامیر، پیش گرفت و در این کار موفق هم شـــد. ویلسن شـــواهدی را کـــه از اقدامات ویراســـتاری مزامیر یافته بود، به دو گروه شواهد "آشکار" و "سربســـته" تقســـیم‌بندی کـــرد. عناوین مزامیر و پی‌نوشـــت‌های کتاب‌های ۱-۲ و مزمور ۷۲:۲۰ («دعای داوود پسر یسی پایان یافت») شواهد آشکار هســـتند. نمونه‌های شـــواهد سربسته هم دعاهای ستایشـــی می‌باشند که در انتهای کتاب‌های ۱-۴ قرار دارند، و نیز مجموعه مزامیری که به "مزامیر هللویاه" موســـومند (مزامیـــر ۱۰۴-۱۰۶؛ ۱۱۱-۱۱۷؛ ۱۳۵؛ ۱۴۶-۱۵۰).

محققان پیش از ویلســـن (نظیر ســـی. وســـترمان، بی. اس. چایلدز) بـــر این باور بودند کـــه مزمور ۱ را عمداً در ابتدای کتاب مزامیر گذاشـــته‌اند تا به‌منزلهٔ پیشگفتاری بر کل کتاب باشد. ویلسن آن را "چشم‌اندازهای هرمنوتیکی" توصیف می‌کند که خوانندگان باید از دریچهٔ آن به کل کتاب نگاه کنند و در آن تعمق نمایند. عاملی که باعث تقویت این نظریه شد، عناوین "تاریخی" برخی از مزامیر بود، که آنهـــا را با رویدادهایـــی از زندگی داوود ربط می‌داد. این عناوین خوانندگان را تشویق می‌کنند تا هنگامی که با موقعیت‌های شـــخصی مشـــابه با موقعیت داوود روبه‌رو می‌شوند، برای داشـــتن رفتاری پارسایانه و مطابق با تورات از مزامیر مورد نظر راهنمایی بگیرند.

ویلسن بر اهمیت کشف "طرح‌ها"یی که گروه‌های مختلف مزامیر را به یکدیگر پیوند می‌دهند و بدین‌ترتیب از مزامیر کتابی واحد می‌ســـازند، تأکید کرد. وجود این "طرح‌ها" ضروری بوده، زیرا ویراستار نهایی چاره‌ای نداشته جز اینکه با گروه‌های موجود مزامیر کار کند، و نمی‌توانســـته یا نمی‌خواسته این کتاب به اثری منقطع تبدیل شـــود. ویلسن بار دیگر ســـراغ نکته‌ای رفت که پیش از او، چایلدز و وسترمان هم بدان پرداخته بودند: کتاب ۱ با مزموری ســـلطنتی آغاز می‌شود (منظـــور مزمور ۲ اســـت، با فـــرض اینکه

1. Canonical Criticism; 2. Brevard Childs; 3. James Sanders; 4. Literary Criticism; 5. Rhetorical Criticism; 6. Narrative Criticism; 7. Structural Analysis

مزمور ۱ پیشـــگفتاری بر کل مزامیر به‌شمار می‌آیـــد) و کتاب‌های ۲ و ۳ هـــم با مزامیر ســـلطنتی پایان می‌یابند. به‌نظر ویلسن این الگـــو عهد داوودی و شکســـت این عهد را مضمون خود قرار داده اســـت. او مزمور ۸۹ را نشانهٔ این شکســـت می‌بیند. شمار مزامیر ســـلطنتی در کتاب‌های ۴ و ۵ اندک است، اما از نگاه ویلســـن همین معدود مزامیر، بر تصویـــر کلی‌ای که از پادشـــاهی یهوه ارائه شده، ســـایه افکنده‌اند، و این به‌طور خاص در مـــورد مزامیـــر ۹۳-۹۹ و ۱۴۵ صـــدق می‌کنـــد. او در مقاله‌ای که بعـــدا ارائه کرد، برای مزامیـــر ۲، ۷۲، ۸۹ و ۱۴۴ "چارچوب عهد ســـلطنتی" و برای مزامیـــر ۱، ۷۳، ۹۰، ۱۰۷ و ۱۴۵ "چارچـــوب حکمـــت غایی" قایل شـــد (نخستین مزامیر کتاب‌های ۱ و ۳ و ۴ و ۵ و نیـــز آخرین مزمور کتاب ۵ با این الگو ســـازگارند). از نظر ویلسن چارچوب حکمت بر چارچوب پادشـــاهی تقدم دارد، از این‌رو چیزی که بیش از همه مورد تأکید قرار می‌گیرد، توکل به یهوه است، نه اعتماد به نیروی پادشـــاهان زمینی. پس در نهایت، کتاب زبور در ردیـــف کتاب‌های حکمتی قرار می‌گیـــرد و دربرگیرنـــدهٔ رهنمودهای یهوه برای پارســـایان و تأکیدش بر پادشاهی خویش است.

نانسی دوکلســـه-والفور[1] کار خود را بر پایهٔ نظریات ویلســـن بنا کرد. او طی بررسی پیرامون مزامیر آغازیـــن و پایانیِ هر یک از پنج کتاب به‌دنبال پاسخی برای این پرسش گشـــت که کتاب مزامیر چگونه شکل گرفته تا به‌خوبی جوابگوی نیازهای جامعهٔ یهودی ســـاکن یهودیه در دوران پس از تبعید باشد. وی چنین استدلال می‌کند که جامعهٔ مزبور با دو پرسش دست به گریبان بود: «ما کیستیم؟» و «قرار است چه کنیم؟» جامعهٔ یهود پس از پشت سر گذاشتن آسیب‌های ناشی از تبعید، ناگزیر به یافتن پاسخی برای پرسش اول بود تا بتواند بر مبنای آن به ثبات لازم دست یابد. نیازمند پاسخی مناسب برای پرسش دوم هم بود تا با موقعیتـــی که خود را در آن می‌دید، سازگاری پیدا کند. از نگاه دوکلسه-والفور، کتاب ۱ مزامیر به بزرگداشـــت پادشـــاهی داوود و ســـلیمان اختصاص یافته اســـت. با این‌حـــال، کتاب ۲ به خواننده/ شـــنونده یادآوری می‌کند که حتی در آن دوره هم همه چیز عالی نبوده اســـت. کتاب ۳ به روزهای تیره و تار دورهٔ اســـارت در بابل می‌پردازد، یعنی زمانی که به‌نظر می‌رسد عهد داوودی قرین شکست شده است. تنها روزنهٔ امیدی که برای‌شان باقی مانده، حضور یهوه است و بس. مضمون کتاب ۴ پادشاهی یهوه است. با وجودی که دیگر از نسل داوود پادشاهی زمینی بر اســـرائیل فرمانروایی نمی‌کند، اما این ســـرزمین از زمانی که یهوه ایشان را از مصر بیـــرون آورد، هرگز از وجود پادشـــاه تهی نبوده است. اکنون راهی که پیش روی جامعهٔ یهودی پســـا-تبعیدی قرار دارد این اســـت که به عقب و به دورانـــی که تنها بر یهوه متکی بـــود، بازگردد. کتاب ۵ مضمون پادشـــاهی یهوه را دنبال می‌کند. با این‌حال، به‌طرز قابل‌ملاحظه‌ای روی مزامیری متمرکز اســـت که منتســـب به داوود هستند (۱۵). در کتاب ۳ تنها یک مزمـــور داوودی و در کتاب ۴ فقـــط دو مزمـــور داوودی وجود دارد. به‌زعم دوکلسه-والفور این امر گواه بر امیدی است که یهودیان در دل داشتند: اینکه

1. Nancy deClaissé-Walford

به دورانی بازگردند که ملتی کامل بودند و بر مبنای عهدی که یهوه با داوود بسته بود، زندگی می‌کردند. این تمرینی جالب و وسوسه‌کننده برای نشان دادن این واقعیت است که جامعهٔ یهود در دورهٔ پسا-تبعید چگونه توانسته در کتاب مزامیر جستجو کرده، برای بقای خود مبنایی الاهیاتی پیدا کند. شاید دیدگاه‌های وی برای نشان دادن این واقعیت با کاستی‌هایی همراه باشد، اما در حال حاضر تنها نظریه یا حتی مناسب‌ترین روش برای درک شکل کنونی کتاب زبور به‌شمار می‌آید.

تعابیر آخرشناختی

تفسیر ویلسن از شکل‌گیری مزامیر با گرایشی آخرشناختی انجام شده است. کتاب‌های ۱-۳ نمایانگر شکست تاریخی پادشاهی دودمان داوود است. کتاب ۴ به شکست مزبور با این پیام واکنش نشان می‌دهد که یهوه پادشاه راستین اسرائیل است و با استدعای احیای دوبارهٔ ملت از او، پایان می‌یابد (مزمور ۱۰۶:۴۷). کتاب ۵ نشان می‌دهد که این استدعا به شرطی اجابت خواهد شد که قوم به خدا توکل نماید (مزمور ۱۰۷) و مطابق با شریعت او زندگی کند (مزمور ۱۱۹).

به عقیدهٔ دیوید سی. میچل[1] مزامیر اساساً نمایانگر الاهیاتی آخرشناسانه است که حول محوریت داوود پادشاه و جانشینانش شکل گرفته است. از دیدگاه او امیدی آخرشناختی به وجود شخصیتی مسیحایی در سراسر کتاب زبور مشهود است، و در حقیقت این امید مقصود اصلی کتاب را تشکیل می‌دهد.

وی استدلال خود را بر مبنای مطالعهٔ دقیقی که روی تک‌تک مزامیر انجام داده و در آنها به‌دنبال حلقه‌های ارتباطی گشته، که این مزامیر را به رویدادهای خاص و البته طرح آخرشناختی زکریا ۹-۱۴ پیوند می‌دهند، استوار ساخته است. مزامیر آساف و سرودهای برآمدن (درجات) در کانون استدلال میچل جای دارند. عده‌ای از محققان چنین نتیجه گرفته‌اند که آسافیان گروهی از لاویان بودند که به نبوت-نوازندگی اشتغال داشتند. میچل برمبنای اشاراتی که در کتاب‌مقدس عبری به آساف و آسافیان شده، استدلال می‌کند که آسافیان با آیین کهنِ "یادآوری" در خصوص جنگ مقدس مربوط بوده‌اند. آیین یادآوری مراسمی بود که قوم اسرائیل در مواقعی که از سوی بیگانگان مورد حمله واقع می‌شد، دست دعا به‌سوی یهوه بلند می‌کرد و از او می‌خواست ایشان را از دشمنان برهاند. وی همچنین آنها را با موضوع "گردآوری" اسرائیل برای نبرد، مربوط می‌داند. معنی نام آساف "گرد آوردن" است و به اعتقاد میچل، به‌کار بردن این نام برای مزمور یکجور بازی با کلمات آگاهانه است ("برای گردهمایی") و این بر "گردهمایی" آخرشناختی قوم اسرائیل دلالت می‌کند. وی این مطلب را به بن‌مایهٔ نبوتی گردهمایی قوم اسرائیل در آستانهٔ نبردی که در زمان‌های آخر مقابل ملت‌ها پیش رو دارد (چنانکه در زکریا ۹-۱۲ تصویر شده)، ربط می‌دهد. میچل سرودهای برآمدن را هم اشاراتی بر مراسم زیارت معبد، به‌ویژه برای عید سایبان‌ها می‌داند. او این سرودها را با عید سایبان‌ها که در زکریا ۱۴:۱-۱۹ با عباراتی آخرشناسانه توصیف شده، و

1. David C. Mitchell

نیز با استقرار پادشاهی خدا بر زمین، پیوند می‌دهد. میچل قبول دارد که نشان دادن رابطهٔ مزامیر آسافی و سرودهای برآمدن با "طرح آخرشناختی"ای که او در زکریا ۹-۱۴ یافته، مستلزم کار و تحقیق بیشتر است.

مزامیر به‌عنوان رهنمود

جی. سی. مک‌کان[1] این ایده را طرح کرده که کتاب مزامیر بدین منظور ویرایش شده است که خوانندگانش برای زندگی پارسایانه از آن به‌عنوان منبعی از تعالیم خدا، یعنی ***تورات*** استفاده کنند. او هم مانند سایر محققین بر این باور است که مزمور ۱ عمداً در آغاز این کتاب جای داده شده تا به‌منزلهٔ پیشگفتاری بر کل کتاب مزامیر عمل کند. مزمور ۱ خواننده را به رعایت همهٔ تعالیمی که قرار است در صفحات آتی مطالعه کند، فرامی‌خواند. مضمون اهمیت ***تورات*** در مزامیر ۱۹ و ۱۱۹ بیشتر توضیح داده می‌شود. مک‌کان به ارتباطات کلامی میان این مزامیر اشاره می‌کند. شاید قابل‌توجه‌ترین آنها رابطهٔ مزمور ۱:۱۱۹ باشد که به‌طرزی مثبت مزمور ۱:۱ را بازگو کرده است.

وی همچنین میان مزامیر ۱ و ۲ پیوندهای ادبی می‌بیند. او به‌طور ویژه به کاربرد "خوشابه حال" در ابتدای مزمور ۱ و انتهای مزمور ۲ اشاره می‌کند که متن هر دو مزمور را همچون پرانتزی دربرگرفته‌اند.[2] به عقیدهٔ وی پیام واقعی مزمور ۲ حاکمیت یهوه است، نه پادشاهی داوود. این مزمور جوهر محتوای تعالیم ارائه‌شده در مزامیر را بیان می‌کند: «خداوند سلطنت می‌کند!» همین مزمور در انتهای کتاب ۲ (مزمور ۷۲) و کتاب ۳ (مزمور ۸۹) مورد تأکید قرار می‌گیرد و در کتاب ۴ هم با مزامیر جلوس (مزامیر ۹۳؛ ۹۵-۹۹) تقویت می‌شود. خداوند بر همهٔ مخلوقات زنده فرمان می‌راند، و بدین‌خاطر همه، مخصوصاً انسان، فراخوانده شده‌اند تا خداوند را بستایند (مزمور ۶:۱۵۰). هدف راستین در زندگی بشر، ستایش خداست و بس.

با وجود این، ستایش کردن همیشه هم کار آسانی نیست. مک‌کان برای مزمور ۷۳، یعنی مزمور آغازین کتاب ۳ نقشی محوری قایل است. این مزمور در همان آیهٔ اول انعکاسی از مزمور ۱ و در آیهٔ آخر انعکاسی از مزمور ۲ است. وی چنین استدلال می‌کند که این نشانهٔ نقطهٔ عطفی الاهیاتی است. مزمور ۷۳ روی معضل رنج پارسایان در برابر کامیابی ظاهری شریران متمرکز است. چیزی که به معضل یادشده خاتمه می‌دهد، بازشناسی این حقیقت است که میان رنج کشیدن در عین وفاداری و رنج کشیدن به‌خاطر مجازات گناه فرق هست. مزمور ۷۳ معنایی جدید از مفهوم "پاکدلی" ارائه می‌دهد. پاکدل بودن یعنی به اطاعت، خدمت و ستایش خدا، حتی در بطن مشکلات و رنج، ادامه دادن.

پایبند به فرمانبرداری و ستایش

مزمور ۷۳ در برداشت والتر بروگمان[3] از پیام الاهیاتی کل کتاب مزامیر هم نقشی حیاتی بر عهده دارد. او نسبت به ویلسن یا مک‌کان رویکردی بسیار کلی‌تر در پیش می‌گیرد. از نظر او مزامیر مهم عبارتند از ۱، ۷۳ و ۱۵۰. وی در مزامیر نامبرده،

1. J. C. McCann; 2. Inclusio

3. Walter Brueggeman

طرحی مبتنی بر پیشروی از اطاعت به ستایش را مشاهده می‌کند. هم مزمور ۱ و هم مزمور ۱۵۰ "معصوم" هستند. منظور بروگمان از به کار بردن این اصطلاح آن است که هر دو مزمور اعتمادبه‌نَفْس دارند و تشویشی در آنها دیده نمی‌شود. با این‌حال، در ماهیت "معصومیت" این دو مزمور تفاوتی فاحش وجود دارد. مزمور ۱ بیانگر اعتماد ساده‌ای است که به‌واسطهٔ فرمانبرداری در وجود پارسایان متبلور می‌شود، و شریران سرانجامی جز هلاکت نخواهند داشت. انگیزهٔ این مزمور تشویق خوانندگان– به‌عنوان جماعتی اهل اعتماد و شادمان– به قرائتی تازه از مزامیر بعدی است. ولی مزامیر بعدی حقیقتی دیگر را بازتاب می‌دهند: اینکه در دنیای واقعی رنج و زحمت هست و به همین دلیل است که خیلی از این مزامیر رنگ و بوی مرثیه گرفته‌اند. چیزی که سرودها بیان می‌کنند، امید و اعتماد به این واقعیت است که با ایمان و اطاعت می‌توان بر رنج چیره شد. در مزمور ۷۳ شاهد تغییری در مضمون هستیم. این مزمور از ایمان سادهٔ مزمور ۱ پا فراتر می‌گذارد و اذعان می‌کند که آگاهی از حضور خدا و لذت بردن از مصاحبت با او بر همهٔ دغدغه‌های ناشی از رنج پارسایان و کامیابی شریران می‌چربد. از مزمور ۷۳ به بعد کمتر به مرثیه و بیشتر به سرود برمی‌خوریم. این روند ادامه می‌یابد تا اینکه در نقطهٔ اوجش به "معصومیت" مستتر در مزمور ۱۵۰ می‌رسیم که یکسره ستایش خداوند است. این کاملاً امکان‌پذیر است، زیرا خواننده اکنون از زندگی درس گرفته است. دیگر لازم نیست به وظیفهٔ اطاعت، که در مزمور ۱ به خواننده تعلیم داده شده بود اشاره‌ای شود، چونکه فرمانبرداری دیگر جزئی از وجود او شده و در نهایتِ شادمانی از حضور خدا لذت می‌برد.

کلان‌ساختار[1] و ریزساختار[2]

مطالعاتی که تاکنون انجام شده، روی "کلان‌ساختار" کتاب مزامیر، یعنی بر ساختار و پیام کلی آن متمرکز بوده است. استدلال آنها پیش از هر چیز بر حضور و جایگاه شمار نسبتاً اندکی از مزامیر مبتنی بوده است. اما عده‌ای از پژوهشگران مسیری دیگر را برای رویکردشان به کتاب مزامیر در پیش گرفته‌اند، و در جستجوی روابط میان مزامیر جفت یا مزامیری برآمده‌اند که در گروه‌های کوچک دسته‌بندی می‌شوند، تا شاید این کار بتواند انسجام درونی این مجموعه‌ها را نمایان سازد. ایشان امیدوارند که این رویکرد سرنخ‌های لازم را پیرامون ماهیت و هدف ویرایش کتاب مزامیر به آنها بدهد.

نمونه‌هایی که برای "مزامیر جفت" پیشنهاد شده‌اند، عبارتند از:

- مزمورهای ۶۵ و ۶۶. یک مزمور به ستایش از نیکویی خدا که در آفرینش نمایان شده، می‌پردازد و مزمور بعدی به ستایش از نیکویی خدا که در تاریخ قوم اسرائیل پدیدار گشته، اختصاص می‌یابد.
- مزمورهای ۷۸ و ۷۹. هر دو مزمور به بازگویی تاریخ پرداخته‌اند. اولی دورهٔ خروج تا داوود را پوشش می‌دهد، دومی به ویرانی اورشلیم در سال ۵۸۷ یا ۵۸۶ پ. م. اشاره می‌کند. نکتهٔ حائز اهمیت شاید این

1. Macrostructure; 2. Microstructure

باشد که مزمور ۷۷ رویداد خروج را مبنا قرار داده، از خدا تمنا می‌کند که قوم خود را از تنگی برهاند. همچنین به‌نظر می‌رسد که مزمور ۸۰ هم مانند مزمور ۷۹ به واقعهٔ ویرانی اورشلیم دلالت می‌کند. ممکن است مزامیر جفت یادشده (۷۸ و ۷۹) مزامیری را که به قبل و بعد آنها مرتبطند، "جذب" کرده باشند.

- مزمورهای ۱۰۵ و ۱۰۶ هم مزامیر جفت دیگری هستند که تاریخ را بازگو می‌کنند. شاید قرار دادن "مزمور آفرینش" پیش از آنها، عمدی بوده باشد. آفریننده همان خداوند تاریخ است.

این استدلال مطرح شده که مزامیر ۳-۸ یکی از گروه‌های کوچک اما منسجم را تشکیل داده‌اند. مزامیر ۳-۶ را با توجه به اشاراتی که به "خواب"، "صبحگاهان/ بامدادان" و "شب" کرده‌اند، می‌توان دعاهای بامدادی یا شامگاهی دانست. اگرچه هیچ‌یک از این واژه‌ها در مزمور ۷ به‌کار نرفته‌اند، اما مزمور ۸ بر آسمان شب‌هنگام تفکر می‌کند. همهٔ مزامیر نامبرده به روش‌های گوناگون بیانگر اعتماد سرایندهٔ به محافظت الاهی هستند. او "سپر" است (۳:۳؛ ۱۲:۵؛ ۱۰:۷)، به سرایندهٔ مزمور توانایی «آرمیدن و به خواب رفتن» را می‌بخشد (۵:۳؛ ۸:۴)، می‌توان به او پناه برد (۱۱:۵؛ ۱:۷)، و در برابر دشمنان محافظت می‌کند (۷:۳؛ ۸:۵؛ ۱۰:۶؛ ۱:۷؛ ۲:۸). پیوندهای پیشنهاد شده در اینجا، آمیزه‌ای از مضامین و "کلیدواژه‌ها" هستند. برخی از محققان همهٔ تلاش خود را صرف جستجو برای یافتن پیوندهای زبان‌شناختی میان مزامیر همجوار و مزامیر گروهی کرده‌اند. دیوید هاوارد دربارهٔ مزامیر ۹۳-۱۰۰ مطالعه‌ای دقیق و گسترده کرده است. وی هر تک‌واژه‌ای را بررسی کرده و به‌دنبال هر رابطهٔ احتمالی میان یک تک‌واژه با تک‌واژهٔ دیگر گشته است تا پیوندهای بااهمیت را آشکار سازد. بیشتر آنها از نوع "کلیدواژه" هستند که میان مزامیر همجوار ارتباط ایجاد می‌کنند؛ بقیه هم با یکدیگر پیوندهای مضمونی دارند.

در موردش بیندیشید
مزامیر ۱۵-۲۴

مزامیر ۱۵-۲۴ شاید گروه متمایز دیگری را تشکیل دهند. این گروه با "مناجات دروازه" آغاز می‌شود و پایان می‌یابد. هم ۱:۱۵ و هم ۳:۲۴ این پرسش را مطرح می‌کنند: «کیست که شایستهٔ "ایستادن" یا "ساکن شدن" در "کوه مقدس خداوند" باشد؟» این آیات حس تعلق خاطر داشتن به حضور خدا یا بودن در خانه خدا را القا می‌کنند. این همان مضمونی است که در سراسر مزامیر یادشده جریان دارد و حرکت از مرحلهٔ اشتیاق تا رسیدن به آرامش را نشان می‌دهد. آیا می‌توانید حرکت مزبور را در این مزامیر دنبال کنید؟

پاسخی نقادانه

نورمن وایبری[1] این نظریه را مطرح ساخته که کتاب زبور، در فرم نهایی‌اش با

1. Norman Whybray

این هدف تدوین شـــده که به‌عنوان "کتاب" خوانده شـــود و مورد ارزیابـــی نقادانه قرار بگیرد. وی در پاسخ به این ادعا که مزمور ۱ "چشـــم‌اندازی هرمنوتیکـــی" ایجاد می‌کند که از طریـــق آن باید مزامیر را خواند، چنین اســـتدلال می‌کند که اگر هدف ویراستاران نهایی مزامیر این بود، پس هدف مزبور باید از قراردادنِ آنچه کـــه وی مزامیر توراتی و حکمتی "نـــاب" می‌نامد، و همچنین افزودنِ موضوعـــات توراتی و حکمتـــی در دیگر مزامیر، آشکار باشد.

گذشته از سه مزموری که همگان آنها را "مزامیر توراتی" می‌شناسند (یعنی مزامیر ۱؛ ۱۹؛ ۱۱۹)، واژهٔ "تـــورات" تنهـــا در شـــش مزمور به‌کار رفته است (مزامیر ۳۷؛ ۴۰؛ ۷۸؛ ۸۹؛ ۹۴؛ ۱۰۵). وایبری چنین نتیجه می‌گیرد که شـــاید در مزامیر ۳۷:۳۰-۳۱؛ ۴۰:۶-۸؛ ۷۸:۵-۱۰ دســـتکاری صورت گرفته باشد. همان‌گونه که قبلاً هم خاطرنشـــان ساختیم، بر ســـر اینکه "مزامیر حکمتی" دقیقاً کدام‌ها هســـتند، میـــان محققـــان اختلاف‌نظرهای شدیدی وجود دارد. وایبری فهرست زیر را قبـــول دارد: مزامیر ۸، ۱۴، ۲۵، ۳۴، ۳۹، ۴۹، ۵۳، ۷۳، ۹۰، ۱۱۲، ۱۲۷، ۱۳۱ و ۱۳۹. وی مطالب حکمتی افزوده را در مزامیر ۲۷:۱۱؛ ۳۲:۸-۹؛ ۸۶:۱۱؛ ۹۲:۶-۷ و ۱۲-۱۴؛ ۹۴:۸-۱۵؛ ۱۰۵:۴۵؛ ۱۰۷:۴۳؛ ۱۱۱:۲ و ۱۰؛ ۱۴۴:۳-۴؛ ۱۴۶:۳-۴ جستجو می‌کند.

وایبری از بازشناسی هر الگوی بااهمیتی در افزوده‌های توراتی و حکمتی عاجز مانده است. پراکندگی موارد افزوده قدری نامنظم اســـت، و به‌نوعی بیشـــتر در کتاب‌های ۳ و ۵ جمع شـــده‌اند. وی خاطرنشـــان می‌کند که مزمـــور ۱، یعنی یکـــی از مزامیر توراتی ناب، از جایگاهی برجســـته برخوردار است و مزامیـــر حکمتی ناب- یعنـــی مزامیر ۷۳، ۹۰ و ۱۰۷- در آغـــاز کتاب‌های ۳ و ۴ و ۵ قـــرار دارند. با این‌حال، اگر این یک شـــیوهٔ ویراســـتاری آگاهانه باشـــد، خیلی عجیب اســـت که در ابتدای کتـــاب ۲ هیچ اثری از مزامیـــر توراتی یا حکمتی دیده نمی‌شـــود. اگر مقصود تشـــویق خوانندگان به تفسیری توراتـــی از کل کتاب مزامیـــر بوده، آن‌وقت موقعیـــت مکانـــی مزامیـــر ۱۹ و ۱۱۹ را به دشواری می‌توان درک کرد. در کل، مزامیری که زیر عنـــوان مزامیر توراتـــی و حکمتی نـــاب جای می‌گیرنـــد، در کتاب‌های ۱ و ۵ متمرکزند. به‌زعم وایبری، معلوم نیســـت که آیا این تمرکز گواهی بر تمایل ویراســـتار به تأکید بر حکمت/ تـــورات در آغاز و انجام کتاب زبـــور بوده، یا نتیجـــهٔ ناتوانی‌اش در گنجانـــدن مضمـــون حکمتی/ توراتی در سراسر مزامیر. وی چنین جمع‌بندی می‌کند که هیـــچ مدرکی دال بـــر ویرایش جامع و همه‌جانبهٔ مزامیر با هـــدف به‌وجود آوردن مجموعه‌ای که بتوان آن را به‌صورت کتاب راهنمای منســـجم پارســـایی خواند، وجود ندارد.

وایبری مزامیـــر ســـلطنتی را هم مورد بررســـی قرار داد. وی هیچ شواهدی دال بر وجود ویراستاری نظام‌مند، چه در موقعیت مکانی آنهـــا چه در افزوده‌هـــا، نیافت. پس چنین نتیجه گرفت که ایـــن مزامیر هرچند که به زنده نگاه داشتن امید احیای پادشاهی دودمان داوود در دوران پســـا-تبعید کمک کردند، اما این موضوع نمی‌توانسته دغدغهٔ اصلی کتاب مزامیر باشـــد. وی خاطرنشان می‌کند که، در واقع، باور به ظهور مسیحای

موعود[1] در دورهٔ پسا-تبعید در کل با الاهیات حکمتی/ توراتی قابل مقایسه نیست.

کسانی که روی آثار نقادانهٔ وایبری کار کرده‌اند، دو واکنش به مطالعات وی نشان داده‌اند. واکنش اول این است که او اهمیت کار ویلسن در مورد اصول سازمان‌دهی به‌کار رفته در مجموعه سرودهای میان‌رودانی و قمرانی را بی‌ارزش دانسته و آن را نادیده گرفته است. دیگری اینکه مطالعهٔ "کتاب" زبور تازه دارد نخستین روزهای خود را سپری می‌کند و برای ارزشیابی صحت و سقم این رویکرد، هنوز خیلی زود است.

نمونه‌برداری از مزامیر

مزامیر مورد استفاده در این "نمونه‌برداری" به دو دلیل انتخاب شده‌اند. بعضی از آنها به‌خاطر آنکه در مرکز بحثی که اخیراً پیرامون ساختار کتاب مزامیر انجام گرفته، در این فهرست جای گرفته‌اند (مانند مزامیر ۱؛ ۲؛ ۷۳؛ ۱۵۰). بقیه هم نمونه‌هایی از انواع گوناگون مزامیر هستند که در بررسی انواع مزمور بدانها پرداختیم.

پیش از مطالعهٔ این بخش شاید بد نباشد که به فصل ۲ این کتاب که دربارهٔ شعر عبری است نگاهی گذرا بیندازید تا به نکات اصلی این بخش اشراف بیشتری پیدا کنید.

مزمور ۱

چنانکه دیدیم، این مزمور را پیشگفتاری بر کل کتاب زبور می‌دانند. مزمور ۱ در برخی دست‌نوشته‌های کتاب مزامیر یا شماره‌گذاری نشده، و یا با مزمور ۲ ادغام گردیده است. به همین دلیل است که برخی از متون به‌جای مانده از اعمال ۱۳:۳۳، نقل‌قول از مزمور ۲ را به‌عنوان نقل‌قولی از "مزمور اول" آورده‌اند. این مزمور ساختاری ساده دارد:

آیه‌های ۱-۳	ارائه تصویری از پارسایان.
آیه‌های ۴-۵	ارائه تصویری از شریران.
آیهٔ ۶	تضاد میان پارسایان و شریران.

این مزمور با هیچ‌یک از انواع ادبی اصلی همخوانی ندارد. ماهیت اندیشمندانه‌اش و لحنی که در آن به‌کار رفته باعث شده که گروهی از پژوهشگران مزمور ۱ را در زمرهٔ "مزامیر حکمتی" جای دهند. سایرین با جزئیات بیشتری دست به طبقه‌بندی آن زده، به‌سبب وجود آیهٔ ۲، آن را یکی از "مزامیر توراتی" دانسته‌اند (یعنی در ردیف مزامیر ۱۹ و ۱۱۹).

آیه‌های ۱-۲

کلمات آغازین «خوشابه حال آنانی» (یا تحت‌اللفظی‌تر «خوشابه حال کسی») فرمولی است که عمدتاً در کتاب مزامیر و امثال یافت می‌شود. این شیوهٔ بیانی است که در ادبیات حکمتی به‌خوبی جا افتاده است. ترجمهٔ سنتی واژهٔ آغازین، «مبارک» است. با وجود این، ممکن است ترجمهٔ سنتی با فرمولی که در زبان عبری برای دعای خیر «مبارک باد...» به‌کار می‌رود، و در آن از واژه دیگری استفاده شده، سردرگمی ایجاد کند. سرآغاز مزمور ۱ دعایی برای برکت یافتن پارسایان نیست، بلکه عبارتی است که وضعیت آنان را توصیف می‌کند، از این‌رو

1. Messianism

در ترجمه‌های جدید، "خوشابه حال" به‌کار رفته است.

"پارسایان" پیش از هر چیز با کارهایی که انجام نمی‌دهند (یا به شیوهٔ سلبی) تعریف شده‌اند (آیهٔ ۱). سه عبارت این آیه، یکجور توازی مترادف را شکل می‌دهند. جای تردید است که آیا در سه واژه‌ای که برای "ناپارسایان" به‌کار رفته، "درجه‌بندی" هم در نظر گرفته شده یا نه. در مزامیر معمولاً "شریران" آنهایی هستند که با خدا و همچنین با قومش ضدیت می‌کنند. "گنهکاران" آنانی هستند که «نتوانسته‌اند مطابق معیارهای خدا نمرهٔ قبولی بگیرند» و یا از آنها منحرف شده‌اند. بارزترین خصیصهٔ "تمسخرگران" این است که به استغنای خود مغرورند، و همین باعث می‌شود که از پذیرش رهنمود خودداری کنند. سروکلهٔ این دسته غالباً در امثال پیدا می‌شود. در نقطهٔ مقابل "ناپارسایان" (و به‌طور ویژه تمسخرگران)، "پارسایان" قرار دارند که در شریعت خدا رغبت دارند و در آن تأمل می‌کنند. در اینجا منظور از "رهنمود" همان ***تورات*** است، واژه‌ای عبری که عموماً در آیهٔ ۲ "شریعت" ترجمه شده است. در اینجا احتمالاً معنایی کلی‌تر از شریعت خاص موسی مورد نظر سراینده بوده است.

آیهٔ ۳

پارسایان به‌مثابه درختی پربار و سیراب‌شده به تصویر کشیده می‌شوند. این تصویر را در جاهای دیگری از کتاب‌مقدس عبری هم می‌توان یافت (یعنی مزمور ۹۲:‏۱۲-۱۴؛ ارمیا ۱۷:‏۷-۸؛ حزقیال ۱۹:‏۱۰). شباهت‌های لفظی این آیه با ارمیا ۱۷:‏۷-۸ شایان توجه است، و باعث شده عده‌ای گمان کنند که سرایندهٔ مزمور این آیه را بر پایهٔ عبارت مذکور در ارمیا در اثرش گنجانده است.

آیه‌های ۴-۵

تصویری که از پارسایان ارائه شده، حاکی از دوام و بقا است: درختی ناپژمردنی. شریران به "کاه" تشبیه شده‌اند. این تمثیل تداعی‌کنندهٔ چیزی بی‌ارزش (آنچه از باد دادن غلات باقی می‌ماند) و بی‌اهمیت (کاه را باد می‌برد) است.

مفهوم "داوری" در آیهٔ ۵ جای بحث دارد. آیا اشارهٔ داوری به این است که به شریران جایگاهی در میان افراد متنفذ جامعه داده نمی‌شود، یا اینکه آنان یارای ایستادن در برابر داوری خدا را نخواهند داشت؟ توازی به‌کار رفته میان دو نیمهٔ آیه، به حل مسئله کمکی نمی‌کند. با توجه به آیهٔ ۶، احتمال دارد که منظور سراینده باید داوری خدا باشد، که به رانده شدن شریران از قوم خدا خواهد انجامید.

آیهٔ ۶

> زیرا خداوند است که حکمت می‌بخشد... نگاهبان طریقت وفاداران خویش است (امثال ۲:‏۶الف و ۸ب)

> راه شریران در نظر خداوند کراهت آور است (امثال ۱۵:‏۹)

مزمور ۲

بی‌گمان این مزمور یکی از مزامیر سلطنتی است، و اکثریت قاطع محققان آن را

مزمور مختص تاجگذاری می‌دانند. ساختار کلی آن روشن است:

آیه‌های ۱–۳ دسیسه بیهوده ملت‌ها بر ضد خداوند و مسیحش.
آیه‌های ۴–۶ واکنش ریشخندآمیز خداوند.
آیه‌های ۷–۹ حکم خداوند.
آیه‌های ۱۰–۱۲ هشداری به فرمانروایان جهان.

وزن شعریِ ۳:۳ بر سراسر این مزمور حاکم است. این مزمور کیفیت نمایشی بالایی دارد، و اگر جزو مراسم تاجگذاری بوده، به‌خوبی می‌توان صداهای مختلفی را که در بخش‌های گوناگون این مراسم شنیده می‌شود، و همچنین سخنان پادشاه را در آیه‌های ۷–۹، در ذهن مجسم کرد.

اخیراً تمایلی فزاینده میان محققان به‌وجود آمده که مزمور ۲ را همراه با مزمور ۱ "پیشگفتاری دوگانه" بر کل کتاب مزامیر بدانند. این مزمور به معرفی مضمون پادشاهی – اعم از پادشاهی الاهی و انسانی – می‌پردازد، مضمونی که در سراسر کتاب مزامیر حضور دارد. این واقعیت که مزمور ۲ با همان فرمولی پایان می‌یابد که بازتاب مزمور ۱:۱ است، این ایده را تقویت کرده که این دو آیه به سان پرانتزی هر دو مزمور را دربرگرفته‌اند. به همین علت است که برخی از رابی‌ها هر دو مزمور را یکی می‌دانند، و احتمالاً به همین سبب است که در پاره‌ای از دست‌نوشته‌ها، دو مزمور یکی در نظر گرفته شده‌اند.

آیه‌های ۱–۳

جابه‌جایی قدرت در یک امپراتوری، اغلب باعث می‌شد که اقوام دست‌نشانده شورش کنند و برای به‌دست‌آوردن استقلال خود بکوشند. اشاراتی که در آیهٔ ۳ به "بندها" و "زنجیرها" شده، بی‌گمان هدفش تداعی تصویری از یوغ بوده، که نماد سلطه است. تنها دوره از تاریخ اسرائیل که می‌توان گفت قدرتی شبیه به یک امپراتوری داشته، دوران فرمانروایی داوود و سلیمان است. داوود دامنهٔ نفوذ خود را تا کشورهای پیرامونش گسترش داد. با این‌حال، بعید است که در پَس این آیات موقعیت تاریخی به‌خصوصی مد نظر قرار گرفته باشد. وانگهی، آیات مزبور باوری الاهیاتی را بیان می‌کنند. اگر یهوه «خدای بزرگ است، پادشاه بزرگ بر همهٔ خدایان!» (مزمور ۳:۹۵)، پس همهٔ ملت‌ها باید به حاکمیت او سر تعظیم فرود آورند. نمایندهٔ این حاکمیت بر زمین، پادشاهی از دودمان داوود است، و از این‌رو همهٔ فرمانروایان باید سروری او را به رسمیت بشناسند.

آیه‌های ۴–۶

سرایندهٔ مزمور می‌گوید که یهوه در آسمان‌ها "جلوس کرده"، منظورش این است که او در آنجا "بر تخت نشسته است". او حاکم مطلق است و هر شورشی بر ضد حاکمیت او خنده‌دار است. اوست که نمایندهٔ حاکمیت خود را بر زمین، انتخاب می‌کند، و به فرمودهٔ او این نماینده همان پادشاهی است که او در صهیون نصب کرده است. صهیون هرچند در اصل نام تپه‌ای در اورشلیم است، اما در اینجا منظور از صهیون خودِ اورشلیم است.

آیه‌های ۷-۹

اکنون پادشـاه "حکم خداوند" را اعلام می‌کند. کلمات آیهٔ ۷ به‌روشـنی بر سخنان ناتان نبـی، مندرج در دوم سـموئیل ۱۴:۷ (که از جانب یهوه سـخن گفته بود)، دلالت دارند. این همـان "فرمول فرزندخواندگی"[1] است. این کلمات به هیچ وجه برای پادشاه هویتی الاهی قایل نمی‌شـوند. در میان همهٔ انتقادهایـی کـه انبیای یهود از پادشـاهان اسـرائیل و یهودا کرده‌انـد، حتی یک مورد هـم وجود ندارد که ایشـان را به داشـتن ادعـای الوهیت متهم کرده باشـند. نکته‌ای که این آیـات به‌طور تلویحی بدان اشـاره می‌کنند آن اسـت که پادشـاه با یهوه وارد رابطهٔ ویژه‌ای شده و این رابطه چیزی است شبیه رابطهٔ پدری-پسـری و پادشاه به‌مثابه پسـر یگانهٔ خدا می‌تواند بـا اقتدار او عمل کنـد. نیز او همچون پسـر یگانهٔ هر پدری، وارث همهٔ دارایی‌های پدر اسـت. در این مورد به‌خصـوص، منظور از میراث "زمین" اسـت (آیهٔ ۸). همچنین یهوه اظهار می‌کند که پادشـاه می‌تواند دشمنان شورشی‌اش را سرکوب نماید (آیهٔ ۹).

آیه‌های ۱۰-۱۲

این آیات دربرگیرندهٔ هشـداری خطاب بـه فرمانروایان زمین اسـت. ایشـان اگر می‌خواهند از هلاکت جان به‌در ببرند، باید «خداوند را با ترس عبادت کنند.» این کاری "خردمندانه" اسـت (آیه‌های ۱۰-۱۱الف). توجه داشته باشید که این آیات بازتاب شعار کتاب امثال اسـت: «ترس خداوند سرآغاز حکمت است» (امثال ۷:۱؛ ۱۰:۹).

معنای آیـات ۱۱ب-۱۲الـف چندان روشن نیست. در متون مازورتی (MT) آمده: «با لرز به وجد آیید. پسر را ببوسید.» در اینجا سه اشکال وجود دارد.

- میان این قسـمت و آیهٔ ۱۱الف تناظر (توازی) ضعیفی وجود دارد.
- کنار هم آوردن "به وجد آمدن" و "لرزیدن" قدری عجیب است.
- واژه‌ای کـه برای "پسـر" به‌کار برده شده، آرامی است *(bar)* نه عبری *(ben)*، چنانکه در آیهٔ ۷ به‌کار رفته.

عده‌ای از محققان به‌رغم این اشکالات، متن مازورتی را پسندیده‌اند، و آن را فرمانی مبنی بر ابراز ترس از خداوند، به‌واسطهٔ بیعت کردن با پادشاه تازه جلوس‌کرده می‌بینند. با توجه به زمینهٔ متن، بوسیدن نشانهٔ تواضع و بیعت اسـت. با این‌حال، بیشتر پژوهشگران متـن را اصـلاح کرده‌انـد و به‌صورتی که در ترجمـهٔ NRSV آمده، «با لـرز پاهایش را ببوسـید» آورده‌اند، یعنی تـرس خود را از خداوند با بیعت کردن با او نشان دهید. البته این در عمـل به‌منزلهٔ بیعت با پادشـاهی از دودمان داوود است، بنابراین، در معنای آیات تغییری صورت نمی‌گیـرد، و تنها تأکیدش قدری متفاوت اسـت. اگـر در آیهٔ ۱۲الف تأکید اصلی را بر یهوه بگذاریم، مرحلهٔ گذار به قسمت بعدی آیه روان‌تر می‌شود، زیرا در این قسمت فاعل جمله یهوه است.

در آیـهٔ ۱۲ب یکجـور تـوازی با "دو طریق" ذکر شـده در پایان مزمور ۱ به چشم می‌خورد. فرمانروایانی که به ضدیت با یهوه برمی‌خیزند، «در راه هلاک می‌شوند» اما آنانی که بدو پناه می‌برند، «خوشحال» خواهند شد.

1. 'Adoption formula'

قبلاً خاطرنشان کردیم که استفاده از "خوشابه حال" در اینجا، بازتاب "خوشابه حال" به‌کار رفته در مزمور ۱:۱ است.

سقوط پادشاهی دودمان داوود و دولت یهودا باعث شد یهودیان بازگشته از تبعید آیاتی نظیر این را از پایه و اساس مورد بازاندیشی قرار دهند. یکی از نحله‌های فکری که پدید آمد، بر ماهیت ابدی عهد خدا با داوود استوار بود. پیروان این اندیشه معتقد بودند که روزی خواهد رسید که "داوودی جدید" ظهور کند و حاکمیت یهوه را بر سراسر زمین مستقر سازد. این امیدی "مسیحایی" بود. واژهٔ "مسیح" به معنای مسح‌شده (تدهین‌شده) است (یعنی همان واژه‌ای که در آیهٔ ۲ به‌کار رفته). در عهدجدید، مزمور ۲ برای بیان این اعتقاد مورد استفاده قرار گرفته که عیسی همان مسیحایی است که انتظار ظهورش می‌رفت. کلمات «تو پسر من هستی» در مزمور ۲: ۷، در ندایی که هنگام تعمید و دگرگونی سیمای مسیح از آسمان شنیده شد (مرقس ۱۱:۱؛ ۷:۹) بازتاب یافته و در اعمال ۳۳:۱۳، عبرانیان ۵:۱؛ ۵:۵ و مزمور ۷:۲ب برای شخص عیسی به‌کار رفته است.

مزمور ۱۳

این مزمور یکی از مزامیر مرثیه‌ای فردی است. آن را "نمونهٔ جامع"[1] این نوع مزامیر نامیده‌اند. از عناصر تشکیل‌دهندهٔ فرم مرثیه‌ای، این مزمور چندین مورد را داراست:

آیهٔ ۱ استغاثه به درگاه خدا، «تا به کی، خداوندا؟»

آیه‌های ۱-۲ گلایه
آیه‌های ۳-۴ دادخواست
آیه‌های ۵-۶ ابراز اعتماد

این مزمور هیچ وزن شعریِ مشخصی ندارد.

آیه‌های ۱-۲

چهار بار تکرار فریاد تضرع «تا به کی؟» همراه با زنجیره‌ای از گلایه‌ها، به بیان حس درماندگی سرایندهٔ مزمور کمک بیشتری می‌کند. در اینجا سه مشکل وجود دارد. خدا دور از دسترس و بی‌توجه به‌نظر می‌رسد. سرایندهٔ مزمور با اضطراب و اندوه درونی دست به گریبان است. دشمن در موقعیت برتر قرار دارد. با توجه به آیهٔ ۳ب این امکان وجود دارد که دشمن مزبور، "مرگ" باشد.

آیه‌های ۳-۴

فعلی که در ترجمهٔ NRSV "توجه کردن" ترجمه شده، اغلب به معنای "نظر کردن" است. شاید نظر کردن در اینجا رساتر باشد، زیرا در آیهٔ ۱ب سرایندهٔ مزمور از خدا گله می‌کند که «روی خود را از وی پوشانده»، یعنی خدا به او پشت کرده است. اکنون او از خدا می‌خواهد که بر وی نظر افکنده، صدایش را بشنود. او همچنین از خدا می‌خواهد که برای «روشن شدن چشمانش» کاری بکند. در کتاب‌مقدس عبری، تیره شدن چشمان نشانهٔ بیماری، حزن و کهنسالی است. بنابراین، «روشنایی بخشیدن به چشمان» یعنی بازگرداندن تندرستی و شادابی به وجود شخص بیمار. سراینده مزمور به‌طور ویژه رهایی از چنگال

1. Parade example

مرگ را از خدا درخواست می‌کند. در آیهٔ ۴ هم اشاره‌ای مفرد به "دشمن" شده، و هم از "خصمان" به‌صورت جمع سخن به میان آمده است. شاید اولی مرگ باشد و دومی دشمنان انسانی.

آیه‌های ۵-۶

همان‌طور که در مبحث مزامیر مرثیه‌ای گفته شد، تغییر ناگهانی در حال و هوای سراینده و ابراز اطمینان و اعتمادش به خدا، می‌تواند واکنشی به ندای وحیانی نجات باشد که از زبان کاهن یا نبی جاری شده است. در اینجا عبارتی که در آیهٔ ۶ به‌کار رفته می‌تواند نمونه‌ای از نذرهایی باشد که در بعضی از مزامیر مرثیه‌ای دیگر هم شاهدش هستیم. اگر به اعتقاد برخی از مفسران، واژهٔ "زیرا" در ترجمهٔ NRSV را به معنای "به محض اینکه" ترجمه کنیم، احتمال نظریهٔ نذر کردن بیشتر خواهد شد.

مزمور ۱۹

سی. اس. لوئیس در کتاب ***تأملاتی چند در مزامیر***[1] می‌نویسد «من این مزمور را ناب‌ترین شعر در کتاب زبور و یکی از بزرگترین سروده‌ها در کل جهان می‌دانم.» عموم محققان آن را "شعری حکمتی" توصیف کرده‌اند، و عده‌ای هم مشخصاً آن را یکی از "مزامیر توراتی" دانسته‌اند. با توجه به موضوع و سبک، مزمور ۱۹ در هر دو گروه دسته‌بندی می‌شود. بخش نخست آن (آیه‌های ۱-۶) سرود آفرینش است، با تأکیدی خاص بر خورشید. این بخش عمدتاً در وزن شعری ۴:۴ نوشته شده است.

بخش دوم (آیه‌های ۷-۱۴) تعمقی است بر شریعت خداوند و از وزن شعری ۳:۲ پیروی می‌کند. در بخش نخست از خدا با اصطلاح عام ***ال*** یاد شده، اما نام خاص ***یهوه*** در بخش دوم به‌کار رفته است. این تفاوت‌ها موجب شده‌اند که برخی از محققان این مزمور را به دو شعر مجزا تفکیک کنند. سایرین چنین استدلال می‌کنند که سرایندهٔ مزمور یکی از سرودهای آفرینش را که از قدیم وجود داشته، گرفته و بسط داده است. خواه این مزمور از اول توسط یک نفر نوشته شده باشد، خواه کسی شعر موجود را بسط داده باشد، اکنون دلیل قاطعی برای یکدست دانستن آن وجود دارد، که همانا پیوندهای مفهومی میان هر دو بخش شعر است. در خاور نزدیک باستان، خدای خورشید پشتیبان عدالت و قانون بود. بر بالای استل معروف بابلیِ "قوانین حمورابی" نگارهٔ شمش،[2] خدای خورشید در حال اعطای قوانین به حمورابی پادشاه کنده شده است. دوم اینکه، هدف از تدوین قوانین ایجاد جامعه‌ای است که بر اساس نظم اداره شود، به‌طوری که هم صلاح شهروندان در نظر گرفته شود و هم مورد پسند خدا واقع گردد. نظمی که در حرکت اجرام آسمانیِ آفریده شده به دست خدا وجود دارد، و سراینده مزمور آن را توصیف کرده، قیاسی از همین نظم است.

رئوس مطالب دقیق‌تر این مزمور از این قرارند:

آیه‌های ۱-۶ جلال خدا در آفرینش.
آیه‌های ۷-۱۴ تعمقی بر شریعت خداوند.

1. Reflections on the Psalms

2. Shamash

آیه‌های ۷-۱۰ ستایش شریعت.
آیه‌های ۱۱-۳۱ دعای برای آمرزش و محافظت.
آیه ۱۴ فرمول وقف[1]

آیهٔ ۱

متن عبری این آیه شامل خصیصه‌ای است که در شعر عبری نسبتاً متداول می‌باشد: ترتیب‌بندی اصطلاحات کلیدی به‌شیوهٔ وارونه[2] است. الگوی به‌کار رفته بدین قرار است: A:B:B′:A′. در این آیه اصطلاحات کلیدی عبارتند از: «آسمان‌ها: جلال خدا: عمل دست‌ها: فلک». برگردان کامل و بدون نقص این صنعت ادبی به زبان انگلیسی، کار آسانی نیست. مزمورنگار اقرار می‌کند که تمام آفرینش، عمل دست‌های خداست، و جلال خدا را به تصویر می‌کشد، اما نویسنده تنها بر یک قسمت از این آفرینش متمرکز می‌شود: آسمان‌ها.

آیه‌های ۲-۴ب

سراینده با متناقض‌نمایی[3] "کلام خاموش" بازی می‌کند. وجود و سرشت جهان آفریده، بی‌آنکه کلامی بر زبان بیاورد، بر حضور خدا گواهی می‌دهد. معنای ضمنی این سخن آن است که شنیدن شهادت آفرینش بر وجود خدا، بستگی به ادراک شنونده دارد.

آیه‌های ۴پ-۶

اکنون سراینده روی خورشید متمرکز می‌شود. بی‌تردید این تا اندازه‌ای منطقی است، چراکه "جلال و شکوه" غالباً با اصطلاحاتی از قبیل روشنایی و درخشش توصیف می‌شود. برای طلوع شکوهمند خورشید هنگام سپیده‌دم، دو استعاره به‌کار می‌رود: دامادی که از حجله بیرون می‌آید، و پهلوانی که از نمایش دادن قدرت خود به وجد آمده است. توصیف سراینده در نهایت بر سه چیز، که با مطالب بعدی پیوندی مستحکم دارند، متمرکز می‌شود. اولی، الگوی منظم حرکت خورشید است. دومی، "همه‌چیزبین بودنِ" خورشید است (منظور "برخاستنش از یک کران آسمان و طی کردن مدارش تا به کران دیگر" است- م.). شاید این شخصیت‌بخشیدن به خورشید، ناشی از اسطوره‌شناسی خاور نزدیک باستان دربارهٔ خدای خورشید باشد. و سومی هم حرارتی است که خورشید می‌بخشد. حرارت خورشید هم مانند عدالت، بسته به موقعیت می‌تواند حیات‌بخش یا مرگ‌آور باشد.

آیه‌های ۷-۱۰

در آیات ۷-۹ توصیفی دقیق، جامع و ساختارمند از شریعت خداوند ارائه شده است. با شش اصطلاح به شریعت اشاره شده، که هر یک از این اصطلاحات به خصیصه‌ای ویژه و تأثیرشان، دلالت می‌کند.

- **شریعت**- کامل است- جان را احیا می‌کند.
- **شهادات**- امین است- ساده‌لوحان را حکیم می‌گرداند.

---

1. Dedicatory formula

۲. Chiastic- نوعی ترتیب‌بندی واژگان یا موضوعات به شیوه‌ای که عبارات در بخش دوم، ترتیبی برعکس عبارات در بخش اول دارند. به این صنعت ادبی Palistrophe هم گفته می‌شود. ر.ک. "کاوش در عهد عتیق"، ج. ۱، فصل ۲ – م.

3. Paradox

- **احکام**- راست است- دل را شادمان می‌سازد.
- **فرمان**- پاک است - دیدگان را روشن می‌کند.
- **ترس**- طاهر است - تا ابد پایدار است.
- **قوانین**- حق است - به تمامی عدل است.

قسمت مزبور با این عبارت به پایان می‌رسد که شریعت خداوند از زر بسیار خالص مرغوب‌تر و از شهد شیرین‌تر است. شاید امروزه چنین احساسی قدری عجیب به‌نظر برسد، چراکه از دید خوانندهٔ امروزی شریعت پدیده‌ای دست‌وپاگیر و شرّی الزامی است. با وجود این، سرایندهٔ مزمور پیرامون "آموزه‌های" آفریدگار در باب چگونه زیستن به بهترین شیوهٔ ممکن در چارچوب نظام آفرینش، سخن می‌گوید. شریعت به ما می‌آموزد که چطور باید از زندگی نهایت استفاده را بکنیم.

آیه‌های ۱۱-۱۳

سرایندهٔ مزمور هنگامی که با شریعت رودررو می‌شود، به نقص خود واقف می‌گردد. از این‌رو برای بخشایش گناهان، و مصون ماندن از گناه دعا می‌کند. واژه‌ای که در ترجمهٔ NRSV از آیهٔ ۱۳الف "گستاخانه" ترجمه شده، در ترجمه‌های دیگر به‌صورت "گناهان عمدی" برگردان شده است. اگر ترجمهٔ NRSV درست باشد، سرایندهٔ مزمور در اینجا هم به فشارهای درونی (آیهٔ ۱۲ب) و هم فشارهای بیرونی (آیهٔ ۱۳الف) گناه اشاره می‌کند.

آیهٔ ۱۴

مزمور ۱۹ با دعای وقف پایان می‌پذیرد. شاید این آیه گونه‌ای تغییریافته از فرمولی باشد که به هنگام تقدیم قربانی در معبد، استفاده می‌شد. شاعر، سرودهٔ خود را همچون قربانی به خدا تقدیم می‌کند. وی برای توصیف خدا از دو استعاره بهره می‌گیرد. در کتاب‌مقدس عبری "صخره" غالبا نماد پشتیبانی (چیزی سخت و نیرومند) و امنیت (مکانی امن برای پنهان شدن) است. اصطلاحی که در اینجا برای "رهاننده" به کار رفته *(go'el)*، به نزدیکترین خویشاوند اشاره دارد، یعنی کسی که وظیفهٔ مراقبت از سلامت و منافع خویشاوند گرفتارش بر عهدهٔ اوست.

مزمور ۲۳

این مزمور اعتماد یا توکل، شاید مشهورترین و محبوب‌ترین مزمور در کتاب مزامیر باشد. مزمور ۲۳ برای توصیف یهوه از دو استعاره بهره می‌گیرد، یکی شبان دل‌سوز است (آیه‌های ۱-۴) و دیگری میزبان بزرگوار (آیه‌های ۵-۶). اگرچه برخی از مفسران اعتقاد دارند که استعارهٔ شبان بر کل مزمور سایه افکنده است، اما به‌سختی می‌توان چنین تفسیری را با تصویرپردازی آیات ۵-۶ مطابقت داد. شاید استعارهٔ دوم با زمینهٔ کاربردی این مزمور ارتباط داشته باشد. "قربانی شکرگزاری" یکی از اَشکال قربانی سلامت بود که در آن تنها قسمتی از اعضای قربانی را بر مذبح می‌سوزاندند و بقیه را می‌پختند و تقدیم‌کنندهٔ قربانی به همراه میهماناش در پرستشگاه می‌خوردند. این می‌تواند موقعیتی مناسب برای بازخوانی مزمور ۲۳ باشد، چراکه از اعتماد به خدا و

نیز ابراز ضمنی تشکرات قلبی تقدیم‌کنندهٔ قربانی، سخن می‌گوید.

آیه‌های ۱-۴

استعارهٔ "شبان" یکی از استعاره‌های غنی و پرمحتوا در اسرائیل باستان به‌شمار می‌رفت. در جامعه‌ای عمدتاً کشاورزی، همهٔ مردم با شیوه‌های گله‌داری و مسئولیت‌های شبانی آشنایی داشتند. به دلیل موسمی بودن بارندگی در این سرزمین، شبانان در مواقعی از سال به‌سختی می‌توانستند چراگاهی خوب برای احشام خود پیدا کنند، و یافتن چراگاه مناسب، یکی از وظایف شبان محسوب می‌شد. از آنجایی که چراگاه در بیرون محدودهٔ شهر و در دشت باز قرار داشت، شبان مجبور بود از گوسفندانش در برابر درندگان محافظت کند. پس، شبانی کردن مترادف با **تدارک** نیازهای گله و **محافظت** از آن بود. در خاور نزدیک باستان، "شبان" عنوانی بود که برای رهبران به‌کار می‌رفت. هم خدایان و هم پادشاهان، شبان مردمانشان خوانده می‌شدند. چوبدستی و عصای شبان، غالباً نماد این شغل به حساب می‌آمدند. این بخش از مزمور ۲۳ با بهره‌گیری از استعارهٔ "شبان" می‌خواهد بگوید که یهوه یگانه کسی است که می‌توان برای رفع نیازها و محافظت بدو اتکا کرد، و او تنها شخص قابل اعتماد می‌باشد.

در موردش بیندیشید

استعاره‌ها

وقتی از استعاره‌ای استفاده می‌کنیم، در واقع، داریم چیزی را با چیزی دیگر توصیف می‌کنیم. با این‌حال، به‌طور ضمنی اذعان می‌داریم که نکته یا نکاتی وجود دارد که این دو چیز را به هم مرتبط می‌سازد. استعاره یکی از "ذره‌بین‌های" کلامی است که توجه خواننده را روی نکتهٔ مورد قیاس متمرکز می‌سازد. درست مانند ذره‌بین در پیدا کردن چیزی که دنبالش می‌گردیم، ولی هنوز آن را ندیده‌ایم، به ما کمک می‌کند. با وجود این، اگر مأخذ مقایسه چیزی باشد که خارج از دایرهٔ شناخت یا تجربهٔ ما قرار دارد، استعاره به ذره‌بینی "کدر" تبدیل می‌شود. مثلاً همین استعارهٔ شبان برای مردمان شهرنشین که در جوامع صنعتی زندگی می‌کنند، ناملموس است. برای این افراد، استعارهٔ شبان فاقد آن غنایی است که در اسرائیل باستان داشت. در چنین حالتی، باید به فکر امکان جایگزینی ذره‌بین "کدر" قدیمی با ذره‌بینی "شفاف" و نو باشیم و استعاره‌ای بیابیم که لااقل همان مفهوم را در ذهن خوانندهٔ امروزی تداعی کند. آیا می‌توانید به جایگزینی مناسب برای استعارهٔ "شبان" فکر کنید، که همان ایده‌های فراهم‌سازی و محافظت را برای مردمان شهرنشین و ساکن در جوامع صنعتی تداعی سازد؟ آیا می‌توانید استعارهٔ مزبور را تا حد یک مزمور اعتماد کوتاه شرح و بسط دهید؟

صفت عبری‌ای را که در آیهٔ ۴الف برای توصیف "وادی" به‌کار رفته، می‌توان "تاریکی"، یا واژه‌ای مرکب که به معنای "سایهٔ مرگ" است، تعبیر کرد. حتی در حالت دوم، شاید مفهومی استعاری مد نظر بوده، به

معنای "تیره‌ترین تاریکی"، اما اشاره به مرگ بر عنصر حس ترس می‌افزاید.

آیه‌های ۵-۶

اکنون استعارهٔ شبان جای خود را به استعارهٔ میزبان و مهمانش می‌دهد. در مواقع شادمانی برای تدهین از روغن‌های خوشبو استفاده می‌شد. پیالهٔ لبریز، نمادی از سخاوت میزبان است. اگرچه ایدهٔ ***تدارک*** سخاوتمندانه موضوع اصلی این آیات است، اما ایدهٔ ***محافظت*** هم در آن مستتر است، زیرا در آنها به دشمنان مزمورنگار نیز اشاره شده است. دشمنان هرکه می‌خواهند باشند، تنها کاری که می‌توانند بکنند این است که با حسرت تماشا کنند و برای آسیب‌زدن به او هیچ قدرتی ندارند.

مزمور ۳۳

این مزمور، یکی از سرودهای ستایش است و از ساختار سه‌بخشی معمول در سرودها تبعیت می‌کند: فراخوان برای ستایش (آیه‌های ۱-۳)، بخش اصلی که دلایل ستایش خدا در آن مطرح شده است (آیه‌های ۴-۱۹)، و یک بخش جمع‌بندی (آیه‌های ۲۰-۲۲). در این مورد به‌خصوص، جمع‌بندی تجدید فراخوانی است برای ستایش که با فرمی متفاوت ارائه شده است. در این تجدید فراخوان سراینده اعتماد خود را به یهوه اعلام می‌کند. ساختار دقیق‌تر این مزمور در زیر آمده است. در این سروده از وزن شعری ۳:۳ بهره گرفته شده.

آیه‌های ۱-۳ فراخوان برای ستایش خداوند.
آیه‌های ۴-۱۹ دلایل ستایش خداوند.
آیه‌های ۴-۵ شخصیت خداوند.
آیه‌های ۶-۹ کلام خلاق خداوند.
آیه‌های ۱۰-۱۲ تدابیر خداوند.
آیه‌های ۱۳-۱۹ مراقبت خداوند از انسان‌ها.
آیه‌های ۲۰-۲۲ جمع‌بندی: ابراز اعتماد به خداوند.

این واقعیت که تعداد آیه‌های مزمور ۳۳ با تعداد حروف الفبای عبری برابر است (هرچند که این مزمور سروده‌ای توشیحی نیست)، موجب شده که عده‌ای گمان کنند سراینده قصد داشته خوانندگانش، این مزمور را "الف تا یاءِ" دلایل ستایش خدا تلقی نمایند.

آیه‌های ۱-۳

در فراخوان برای ستایش خداوند تصریح شده که این کار «راستان (صالحان) را می‌شاید»، و زیبندهٔ قوم خدا است که او را بستایند. ستایش در اسرائیل هم با سازهای موسیقی و هم با آوای انسانی بیان می‌شد. سرایندهٔ مزمور تأکید می‌کند که این کار باید "به نیکویی" (بنا بر ترجمهٔ عده‌ای از مفسران)، یا چنانکه در NRSV آمده "با مهارت" انجام گیرد.

معلوم نیست که اشاره به "سرودی تازه"، چه اهمیتی داشته است. شاید منظور این بوده که این سرود به‌تازگی سراییده شده است. برخی از مفسران از این آیه چنین استنباط کرده‌اند که مزمور ۳۳ در جشنوارهٔ سال نو یا یکی از آیین‌های تجدید عهد به‌کار می‌رفته است. شاید هم شیوه‌ای دیگر برای ابراز این عقیده بوده که نیکویی یهوه همواره

چنین ایجاب می‌کند که برایش سرودهای تازه و جدیدی سراییده شود.

آیه‌های ۴-۵

صفاتی که در اینجا به یهوه نسبت داده شده‌اند، آنهایی هستند که معمولاً در کتاب‌مقدس عبری در مورد او به‌کار برده می‌شوند.

- مستقیم- این واژه به معنی "راست، بدون خمیدگی" است. کلام یهوه "مستقیم" است، زیرا در پَس آنچه می‌گوید، منظور دیگری پنهان نشده.
- وفاداری- او کاملاً قابل اتکا است.
- انصاف- این واژه‌ای است که با رابطه سروکار دارد و نشانهٔ رفتاری است که وجودش برای حفظ رابطهٔ مبتنی بر عهد ضروری است. باید به مفاد عهد وفادار بود.
- عدل- یعنی با راستی و مطابق مفاد عهد با طرف معاهده رفتار کردن.
- محبت همیشگی- این یعنی تعهد وفادارانه‌ای که یک طرف عهد نسبت به طرف دیگر دارد.

آیه‌های ۶-۹

این آیات از آفرینش بهت‌انگیز یهوه سخن می‌گویند. شمه‌ای از داستان آفرینش مندرج در سفر پیدایش ۱ در این آیات منعکس شده‌اند. ایدهٔ آفرینش به‌واسطهٔ کلام الاهی، به‌طور کامل منحصر به اسرائیل نیست، اما در پیدایش ۱ به‌گونه‌ای منحصربه‌فرد پرورده شده است.

آیه‌های ۱۰-۱۲

یهوه نه تنها خداوند طبیعت است، بلکه خداوند تاریخ نیز هست. از این گذشته، او برای تاریخ هدف و نقشه‌ای در نظر گرفته است. قوم برگزیدهٔ او در کانون این نقشه قرار دارد.

آیه‌های ۱۳-۱۹

یهوه "صاحبخانه‌ای غایب" نیست. او همهٔ انسان‌ها را زیر نظر دارد و مراقب ایشان است. یهوه به‌طور خاص مراقب "ترسندگان او" است، یعنی آنانی که حرمتش را نگاه می‌دارند و از او اطاعت می‌کنند.

آیه‌های ۲۰-۲۲

سرایندهٔ مزمور در دنبالهٔ ابراز اعتمادش به یهوه، دست به دعا برداشته از او طلب مراقبت و حفاظت می‌کند.

مزمور ۴۹

بیشتر محققان اتفاق‌نظر دارند که این مزمور یکی از مزامیر حکمتی است. مزمور ۴۹ در مقصود، محتوا و واژگان شباهت‌های زیادی با کتاب‌های امثال، ایوب و جامعه دارد. مضمون اصلی‌اش نابرابری در زندگی است که در پس‌زمینهٔ گریزناپذیربودنِ مرگ ارائه شده است. مشکل اینجاست که انگار توانگران ستمکار با بدبیاری بیگانه‌اند، حال آنکه مسکینان پارسا در فقر و ستم غوطه‌ور باقی می‌مانند. هر دو گروه می‌میرند، بدون آنکه برای این نابرابری هیچ اقدامی صورت گرفته باشد.

این مزمور ساختاری سه‌بخشی دارد. یک مقدمه (آیه‌های ۱-۴) هست و پس از

آن دو بخش، که با بندگردانی در آیه‌های ۱۲ و ۲۰ از هم جدا شده‌اند. وزن شعری این مزمور، ۳:۳ است.

آیه‌های ۱-۴ مقدمه.
آیه‌های ۵-۱۲ محدودیت‌های ثروت.
آیه‌های ۱۳-۲۰ دو سرنوشت.

آیه‌های ۱-۴

دعوت آغازین مزمور ۴۹، شباهت‌هایی با دعوت آموزگار حکمت از "پسرانش" یا شاگردانش در کتاب امثال (۱:۸؛ ۴:۱) دارد. با این‌حال، در اینجا همهٔ جهان، و از جمله مردمانی از همهٔ ملیت‌ها و طبقات اجتماعی مخاطب قرار گرفته‌اند. واژه‌ای که "مَثَل" ترجمه شده، طیف گسترده‌ای از معانی را دربرمی‌گیرد. "معما" به مسئله‌ای پیچیده گفته می‌شود. با توجه به زمینهٔ متن این مزمور، شاید منظور از معما همان چیزی باشد که در بندگردان آمده: «آیا انسان با چارپایان فرقی دارد؟» در کتاب‌مقدس عبری هیچ اشارهٔ دیگری به تأمل یا رهنمود همراه با موسیقی به میان نیامده است. نواختن موسیقی برای القای جذبهٔ نبوتی به‌کار می‌رفته است (اول سموئیل ۱۰:۵؛ دوم پادشاهان ۳:۱۵).

آیه‌های ۵-۱۲

در این آیات آموزگار حکمت دیدگاهش را در مورد زندگی- که حاصل تفکراتش است- آشکار می‌سازد. به‌راستی هیچ دلیلی وجود ندارد که در روز بلا، مسکینان بیشتر از توانگران بترسند. در نهایت، کل دارایی ثروتمندان هم نمی‌تواند ایشان را از مرگ در امان بدارد. همهٔ انسان‌ها، صرف‌نظر از اینکه چه اموالی از خود به‌جای می‌گذارند، محکوم به مرگند. تفکرات سرایندهٔ مزمور حول مفهوم "فدیه" متمرکز شده است. در جهان باستان فدیه اغلب به معنای "بهای خرید آزادیِ" کسی از اسارت یا بردگی بود. همچنین در شریعت اسرائیل، "بازخریدِ" کیفر موارد مشخصی از اعدام‌ها مجاز شمرده شده است (خروج ۲۱:۲۸-۳۰) ولی نه همهٔ آنها (اعداد ۳۵:۳۰-۳۲). هرچند، سرایندهٔ مزمور می‌گوید که در نهایت، هیچ‌کس را یارای پرداخت بهای فدیهٔ خود از مرگ نیست.

آیه‌های ۱۳-۲۰

در آیه‌های ۱۳-۱۴ سرایندهٔ مزمور آنان را که به کامیابی‌شان دل خوش کرده‌اند همچون گوسفندان احمقی توصیف می‌کند که به‌واسطهٔ مرگ به سوی قلمرو مردگان، یعنی هاویه، برده می‌شوند. آیهٔ ۱۵ هستهٔ مرکزی مزمور را تشکیل می‌دهد، اما معنای این آیه مورد اختلاف است. معدودی از پژوهشگران آن را سخنی جسورانه دربارهٔ ثروت می‌دانند. با این‌حال، آیه‌های ۱۶-۲۰ این نظریه را تقویت نمی‌کنند. اکثر مفسران آیهٔ ۱۵ را ابراز توکل شخصی سرایندهٔ مزمور به خدا می‌بینند، اما در مورد ماهیت دقیق آن اتفاق‌نظری وجود ندارد. گروهی آن را دلالت بر رهایی از گرفتاری کنونی یا مرگی نابهنگام می‌بینند. دیگران بر این گمانند که از فحوای کل مزمور می‌توان چیزی فراتر از اینها برداشت کرد، و سرایندهٔ مزمور مطمئن است که خدا جانش (و تلویحاً جان همهٔ پارسایان) را از هاویه فدیه خواهد نمود- نه بدین معنا که ایشان نخواهند مرد، بلکه

در نهایت سرنوشتی متفاوت با عاقبت توانگران ستم‌گر، نصیب‌شان خواهد شد. نکته‌ای که این نظریه را تأیید می‌کند، عبارت «مرا نزد خود خواهد پذیرفت» است. فعل "پذیرفتن" در اینجا همان مفهومی را دارد که در مورد "برگرفته شدن" خنوخ و ایلیا توسط خدا به‌کار رفته (پیدایش ۵:۲۴؛ دوم پادشاهان ۲:۱۱). به اینکه سرایندهٔ مزمور در نهایت چه سرنوشتی برای خود در نظر دارد، هیچ اشاره‌ای نشده است. شاید او از سرنوشت خود آگاهی ندارد، ولی نکتهٔ اصلی این است که به رابطه‌اش با خدا ادامه خواهد داد. با توجه به این اطمینان، سرایندهٔ مزمور مخاطبانش را تشویق می‌کند که از توانگران نهراسند، زیرا گور تقدیری است که انتظار ایشان را می‌کشد.

مزمور ۶۰

این یکی از مراثی گروهی است که در مواقع بروز تألمی در سطح ملی، و احتمالاً در نتیجهٔ شکستی نظامی خوانده می‌شد. با توجه به آیهٔ ۹ این احتمال وجود دارد که دشمن مزبور ادوم بوده است. ساختار این مزمور از این قرار است:

آیهٔ ۱	استغاثه: "خدایا".
آیه‌های ۱-۴	گلایه.
آیهٔ ۵	دادخواست.
آیه‌های ۶-۸	پاسخ وحیانی.
آیه‌های ۹-۱۰	گلایه.
آیهٔ ۱۱	دادخواست.
آیهٔ ۱۲	ابراز توکل.

وزن شعری این مزمور ۳:۳ است.

سلاه

این اصطلاح مجموعاً ۷۱ بار در ۳۹ مزمور به‌کار برده شده و هیچ‌وقت در ابتدای آیه‌ای نیامده است، بلکه همیشه در میانه یا انتهای آیه مشاهده می‌شود. حضور این اصطلاح در مزامیر ۱-۸۹ متمرکز است، و البته مزامیر ۱۰۹، ۱۳۹ و ۱۴۰ از این قاعده مستثنی هستند. همچنین اصطلاح مزبور سه بار هم در مزمور مندرج در حبقوق ۳ به‌کار رفته است. با وجودی که سلاه مکرراً در مزامیر به‌کار رفته، اما معنای دقیقش روشن نیست.

- متداول‌ترین ایده‌ای که در مورد سلاه وجود دارد، همان است که مترجمان ترجمهٔ هفتاد اقتباس کرده‌اند. ایشان سلاه را *diapsalma* یعنی "مکث" ترجمه کرده‌اند. استنباطی که می‌توان از برگردان مزبور کرد، این است که هنگام خواندن مزمور باید مکث کرد، در حالی که سازهای موسیقی همچنان به نواختن ادامه می‌دهند.
- در اکثر روایات باستانی یهودی، سلاه را "همیشه، تا ابد، تا جاودان" معنی کرده‌اند.
- برخی از محققان امروزی برآنند که سلاه از ریشهٔ *sll* به معنای "بلند کردن" گرفته شده است. شاید این اصطلاحی برای سراییدن یا نواختن با صدایی بلندتر بوده است. شاید هم بر عملی پرستشی دلالت می‌کرده است.
- حدس دیگر این است که سلاه از ریشهٔ *slh* به معنای "خم شدن، تعظیم کردن" است. اگر چنین باشد، احتمالاً مقاطعی را نشان می‌دهد که جماعت باید در هنگام پرستش تعظیم کنند، یا به روی درافتند.

آیه‌های ۱-۴

قوم از مصیبتی در عذاب است. اشاره‌ای که به رخنه در استحکامات دفاعی شده (آیهٔ ۱الف) حاکی از وقوع شکستی نظامی است. سرایندهٔ مزمور با بهره‌گیری از استعارهٔ زمین‌لرزه‌ای عظیم، عمق فاجعه را

نشان می‌دهد. موقعیت متزلزل قوم اسرائیل با وضعیت انسان مستی که در حال تلوتلو خوردن است، مقایسه شده. احتمالاً در پَس آیهٔ ۳الف ایدهٔ پیالهٔ غضب خدا نهفته است (مزمور ۸:۷۵). معنی آیهٔ ۴ روشن نیست. اگر این آیه را بخشی از گلایه به حساب آوریم، احتمالاً به پرچمی اشاره دارد که به نشانهٔ هشدار حملهٔ قریب‌الوقع دشمن بر فراز باروی شهر به اهتزاز درآمده است. این پرچم می‌توانسته برای آنانی که در بیرون از شهر بوده‌اند علامتی باشد، تا برای حفظ جان‌شان از آنجا بگریزند. البته موضوع هراس از محاصره‌ای طولانی هم در میان است. سرایندهٔ مزمور خدا را در بروز این مصیبت دخیل می‌داند. به‌زعم او، کنترل سرنوشت قوم در دستان خداست. سرایندهٔ مزمور در خصوص اینکه قوم سزاوار چنین بلایی نیستند، اعتراض نمی‌کند.

آیهٔ ۵

این آیه استدعایی به درگاه خداست تا وارد عمل شود و ورق را به سود قومش برگرداند.

آیه‌های ۶–۸

این آیات در مزمور ۱۰۸، که دعای شکرگزاری است– و از ترکیب مزمور ۵۷:۷–۱۱ و ۶۰:۵–۱۲ به‌وجود آمده است– هم تکرار شده‌اند. این نشان می‌دهد که احتمالاً مردم وحی‌های نبوتی مورد اشاره را از بَر و تکرار می‌کرده‌اند، و لزوماً عبارات مزبور کلماتی تازه نبوده‌اند که در آن هنگامهٔ به‌خصوص، به‌طور خودجوش از دهان نبی بیرون آمده باشند. اشاره‌ای که در آیهٔ ۶ به تقسیم کردن زمین شده، به ادعای مالکیت قبایل اسرائیل بر قلمروهای یادشده، دلالت می‌کند. این بازتاب سنت تقسیم سرزمین موعود بر اساس قرعه‌کشی است (یوشع ۱۸:۸–۱۰). اینکه افرایم "کلاهخود" و یهودا "عصای سلطنت" خدا نامیده شده‌اند، نشانگر اهمیت این دو قبیله برای اوست. در آیه‌های ۶–۷ سرزمین‌های کرانهٔ باختری و خاوری رود اردن به‌طور متناوب مورد اشاره قرار می‌گیرند: شکیم و سکوت؛ جلعاد و منسی؛ افرایم و یهودا. همچنین در اینجا ترتیب‌بندی وارونه (Chiasm) به چشم می‌خورد: غرب: شرق: شرق: غرب (بخشی از قلمرو منسی، همانند جلعاد در کرانهٔ خاوری رود اردن قرار داشت). ملت‌هایی که نام‌شان در آیهٔ ۸ برده شده، دشمنان سنتی اسرائیل به‌شمار می‌آیند. خدا مدعی است که ایشان از آنِ وی هستند، به لحنی که به‌نوعی تحقیرآمیز به‌نظر می‌رسد. افکندن پای‌پوش می‌تواند نشانهٔ مالکیت باشد (برای نمونه، روت ۷:۴؛ تثنیه ۸:۲۵–۹).

آیه‌های ۹–۱۰

پرسش‌های آیهٔ ۹ را احتمالاً شخص پادشاه، یا یکی از رهبران قوم مطرح کرده است. این پرسش‌ها را وقتی با آیهٔ ۱۰ در نظر بگیریم، این موضوع در ذهن‌مان تداعی می‌شود که این خدا بوده که نگذاشته قومش در نبرد، پیروزی‌ای را که انتظار داشتند به‌دست آورند.

آیهٔ ۱۱

گلایهٔ دوباره، به استمدادی مجدد ختم می‌شود. تنها خداست که می‌تواند قوم خود را برهاند. کمک انسانی هیچ ارزشی ندارد.

آیهٔ ۱۲

این مرثیه نیز همانند بسیاری از مرثیه‌های دیگر با اظهار توکل به خدا پایان می‌یابد. در این مورد به‌خصوص، سرایندهٔ مزمور ابراز اطمینان می‌کند که خدا اسرائیل را بر دشمنانش پیروز خواهد ساخت.

ربط دادن قطعی مطالب این مزمور با رویدادی تاریخی امکان‌پذیر نیست. برنوشت یا تیتر مزمور، آن را با نبرد داوود بر ضد پادشاهان ارامی و ادوم، که شرح‌شان در دوم سموئیل ۳:۸-۱۴؛ ۱۰:۶-۱۸؛ اول تواریخ ۳:۱۸-۱۳ آمده، مرتبط می‌داند. با این‌همه، میان آنچه که در برنوشت مزمور آمده و شرح خود رویدادها، تفاوت‌هایی به چشم می‌خورد. تفاوت در شمار کشته‌شدگان ادومی (در دوم سموئیل ۱۳:۸ و اول تواریخ ۱۲:۱۸ این تعداد "هجده هزار تن" ذکر شده، در صورتی که در اینجا "دوازده هزار تن" آمده) شاید نتیجهٔ خطای نسخه‌برداری باشد. در گذشته معمولاً اعداد را با حروف الفبا نشان می‌دادند، و این روش به‌طور خاص ضریب خطا را در نسخه‌برداری بالا می‌برد. دوم سموئیل ۱۳:۸ این پیروزی را به داوود نسبت می‌دهد و اول تواریخ ۱۲:۱۸ به ابیشای پسر صرویه، در صورتی که برنوشت مزمور، پیروزی را به یوآب برادر ابیشای منتسب دانسته است. انتساب پیروزی به داوود قابل توجیه است، چراکه او فرمانده کل قوا بوده و چنانکه در اسناد مربوط به جنگ در روزگار باستان (و حتی در روزگار کنونی) آمده، هر پیروزی جنگی که توسط زیردستان به‌دست آمده باشد، به نام فرمانده ثبت می‌شود.

ربط دادن این مزمور به کارزارهای داوود احتمالاً از اطلاعات جنبی است (هرچند گروهی از محققان امروزی از آن دفاع می‌کنند). در روایت‌ها هیچ نکته‌ای نیست که موقعیت دهشتناک توصیف‌شده در مزمور را شرح دهد. ناگزیر باید چنین فرض کرد که پیش از پیروزی در کارزار، سپاه اسرائیل متحمل چند شکست عمده شده، که اثری از آنها در اسناد باقی نمانده است، و تنها واکنشی که به شکست‌های مزبور نشان داده‌اند، برجای مانده است. اینکه نگارنده در آیهٔ ۹ روی ادوم انگشت گذاشته، یادآور حملات بی‌امان به ادوم به‌خاطر نقشش در هنگامهٔ سقوط یهودا است (مثلاً، مزمور ۷:۱۳۷؛ مراثی ۲۱:۴-۲۲؛ عوبدیا)، و همین باعث شده که عده‌ای آن را رویدادی ببینند که این مزمور حول و حوشش شکل گرفته است.

این مزمور نشان می‌دهد که بنی‌اسرائیل در زمان قدیم چه آزادانه به خدا گلایه می‌کردند، ولی در عین‌حال ایمان راسخ‌شان را هم به نمایش می‌گذارد، زیرا همین ایمان راسخ بود که به آنها توانایی توکل کردن به خدا، حتی در موقعیت‌های نومیدکننده را می‌بخشید.

مزمور ۷۳

طبقه‌بندی کردن این مزمور کار دشواری است. این مزمور سبکی اندیشمندانه دارد، و دغدغه‌اش معضل رفاه شریران و رنج‌های پارسایان است، و به دلیل شباهتی که در نحوه آغاز کردن این مزمور با عبارات مثل گونه وجود دارد، بیشتر محققان آن را (با اندکی تردید) در ردیف مزامیر حکمتی

طبقه‌بندی نموده‌اند. با وجود این، سایرین در آن عناصری از شکرگزاری فردی، یا مرثیه فردی، یا مزمور اطمینان می‌بینند.

همچنین در مورد ساختار جزئی این مزمور، اختلاف‌نظر وجود دارد. واژهٔ عبری ’ak ("به‌درستی، بی‌گمان، به‌راستی") که آیه‌های ۱، ۱۳ و ۱۸ با آن شروع می‌شود، حاکی از این است که در مزمور ۷۳، این آیات نقاط انفصال به‌شمار می‌آیند. همگان در این مورد اتفاق‌نظر دارند که آیهٔ ۱۷، مرکز و نقطهٔ عطف این مزمور است. ساختار احتمالی مزمور ۷۳ به قرار زیر است. وزن شعری آن هم غالباً ۳:۳ می‌باشد.

آیهٔ ۱   گفتاری مَثَل‌گونه.
آیه‌های ۲-۳   گرفتاری سرایندهٔ مزمور.
آیه‌های ۴-۱۲   مشکل سرایندهٔ مزمور: رفاه شریران.
آیه‌های ۱۳-۱۶ گلایه سرایندهٔ مزمور: مشکلی حل‌ناشدنی.
آیهٔ ۱۷   نقطهٔ عطف.
آیه‌های ۱۸-۲۰ دیدگاهی نوین در مورد شریران.
آیه‌های ۲۱-۲۶ رابطه سرایندهٔ مزمور با خدا.
آیه‌های ۲۷-۲۸ جمع‌بندی با اعتراف ایمان.

آیهٔ ۱

آیهٔ آغازین را شاید بتوان به‌نوعی "عنوان" مزمور تلقی کرد، که پیام کل مزمور را در خود خلاصه کرده است. با این‌حال، می‌تواند نمونهٔ خوبی از گفتارهای مَثَل‌گونه هم تلقی شود، از نوع گفتارهایی که در مواقع رویارویی با متناقض‌نمایی رفاه شریران و رنج پارسایان- که تردید سرایندهٔ مزمور را برانگیخته- باید در موردشان اندیشید. ترجمهٔ سنتی جملهٔ آغازین این مزمور بدین قرار است: «به‌درستی که خدا برای اسرائیل نیکوست.» با این‌همه، حروف را می‌توان به‌گونه‌ای دیگر تفکیک نمود (در دست‌نوشته‌های قدیمی‌تر حروف کلمات مختلف پشت سر هم نوشته شده‌اند و هیچ فاصله‌ای میان واژه‌ها وجود ندارد) و آن را چنین خواند: «به‌درستی که خدا برای شخص راست‌کردار نیکو است.» بسیاری از ترجمه‌های جدید این برگردان را برگزیده‌اند، چونکه توازی بهتری با جملهٔ بعدی پیدا می‌کند.

آیهٔ ۲

حسد به زندگی مرفه شریران و نفرت از ایشان، سرایندهٔ مزمور را در آستانهٔ سقوط به ورطهٔ فاجعه پیش برده است. فاجعه‌ای که در اینجا از آن سخن به میان آمده، احتمالاً از دست دادن ایمان است.

آیه‌های ۴-۱۲

دلیل حسد وی، رفاه ظاهری شریران بود. هم رفاه و هم شرارت ایشان با اصطلاحاتی روشن توصیف شده‌اند. گویی آنان در رفاهند و هیچ دردی ندارند (آیه‌های ۴-۵). شرارت خود را به رخ می‌کشند (آیه‌های ۶-۸). کامیابی‌شان باعث می‌شود که مردم تملق‌شان را بگویند (آیهٔ ۱۰، هرچند معنای این آیه گنگ و محل اختلاف است). خدا را خوار می‌شمارند (آیهٔ ۱۱). سرایندهٔ مزمور نگرش (سابق) خود را در آیهٔ ۱۲ خلاصه می‌کند.

آیه‌های ۱۳-۱۶

دلیل انزجار سرایندهٔ مزمور این بود که ظاهراً پرهیزکاری‌اش به‌کلی بیهوده بوده است (آیه‌های ۱۳-۱۴). وی خود را سردرگم می‌یابد. از یک‌سو نمی‌خواهد با دامن زدن به تردیدهایش، به اجتماع ایمانداران خیانت ورزد (آیهٔ ۱۵). و از سوی دیگر نمی‌تواند پاسخی قانع‌کننده برای پرسش‌هایش بیابد (آیهٔ ۱۶).

آیهٔ ۱۷

بی‌گمان این آیه نقطهٔ عطف مزمور به‌شمار می‌آید. برای سرایندهٔ مزمور در هنگامهٔ پرستش (بدون شک در معبد اورشلیم) اتفاقی افتاده است. از ماهیت این رویداد چیزی به ما نگفته‌اند، اما آنچه پس از این آیه می‌آید حاکی از دگرگونی ژرفی در رویکرد وی نسبت به خداست.

آیه‌های ۱۸-۲۰

اکنون سرایندهٔ مزمور دیدگاهی به‌کلی متفاوت نسبت به موقعیت شریران اتخاذ کرده است. او حالا رفاه و کامیابی آنان را پدیده‌ای گذرا می‌بیند. مرگ به ناگاه بساط‌شان را درمی‌نوردد (آیهٔ ۱۹؛ ایوب ۱۴:۱۸ مرگ را "پادشاه ترس‌ها" نامیده است).

آیه‌های ۲۱-۲۶

حالا سرایندهٔ مزمور، وقتی به پشت سر نگاه می‌کند در حسد بردن و نفرت داشتن از شریران چیزی جز حماقت نمی‌بیند. دلیل این دگرگونی آن است که وی دریافته که گرانبهاترین چیز ممکن برای هر انسان را- یعنی رابطهٔ صمیمانه و پایدار با خدا- دارد.

معنای آیهٔ ۲۴ب موضوع بحث‌های زیادی بوده است. آیا منظور از "پس از آن"، "پس از گرفتاری‌های کنونی" است، یا "در انتهای زندگی"، یا "پس از مرگ"؟ تقابل با عاقبت شریران که در آیهٔ ۲۰ به تصویر کشیده شده، از این حکایت دارد که معانی دومی یا سومی، گزینه‌های محتمل‌تری هستند. در این‌صورت، "به جلالم می‌رسانی [یا "با افتخار مرا می‌پذیری"]" به چه معناست؟ عده‌ای چنین معنی‌اش کرده‌اند که زندگی سرایندهٔ مزمور به‌نوعی با افتخار به پایان خواهد رسید. سایرین استدلال کرده‌اند که سراینده به افقی فراتر از مرگ چشم دوخته است، و اطمینان دارد که به طریقی که چندان هم مشخص نیست، رابطه‌اش با خدا پابرجا خواهد ماند و تداوم خواهد یافت. برای تأیید چنین استدلالی، دو دلیل ارائه شده است. اول اینکه فعلی که "رساندن" ترجمه شده، همانی است که در مزمور ۱۵:۴۹ "پذیرفتن" آمده و برای "برگرفته‌شدن" خنوخ و ایلیا توسط خدا هم به‌کار رفته است. دوم اینکه، از قرار معلوم آیهٔ ۲۶ می‌گوید که رابطهٔ او با خدا حتی پس از زایل شدن بدنش هم پابرجا خواهد ماند. توصیفی که از خدا به‌عنوان "نصیبم" کرده، جالب است. این واژه به تقسیم سرزمین موعود و سهم بردن هر قبیله بر اساس قرعه‌کشی، اشاره دارد. به لاویان هیچ نصیبی از زمین تعلق نگرفت، تا منبع پشتوانهٔ اقتصادی ایشان باشد. "نصیب" آنان خود یهوه بود (تثنیه ۹:۱۰). سرایندهٔ مزمور با بهره‌گیری از این اصطلاح، به رابطهٔ ویژه‌اش با یهوه و وابستگی کاملش به او، اقرار می‌کند.

آیه‌های ۲۷-۲۸

اکنون نوبت آن فرارسیده که سرایندهٔ مزمور هرآنچه را که با مقایسهٔ موقعیت حقیقی شریران و وضعیت فعلی خودش آموخته، خلاصه کند. وی آموخته که هیچ چیز بهتر یا ارزشمندتر از "نزدیک بودن به خدا" نیست.

نحلهٔ فکری‌ای که اخیراً باب شده و زبور را نه مجموعه‌ای از اشعار بی‌ربط، که کتابی یکدست و منسجم می‌داند، بر اهمیت این مزمور تأکید زیادی دارد. در واقع، این مزمور تقریباً در مرکز ۱۵۰ مزمور کتاب مزامیر قرار گرفته و کتاب سوم مزامیر با آن آغاز می‌شود. نکتهٔ حائز اهمیت دوم این است که اکثر مرثیه‌ها در کتاب مزامیر در کتاب اول و دوم گنجانده شده‌اند. از مزمور ۷۳ به بعد، "لحن" مزامیر عوض می‌شود و بیشتر به‌سوی شکرگزاری و ستایش گرایش پیدا می‌کند. این مزمور انگیزهٔ الاهیاتی لازم را برای این دگرگونی به‌دست می‌دهد- تشخیص ارزش بی‌نهایتِ رابطهٔ صمیمانه و پایدار با خدا. مزمور ۷۳ نشان می‌دهد که این تشخیص، شناختی سطحی و خوشبینانه نیست، بلکه در مواجهه با نابرابری‌ها و پیچیدگی‌های زندگی، و به‌سختی به‌دست آمده است.

مزمور ۸۴

این یکی از سرودهای صهیون است. این سرودها هیچ فرم مشترکی ندارند. با وجودی که این مزمور عمدتاً به ابراز شادمانی و ستایش اختصاص یافته، ولی عنصری از مرثیه (آیهٔ ۲) و دعا برای پادشاه (آیه‌های ۸-۹) در آن دیده می‌شود. وزن شعری این مزمور مدام تغییر می‌کند. یکی از ساختاربندی‌هایی که برای مزمور ۸۴ در نظر گرفته‌اند، از این قرار است:

آیه‌های ۱-۴	سرایندهٔ مزمور مشتاق حضور در معبد است.
آیه‌های ۵-۷	خوشا به حال زایرانی که راهی صهیون هستند.
آیه‌های ۸-۹	دعایی برای پادشاه.
آیه‌های ۱۰-۱۲	خوشا به حال کسی که با خدا باشد.

آیه‌های ۱-۴

کاملاً پیداست که سرایندهٔ مزمور از جملهٔ کسانی است که دور از معبد زندگی می‌کنند و به‌طور معمول تنها در یکی از اعیاد زیارتی می‌توانند از معبد دیدن کنند. وی اشتیاق خود را برای بودن در معبد ابراز می‌کند، و به موقعیت شادی‌آور کسانی که «در خانه تو ساکنند»- یعنی کاهنان و لاویان- غبطه می‌خورد.

آیه‌های ۵-۷

این آیات تصویری از زایران خوشحالی ارائه می‌کند که در حال سفر به‌سوی معبد هستند. در متن عبری آیهٔ ۵ب واژهٔ "صهیون" به‌کار نرفته، و فقط می‌گوید: «[مردمانی که] دل‌شان در شاهراه‌های تو [است].» این احتمالاً یعنی «کسانی که دل‌شان متمایل به زیارت است.» معنی آیهٔ ۶ مبهم است. در هیچ جای دیگری از کتاب‌مقدس عبری، ذکری از "وادی بکا" به میان نیامده است. یکی از توضیحاتی که در مورد این آیه داده شده، این است که به مکانی خشک اشاره دارد که در اثر باران‌های پاییزی تغییر چهره

می‌دهد. این می‌تواند با هنگام عید سایبان‌ها مصادف باشد. آغاز بارندگی، نشانه‌ای از نزول برکت از جانب خدا در نظر گرفته شده، و به زایران دلگرمی می‌بخشد تا به سفرشان به‌سوی صهیون ادامه بدهند.

آیه‌های ۸-۹

عده‌ای از مفسران حضور این دعا را عجیب دانسته‌اند. با این‌حال، منطقی در آن نهفته است. زایران رهسپار صهیون هستند، و صهیون علاوه بر اینکه محل استقرار معبد است، تختگاه پادشاهی از دودمان داوود نیز هست. در حقیقت، معبد پرستشگاه سلطنتی محسوب می‌شد، که ساخت و نگهداری از آن بر عهدهٔ پادشاهان یهودا بود. دوم، همان‌طور که در مزمور ۷۲ نیز صراحتاً اعلام شده، سعادت ملت با سلامت پادشاه گره خورده است.

آیه‌های ۱۰-۱۲

اگرچه یهودیان داناتر می‌دانستند که یهوه به هیچ وجه به معبد "محدود" نمی‌شود (اول پادشاهان ۲۷:۸)، با این‌حال معبد مکانی بود که انتظار داشتند در آن به‌طرزی خاص با خدا روبه‌رو شوند. از این‌رو معبد منبع برکت محسوب می‌شد. سرایندهٔ مزمور آرزوی خود را برای ماندن در مسکن خدا و بهره‌مندی از برکات او ابراز می‌کند. با این‌همه، مزمور با اعتراف به اینکه برکت خدا به موقعیت جغرافیایی محدود نمی‌شود، پایان می‌پذیرد؛ برکت خدا در همه جا، نصیب همهٔ آنانی می‌شود که «در راستی گام برمی‌دارند» (یعنی به خدا وفادارند و از او اطاعت می‌کنند) و بر خدا توکل دارند.

مزمور ۹۶

این یکی از مزامیر گروهی است که به گرامیداشت پادشاهی یهوه اختصاص یافته‌اند (یعنی مزامیر ۴۷؛ ۹۳؛ ۹۶-۹۹). چیزی که این مزامیر را با هم متشکل می‌سازد، مضمون مشترک آنها است، نه فرم مشترک‌شان. همگی به‌جز مزمور ۹۸، حاوی عبارت «یهوه/ خدا پادشاهی می‌کند!» می‌باشند. مزمورهای ۹۷ و ۹۹ از ساختار سه‌بخشی متداول در سرودهای ستایش برخوردارند. در مزمور ۹۶، گونه‌ای کوتاه‌شده از فرم کلیِ ستایش (فراخوان مدام برای ستایش) تکرار شده است.

آیه‌های ۱-۳	فراخوان برای ستایش خداوند.
آیه‌های ۴-۶	بخش اصلی: دلایل ستایش خداوند.
آیه‌های ۷-۹	فراخوان برای ستایش خداوند.
آیه‌های ۱۰-۱۳	بخش اصلی: دلایل ستایش خداوند.

وزن شعری مزمور فاقد هرگونه نظم خاصی است.

آیه‌های ۱-۳

در آیه‌های ۱-۲ گونه‌ای از توازی به‌کار رفته که گاه آن را "توازی پلکانی"[1] می‌نامند. هر مصرع با همان عبارت آغاز می‌شود، اما نیمهٔ دوم فرق می‌کند و خط فکری سراینده را پیش می‌برد. در اینجا که همانند مزمور ۳۳ به "سرودی تازه" اشاره شده، شاید منظور

1. Staircase Parallelism

این اســت که همیشـــه باید نیکویی خدا را با ســـتایش‌های جدید و تـــازه بیان کرد. در آیۀ ۳ ســـراینده قوم اسرائیل را فرامی‌خواند تا شناخت و تجربه‌شـــان را از یهوه، با همۀ ملت‌ها در میان بگذارند.

آیه‌های ۴-۶

ایـــن بخش بر پادشـــاهی یهـــوه بر کل آفرینـــش تأکید مـــی‌ورزد. ″فر و شـــکوه″ (آیۀ ۶الـــف) جفت-واژه‌هایی هســـتند که برای توصیف شأن و مقام سلطنت به‌کار برده می‌شـــوند (مثلاً، مزمور ۵:۲۱). جمله‌ای که می‌گوید: «از یهوه باید ترســـید، بیش از همۀ خدایان» (آیۀ ۴)، بی‌تردید ریشـــه در زمانی دارد که بنی‌اســـرائیل منکـــر وجود خدایان دیگر نبودند، اما فقط یهوه را می‌پرســـتیدند. به‌نظر می‌رســـد کـــه این جمله بـــه عبارتی ســـنتی در مقولۀ پرســـتش تبدیل شده بود. به‌طور قطـــع، در اینجا منظور تلویحیِ آیۀ ۵ آن اســـت که همۀ خدایان دیگری که قوم‌ها ادعای وجودشـــان را می‌کنند، ساخته‌های دست بشرند. در مقابل، یهوه آفریننده یگانه است.

آیه‌های ۷-۹

در آیه‌هـــای ۷-۸ یک‌بار دیگر شـــاهد ″توازی پلکانی″ هســـتیم. شـــاید منظور از ″هدیه″، پیشـــکش‌هایی باشـــد که رعایا به حضور فرمانروا تقدیم می‌کردند. در پرستش آیۀ ۹ هم می‌توان شـــمایی از صحنۀ بیعت با پادشـــاه را مشـــاهده کرد. در اینجا هم مثل آیۀ ۳، سرایندۀ مزمور کل جهان را مخاطب قرار می‌دهد. تمامی زمین- نه فقط اسرائیل- باید با یهوه بیعت کنند.

آیه‌های ۱۰-۱۳

لحنـــی که همۀ جهـــان را مخاطب قرار داده، همچنـــان ادامه پیدا می‌کنـــد. قطعاً از کسی (احتمالاً اسرائیل) انتظار می‌رود که به همۀ ملت‌های جهـــان اعلام نماید که «یهوه پادشاهی می‌کند!»

عباراتی کـــه در ترجمۀ NRSV «خداوند پادشاه است!» ترجمه شده، محور بحث‌های زیادی اســـت. ماوینکل بر این گمان بود که باید آن را «یهوه پادشـــاه شده است» ترجمه کـــرد. به عقیدۀ او مزامیری که این عبارت را در خود داشتند، در موسم جشنوارۀ پاییزی خوانده می‌شدند. در همین جشنواره بود که هر ســـاله یهوه را به شیوه‌ای آیینی «بر تخت می‌نشاندند.» مزامیر به تجلیل از این رویداد آیینی می‌پرداختند. در رد ترجمۀ ماوینکل، به دوم سموئیل ۱۰:۱۵ و دوم پادشاهان ۱۳:۹ استناد شده، که در هر دو مورد، وقتی زمینۀ متن چنیـــن ترجمه‌ای را ایجـــاب می‌کند: «ابشالوم/ ییهو پادشـــاه ***شده است***»، در متن عبری، نام فرمانروا پس از فعل می‌آید. اما در مزامیر نام یهوه پیش از فعل آورده شده است. از این‌رو اســـتنباط مخالفان ترجمۀ ماوینکل آن است که در مزامیر تأکید جمله فرق دارد- جملۀ مزبور فرمانرواییِ همیشـــگیِ یهوه را بیان می‌کند: او پادشـــاه ***است***. از آنجایی که استنباط مزمور تنها بر دو نمونه متکی است، باید بـــا احتیاط آن را پذیرفت. با وجود این، ترجمـــۀ ماوینکل بر مناســـک آیینی فرضی استوار است. این روزها کمتر محققی است که با ترجمه وی موافق باشد.

در خاور نزدیک باستان، پادشاه برترین داور یا عالی‌ترین مقـــام قضایی قومش هم محسوب می‌شد. این بخش از مزمور ۹۶ بر

این نکته تأکید می‌کند که یهوه برترین داور زمین است، و از همهٔ انسان‌ها، همه مخلوقات دریا و خشکی و همهٔ درختان می‌خواهد که به‌خاطر این واقعیت شادی کنند. علت اینکه آنان باید شادی کنند این است که یهوه با "مساوات" (آیهٔ ۱۰پ، "انصاف")، "راستی" و "امانتداری" (آیهٔ ۱۳ب) داوری می‌کند.

سرودی تازه بسرایید» آغاز می‌شوند. مزامیر ۹۷ و ۹۹، هر دو با جمله «خداوند پادشاهی می‌کند» شروع می‌شوند، و هر دو از فرم کلی سرودهای ستایشی برخوردارند. شباهت‌های دیگری هم وجود دارد، که در جدول "مقایسهٔ مزامیر ۹۶، ۹۷، ۹۸ و ۹۹" بدان‌ها اشاره شده است.

مقایسهٔ مزامیر ۹۶، ۹۷، ۹۸ و ۹۹

مزمور ۹۶	مزمور ۹۷	مزمور ۹۸	مزمور ۹۹
سرودی تازه تمامی زمین برای ستایش یهوه فراخوانده می‌شوند یهوه برای داوری جهان می‌آید	خداوند پادشاهی می‌کند شکرگزاری از یهوه صهیون نام قدوس او	سرودی تازه دریا و جهان برای ستایش یهوه فراخوانده می‌شوند یهوه برای داوری جهان می‌آید	خداوند پادشاهی می‌کند تجلیل از یهوه صهیون کوه مقدس او

عبارتی را که می‌گوید یهوه برای داوری "می‌آید"، می‌توان به سه طریق معنا کرد.

- می‌تواند بر داوری همیشگی او بر تاریخ دلالت داشته باشد.
- می‌تواند بر داوری نهایی او در انتهای تاریخ دلالت داشته باشد.
- می‌تواند بر تجربهٔ آمدنِ او در بطن پرستش دلالت داشته باشد.
- با توجه به زمینهٔ ایمان قوم اسرائیل، شاید اینها معانی انحصاری نباشند.

این‌گونه به‌نظر می‌رسد که مزامیر ۹۶-۹۹ دو گروه دوتایی تشکیل می‌دهند. مزامیر ۹۶ و ۹۸، هر دو با عبارت «برای خداوند

مزمور ۱۰۱

لوتر نام این مزمور را "آیینهٔ پادشاه از نگاه داوود" گذاشته بود. با وجودی که در مزمور ۱۰۱ هیچ اشارهٔ صریحی به شخص پادشاه نشده، همگان اتفاق‌نظر دارند که این مزمور، یکی از مزامیر سلطنتی است.

اعمالی که سرایندهٔ مزمور در آیه‌های ۵-۸ خود را متعهد به انجام‌شان می‌داند، تنها در صورتی معنی پیدا می‌کنند که وی پادشاه باشد. به‌ویژه آیهٔ ۸ به اجرای عدالت در اورشلیم ("شهر خداوند") اشاره می‌کند. عموم محققان این مزمور را سوگند پادشاه هنگام تاجگذاری تلقی می‌کنند که در ارتباط با ماهیتِ نقش و وظایفش آن را ادا می‌کند. شاید او هر ساله و در سالروز تاجگذاری این سوگند را تکرار می‌کرده

است. مزمور ۱۰۱ به دو بخش تقسیم می‌شود: آیه‌های ۱-۴ دربارهٔ شخصیت پادشاه هستند و آیه‌های ۵-۸ دربارهٔ طبیعت وظایفش. وزن شعری آن هم تقریباً به‌طور یکپارچه ۳:۲ است.

آیه‌های ۱-۲الف

احتمالاً پادشاه قصد دارد در وصف "محبت و عدالت" یهوه بسراید، نه محبت و عدالت خودش. او می‌گوید که یهوه را به‌خاطر صفات اخلاقی‌اش خواهد سرایید. ترجمهٔ آیهٔ ۲الف با اشکالاتی همراه است. استنباط ترجمهٔ NRSV از این جمله، واکنش پادشاه نسبت به شخصیت یهوه است. او تلاش می‌کند تا از شخصیت یهوه تقلید کند. این کار مستلزم آن است که در مصرع دوم آیهٔ ۲الف دست به اصلاحاتی بزنیم. در متن عبری آمده: «نزد من کی خواهی آمد؟» شماری از پژوهشگران استدلال کرده‌اند که فعل به‌کار رفته در مصرع اول را که «مطالعه خواهم کرد» (در ترجمه فارسی «سلوک خواهم کرد» آمده - م.) ترجمه شده باید «سرودی در وصفش خواهم سرایید» معنا کرد. بنابراین، این مصرع را دنبالهٔ ستایش شخصیت یهوه تلقی می‌کنند. برداشت مزبور طبیعتاً به طرح این پرسش خواهد انجامید که: «نزد من کی خواهی آمد؟» ولی در این‌صورت معنای این پرسش چیست؟ عده‌ای گفته‌اند که سراینده به حضور یهوه دعا می‌کند که در ادارهٔ مملکت، کنارش باشد. معدودی از مفسران هم آن را استدعایی برای رهایی دانسته‌اند، و بعد مزمور ۱۰۱ را در ردیف مزامیر مرثیه‌ای جای داده‌اند. پادشاه گرفتار شده و نزد یهوه فریاد برمی‌آورد تا بنا بر شخصیت خاص خودِ او (آیه‌های ۱-۲الف) و بی‌گناهی پادشاه (آیه‌های ۲ب-۸) وارد عمل شود. به‌نظر می‌رسد که پیروان نظریهٔ فوق، این تفسیر را به‌نوعی بر متن مزمور تحمیل کرده‌اند.

آیه‌های ۲ب-۴

تعهد اساسی به درستکاری در آیهٔ ۲ب به مطالب مندرج در آیه‌های ۳-۴ هم گسترش می‌یابد. واژه‌ای که "بی‌مایه" ترجمه شده، به معنای "بی‌ارزش" است. اصطلاح عبری دل، پیش از هر چیز بر مرکز عقل و اراده دلالت دارد. بنابراین، تعهد پادشاه در آیهٔ ۴، نوعی نگرش ذهنی یا سلوک فکری است.

آیهٔ ۵

گناهان زبانی از جمله گناهانی هستند که در کتاب‌مقدس عبری به دفعات بسیار محکوم شده‌اند (مثلاً، در "مناجات دروازه" از مزامیر ۱۵ و ۲۴). بدون شک دلیل نکوهش این قبیل گناهان آن است که هماهنگی اجتماع را به‌شدت بر هم می‌زنند. همچنین، برای اجرای صحیح عدالت، وجود صداقت در گفتار امری حیاتی است؛ به همین‌خاطر است که دادن "شهادت دروغ" در ده فرمان منع شده است.

آیهٔ ۶

این آیه به توصیف مردمانی می‌پردازد که پادشاه قرار است به‌عنوان خدم و حشم اطراف خود جمع کند. میان این آیه و آیهٔ ۲ پیوندهای کلامی به چشم می‌خورد. همانند عبارت "طریق بی‌عیب" و فعل "سلوک کردن"، واژهٔ عبری‌ای که در آیهٔ ۲ب "راست"

ترجمه شـــده، از همان ریشهٔ واژهٔ "بی‌عیب" آمده است.

آیهٔ ۷

ایـــن آیه نقطـــهٔ مقابل آیهٔ ۶ اســـت و از کســـانی ســـخن می‌گوید که نباید در دربار سلطنتی جایی داشته باشند.

آیهٔ ۸

در اینجا ســـراینده به اجرای عدالت اشاره می‌کنـــد. اجرای عدالـــت معمـــولاً در بامداد انجام می‌شـــد، و پادشـــاه ابتدا به موارد دشوار می‌پرداخت (دوم سموئیل ۲:۱۵؛ ارمیا ۱۲:۲۱).

این مزمور تصویری از پادشاهی آرمانی در اسرائیل باســـتان به ما ارائه می‌دهد. قبلاً دیدیم که مزمور ۲ پادشاهی از دودمان داوود را نمایندهٔ یهوه بـــر زمین معرفی می‌کند. در اینجا از پادشاه انتظار می‌رود رفتار شخصی و شیوهٔ فرمانروایی‌اش، بازتابی از شخصیت اخلاقی یهوه باشد.

مزمور ۱۲۴

بر ســـر اینکه آیا اصـــلاً در کتاب زبور چیزی به نام سرودهای شکرگزاری گروهی وجود دارد یـــا نه، میان محققان اختلاف‌نظر هســـت. این مزموری است که اکثر محققان آن را در ردیف ســـرودهای شـــکرگزاری دسته‌جمعی طبقه‌بندی می‌کنند. مزمور ۱۲۴ واجد عناصری است که در شکرگزاری‌های فردی یافت می‌شـــوند: توصیفی از موقعیت تنگی و پریشانی (آیه‌های ۲ب-۵)؛ شرحی از اقدام رهایی‌بخـــش یهوه (آیه‌های ۶-۷). با این‌همه، ســـاختارش اساســـاً سه‌بخشی است:

آیه‌های ۱-۵	تأمل بر چیزی که از آن نجات یافته‌اند.
آیه‌های ۶-۷	قدردانی به‌خاطر رهایی‌شان.
آیهٔ ۸	اظهار توکل به یهوه.

مزمور ۱۲۴ وزن شعری مشخصی ندارد. این مزمور به‌خاطر تصویرپردازی واضحش شایان توجه است.

آیه‌های ۱-۲الف

تکـــراری که در ایـــن مصرع‌ها صورت گرفته، کاملاً عمدی است و بی‌تردید هدفی جز تأکید در میان نبوده است. شاید این آیات بازتابی از کلمات یعقوب در پیدایش ۴۲:۳۱ باشند.

آیه‌های ۲ب-۳

لحن به‌کار رفته در این آیات تداعی‌کنندهٔ خطری است که جامعه با آن روبه‌رو است، یعنی خطر تهاجم نظامی، اما آن‌قدر کلی بیان شده که نمی‌توان آن را به رویداد یا موقعیتی خاص در تاریخ اسرائیل و یهودا ربط داد.

آیه‌های ۴-۵

در اینجا تصویرپردازی درندگانی که آمادهٔ فروبلعیدن قربانیان خود هســـتند، جای خود را به تصویرپردازی ســـیل ویرانگر می‌دهد. در پَس این تصویرپردازی، تجربهٔ ســـیل‌های ناگهانـــی نهفته بود که به‌دنبـــال هر بارندگی سنگین، در وادی‌ها به‌راه می‌افتادند. شاید هم بتوان اشاره‌ای از تصویرپردازی رایج در خاور نزدیک باســـتان در مورد آبهای خروشانی که خدای آفریننده رام‌شان کرد، یافت.

آیه‌های ۶-۷

این آیات بیان‌کنندۀ قدرشناسی قوم از یهوه، به‌خاطر رهایی‌شان از گرفتاری است. این رهایی در قالب پرنده‌ای که از دام صیاد رهایی یافته، بیان شده است.

آیۀ ۸

مزمور ۱۲۴ با اظهار توکل به یهوه خاتمه پیدا می‌کند. اصطلاح "نام خداوند" شاید ریشه در عبارت "نام خداوند را خواندن" داشته باشد. این به معنای فریادکردنِ نام خداوند برای رهایی است (یوئیل ۳۲:۲). به پیوندی که در اینجا میان اطمینان به قدرت یهوه برای نجات و باور به آفریننده بودن او وجود دارد، توجه کنید.

مزمور ۱۳۸

اکثر محققان این مزمور را یکی از مزامیر شکرگزاری فردی دانسته‌اند. معدودی هم بر این عقیده‌اند که چون در آیۀ ۴ به "شاهان زمین" اشاره شده، پس گویندۀ شخص پادشاه است و از این‌رو باید مزمور ۱۳۸ را، در واقع، شکرگزاری دسته‌جمعی تلقی کرد. با این‌حال، استدلال مزبور مورد پذیرش عام قرار نگرفته است. ساختار این مزمور با ساختار معمول در شکرگزاری‌های فردی تفاوت‌هایی دارد.

آیه‌های ۱-۲   مقدمه. نیایش به درگاه یهوه و ابراز تشکرات.

آیۀ ۳   شرحی از اقدام رهایی‌بخش یهوه.

آیه‌های ۴-۶   تشویق شاهان زمین به ستایش یهوه.

آیه‌های ۷-۸الف ابراز اطمینان به یهوه.

آیۀ ۸ب   جمع‌بندی با دعا.

این مزمور هیچ وزن شعری ثابتی ندارد.

آیه‌های ۱-۲

اصطلاح استغاثه‌ای "خداوندا" در متون مازورتی وجود ندارد، اما در دست‌نوشته‌های عبری و از جمله متون قمران ($11QPs^a$) و همچنین قدیمی‌ترین ترجمه‌ها از کتاب‌مقدس عبری هست. اشاره به انجام کاری «به تمامی دل» مشخصاً شیوۀ متداول در کتاب تثنیه است، و البته در مزامیر دیگر هم می‌توان آن را یافت (مثلاً، ۱:۱۱۱؛ ۲:۱۱۹). از آنجایی که در محاورۀ عبری، "دل" پیش از هر چیز مرکز اندیشه و اراده است، انجام دادن کارها "به تمامی دل" یعنی اینکه آن کارها را با خلوص نیت انجام دهیم.

در عبارت «در حضور خدایان ستایش تو را می‌سرایم»، واژۀ "خدایان" می‌تواند صرفاً به معنای "موجودات آسمانی" باشد. با این‌حال، با توجه به اشاره‌ای که در آیۀ ۴ به شاهان زمین شده، ممکن است منظور سرایندۀ مزمور خدایانی باشد که سایر ملت‌ها می‌پرستیدند. وی در مورد واقعیت یا عدم واقعیت وجود آنها بحث نمی‌کند، بلکه تنها بر کارهایی که یهوه با نشان دادن‌شان ثابت کرده وجود برتر است، پای می‌فشارد.

آیۀ ۳

در اینجا اقدام رهایی‌بخش یهوه بیان شده، ولی در مورد جزئیاتش حرفی نمی‌زند.

آیه‌های ۴-۵

فراخوان جماعت برای ستایش یهوه، جای خود را به فراخوان «جملگی شاهان زمین» می‌دهد. اگر آن‌گونه که از آیهٔ ۲ برمی‌آید، به‌زعم مزمورسرا یهوه فرمانروای برتر زمین است، پس این فراخوان شاهان روشی مناسب برای دعوت تمامی زمین (یعنی شاهان و ملت‌های تحت فرمان‌شان) به ستایش یهوه است. این سخن لزوماً بدین معنا نیست که گویندهٔ این کلمات پادشاهی است که دارد خطاب به دیگر پادشاهان سخن می‌گوید.

آیهٔ ۶

سرایندهٔ مزمور بر این نکته صحه می‌گذارد که یهوه به‌رغم جایگاه متعالی‌اش، نه آن‌قدر متکبر و نه آن‌قدر دور از دسترس است که به یاری افتادگان نیاید.

آیه‌های ۷-۸الف

ابراز اطمینان خصیصه‌ای است که بیشتر در مرثیه‌های فردی دیده می‌شود، اما آن را در معدودی از سرودهای شکرگزاری هم می‌توان یافت (مزامیر ۱۸:۲۸-۲۹؛ ۱۱۸:۶-۷). شاید سرایندهٔ مزمور قصد داشته به شیوه‌ای غیرمستقیم، به وضعیت پریشان سابق خود اشاره کند. این شیوه هم یکی از عناصر متداول در شکرگزاری‌های فردی است.

آیهٔ ۸ب

در اینجا جمع‌بندی معمول سرودهای شکرگزاری که شامل تشویق خوانندگان به ستایش خداوند است، جای خود را به یک دعا می‌دهد.

مزمور ۱۵۰

این آخرین مزمور از مجموعه "سرودهای هلل"[1] (مزامیر ۱۴۶-۱۵۰) است، که هر یک از آنها با فریاد "هللویاه!" («ستایش از آن خداوند است!» در ترجمهٔ NRSV) آغاز می‌شوند و پایان می‌یابند. این واژه از ترکیب **هللو** (*hallelu*= ستایش) و شکل کوتاه‌شدهٔ نام خدا، یعنی **یاه** (*yah*= خداوند) به‌وجود آمده است. جی. ال. میز[2] به درستی مزمور ۱۵۰ را چنین توصیف کرده است: «فریاد مناجات هللویاه، در کل این مزمور طنین‌انداز است.» عبارت معمول آیهٔ ۲ دلیل فراخوان برای ستایش یهوه را بیان می‌کند. نکتهٔ شایان توجه در آیه‌های ۳-۵ این است که همهٔ آلات موسیقی، و از این‌رو، همهٔ نوازندگان فراخوانده می‌شوند تا نقش خود را در ستایش یهوه ایفا نمایند. افشای هویت کسی که باید مورد ستایش قرار بگیرد (یعنی خداوند- م.)، تا انتهای آیهٔ ۶ به تعویق می‌افتد. تازه در اینجاست که سرایندهٔ مزمور از همهٔ جهانیان می‌خواهد که یهوه را به‌سبب «عظمت بسیارش» بستایند، و این دعای نیایشیِ شایسته‌ای برای پایان کتاب زبور به‌شمار می‌آید.

سرودهای هلل روند رو به رشد ستایش را که در کتاب‌های ۴ و ۵ موضوع غالب را تشکیل می‌دهند، به نقطهٔ اوج می‌رسانند. این امر برای کتاب مزامیر که موضوع غالب نیمهٔ اولش مرثیه و دعاست، اما در یک‌سوم آخر آن، این موضوع به ستایش تبدیل می‌شود، تحولی بزرگ به حساب می‌آید. برخی این تحول را پیامد تعمق بر شکست‌های تاریخی پادشاهان دودمان داوود در به رسمیت

1. Hallel Hymns; 2. J. L. Mays

شناختن پادشاهی یهوه و انتظار او مبنی بر اینکه همهٔ جهانیان به فرمانش گردن نهند، می‌دانند. دیگران این تحول را در بستری کلی‌تر از سفری روحانی جستجو می‌کنند که در آن، مسافر روحانی سلوک خود را از اعتماد ساده به یهوه و برتری‌اش- که در مزامیر ۱-۲ بیان شده- آغاز می‌کند، و در طول راه ضمن دست‌وپنجه نرم‌کردن با فراز و نشیب‌های زندگی به درکی عمیق‌تر می‌رسد و اعتمادش بیشتر می‌شود، تا اینکه در نهایت اعتماد خود را در قالب ستایشی بی‌غل‌وغش ابراز می‌کند.

الاهیات مزامیر

از آنجایی که کتاب مزامیر مجموعه‌ای از اشعاری است که در دوره‌های مختلفی از تاریخ اسرائیل سروده شده‌اند، باید در مورد انتساب هرگونه الاهیات نظام‌مندی به این کتاب، جانب احتیاط را نگاه داریم، و برای پذیرش چشم‌اندازهای الاهیاتی گوناگون در ابراز ایمان در کتاب مزامیر، آمادگی بیشتری داشته باشیم. ما در اینجا سعی نداریم وارد مباحث خسته‌کنندهٔ الاهیاتیِ موجود پیرامون مزامیر شویم و تنها به معرفی چند نمونه از مضامین اصلی بسنده می‌کنیم.

درک مزامیر از خدا

یکتاپرستی عملی

مزمور ۸۱:۹-۱۰ بازتابی آشکار از سرآغاز ده فرمان است.

> در میان تو خدای غیر نباشد؛
> و در برابر خدای بیگانه سجده مکن!
> من یهوه خدای تو هستم،
> که تو را از سرزمین مصر برآوردم.

> منم یهوه خدای تو، که تو را از سرزمین مصر، از خانه بندگی، بیرون آوردم. تو را خدایان دیگر جز من مباشد. (خروج ۲۰:۲-۳)

به این یکتاپرستیِ عملی می‌گویند. وجود خدایان دیگر انکار نمی‌شود. واقعیت هرچه می‌خواهد باشد، بنی‌اسرائیل نباید با خدایان دیگر کاری داشته باشد. زمانی که مزمورسرا می‌گوید که «ابلهان» می‌گویند «خدایی نیست!» (مزامیر ۱۴:۱؛ ۵۳:۱) دقیقاً همین رویکرد عملی به الاهیات را بیان می‌کند. در اینجا منظور سراینده نسبت‌دادنِ الحاد فلسفی (یعنی انکار نظریِ وجود خدا- م.) نیست. بلکه با توجه به فحوای آیه‌های بعدی معلوم می‌شود که این قبیل افراد (یعنی ابلهان- م.) چنان زندگی می‌کنند که گویی خدایی وجود ندارد. بر خلاف کسانی که «عاقلانه رفتار می‌کنند»، ایشان «خدا را نمی‌جویند.» در نتیجه گمراه و فاسدند. با توجه به پس‌زمینهٔ یکتاپرستیِ عملی است که می‌توانیم عباراتی از قبیل: «زیرا یهوه، خدای بزرگ است، پادشاه بزرگ بر همه خدایان!» (مزمور ۹۵:۳)؛ و «خداوند پادشاهی می‌کند!... ای همه خدایان او را بپرستید!» (مزمور ۹۷:۱الف و ۷پ) را درک کنیم. این جملات بدون آنکه وجود خدایان دیگر را منکر شوند، بر قیاس‌ناپذیریِ یهوه و برتری او تأکید می‌کنند. مزمور ۸۲ یهوه را در حالتی به تصویر می‌کشد که ریاست شورای خدایان را بر عهده دارد و همهٔ خدایان دیگر را به‌خاطر ناکامی‌شان در برقراری عدالت، به مرگ محکوم می‌کند. شاید این روشی برای بیان سیر تکاملی، از یکتاپرستی عملی به

یکتاپرستیِ مطلق باشد! باور به یکتاپرستیِ مطلق، که در آن یهوه خدای یگانه است، در حملاتی که مزامیر ۱۱۵:۴-۷؛ ۱۳۵:۱۳-۱۸ به بت‌های ملت‌های دیگر می‌کنند، به‌روشنی بیان شده است.

خدای ما در آسمان است، او هرآنچه
را که بخواهد، به انجام می‌رساند.
اما بت‌های ایشان از نقره و طلاست،
صنعت دست‌های انسان!
دهان دارند، اما سخن نمی‌گویند!
چشم دارند، اما نمی‌بینند!
گوش دارند، اما نمی‌شنوند! بینی، اما
نمی‌بویند!
دست‌ها دارند، اما حس نمی‌کنند!
پاها، اما راه نمی‌روند!
و صدایی از گلوی خود برنمی‌آورند!
(مزمور ۱۱۵:۳-۷)

آفریننده

آفرینش جهان توسط یهوه مضمونی است که بارها در کتاب مزامیر تکرار شده است. این کار گه‌گاه با بهره‌گیری از تصویرپردازی جدال یهوه با آبهای خروشان یا اژدها بیان گردیده است. در برخی از مزامیر مرثیه‌ای چنین است، آنجایی که سراینده به یادآوری پیروزی‌های یهوه در گذشته، متوسل می‌شود (مثلاً، مزامیر ۷۴:۱۲-۱۷؛ ۸۹:۹-۱۳). اژدهای مذکور در مزمور ۷۴:۱۴ لویاتان[1] نام دارد، نامی که در متون کنعانیِ به‌دست آمده از اوگاریت هم به چشم می‌خورد و از آن زیر عنوان یکی از مخلوقات بعل یاد شده است. نکته‌ای که در مزامیر تداول بیشتری دارد، سخن از رام شدن دریاها یا آبها در آغاز آفرینش، به دست یهوه است (برای نمونه، مزامیر ۶۵:۶-۷؛ ۹۳:۳-۴؛ ۱۰۴:۵-۹). در متون اوگاریتی، این بعل است که با شاهزادهٔ دریا می‌ستیزد، ولی این هیچ ربطی به آفرینش جهان ندارد. در مزمور ۳۳:۶-۷ رام کردن آبها فحوای نبرد اساطیری خود را از دست داده، و همچون آیاتی که در این باره در پیدایش ۱ می‌خوانیم، صرفاً به یکی از اقدامات یهوه در هنگام آفرینش جهان تبدیل شده است. مزمور ۱۰۴ با توصیف شگفتی‌های آفرینشِ یهوه، او را می‌ستاید. این مزمور به "سرود خورشید" فرعون اخناتن[2] و نیز به پیدایش ۱ شباهت‌های زیادی دارد. آفرینش جهان به دست یهوه به‌طور خاص در سروده‌های مزامیر مورد اشاره قرار گرفته، زیرا همان‌گونه که مزمور ۱۹:۱ می‌گوید: «آسمان جلال خدا را بیان می‌کند و فلک از عمل دست‌هایش سخن می‌گوید.» مزمور ۸:۵-۸ همان هدفی را برای آفرینش انسان بیان می‌کند که پیدایش ۱:۲۶ ذکر کرده، و تازه لحن مشابهی هم به‌کار می‌گیرد.

در موردش بیندیشید
تصویرپردازی اقتباس‌شده

تصویرپردازی جدال یهوه با آبهای خروشان یا اژدها (که گاه با نام لویاتان یا رهب[3] از آن یاد شده) در سایر منظومه‌های عبری کتاب‌مقدس هم

1. Leviathan

۲. Akhenaten – آمن هوتپ چهارم (۱۳۵۳-۱۳۳۶ پ. م.) که بعدها نام خود را به اخناتن تغییر داد، دهمین فرعون از سلسلهٔ هجدهم فراعنه بود که به پرستش آتن، خدای خورشید روی آورد و گونه‌ای از یکتاپرستی را در مصر ترویج نمود و هفده سال بر سرزمین مصر فرمان راند- م.

3. Rahab

دیده می‌شـــود: ایوب ۱۲:۷؛ ۲۶:۱۲-۱۳؛ اشعیا ۲۷:۱؛ ۹:۵۱. این تصویرپردازی را در داستان آفرینش بابلی، موسوم به ***انوما الیش*** هم می‌توان یافت. در این داســـتان، مردوک خـــدای بابل، پیـــش از آفرینش جهان ناگزیر اســـت نیروهـــای هرج و مـــرج (chaos یا بی‌نظمی، آشـــوب- م.) آغازین را (که به‌صورت آبهای خروشان و هم هیولاهای دریایی تصویر شده‌اند) شکســـت بدهد. چنانکـــه در متن اصلی کتاب هم یادآور شـــدیم، شـــبیه همین تصویرپـــردازی در مورد بعـــل، خدای کنعانیان، هم به‌کار رفته، هرچند در مورد بعل جـــدال با دریاهای خروشـــان هیچ رابطه‌ای با آفرینش ندارد، اما ممکن است با چرخهٔ فصول ســـال در پیوند باشـــد. هر دو روایات ســـنتی بابلـــی و کنعانی، از روایـــات عبرانی قدیمی‌تر هســـتند. پس نویســـندگان متون شـــعریِ عبرانی ایـــن تصویرپـــردازی را از فرهنگ‌های همجوارشـــان وام گرفته‌اند و با نســـبت دادنش به یهوه، آن هم به شیوه‌ای جدلی، تلویحاً ادعا کرده‌اند کـــه آفرینندهٔ جهان نه مـــردوک نه بعل، بلکه یهوه اســـت، و اوست که تضمین‌کنندهٔ ثبات و پایداری در جهان اســـت. آیا در فرهنگ سکولار امروزی تصویرپردازی‌ای وجود دارد که بتـــوان آن را برای بیان اعتقاد به خدا، وام گرفت؟

خداوند تاریخ

یهـــوه نـــه تنهـــا خداوند طبیعـــت، که خداوند تاریخ نیز هســـت. اعمال عظیم او در تاریـــخ، یکـــی از مضامیـــن دیگر کتاب زبور را تشـــکیل می‌دهـــد. از این مضمون بیش از همـــه در ارتباط با رویداد خروج، و ضمن شـــرح دادن رهایی بردگان عبرانی از ستم مصریان در زمان موسی یاد شده است (برای مثال، مزامیـــر ۱۱:۷۷-۲۰؛ ۱۳:۷۸ و ۵۳؛ ۸:۸۰؛ ۵:۸۱؛ ۱:۱۱۴ و ۳ و ۵؛ ۸:۱۳۵-۹؛ ۱۰:۱۳۶-۱۵). مضمـــون خداوندی یهوه بر تاریخ، اغلب ضمن توصیـــف رویدادهای پـــس از خروج، یعنی ســـرگردانی در بیابان (مثلاً، مزامیـــر ۷:۶۸-۸؛ ۱۴:۷۸-۳۱؛ ۷:۸۱؛ ۴:۱۱۴ و ۶ و ۸؛ ۱۶:۱۳۶) و اســـتقرار در کنعان (مثلاً، مزامیـــر ۵۴:۷۸-۵۵؛ ۲:۱۱۴ و ۵؛ ۱۰:۱۳۵-۱۲؛ ۱۷:۱۳۶-۲۲) هـــم مورد استفاده قرار گرفته است. همهٔ این مجموعه رویدادها مضمون کلی تعـــدادی از مزامیر، از قبیـــل مزامیـــر ۷۸، ۱۰۵، ۱۰۶ و ۱۳۶ را تشـــکیل می‌دهند. حتی اســـارت بابل هم یکی از اعمال یهوه تلقی می‌شـــود، اقدامی که ناشی از داوری خدا بر گناه قوم اسرائیل بود. مزامیـــر ۷۴ و ۷۹ که مرثیهٔ ویرانی معبد هســـتند و نیز مزمور ۱۳۷، همین مضمون را در پس‌زمینهٔ خود دارند. بازگشـــت از تبعید هم مضمون مزمور ۱۲۶ است.

توصیفات یهوه

یکی از شـــایع‌ترین تصاویـــری که در مزامیر برای توصیف یهوه به‌کار رفته، تصویر پادشاه است (برای نمونه، مزامیر ۷:۲۴-۱۰؛ ۲:۴۸؛ ۳:۹۵؛ ۱۰:۹۶؛ ۱:۹۷؛ ۶:۹۸؛ ۱:۹۹). در پاره‌ای موارد، پادشـــاهی او با رام کردن آبها در ارتباط است (مزامیر ۱۰:۲۹؛ ۱۲:۷۴-۱۵؛ ۱:۹۳-۴). مشـــابه این تصویرپردازی را در متون اوگاریتی نیز می‌تـــوان یافت، آنجایی که پیروزی بعل بر شـــاهزادهٔ دریا به اعلان

پادشاهی او منتهی می‌شـــود. در مورد یهوه گفته شـــده که در مقـــام پادشـــاه، در میان کروبیان بر تخت نشسته است (مزامیر ۱:۸۰؛ ۱:۹۹). نمـــاد این کروبیان هـــم آنانی بودند که بر صندوق عهد قرار داده شـــده بودند و در قدس‌الاقداس معبد اورشـــلیم نگهداری می‌شـــدند. در مزمور ۷:۱۳۲ صندوق عهد "قدمـــگاه" نامیده شـــده اســـت (و نیز در مزمور ۵:۹۹). ایـــن صندوق حاوی الواحی بود که ده فرمان شریعت بر روی‌شان حک شـــده بود. در خـــاور نزدیک باســـتان، گاه اســـناد بااهمیت را در محفظه‌ای زیر تخت پادشاه نگهداری می‌کردند. یکی از وظایف پادشـــاهان در خاور نزدیک باستان، اجرای عدالت بود و، در واقع، پادشاه مرجع نهایی برای فرجام‌خواهی محســـوب می‌شـــد. از این‌رو، وقتی از یهوه در جایگاه "داوری" یاد می‌شود، به شـــیوه‌ای دیگر، از پادشاه بودن وی ســـخن می‌گوید (مثلاً، مزامیر ۱۱:۵۸؛ ۲:۹۴؛ ۱۰:۹۶ و ۱۳؛ ۹:۹۸). همیـــن امـــر در مورد تصویر "شـــبان" صدق می‌کند (برای مثال، مزامیر ۱:۲۳؛ ۱:۸۰).

در کتاب مزامیر به یهوه القاب گوناگونی داده شـــده اســـت. یکـــی از آنهـــا "متعال" («حضرت اعلی» در ترجمـــهٔ قدیمی- م.) اســـت. ســـابقهٔ این لقب الاهی به اورشلیم پیـــش از پیدایـــش اســـرائیل بازمی‌گـــردد (پیدایـــش ۱۸:۱۴-۲۲)، بنابرایـــن، تعجبی نـــدارد اگر دو بـــار در ســـرودهای صهیون (مزامیر ۴:۴۶؛ ۵:۸۷)، و نیز بارها در ســـایر مزامیر (مزامیر ۲:۴۷؛ ۱۴:۵۰؛ ۱۱:۷۳؛ ۱۷:۷۸ و ۳۵ و ۵۶؛ ۶:۸۲؛ ۱۸:۸۳؛ ۹:۹۷) به‌کار رفته باشد. این لقب، بیانگر بزرگی یهوه است. در مزامیـــر، همچون جاهای دیگر کتاب‌مقدس عبری، از یهوه زیر عنوان خدای قدوس یاد شده اســـت (مثلاً، مزامیر ۳:۲۲؛ ۳:۹۹ و ۵ و ۹). گاهی به او لقب "قدوس اســـرائیل" داده شـــده (مزامیر ۲۲:۷۱؛ ۴۱:۷۸؛ ۱۸:۸۹). این لقب به‌طور اخص با کتاب اشعیا در ارتباط است، و گاه پنداشته‌اند که لقب مزبور ابداع اشعیای نبی بوده اســـت. با این‌حال، عنوان "قدوس اسرائیل" در مزمور ۷۸ استفاده شده اســـت. این مزمور حاوی مضمونی جدلی خطاب به پادشاهی شمالی اسرائیل است، با این‌حال به واپسین سال‌های مشقت‌بار آن و نیز به سقوطش هیچ اشاره‌ای نشده است. از این‌رو، به‌نظر می‌رســـد که لقب مورد بحث، قدمتی بیشـــتر از زمان اشـــعیا دارد و پیش از وی ابداع شـــده بود. از ظواهر امر چنین برمی‌آید که هم مزامیر و هم اشعیا، هنگامی که از "قدوس اســـرائیل" ســـخن می‌گویند، اصطلاحی را که در آیین اورشـــلیم متداول بوده، بازتاب می‌دهند.

محبت سرشار یهوه

در کتاب‌مقدس عبری، نزدیکترین چیز به "تعریف" یهوه، این عبارت است:

> اما خداوندگارا، تـــو خدایی رحیم و فیاضی!
> دیرخشم و سرشار از محبت و وفا!
> (مزمور ۱۵:۸۶)

این آیه، به اَشکال مختلف تکرار شده است: خـــروج ۶:۳۴؛ اعـــداد ۱۸:۱۴؛ نحمیا ۱۷:۹؛ مزمـــور ۸:۱۰۳؛ یونـــس ۲:۴. احتمـــالاً همهٔ این عبـــارات بازتاب یکی از فرم‌های ســـنتی نیایش کلامی هســـتند که در مناسک پرستشی معبد اورشـــلیم به‌کار برده می‌شدند. اصطلاح

"محبت سرشار" (در عبری *hesed*) که در این "تعریف" به‌کار رفته، بیش از ۱۰۰ بار در مزامیر برای توصیف یهوه استفاده شده است. ترجمه‌های انگلیسی آن را به شیوه‌های مختلف برگردانده‌اند: Steadfast Love (محبت سرشار)، Loving Kindness (مهر عاشقانه)، Loyalty (وفاداری)، Mercy (رحمت). ترجمهٔ دقیق اصطلاح مزبور کار دشواری است، زیرا مفهومش با رابطهٔ مبتنی بر عهد یهوه با قوم اسرائیل گره خورده است. این واژه بر نگرش وفادارانه و تعهد محبت‌آمیز دو طرف دلالت می‌کند. به همین دلیل، صفت مزبور مبنایی برای فراخوان قوم به ستایش یهوه (برای مثال، مزامیر ۱۱۷ و ۱۳۶) و زمینه‌ای برای متوسل شدن به او برای رهایی (برای مثال، مزامیر ۱۰:۳۶؛ ۴۹:۸۹؛ ۱۴:۹۰) قرار گرفته است.

کندوکاو بیشتر: صفات یهوه

برای مطالعهٔ بیشتر دربارهٔ صفات دیگر یهوه، که در "تعریف" مزمور ۱۵:۸۶ بدان‌ها اشاره شده است، یعنی رحمت، فیض، دیرخشم بودن و وفاداری، سراغ یکی دو نمونه از فرهنگ‌های کتاب‌مقدس (مانند NIDOTTE و *The Anchor Bible Dictionary*) بروید.

به‌خاطر محبت سرشار یهوه است که قومش (چه فردی، چه جمعی) می‌تواند برای رهایی به او توکل کند. این رهایی گاه با فعل "نجات دادن" (در عبری *yasha'*) بیان شده است. این امر به‌طور ویژه در مورد مرثیه‌ها، آن زمان که با شکل امری برای توسل به خدا به‌کار برده می‌شود (برای نمونه، مزامیر ۱:۷؛ ۲۱:۲۲؛ ۹:۲۸) مصداق می‌یابد. در سایر مواقع، برای توصیف کار یهوه، از فعل "رهایی بخشیدن" استفاده شده است. در زبان عبری برای فعلی که "رهایی‌بخشیدن" ترجمه شده، دو فعل متفاوت وجود دارد. یکی از آنها (*padah*، مثلاً، مزامیر ۲۲:۲۵؛ ۱۱:۲۶؛ ۲۳:۷۱؛ ۴۲:۷۸) ریشه در دادوستدهای بازرگانی دارد و دیگری (*ga'al*، مثلاً، مزامیر ۲:۷۴؛ ۱۰:۱۰۶؛ ۲:۱۰۷؛ ۱۵۴:۱۱۹) با قانون خانواده مرتبط است، آنجایی که *go'el* ("رهاننده") خویشاوند دولتمندی است که خویشاوند تهیدستش را از بردگی می‌رهاند (لاویان ۴۷:۲۵-۵۵)، یا زمینی را که خانواده به‌خاطر بدهی از کف داده، بازمی‌خرد (لاویان ۲۳:۲۵-۳۴). از این‌رو، بار معنایی گرم و صمیمانه‌ای دارد و خصوصاً با توجه به پس‌زمینهٔ عهد، بسیار اصطلاح مناسبی است.

حضور یهوه

مزمور ۴:۱۱ تنشی را که در بطن ادراک عبرانیان از وجود یهوه نهفته است، بیان می‌کند:

> خداوند در معبد مقدس خویش است؛
> خداوند بر تخت خود در آسمان است.

این تنشی است میان فرابودگی[1] و درون‌بودگی[2] یهوه. تنش مزبور در دعای

۱. Transcendence– یا استعلا به جنبه‌ای از ذات و قدرت خدا اشاره دارد که کاملاً مستقل از جهان مادی، فراتر از همهٔ قوانین فیزیکی است– ویکیپدیای فارسی– م.

۲. Immanence – یا نظریهٔ حلول معتقد است که امر الاهی جهان مادی را دربرمی‌گیرد یا در آن تجلی می‌یابد. برخی نظریه‌های فلسفی و متافیزیکی معتقد به حضور الاهی هستند. حلول معمولاً در مکاتب توحیدی نشان میدهد

سلیمان به هنگام وقف معبد، به‌طرزی بارزتر خود را نشان می‌دهد. او در ابتدای دعایش می‌گوید:

> من به‌راستی خانه‌ای رفیع برای تو بنا کرده‌ام،
> مکانی که تا ابد در آن ساکن شوی.
> (اول پادشاهان ۱۳:۸)
> با این‌حال، کمی بعد در دعایش می‌افزاید: «ولی آیا خدا به راستی بر زمین ساکن خواهد شد؟ اینک آسمان‌ها گنجایش تو را ندارد، چه رسد به این خانه که من بنا کرده‌ام!» (اول پادشاهان ۲۷:۸).

از نخستین روزهای تاریخ اسرائیل، مردم صندوق عهد را (که چنانکه در بالا هم خاطرنشان ساختیم، در ادراک یهودی، قدمگاه تخت یهوه محسوب می‌شد) نمادی یا شاید شیئی آیینی و مقدس از حضور یهوه در میان قومش می‌دیدند (اعداد ۳۵:۱۰-۳۶). آوردن صندوق عهد به اورشلیم توسط داوود (۲سموئیل۶) و سپس بنا کردن معبد برای جای دادن آن به‌وسیلهٔ سلیمان، باعث شد که حضور یهوه با کوه صهیون گره بخورد. این ارتباط تنگاتنگ میان کوه صهیون و حضور یهوه شالودهٔ سرودهای صهیون را در کتاب مزامیر تشکیل می‌دهد. برخی از مزامیر گویای تجربهٔ احساسی از حضور خدا به هنگام پرستش در معبد هستند، که این تجربه با اصطلاحاتی از قبیل "جستن" یا "چشم دوختن به" روی یهوه (مثلاً، مزامیر ۶:۲۴؛ ۴:۲۷؛ ۱:۴۲-۲؛ ۷:۸۴) ابراز شده است.

یهوه و ملت‌ها

ایمان به یهوه به‌عنوان آفرینندهٔ جهان و سرور همهٔ خدایان (و در نهایت خدای یگانه) طبیعتاً به این باور منتهی می‌شود که یهوه نه تنها خدای اسرائیل، بلکه خدای کل جهان است. این باور در مزامیر به دو طریق مطرح شده است. نخست، با عباراتی نظیر «ای همه قوم‌ها» (مزمور ۱:۴۷)، «ای تمامی زمین» (مزمور ۱:۶۶)، «ای ممالک جهان» (مزمور ۳۲:۶۸) و غیره، همگان را مخاطب قرار داده، ایشان را به ستایش یهوه تشویق می‌کند. دوم، اشاراتی وجود دارد دال بر هنگامی که سایر ملت‌ها به‌سوی یهوه بازخواهند گشت یا خویشتن را بدو تسلیم خواهند کرد (مثلاً، مزامیر ۲۷:۲۲-۲۸؛ ۹:۴۷؛ ۲:۶۵؛ ۹:۸۶؛ ۱۵:۱۰۲-۲۲).

درک مزامیر از انسان

یکی از واضح‌ترین عباراتی که در کتاب‌مقدس عبری پیرامون منزلت و نقش انسان وجود دارد، مزمور ۳:۸-۸ است. این آیات شباهت زیادی به پیدایش ۲۶:۱-۲۸ دارند. در کنار آیه‌های مزبور، گذرا بودن زندگی بشر با تمثیل علف یا گل‌های وحشی پژمرده (مزامیر ۵:۹۰-۶؛ ۱۱:۱۰۲؛ ۱۵:۱۰۳-۱۶) یا مقایسهٔ زندگی انسان با دمی (مزامیر ۵:۳۹؛ ۹:۶۲) یا سایه‌ای (مزمور ۱۱:۱۰۲) توصیف شده است. همانند دیگر جاهای کتاب‌مقدس عبری، ضعف بشر در قیاس با خدا مورد مقایسه قرار

که عالم معنوی، امور دنیوی را دربردارد- ویکیپدیای فارسی- م.

گرفته و از بشـــر تحت عنوان «انسان خاکی» (مزامیر ۴:۵۶؛ ۳۹:۷۸) یاد شده است.

در پندار عبرانی، شـــخص انسان روح یا موجودی غیرمادی نبود که در کالبدی مادی گنجانده شده باشد، بلکه کل‌نگرانه به انسان نگاه می‌کردنـــد و او را موجـــودی جاندار می‌دانستند. اگرچه واژهٔ عبریِ "نِفِش" *nefesh* را در ترجمه‌های مختلف انگلیســی اغلب 'soul' ("جـــان"- م.) ترجمـــه کرده‌اند، اما این "جان" مفهومـــی دوگانه‌انگارانه[1] ندارد. در واقع، این واژه بســـته به زمینهٔ متن، طیفی از معانـــی گوناگون را دربرمی‌گیرد. شـــاید قدیمی‌ترین معنای آن "گردن/ گلو" باشد که در مزمور ۱:۶۹ بدان اشاره شده:

خدایا نجاتم ده،
زیرا آبها تا به گردنم برآمده است.

شاید از آنجایی که انسان به واسطه گردن/ گلو نفس می‌کشد، می‌توان *نِفِش* را "دم/ نفس" هم ترجمه کرد (ایـــوب ۲۲:۴۱ [که البته در ترجمه‌های فارسی همان "گردن" ترجمه شده اســـت- م.]) و در غالب موارد معنی "جان/ زندگی" هم می‌دهد، همچون مزمور ۱۲:۳۸:

آنـــان که قصـــد جانـــم دارنـــد، دام می‌گسترند،
بدخواهانـــم از هلاکتـــم ســـخن می‌گویند؛
و همه روز خیانت را تدبیر می‌کنند.

در مـــوارد بســـیار به‌نظر می‌رســـد که معنایش "نفس/ شخص زنده" است. زمانی کـــه خدا در کالبـــدی که از "خـــاک زمین" سرشته بود دمید، ثمرهٔ کارش به‌وجود آمدن "نِفِش یا شخص زنده" بود، نه "روح". به‌نظر می‌رسد که بهترین و مناسب‌ترین ترجمه‌ای که می‌توان برای عباراتی از قبیل "جان من" و غیره یافت، "من" یا "خودم" و غیره باشد.

ای همهٔ خداترسان، بیایید و بشنوید؛
بگذاریـــد آنچـــه را بـــرای جان من ["برای من"] کرده اســـت، بازگویم.
(مزمور ۱۶:۶۶)

با این حال مواقعی هســـت که این واژه بر جایگاه درونی احساسات و امیال دلالت می‌کند.

جانم [نِفِـــش] در اندرونم افســـرده است. (مزمور ۶:۴۲)
مگـــذار در دل خویش بگویند: «هه، به آرزوی [نِفِش] خود رســـیدیم!».
(مزمور ۲۵:۳۵)

گواه ما بر یگانگی تن و روان انســـان در اندیشـــهٔ عبرانی، نحوهٔ به‌کارگیری اندام‌های مختلف بدن انسان برای ارجاع به جنبه‌های گوناگون شـــخصیت بشـــری اســـت. اگر مزمـــور ۲:۲۶ را تحت‌اللفظی ترجمه کنیم، چنین می‌گوید: «خداونـــدا، مرا امتحان کن و بیازمـــا، دل و قلوه‌هایم را از بوتهٔ آزمایش بگذران.» ترجمهٔ *The Good News Bible* قسمت دوم آیه را «افکار و امیالم را از بوتهٔ آزمایش بگذران» برگردان کرده، که مفهوم درستی از آن ارائه می‌دهد.

زندگی پس از مرگ

در مزامیـــر بـــه شـــیوه‌های گوناگـــون به قلمرو مردگان اشـــاره شـــده اســـت. در

---

۱. در برابر "تن"- م.

مزمور ۳۰ دو بار بـا واژه‌هایی که به معنای "مغاک" هستند (*bor* در آیـهٔ ۳؛ *shahat* در آیهٔ ۹) و یک‌بار هم با واژهٔ **شـئول** (احتمالاً به معنای "ویرانی") از آن یاد شـده اسـت. شـئول متداول‌تریـن ایـن اصطلاحـات به‌شـمار می‌رود. شـئول جایـگاه تاریکی (مزمور ۶:۸۸) و سکوت (مزمور ۱۷:۱۱۵)، و در "ژرفـای زمین" (مزامیر ۹:۶۳؛ ۱۳:۸۶) واقع شده اسـت. در بعضی از مزامیر گفته شده که سـاکنان شئول کسـانی هستند که رابطه‌شـان با یهوه قطع شـده (مزامیر ۵:۶؛ ۱۰:۸۸-۱۲)، امـا در مزمور ۸:۱۳۹، آنجایی که مزمورسـرا می‌گوید: «اگر در هاویه بستر بگسترم، تو آنجا نیز هستی!» شاهد پیشرفتی در اندیشـهٔ سـرایندگان مزامیر هستیم. با مطالعهٔ دقیق مزامیر روشـن می‌شـود که نه مرگ پایان زندگی اسـت نه شئول (هاویه) واپسـین مکانی که مردگان به سویش روانه شـوند. مزامیـر از مرگ و شـئول به‌عنوان نیروهایی یاد می‌کنند کـه زندگان را تهدید می‌نمایند. اشارات متعددی که به خطر مرگ و شـئول، یا رهایی از مرگ و شـئول شده، موقعیت‌های مختلفی از رنج و پریشان‌حالی را تداعی می‌کنند. کیفیت حضور در شـئول را به‌سـختی می‌توان با عبارت "زندگی پس از مـرگ" توصیف کرد. با وجود این، سـه مزمور هست که به‌زعم بسیاری از مفسران، پیدایش باور به ارزش زندگی پس از مرگ را در خود بازتاب داده‌اند. ام. جی. داهود[1] در کتاب تفسیری که بر مزامیر نگاشته، اشارات بیشتری به فناناپذیری کرده، اما تفسیرهایی که ارائه می‌کند، برای بسـیاری از محققان قانع‌کننده نیست.

در مزمور ۱۶، سراینده اعتماد و شادمانی را، در یهوه، ابـراز می‌کند. رابطهٔ او با یهوه، برایش از هـر چیز دیگری مهمتر اسـت. مزمور ۱۶ با این کلمات پایان می‌یابد:

> پس دلم شادمان است و تمام وجودم در وجد؛ پیکرم نیز در امنیت سـاکن خواهـد بود. زیرا جان مـرا به هاویه وا نخواهی نهاد، و نخواهی گذاشـت سرسپردهٔ تو فساد ببیند. تو راه حیات را به من خواهی آموخت؛ در حضور تو کمال شادی است، و به دست راست تو لذتها تا ابدالآباد! (آیه‌های ۹-۱۱)

پژوهشگران بر سـر اینکه آیا این آیات بیانگر اعتماد سراینده به زندگی شاد و ایمن هستند- مادامی که این زندگی ادامه دارد- یا ابراز اعتماد به اینکه حتی مرگ هم نمی‌تواند به مشارکتش با یهوه پایان دهد، اختلاف‌نظر دارند. مجالی که این آیات برای تفسیر دوم باز می‌کنند، باعث شد که مسیحیان اولیه آن را برای دلالت بر رستاخیز عیسی به‌کار ببرند (اعمال ۲:۲۵-۲۸؛ ۳۵:۱۳).

مزمور ۴۹ یکی از اشـعار حکمتی است که معضل رفاه شـریران و رنج پارسـایان در آن بازتـاب یافته‌اند. ایـن مزمور مرگ را پدیده‌ای می‌بیند کـه همگان در برابرش یکسانند (آیه‌های ۱۰-۱۲). سرنوشت آنانی که خدا را نادیده می‌گیرند (آیه‌های ۱۳-۱۴) مغایر با چیزی است که سراینده انتظارش را می‌کشـد: «اما خدا جان مرا از چنگال هاویه فدیه خواهـد داد، و مرا نـزد خود خواهد پذیرفت» (آیهٔ ۱۵). این شاید صرفاً دلالتی بر رهایی از مرگ نابه‌هنگام باشد، اما وقتی پس از آیه‌های ۱۰-۱۴ می‌آید، به‌نظر می‌رسد که

1. M. J. Dahood

سراینده اعتماد خود را از وجود ارزندهٔ خدا پس از مرگ بیان می‌کند. پیش‌تر خاطرنشان ساختیم که فعل به‌کار رفته در این جمله که "پذیرفتن" (laqah) ترجمه شده، همانی است که برای "برگرفتن" خنوخ (پیدایش ۲۴:۵) و ایلیا (دوم پادشاهان ۳:۲ و ۵) استفاده شده است. شاید سراینده توقع داشته که همانند آن دو، به سلامت مرگ را پشت سر بگذارد.

مزمور ۷۳ یکی دیگر از مزامیری است که به تعمق بر معضل نابرابری در زندگی، اختصاص پیدا کرده است. سرایندهٔ مزمور به هنگام پرستش در معبد، پاسخ این معضل را پیدا می‌کند (آیهٔ ۱۷). رفاه شریران در مواجهه با مرگ به‌ناگاه محو می‌شود (آیه‌های ۱۸-۲۰)، اما مشارکت سراینده با خدا ابدی است (آیه‌های ۲۳-۲۴).

من پیوسته با توام، و تو دست راستم را می‌گیری.
تو با مشورت خویش هدایتم می‌کنی،
و پس از آن به جلالم می‌رسانی.

این احتمال وجود دارد که «پس از آن» در این آیات، به معنای «پس از مشکلات کنونی» باشد، اما با توجه به آیه‌های ۱۸-۲۰، بیشتر به‌نظر می‌رسد که منظور نگارنده «پس از مرگ» باشد. یک‌بار دیگر، همانند مزمور ۴۹ برای "پذیرفتن" [که در فارسی "رساندن" برگردان شده- م.] فعل laqah به‌کار رفته، که می‌تواند تفسیر دوم را تأیید کند.

اگر این تفسیرها درست باشند، رشته‌ای که هر سهٔ این مزامیر را به یکدیگر پیوند داده، باور راسخ سراینده به این مطلب است که رابطه‌اش با یهوه آنچنان واقعی و عمیق

است که حتی مرگ هم نمی‌تواند آن را از هم بگسلد.

در موردش بیندیشید
رستاخیز

به‌خاطر نگرش کلی به وجود انسان در اندیشهٔ عبرانی، زمانی که باور به حیاتی بامعنی پس از مرگ مطرح گردید، یهودیان به موضوع زندگی پس از مرگ در چارچوب رستاخیز جسمانی می‌اندیشیدند، نه تداوم بقای روح یا جان به‌صورت مجرد و فاقد بدن. در حزقیال ۱۱:۳۷-۱۴ تصویری که از رستاخیز جسمانی ارائه شده، استعاره‌ای است از احیای قوم یهود پس از طی شدن دوران اسارت. در اشعیا ۱۹:۲۶ هم احتمالاً از همین استعاره برای احیای قوم استفاده شده، هرچند برخی از محققان تصور می‌کنند که منظور اشعیا، دقیقاً رستاخیز افراد است. در کتاب‌مقدس عبری، جای دیگری که از رستاخیز افراد سخن به میان آمده، دانیال ۱:۱۲-۳ است. اگرچه در آنجا هیچ اشارهٔ صریحی به بدن نشده، اما عبارت "خاک زمین" در آیهٔ ۲ الف، عطف به داستان آفرینش آدم در پیدایش ۷:۲ است و تلویحاً به نوعی از "باز-آفرینی" انسان‌ها در کالبدی جسمانی دلالت می‌کند. با این‌همه، کالبد مزبور برای پارسایان کالبدی تغییر شکل یافته است (آیهٔ ۳).

قربانی

چنانکه دیدیم، از آنجایی که اکثر مزامیر برای پرستش در معبد اورشلیم استفاده

می‌شدند، پس دیگر جای شگفتی نیست که در کتاب مزامیر اشارات مکرری به قربانی شده باشد. در این کتاب، ذکر شماری از قربانی‌های مختلف به میان آمده است.

- واژه‌ای که به‌طور معمول در مزامیر به‌کار رفته و "قربانی" ترجمه شده (*zevah*، برای نمونه مزامیر ۵:۴؛ ۶:۲۷؛ ۶:۵۴؛ ۱۷:۱۱۶)، احتمالاً بر *sh^e lamim zevah* دلالت می‌کند که به اَشکال گوناگون "ذبیحهٔ سلامتی/ رفاقت/ مصالحه" ترجمه شده است. از قرار معلوم، این یکی از متداول‌ترین اَشکال قربانی در روزگار پیش از تبعید بوده است. پی حیوان قربانی‌شده را بر مذبح می‌سوزاندند و مابقی گوشت قربانی را می‌پختند و با پرستندگان و کاهنان، در همان محوطهٔ معبد می‌خوردند. ظاهراً مبنای این ایده را رفاقت و صمیمیت میان پرستندگان و خدا تشکیل می‌داده است.
- در مورد "قربانی سوختنی" یا "تمام سوختنی" (*olah*، مزامیر ۳:۲۰؛ ۱۹:۵۱؛ ۱۳:۶۶ و ۱۵) قربانی را به‌طور کامل بر مذبح می‌سوزاندند، و تنها پوستش نصیب کاهن می‌شد. ظاهراً این قربانی را هدیه‌ای مختص خدا می‌دانسته‌اند.
- مقصود از تقدیم "قربانی شکرگزاری" (*todah*، برای نمونه، مزامیر ۱۲:۵۶؛ ۲۲:۱۰۷؛ ۱۷:۱۱۶) از نامش کاملاً پیداست. قربانی شکرگزاری فرمی خاص از قربانی رفاقت بود.
- "قربانی داوطلبانه" (*n^e davah*، مزمور ۶:۵۴) هم نوع دیگری از قربانی شکرگزاری بود.
- ادای نذورات (مزامیر ۲۵:۲۲؛ ۱۴:۵۰؛ ۱۲:۵۶؛ ۵:۶۱ و ۸؛ ۱:۶۵؛ ۱۳:۶۶؛ ۱۱:۷۶؛ ۱۴:۱۱۶) معمولاً با تقدیم حیوان قربانی به‌صورت قربانی شکرگزاری انجام می‌پذیرفت.
- واژهٔ عبری *minhah* (مزامیر ۳:۲۰؛ ۸:۹۶) در اصل به معنای تقدیم قربانی از هر نوع بود، اما بعدها این اصطلاح تنها به هدیه‌های آردی و روغنی اختصاص پیدا کرد.

کتاب زبور هم مانند دیگر جاهای کتاب‌مقدس عبری، بدون آنکه توجیهی الاهیاتی از مفهوم قربانی‌ها یا چرایی و چگونگی اندیشهٔ یهودی از تأثیر قربانی‌ها ارائه دهد، وجود نظام قربانی را امری مسلم فرض می‌کند.

در خود مزامیر عباراتی هست که می‌توان آنها را نقدی بر قربانی‌های حیوانی تلقی کرد (مزامیر ۶:۴۰-۸؛ ۸:۵۰-۱۵؛ ۱۶:۵۱-۱۷؛ ۳۰:۶۹-۳۱؛ ۲:۱۴۱). این آیات به عباراتی که در کتب انبیا به نقد قربانی اختصاص یافته‌اند (اول سموئیل ۲۲:۱۵؛ ارمیا ۲۱:۷-۲۳؛ هوشع ۶:۶؛ عاموس ۲۱:۵-۲۴؛ میکاه ۶:۶-۸)، شباهت دارند. اگرچه گه‌گاه از این عبارات برای نفی کلی قربانی‌ها استنتاج کرده‌اند، اما اکثر محققان آیه‌های مزبور را تأکیدی بر اهمیت پارسایی اخلاقی و اطاعت و اولویت آنها بر قربانی‌های آیینی دانسته‌اند، و می‌گویند اگر قربانی با اطاعت و پارسایی اخلاقی همراه نباشد، هیچ ارزشی ندارد. به خاطر سپردن این

نکته هم حائز اهمیت است که در زبان عبری، گفتن "فلان، نه بهمان" یعنی "ارجحیت فلان بر بهمان". این موضوع از توازی به‌کار رفته در جملات هوشع ۶:۶ کاملاً مشهود است:

زیرا محبت را می‌پسندم نه قربانی را،
و معرفت خدا را، بیش از قربانی‌های
تمام‌سوز.

در اینجا کاملاً پیداست که "و نه" با "بیش از" متناظر است و همان معنی را می‌دهد. پس وقتی سراینده می‌گوید: «به قربانی و هدیه رغبت نداشتی، اما گوش‌های مرا گشودی» (مزمور ۶:۴۰)، احتمالاً منظورش این است که گوش دادن به خدا و اطاعت از او مهم‌تر از تقدیم قربانی است. در وحی مندرج در مزمور ۸:۵۰-۱۵ خدا در همان ابتدای کار قربانی‌های قومش را می‌پذیرد (آیهٔ ۸)، اما ایدهٔ نیازمند بودنش به قربانی را رد می‌کند. شاید این روشی برای به مبارزه طلبیدن دیدگاه کسانی باشد که معتقدند قربانی یکجور رشوه دادن به خدا یا به بازی گرفتن اوست تا خواسته‌های قربانی‌کننده را به انجام برساند. مزمور ۱۶:۵۱-۱۷ تصریح می‌کند:

تو به قربانی رغبت نداری، وگرنه
می‌آوردم؛
تو از قربانی تمام‌سوز خرسند
نمی‌شوی.
قربانی‌های پسندیده خدا روح
شکسته است؛
خدایا، دل شکسته و توبه‌کار را خوار
نخواهی شمرد.

در اینجا منظور احتمالی نگارنده آن است که **در مورد خودش** تقدیم قربانی روش درستی برای جلب توجه خدا نیست، زیرا مرتکب گناه دهشتناکی (احتمالاً قتل، آیهٔ ۱۴) شده، که شریعت برای تاوانش هیچ قربانی‌ای تعیین نکرده است. پس تنها کاری که می‌توانست انجام دهد، این بود که با عجز و طلب آمرزش دست به دامان رحمت یهوه شود. مزمور ۲:۱۴۱ شاید بازتاب‌دهندهٔ موقعیتی باشد که مزمورسرا توان تقدیم کردن قربانی را ندارد و آنچه در توانش هست را- یعنی دعا- به خدا تقدیم می‌کند: «دعای من به حضور تو چون بخور استوار شود، و دستان برافراشته‌ام چون قربانی شامگاهی.»

بحث و جدل انبیا بر ضد نگرش صرفاً آیینی به قربانی- که موضوع قربانی را از لزوم اطاعت از قوانین اخلاقی یهوه در زندگی جدا می‌کرد- نشان می‌دهد که خطری جدی مناسک قربانی را تهدید می‌کرده است. با این حال، عبارات "منتقدانهٔ" موجود در مزامیر نشان می‌دهند که خود دست‌اندرکاران تشکیلات آیینی، از این خطر آگاه بوده‌اند. این موضوع در دو مزمور ۱۵ و ۲۴ که در زمرهٔ "مناجات دروازه" قرار دارند، مورد تأکید قرار گرفته است. این مزامیر به پرستندگان یادآوری می‌کنند که پذیرفته‌شدن قربانی‌های پرستشی‌شان منوط به یک پیش‌نیاز است، و آن چیزی نیست جز زندگی کردن مطابق خواسته‌های اخلاقی یهوه و اطاعت از دستوراتش.

در موردش بیندیشید
قربانی و اطاعت

به نظر شما دیدگاه صرفاً آیینی به موضوع قربانی، چه نمونهٔ امروزی

می‌تواند داشته باشد. چه عاملی آن را از لزوم داشتن زندگی توأم با اطاعت از قوانین اخلاقی یهوه جدا می‌کند؟ آیا می‌توانید در مورد مصداق‌های امروزی "مناجات دروازه"- که بشود آنها را در برابر این خطر به‌کار برد- بیندیشید؟

لعنت‌ها در مزامیر

یکی از موضوعاتی که خوانندگان امروزی مزامیر را آزار می‌دهد، وجود خصیصه‌ای است که یک مزمور را از لحنی والا به لحنی کینه‌توزانه تبدیل می‌کند. مزمور ۱۳۹ یکی از نمونه‌های شاخص این تغییر است. مزمورسرا پس از تعمقی تکان‌دهنده بر علم مطلق یهوه (آیه‌های ۱-۶) و حضور مطلق آفریدگار (آیه‌های ۷-۱۲)، ناگهان فریاد برمی‌آورد: «خدایا، کاش که شریران را می‌کشتی! ای مردمان خون‌ریز، از من دور شوید!» (آیهٔ ۱۹). او در ادامه انزجار خود را از «آنان که از تو نفرت دارند، خداوندا» (آیهٔ ۲۱) اعلام می‌کند. احساساتی مشابه این را در مزامیر ۵۸:۶-۱۱؛ ۶۹:۲۲-۲۸؛ ۸۳:۹-۱۸؛ ۱۰۹:۶-۲۰؛ ۱۳۷:۷-۹؛ ۱۴۹:۵-۹ هم می‌توان مشاهده کرد. مسیحیان نسبت به این عبارات حس خوبی ندارند، چونکه به نظرشان آیات مزبور با تعالیم عیسی در مورد محبت کردن دشمنان (متی ۵:۴۳-۴۸؛ لوقا ۶:۲۷-۳۱)، منافات دارند. در سدهٔ هجدهم، جان وسلی[1] پیروانش را از سراییدن عبارات حاوی لعن و نفرین مزامیر، منع کرده بود. ترجمه‌های امروزی مزامیر که به منظور استفاده در پرستش مسیحی تنظیم شده‌اند، اغلب این عبارات را حذف کرده‌اند.

برخی از محققان در مواجهه با این ناخرسندی از وجود عبارات حاوی لعن و نفرین در مزامیر، بر اهمیت الاهیاتی این آیات انگشت گذاشته‌اند. اریک زنگر[2] یکی از آنهاست. وی استدلال می‌کند که مسیحیان نمی‌توانند به‌سادگی این عبارات را به‌عنوان چیزی "دور از شأن مسیحیت" نادیده بگیرند. واقعیت این است که آیات مزبور حقیقتی را پیرامون خدا بیان می‌کنند که هم عهدعتیق و هم عهدجدید بر آن صحه گذاشته‌اند. خدا نه تنها آفرینندهٔ جهان است، بلکه خداوندگار تاریخ هم هست و در جایگاه داوری، اوست که در مورد تاریخ حرف آخر را می‌زند. در دنیایی که از گناه و شرارت آسیب دیده، نشستن خدا بر کرسی داوری بارقه‌ای از امید است نه ترس، زیرا خدا برای برقراری عدالت بر کرسی داوری می‌نشیند، تا هر چیز را «چنان که باید باشد» بسازد. عبارات حاوی لعن و نفرین در مزامیر، بیانگر احساسات کسی است که مورد ستم واقع شده و با همهٔ وجود چشم انتظار عدالتی است که تنها خدا قادر به برقراری آن می‌باشد. بی‌تردید، نبودِ مفهومی ارزشمند از حیات پس از مرگ، بر ضرورت و جدیت استغاثهٔ سراینده برای وارد عمل شدنِ خدا در همین دنیا و ***هم‌اکنون***، می‌افزاید. زنگر استدلال می‌کند که خوش نیامدن آیات لعن و نفرین به مذاق مسیحیان امروزی در غرب، معلول تمرکز الاهیات مدرن جهان غرب بر گناه شخصی است، و پیامد آن نادیده گرفتن موضوعاتی از قبیل بی‌عدالتی اجتماعی و رنجی است

1. John Wesley

2. Erich Zenger

که از آن حاصل می‌شود (یعنی موضوعاتی که انبیای عبرانی نسبت به آنها بسیار حساس بودند). یکی از علل ارزشمند بودن عبارات حـــاوی لعن و نفرین آن اســـت که واقعیت خشونت و ســـتم را، در تجربهٔ بشری، عیان می‌سازد. لعن و نفرین وسیله‌ای می‌شوند که قربانیان می‌توانند بدان رنج و عذاب خود را ابراز کنند و کســـانی را که قادر به درک این قربانیان نیستند، به چالش بکشند.

زنگر تأکید می‌کند که این آیات دعاهایی منظوم هســـتند، و در نتیجه، در تصنیف‌شان از لحـــن و تصویرپـــردازی اغراق‌آمیز، که برای آثار منثور مناســـب نمی‌باشـــند، بهره گرفته شده اســـت. وی همچنین خاطرنشان می‌ســـازد که تشخیص توسل ســـرایندگان مزامیر بـــه خدایی عادل و شـــخصیت‌مند، اهمیتی الاهیاتی دارد. آیـــات مزبور خدا را دعوت به انتقام‌گیری نمی‌کننـــد، بلکه تنها احساســـاتی همچون نفرت و برافروختگی سراینده را در ژرف‌ترین سطح بیان می‌کنند و بعد همه چیز را به دستان خدا وامی‌گذارند. نکتهٔ شایان توجه اینکه، مزمور ۱۳۹ این‌گونه پایان می‌یابد که ســـراینده از خدا می‌خواهد که اندیشـــه‌های دلش را بیازماید و هر چیز بـــد را از او دور ســـازد (آیه‌های ۲۳-۲۴)- سراینده دستِ‌کم این احتمال را قایل است که احســـاس انزجارش هـــم می‌تواند جزو بدی‌ها باشـــد. به گمان زنگـــر فقدان چنین دعایـــی، که در آن بـــه معنـــای دقیق کلمه می‌توانیم هرچه در دل داریم به خدا بگوییم، مســـاوی اســـت با از دســـت دادن چیزی ارزشـــمند. از سوی دیگر، وی قبول دارد که در پس‌زمینـــهٔ عبادتی، باید این قبیل عبارات را بـــا دیگر آیات کتاب‌مقدســـی که از غلبه بر شـــریر با روش پرهیز از خشونت سخن می‌گویند، و نوید برچیده شدن کامل بساط خشونت را، با آمدن پادشاهی خدا، می‌دهند، متعادل ساخت.

در موردش بیندیشید

لعن و نفرین در مزامیر

در مورد «دفاع» زنگـــر از کاربرد لعن و نفرین در مزامیر، در پرســـتش جمعی امروزی، چه می‌اندیشید؟

لعـــن و نفرین‌ها را معمـــولاً می‌توان در مزامیر مرثیه‌ای یافت (مزمور ۱۳۹ شاید یک استثناء باشد، این مزمور را به‌سختی می‌توان طبقه‌بندی کرد). برخی از محققان امروزی، و مشخصاً کلاوس وسترمان و والتر بروگمان توجه مخاطبان را به اهمیت شبانی مرثیه‌ها- که یک‌سوم مزامیر را تشکیل داده‌اند- جلب کرده‌اند. ایشـــان خاطرنشـــان می‌سازند که کاربـــرد مرثیه‌هـــا در پرســـتش، نمی‌گذارد پرســـتش طوری رنگ و بوی "شـــادمانه" و ظفرنمون به خود بگیرد که دیگر واقعیت‌های زندگی مردم، یعنی کشاکش و رنج‌های آنان از یاد بروند. مرثیه‌ها- که ســـخنان انســـان به خـــدا در چارچوب پرســـتش‌اند تا کلام بی‌واسطهٔ خدا به انسان- هم به رنج‌دیدگان "اجازهٔ" بیان احساســـات خالص‌شان را به خدا، و فراخواندن او بـــه برقراری عدالت، می‌دهند و هم وسیلهٔ ابراز این احساسات را برای آنها فراهم می‌کنند.

درک مزامیر از مفهوم پادشاهی

مزامیـــر مأخذ اصلـــی ما بـــرای درک ایدئولوژی پادشـــاهی در یهودا، با محوریت

خاندان داوود است. چنانکه پیشتر دیدیم، بر سر اینکه کدام مزامیر را باید در زمرهٔ ″مزامیر سلطنتی″ طبقه‌بندی کرد، اختلاف‌نظر وجود دارد. با این‌حال، اگر با مزامیر سلطنتی‌ای آغاز کنیم که در موردشان تردیدی وجود ندارد، و همچنین آنهایی را در نظر بگیریم که صراحتاً از پادشاه یاد کرده‌اند (حتی اگر خود پادشاه گویندهٔ کلام نباشد)، آن‌وقت مبنای محکمی برای پژوهش در مورد ایدئولوژی پادشاهی در یهودا داریم.

یکی از دلایل پافشاری بر فرمانروایی داوود و جانشینانش در اورشلیم، در سراسر دوران حیات یهودا به‌عنوان کشوری مستقل، این باور بود که یهوه داوود و وارثانش را برگزیده تا بر قومش فرمان برانند. در عهد یهوه با داوود (دوم سموئیل ۷:۱-۱۷) به این نکته اشاره شده است. مزامیر ۸۹:۲۸-۳۷ و ۱۳۲:۱۱-۱۲ صراحتاً به این عهد دلالت می‌کنند، و در مزمور ۱۸:۵۰ هم تلویحاً بدان اشاره شده است. مزامیر ۸۹ و ۱۳۲ بر دو مطلب متفاوت تأکید دارند. مزمور ۸۹:۳۰-۳۷ از مجازات شدن پادشاهانی که شریعت یهوه را رها کنند حرف می‌زند، اما در عین‌حال می‌گوید که نسل داوود تا به ابد ادامه خواهد یافت. مزمور ۱۳۲:۱۱-۱۲ ظاهراً تداوم حضور پادشاهان یهودا را منوط به رعایت شریعت می‌کند. در مزمور ۱۳۲ گزینش داوود با انتخاب صهیون به‌عنوان ″منزلگاه″ یهوه، گره خورده است. این به‌روشنی بر آوردن صندوق عهد به اورشلیم دلالت دارد.

شاید مهم‌ترین نکتهٔ الاهیاتی در مورد ایدئولوژی پادشاهی در مزامیر، این باشد که فرمانروایی دودمان داوود حکومتی است در دل حاکمیت فراگیرِ یهوه. پادشاهی که از نسل داوود است، خادم یهوه تلقی می‌شود و نمایندهٔ حاکمیت او بر زمین است. یهوه پادشاه فعال همگان- نه فقط یهودا- است و پادشاه همگان هم باقی خواهد ماند. خاندان داوود وسیله‌ای است که یهوه برای فرمانروایی به‌کار گرفته است. این دیدگاه بر مزامیر تاجگذاری (مزامیر ۲؛ ۱۱۰) مستولی است. مزمور ۸۹:۱۸ می‌گوید: «زیرا سپر ما از آن خداوند است، و پادشاه ما از آن قدوس اسرائیل.» در مزمور ۵۹:۱۳ گوینده- که احتمال دارد شخص پادشاه باشد- یهوه را فرامی‌خواند تا بر دشمنانش پیروز شود، زیرا «آنگاه تا به کران‌های زمین خواهند دانست که خدا بر یعقوب فرمان می‌راند.» این نکته شایان توجه است که در مزامیر سلطنتی مردم از آنِ پادشاه نیستند (″قوم من″ یا ″قوم او″)، بلکه ″قوم تو [یهوه]″ (مزمور ۷۲:۲) می‌باشند.

یکی از پیامدهای فوری فرمانروایی پادشاهی از دودمان داوود به نمایندگی از جانب یهوه، این است که او نه تنها ملزم به رعایت قوانین یهوه است، بلکه آنها را ترویج و از آنها پشتیبانی می‌کند (مزامیر ۸۹:۳۰-۳۲؛ ۱۳۲:۱۱-۱۲). زمانی که قوم برای پادشاه دعا می‌کنند، از خدا می‌خواهند که عدالت و انصاف خدا به وی اعطا گردد تا با راستی فرمانروایی کند (مزمور ۷۲:۱-۲). احتمالاً مزمور ۱۰۱ نمونه‌ای از ″سوگند تاجگذاری″ است که طی آن پادشاه قصد خود را از سلوک در طریق بی‌عیب در پیشگاه خدا و حکم راندن به شیوه‌ای عادلانه، اعلام می‌کند. در مزمور ۱۸:۲۲ وی اذعان می‌کند که رهایی‌اش به دست خدا پاداشی است که

به‌خاطر مراعات قوانین و فرایض خدا به او عطا شده است.

از آنجایی که پادشاه نمایندهٔ حاکمیت خدا بر زمین است، از سوی بدکارانی که مخالف خدا هستند، مورد حمله قرار می‌گیرد. احتمالاً باید با توجه به این نکته، منظور مزامیر ۲ و ۱۱۰ را از واژهٔ "دشمنان" درک کنیم. البته یکی دانستن همهٔ دشمنان پادشاه با دشمنان خدا، می‌تواند وسوسه‌انگیز باشد. در کل مزامیر سلطنتی با تأکید بر این موضوع که هرگاه پادشاه بر خدا توکل کند، بر دشمنانش پیروز خواهد شد، از این وسوسه فاصله می‌گیرند (مزمور ۲۱:۷-۱۲). او در هنگام نبرد، نمی‌تواند به‌طور خودکار روی کمک الاهی حساب باز کند.

مزمور ۷۲ آشکارا بهره‌مند شدن پادشاه از برکت الاهی را با سعادت مردمی که بر ایشان فرمان می‌راند، مرتبط می‌داند. او میانجی عطای برکت الاهی به مردم است. قوم برای او دعا می‌کند، زیرا سعادتش وابسته به او و رابطه‌اش با یهوه است. در مزمور ۱۱۰:۴ پادشاه «کاهنی در رتبهٔ ملکیصدق» خوانده شده است. این احتمالاً منصبی کاملاً افتخاری بوده که از پادشاهان پیشین یبوسی اورشلیم به پادشاهان یهودا به ارث رسیده بود (نگاه کنید به پیدایش ۱۴:۱۸-۲۰).

در ارتباط با پادشاه، در مزامیر هیچ اشاره‌ای به روح خدا نشده است، اما چندین‌بار آمده که او مسیح (مسح‌شده) است (مزامیر ۲:۲؛ ۱۸:۵۰؛ ۲۰:۶؛ ۲۸:۸؛ ۸۹:۲۰). به احتمال زیاد مسح پادشاه نشانه‌ای از اعطای روح یهوه به او تلقی می‌شده است.

مزامیر سلطنتی به‌روشنی پادشاه را در حالتی نشان می‌دهند که با یهوه رابطه‌ای منحصربه‌فرد دارد. نشان دادن این رابطهٔ ویژه به سه طریق انجام می‌شود. نخست، پادشاه "خادم" یهوه نامیده می‌شود (مزامیر ۸۹:۳ و ۲۰ و ۳۹ و ۵۰؛ ۱۳۲:۱۰؛ ۱۴۴:۱۰ و عنوان آغازین مزمور ۱۸). این البته نشانگر تابعیت پادشاه از یهوه است، اما خادم شخصیتی بزرگ بودن افتخاری است، چه رسد به این که پادشاه خادم یهوه باشد!

دوم، او "پسر" یهوه نامیده می‌شود. در این مورد مزمور ۲:۷ نقشی محوری دارد. فرمول به کار رفته «تو پسر من هستی، امروز تو را مولود ساختم»، یکی از فرمول‌هایی است که برای پذیرش کسی به فرزندخواندگی استفاده می‌شد. پادشاه در روز تاجگذاری‌اش، پسرخواندهٔ یهوه می‌شود. در مزمور ۸۹:۲۷ پادشاه به‌عنوان "نخست‌زاده" («فرزند ارشد» در ترجمهٔ هزارهٔ نو- م.) یهوه توصیف شده است. توصیف اسرائیل به‌عنوان "پسر نخست‌زادهٔ" یهوه در خروج ۴:۲۲ نشان می‌دهد که این روش توصیفی که برای پادشاه به‌کار برده شده، لزوماً حاکی از جایگاه الوهی وی یا داشتن نوعی رابطهٔ شبه‌مادی نیست. فقط بدین‌معناست که پادشاه با خدا وارد رابطه‌ای منحصربه‌فرد و صمیمانه شده و از حالا یهوه به وی امتیازی ویژه می‌دهد، که همانا حق فرمانروایی به نام یهوه، و بر قوم یهوه است. بعضی از محققان در مزمور ۱۱۰:۳ب اشاره‌ای به عقاید اسطوره‌ای کنعانی دیده‌اند. بر اساس این اسطوره‌ها، پادشاه پسر الاههٔ سپیده‌دم (فجر در ترجمهٔ هزارهٔ نو- م.) است. حتی اگر نظریهٔ مزبور معتبر هم باشد، باز این واقعیت را نفی نمی‌کند که سرایندهٔ مزمور علاوه بر زبان استعاره، از

تصویرپردازی هم بهره جسته است. با وجود این، احتمال بیشتر دارد که کل آیه نه بر خود پادشاه، که بر رعایایش (چنان که در ترجمهٔ NRSV آمده است)، و آیهٔ ۳ب هم بر بنیه و نشاط مردان جوانی که در میان رعایا هستند، دلالت داشته باشد.

در روزی که به جنگ روی
قوم تو با رغبت داوطلب خواهند شد.
آراسته به شکوهی مقدس،
جوانان تو چون شبنم از رحم
فجر نزد تو حاضر خواهند بود.
(مزمور ۳:۱۱۰)

این امکان وجود دارد که در مزمور ۶:۴۵ به پادشاه به‌عنوان "خدا" اشاره شده باشد. هرچند، این آیه را به چندین روش ممکن می‌توان تفسیر نمود.

- «ای خدا، تخت سلطنت تو جاودانه است» (ترجمهٔ NRSV). در این حالت، پادشاه به‌عنوان "خدا" مورد خطاب واقع شده است. با وجود این، از آنجایی که در هیچ جای دیگر کتاب مزامیر- یا حتی بقیهٔ کتاب‌مقدس عبری- به پادشاه نسبت الوهیت داده نشده، باید آن را اغراق در فن بیان تلقی کرد (ر.ک. آیهٔ ۲الف، هرچه باشد مزمور ۴۵ مزمور عروسی است!) این جمله عبارتی تعریف‌آمیز است که پادشاه را در کسوت شاهانه‌اش به "خدا" تشبیه نموده.
- «ای خدا، تخت سلطنت تو از آنِ خدا، و جاودانه است" (ترجمهٔ NRSV). این بیشتر با عقل جور درمی‌آید. در اول تواریخ ۲۳:۲۹ گفته شده که سلیمان «بر تخت خداوند نشست.» همین مطلب به شیوه‌ای دیگر در مزمور ۱:۱۱۰ بیان شده، که پادشاه برآمده از خاندان داوود، بر دست راست یهوه می‌نشیند.
- «تخت سلطنت تو جاودانه پابرجا است.» این ترجمه هم بسیار شبیه ترجمهٔ قبلی است.
- «تخت سلطنت تو به تخت سلطنت خدا می‌ماند، و جاودانه پابرجا است.» این ترجمه، اصطلاح عبری به‌کار رفته در غزل غزل‌ها ۱۵:۱ را سرمشق قرار داده است: «چشمانت به [چشمان] کبوتران می‌ماند.» اگر چنین باشد، تأکید جمله بر جاودانگیِ فرمانروایی دودمان داوود در اورشلیم است.

امید مسیحایی

ایدئولوژی پادشاهی، چنانکه در مزامیر ارائه شده، خاستگاه باور به ظهور مسیحا در یهودیت و مسیحیت است. از آنجایی که پادشاهان خاندان داوود یکی پس از دیگری از ارائهٔ تصویر درخشان و تحقق آرمان‌های والای این ایدئولوژی درماندند، امید به ظهور پادشاهی که به همهٔ این آرمان‌ها جامهٔ حقیقت بپوشاند، قوت گرفت. با سقوط پادشاهی یهودا، نه تنها امید به ظهور مسیحا رنگ نباخت، بلکه به‌واسطهٔ بیانات انبیا بیش از پیش قوت یافت (مثلاً، ارمیا ۵:۲۳-۶؛ حزقیال ۲۳:۳۴-۲۴) و دستِ‌کم در چارچوب یهودیت، در حفظ ایمان یهودی و زنده ماندن

آن در دوران سختی‌ها، نقشی به‌سزا ایفا کرد.

در موردش بیندیشید

امید مسیحایی

آنچه را که در مزامیر سلطنتی در مورد پادشاه گفته شده، با دو عبارت دیگر که با "امید مسیحایی" در پیوند هستند، مقایسه کنید:

اشعیا ۹:۲-۷؛ ۱۱: ۱-۵.

حدوداً یک‌سوم نقل‌قول‌های عهدجدید از عهدعتیق، متعلق به کتاب مزامیر است. از میان این نقل‌قول‌ها، آنهایی که از اهمیت ویژه‌ای برخوردارند، عبارتند از مزامیر ۷:۲؛ ۱:۱۱۰ و ۴ که هر دو رنگ و بوی مسیحایی دارند و در مورد شخص عیسی به‌کار برده شده‌اند. عده‌ای از یهودیان مزمور ۲۲:۱۱۸-۲۳ را با وجودی که در زمرهٔ مزامیر سلطنتی طبقه‌بندی نشده، به‌نوعی مسیحایی تفسیر کرده‌اند:

سنگی که معماران رد کردند مهمترین سنگ بنا شده است!
این را خداوند کرده، و در نظر ما شگفت می‌نماید!

این کلمات در جای جای عهدجدید نقل‌قول شده‌اند و در مورد رد شدن عیسی از سوی یهود و حقانیت رسالتش به‌کار رفته‌اند (متی ۴۲:۲۱؛ مرقس ۱۰:۱۲-۱۱؛ لوقا ۱۷:۲۰؛ اعمال ۱۱:۴-۱۲؛ اول پطرس ۷:۲). در نقل‌قول از مزمور ۲۵:۱۱۸-۲۶ به هنگام ورود عیسی به اورشلیم (متی ۹:۲۱؛ مرقس ۹:۱۱-۱۰؛ لوقا ۳۸:۱۹؛ یوحنا ۱۳:۱۲)، لحن مسیحایی کاملاً طنین‌انداز است.

خواندنی‌های بیشتر

مواردی که با * علامت‌گذاری شده‌اند، مرجع دست اول به‌شمار می‌آیند، حال آنکه مأخذ دیگر یا پیچیده‌ترند یا به موضوعات خاصی مربوط می‌شوند.

تفسیرها

تفسیر اندرسن یکی از کتاب‌های تفسیر خوب است و در ردیف کتاب‌های "مرجع دست اول" به‌شمار می‌رود، زیرا میان ایجاز و تفصیل تعادلی شایسته برقرار کرده است. همچنین در مورد مباحث بغرنج تفسیری، جانب اعتدال را رعایت نموده است. تفسیر کیندر بیش از حد موجز است، اما باز به سبب دیدگاه‌های الاهیاتی‌اش کتابی ارزنده به‌شمار می‌آید. تفسیر وایزر هم غالباً حاوی دیدگاه‌های الاهیاتی خوبی است. نکتهٔ برجسته در این تفسیر، تمایل به ربط دادن احتمالی بسیاری از مزامیر به جشنوارهٔ تجدید عهد می‌باشد. تفسیر داهود را باید با احتیاط استفاده کرد، زیرا بیشتر دوست دارد متن عبری را با توجه به موارد مشابه‌اش در ادبیات اوگاریتی، بازنویسی کند. کریگی هم یکی از متخصصان متون اوگاریتی بود، ولی از دانش خود سنجیده‌تر بهره گرفت. کتاب تفسیر او و دو اثر دیگر در مجموعه کتاب‌های WBC آثار تحقیقی خوبی به‌شمار می‌روند. تفسیر کراوس بسیار فنی است. میز[1] بر ویژگی‌های ادبی و پیام الاهیاتی مزامیر متمرکز شده است. همچنین در اثر

1. Mays

وی گرایش به ســـاختار زبور به‌عنوان کتابی یکدست- که این اواخر باب شده- بازتاب پیدا کرده اســـت. تفســـیر گروگن بخشـــی قابل‌ملاحظـــه را به مضامیـــن الاهیاتی در مزامیر اختصاص داده اســـت. تفسیر نایت هم مانند سایر مجلدهای مجموعه DSB، بر عنصر پرستش مسیحی تأکید دارد.

L. C. Allen *Psalms 101-150*. WBC. Waco, TX: Word Books, 1983.
* A. A. Anderson *Psalms*. NCB. London: Oliphants, 1972; 2 vols.
P. C. Craigie *Psalms 1-50*. WBC. Waco, TX: Word Books, 1983.
M. J. Dahood *Psalms*. AB. Garden City, NY: Doubleday, 1965, 1968, 1970; 3 vols.
G. W. Grogan, *Psalms*. Two Horizons OT Commentary. Grand Rapids, MI/Cambridge, UK: Eerdmans, 2008.
* D. Kinder *Psalms*. TOTC. London: IVP, 1973, 1975; 2 vols.
G. A. F. Knight *Psalms*. DSB. Edinburgh: St Andrews, 1982; 2 vols.
H. -J. Kraus *Psalms*. Minneapolis, MN: Augsburg, 1988/1989; 2 vols.
* J. L. Mays *Psalms*. Interpretation. Louisville, KY: John Knox, 1994.
M. E. Tate *Psalms 51- 100*. WBC. Waco, TX: Word Books, 1990.
A. Weiser The Psalms. OTL. London: SCM, 1962.

سایر کتاب‌ها و مقالات

* P. R. Ackroyd *Doors of Perception: A Guide to Reading the Psalms*. London: SCM, 1978.
* B. W. Anderson with S. Bishop *Out of the Depths: The Psalms Speak for Us Today*. Louisville, KY: Westminster John Knox Press, 2000 (3rd edn)
W. Brueggemann *The Message of the Psalms: A Theological Commentary*. Minneapolis, MN: Augsburg, 1984.
W. Brueggemann 'The Costly Loss of Lament', *JSOT* 36 (1986), 61-65.
W. Brueggemann 'Bounded by Obedience and Praise: The Psalms as Canon' *JSOT* 50 (1991), 63-92.
W. Brueggemann *The Psalms and the Life of Faith*, ed. P. D. Miller. Minneapolis, MN: Fortress, 1995.
B. S. Childs *An Introduction to the Old Testament as Scripture*, Philadelphia: Fortress, 1979.
D. J. A. Clines 'New Year' in *The Interpreter's Dictionary of the Bible, Supplementary Volume*. Nashville, TN: Abingdon, 1976, 627-628.
F. Colquhoun *Hymns that Live*. London: Hodder & Stoughton, 1980.
* J. L. Crenshaw *The Psalms: An Introduction*. Grand Rapids, MI: Eerdmans, 2001.
* J. Days *Psalms*. OT Guides. Sheffield: JSOT Press, 1992.
* N. L. DeClaissé-Walford *Reading from the Beginning: The Shaping of the Hebrew Psalter*. Macon, GA: Mercer University, 1997.
E. S. Gerstenberger *Psalms*. FOTL 14, Part 1. Grand Rapids, MI: Eerdmans, 1988.
E. S. Gerstenberger *Psalms with Lamentations*. FOTL 14, Part 2. Grand Rapids, MI: Eerdmans, 2001.
* S. E. Gillingham *The Poems and Psalms of the Hebrew Bible*. Oxford: OUP, 1994.
M. D. Goulder *The Psalms of the Sons of Korah*. JSOTSup 20. Sheffield: JSOT, 1982.
M. D. Goulder *The Prayers of David (Psalms 51-72)*. JSOTSup 102. Sheffield: JSOT, 1990.
M. D. Goulder *The Psalms of Asaph and the Pentateuch*. JSOTSup 233. Sheffield: Sheffield Academic Press, 1996.
M. D. Goulder *The Psalms of the Return*. JSOTSup 258. Sheffield: Sheffield Academic Press, 1998.
H. Gunkel and J. Begrich *An Introduction to the Psalms*. Macon, GA. Mercer University Press, 1998 (original German edn, 1933).
W. L. Holladay *The Psalms through Three Thousand Years: Prayerbook of a Cloud of Witnesses*. Minneapolis, MN: Fortress, 1993.
H. -J. Kraus *Worship in Israel*. Oxford: Blackwell, 1966.
* J. C. McCann *A Theological Introduction to the Book of Psalms*. Nashville, TN: Abingdon Press, 1993.
J. C. McCann (ed.) *The Shape and Shaping of the Psalter*. JSOTSup 159. Sheffield: JSOT Press, 1993.
J. M. Miller 'The Korahites of Southern Judah', *CBQ* 32 (1970), 58-68.
D. C. Mitchell *The Message of the Psalter: An Eschatological Programme in the book of Psalms*.

C. Westermann *Praise and Lament in the Psalms*. Edinburgh: T & T. Clark, 1981.

N. Whybray *Reading the Psalms as a Book*. JSOTSup 222. Sheffield: Sheffield Academic Press, 1996.

G. H. Wilson *The Editing of the Hebrew Psalter*, SBLDS 76, Chico, CA: Scholars Press, 1985.

G. H. Wilson 'The Qumran Psalms Scroll (11 Qps^a) and the Canonical Psalter', *CBQ* 59 (1977), 448-464.

E. Zenger *A God of Vengeance?* Louisville, KY: Westminster John Knox Press, 1996.

JSOTSup 159. Sheffield: Sheffield Academic Press, 1997.

S. Mowinckel *The Psalms in Israel's Worship*. Oxford: Blackwell, 1962; 2 vols.

E. Routely *An English-Speaking Hymnal Guide*. Collegeville, MN: Liturgical Press, 1979.

* K. Seybold *Introducing the Psalms*. Edinburgh: T & T. Clark, 1990.

C. Westermann 'The Role of the Lament in the Theology of the Old Testament', *Interpretation* 28 (1974), 20-38.

فصل ۲

شعر عبری

شعر چیست؟ اکثر مردم تصور می‌کنند که قـادر به بیان تفـاوت میان نظـم و نثر هسـتند. بنابراین، شاید عجیب به‌نظر برسد که بر سـر موضوع شـعر در کتاب‌مقدس عبری، اختلاف عقیده وجود داشـته باشد. برای درک این اختلاف عقیـده، تنها کافی اسـت به ترجمه‌های گوناگون کتاب‌مقدس در ویراسـت‌های امروزی نگاهی بیندازید تـا دریابید که مترجمین فرق میان نظم و نثر را به شـیوه‌های مختلـف در نظر گرفته‌اند. این اختلاف در جاهای گوناگون کتاب‌های انبیای عبرانی به‌خوبی قابل مشـاهده است. وانگهـی، در پَس این اختـلاف عقیده‌ها واقعیتی نهفته اسـت: اینکه خود متن عبری این اشـعار را به طریقی کـه در کتاب‌های دیگر- همچون مزامیـر و ایوب- می‌بینیم، تنظیم نکرده اسـت. پس چگونه می‌توانیم اشعار عبری را در متن شناسایی کنیم؟ پیش از جمع‌بندی‌های لازم در این زمینه، به ذکر چنـد موضوع اصلی که ایـن اواخر مطرح شده، خواهیم پرداخت.

توازی

بیشتر مباحثی که امروزی پیرامون شعر عبری مطرح شـده، بر شـالودهٔ کار رابرت لوث[1] در میانهٔ سـدهٔ هجدهم استوار است. وی چنین اسـتدلال کرد کـه ویژگی اصلی شعر عبری صنعتی ادبی است که وی نامش را "توازی"[2] گذاشـت. منظور وی از توازی حضور ابیاتی اسـت که در آنهـا واژه‌ها یا جملات مصـرع اول به‌نوعی بـا واژه‌ها یا جملات مصـرع دوم ربط پیدا می‌کنند. وی سـه نوع عمده از توازی را در شـعر عبری شناسایی کرد.

- ***توازی مترادف.*** این زمانی است که ایدهٔ مطرح‌شـده در مصرع اول، به شـیوه‌ای دیگر در مصـرع دوم تکـرار می‌شـود. بـرای نمونه، در مزمور ۳۳:۱۰-۱۱ دو بیت داریم که هر کدام نشان‌دهندهٔ توازی مترادفند:

1. Robert Lowth; 2. Parallelism

خداونــد نقشه‌هـای امت‌هـا را بـاطل می‌کند؛
او تدبیرهای قوم‌ها را عقیم می‌گرداند.
امـا نقشــه‌هـای خداونــد جـاودانه پابرجاست،
و تدبیرهای دلش در همهٔ نسل‌ها.

* **توازی متضاد.** در ایـن مـورد، مطلبی که در مصرع دوم گفته شده، متضاد مطلبی اســت کــه در مصرع اول آمده اســت. بــرای نمونه، در مزمور ۵:۳۰ شاهد یکی از این ابیات متضاد هستیم:

زیرا خشم او دمی بیش نمی‌پاید،
اما لطفش همه عمر را دربرمی‌گیرد؛
شبی ممکن اســت سراسـر به گریه بگذرد،
ولـی صبحگاهـان شـادمانی رخ می‌نماید.

* **توازی ترکیبی.** لوث همهٔ ابیاتی را کــه در آنهـا مصرع دوم نه تکرار مصرع اول اسـت نه متضاد آن، در ذیل ایـن طبقه‌بندی قرار داد. او این گروه را به چند زیرگروه تقسیم کرد.

بسیاری از پژوهشگران موضع لوث را پذیرفته‌اند، اما پیداست که طبقه‌بندی "مبهم" تـوازی ترکیبـی قانع‌کننده نیست. تی. اچ. رابینسـن کوشیـد تا با طرح این مطلب که مصرع دوم باید به‌نوعی برآورندهٔ "انتظار" مصرع اول باشـد، تـا حـدی از ابهام مزبور بکاهد.

در موردش بیندیشید
توازی

مزامیر ۶، ۱۲ و ۳۰ را بخوانید و ابیاتی را که در آنها یکی از سه نوع توازی لوث دیده می‌شوند، مشـخص کنید. به توالی نسبی انواع مختلف توازی دقت کنید.

دقیق‌تریـن نقدی کــه بر تـوازی، به‌عنوان مشخصهٔ شعر عبری وارد آمده، توسط جیمز کوگل[1] مطرح شده است. وی چنین استدلال کرد که تلاش برای طبقه‌بنـدی همهٔ ابیاتِ شعری در ســه نوع مشخص، واقعاً جوابگو نیســت. مزامیــر ۲۳ و ۱۲۲ نمونه‌هایی از مزامیری هستند که در آنها تقریباً کل شعر- به‌زعم لـوث- در ردیف تـوازی ترکیبی می‌گنجد، امـا در هیچ‌یک از ابیات رابطهٔ پیوستهٔ روشنـی به چشم نمی‌خورد. کوگل تعریف توازی را بسط می‌دهد و آن را ابزاری کلامـی می‌داند که در آن دو مصرع، جزء به جزء شــرح می‌دهند که "A چنان است و B چنان‌تر". او B را مصرعی توصیف می‌کند که اندیشهٔ مطرح‌شده در A را "تقویت می‌کند". کوگل تا اندازه‌ای به‌خاطر ویژگی گســتردهٔ صنعت توازی، وجــود مرزبندی دقیق میان نظم و نثر را، در زبان عبـری، نفی می‌کند، و بیشــتر ترجیح می‌دهد به‌جـای نظم، از اصطلاح "نثر موزون"[2] استفاده کند.

بسیاری از محققان پذیرفته‌اند که کوگل دعوی خوبی را علیه تعریف لوث از توازی، به‌عنوان معیار شعر عبری، اقامه کرده است.

---

1. James Kugel; 2. Elevated Prose

ایشــان همچنین پذیرفته‌اند که نظر وی در مورد عدم امکان هرگونه مرزبندی دقیق میان نظم و نثر در ادبیات عبری، دشوار است. به عقیدهٔ کوگل فرم ادبیات عبری را بیشتر باید در ردیف "نظــم" طبقه‌بندی کرد، تا "نثر"، و این نتیجه‌گیری همان است که تنها معدودی از پژوهشــگران با آن همداســتانند. آنچه جای تردید ندارد این اســت که به‌جای یک ویژگی شــاخص، باید به‌دنبال طیفی متنوع از ویژگی‌های ادبی گشــت. خصوصاً روی این نکته انگشت گذاشته‌اند که یکی از نقاط ضعف در رویکرد لوث و پیروانش، تمرکز صِرف بر جنبهٔ معناشناختی نظم، یعنی تمرکز بر معنای ابیات اســت. محققــان مزبور در تشریح استدلال خود گفته‌اند که شعر عبری پیش از هر چیز وابسته به "الگوهای فکری" اســت. چنانکه از طبقه‌بندی‌هــای توازی مترادف و متضاد توسط لوث برمی‌آید، این مطلب تا اندازه‌ای حقیقــت دارد، ولی کل داستان به همین‌جا خلاصه نمی‌شود.

رویکردهای زبان‌شناختی

از اواخر دههٔ ۱۹۷۰ شــماری از محققان در تــلاش برای فهم آثار منظــوم عبری، به شــیوه‌های زبان‌شناختی متوســل شده‌اند. مایکل اوکانر[1] کوشیده شعر عبری را منحصراً در قالب روش ساختاربندی جملات، تا جایی که دستور زبان این امکان را فراهم می‌سازد، توصیف کند. بررسی دستور زبانیِ ساختار جملات، "نحــو"[2] نامیده می‌شــود. اوکانر استدلال می‌کند که شــعر عبری را می‌توان در قالب "الگوهای نحوی"، یعنی شیوه‌های گوناگون در ساختاربندی جملات، تعریف کرد. بنابر استدلال وی، وجود محدودیت‌ها در انواع الگوها، یا به‌زعم او «قید و بندهای نحوی»، است که ویژگی بنیادین شعر عبری را تشکیل می‌دهد و آن را از نثر عبری متمایز می‌سازد.

کندوکاو بیشتر: "قید و بندها"ی اوکانر

به منظــور درک "قید و بندها" یا قواعد اوکانــر پیرامون ســاختار نحوی شــعر عبری، لازم است اول با اصطلاحات فنی او آشــنا شویم و آنها را خوب بفهمیم. او برای اشاره کردن به اجزای مختلف یک مصرع (از نگاه وی واحد بنیادی نظم) از سه اصطلاح استفاده می‌کند.

• ***واحد***. اکثــر واژه‌ها واحدهایی تکی محسوب می‌شــوند. با این‌حال، در زبان عبری واژه‌هایی هم هســتند که "حرف" نامیده می‌شوند (اینها اغلب به واژه‌های دیگر وابســته‌اند)، اوکانــر آنها را واحد به‌شمار نمی‌آورد.

• ***مؤلفه***. واژه یا عبارتی است که در یک مصرع کاربرد دســتور زبانیِ معینی دارد. برای مثال، مصــرع اول مزمور ۱۰۶:۷ را می‌توان به چهار مؤلفه تقسیم کرد (که هر یک با کلماتی با خط تیره متصل و نشان داده شده‌اند):

پدران ما، هنگامی که در مصر- بودند، کارهای- شــگفت‌انگیز تــو را- درک نکردند.

---

1. Michael O'Connor; 2. Syntax

مؤلفهٔ اول، "فاعل" دستور زبانی مصرع را تشکیل می‌دهد، سومی عملی است که توسط فاعل انجام گرفته، و چهارمی هم "مفعول" دستور زبانی مصرع است. مؤلفهٔ دوم عبارتی است که زمانِ روی دادنِ آن عمل را شرح می‌دهد. مصرع بعدی تنها حاوی دو مؤلفه است:

آنان - کثرت - محبت - تو را - به یاد - نیاوردند

مؤلفهٔ اول فعلی است که انجام گرفته (در زبان عبری برای "آنان" واژهٔ جداگانه‌ای وجود ندارد. این واژه به‌صورت فعل بیان شده است) و مؤلفهٔ دوم هم "مفعول" دستور زبانیِ فعل انجام گرفته است.

• عبارت اسنادی.[1] متداول‌ترین این عبارات اسنادی یک فعل است. در نمونه‌هایی که پیش‌تر از مزمور ۱۰۶:۷ مطرح کردیم، عبارات اسنادی در هر دو مصرع افعال "درک کردن" و "ملاحظه کردن" هستند.

چهار "مؤلفهٔ" نخست اوکانر، مؤلفه‌هایی نسبتاً سرراست هستند، و دوتای دیگر قدری پیچیده‌ترند.

۱. یک مصرع حاوی صفر تا حداکثر سه عبارت اسنادی است. فقدان حضور عبارت اسنادی در مصرع دوم یک بیت، "شکاف" ایجاد می‌کند.

۲. هر بیت حاوی حداقل یک و حداکثر چهار مؤلفه است.

۳. هر بیت حاوی حداقل دو و حداکثر پنج واحد است.

۴. هر مؤلفه می‌تواند حاوی حداکثر چهار واحد باشد.

۵. اگر مصرعی سه عبارت اسنادی داشته باشد، دیگر نمی‌تواند حاوی اسم وابسته یا عبارت اسمی باشد، و اگر دو عبارت اسنادی داشته باشد، تنها یکی از آنها می‌تواند حاوی اسم وابسته یا عبارت اسمی باشد.

۶. اگر مصرعی حاوی یک یا چند عبارت اسنادی باشد، دیگر نمی‌تواند اسم یا عبارت اسمی غیروابسته به آنها داشته باشد.

برای جزئیات بیشتر و دسترسی نسبتا آسان‌تر در مورد گزارش کار اوکانر، می‌توانید به مقالهٔ دبلیو. ال. هالدی[2] با عنوان "بازنگری در ساختار شعر عبری (۱): کدام واژه‌ها «به حساب می‌آیند»؟" (۱۹۹۹) مراجعه کنید.

اوکانر واحد بنیادی شعر عبری را همان چیزی در نظر می‌گیرد که به‌زعم وی "مصرع" نامیده می‌شود. اکثر اشعار عبری حاوی مصرع‌های دوتایی (بیت- م.) هستند. همین خصیصه است که لوث متوجه‌اش شد و وی را به‌سوی تحلیل شعر عبری در قالب توازی رهنمون گردید. سایر محققان برای پدیده‌ای که اوکانر "مصرع" می‌نامد، اصطلاح

---

۱. Clause Predicators فعل اسنادی نشان‌دهندهٔ رابطهٔ میان نهاد و گزاره است. افعالی مثل «است، بود، شد، گشت، گردید، شود، باشد، باد، هست، نیست و...» فعل اسنادی محسوب می‌شوند- ویکی‌فارسی/ و.

2. W. L. Holladay

"کولون"[۱] را بـــه‌کار می‌برند و برای بیت هم از اصطلاح بی‌کولون[۲] (دوتایی، که جمعش می‌شود بی‌کولا[۳]) استفاده می‌کنند. اوکانر بر مبنای تحلیلی که از قطعات گوناگون شـــعر عبری به‌عمل آورد، شـــش "قاعده" یا قانون را شناســـایی کرد، که این قواعد ســـاختار مصرع‌های شـــعری را محدود می‌کنند. این قواعد را باید با زبـــان فنی گرامری توضیح داد، و بـــرای درک کامـــل آنها لازم اســـت شناختی نسبی از زبان عبری داشته باشید. در کادر "کندوکاو بیشتر" شرح قواعد اوکانر به زبان ساده‌تر بیان شده است.

همچنین اوکانر به شناســـایی الگوهای مشـــترکی نایل آمد که ارکان شعر عبری را پیوند می‌دهند. شاید بارزترین آنها "شکاف" یـــا حذف به قرینـــهٔ واژه‌ها باشـــد. یکی از نمونه‌های متداول این الگو زمانی اســـت که در مصرع دوم یک شعر، فعل به‌کار رفته در مصرع اول، با اینکه وجودش کاملاً ضروری است، اما به قرینه حذف می‌شود.

> باشـــد که خداونـــد همـــهٔ لب‌های چاپلوس را قطع کند،
> و هر زبان لاف زن را. (مزمور ۳:۱۲)
> تقصیرهای‌مان را فرا رویت نهاده‌ای،
> و گناهـــان پنهان‌مـــان را در پرتـــو حضورت. (مزمور ۸:۹۰)
> کوه‌ها همچون قوچ به جست و خیز درآمدند،
> و تپه‌ها همچون بره! (مزمور ۴:۱۱۴)

اوکانر مدعی است که "شکاف" ویژگی اصلی نظم عبری به‌شمار می‌آید و در نثر از آن خبری نیســـت. با وجـــودی که وی پرتو تازه‌ای بر شـــعر عبری افکند، ولی رویکرد نحـــوی او از محدودیت‌هایـــی برخوردار اســـت. دغدغهٔ اصلی رویکـــرد وی، صرفاً "زیرساختار" ابیات منظوم است و بس. اصلاً نه به **معنای** شـــعر می‌پردازد نه به مسئلهٔ هنر شعر اشاره‌ای می‌کند.

ادل برلین[۴] کار خود را بر شالودهٔ رویکرد زبان‌شـــناختی اوکانر و دیگر پژوهشـــگران (کالینز، گلر[۵]) بنا می‌کند. از دید وی، توازی و "ایجاز"[۶] (که گاه نتیجه شـــکاف اســـت)، شـــاخص‌های دوگانهٔ شـــعر عبری هستند. برلیـــن بر خلاف دیـــدگاه ســـنتی توازی، استدلال می‌کند که توازی جنبه‌های متعددی دارد و نمی‌تـــوان آن را به تنهـــا چند "نوع" محـــدود کرد. وی در واکنـــش به مطالعات نحـــوی انجام شـــده، این بحـــث را مطرح می‌کند که توازی در ســـطوح مختلف عمل می‌کند، و هیچ‌یک از این ســـطوح، "ســـطح زیربنایی" به‌شـــمار نمی‌آیـــد. او چگونگی نمایان‌شدن توازی در ســـطوح گوناگون را توضیح می‌دهد.

- *توازی دستوری: ریخت‌شناسی.* این توازی در سطح تک‌تک واژه‌ها انجـــام می‌گیـــرد. تـــوازی می‌تواند محصول جایگزینـــی واژه‌ای با واژهٔ دیگر باشد که از لحاظ معنایی همان کاربرد را دارد. برای مثال، یک اســـم می‌تواند جای خود را به یک ضمیر بدهد:

۱. Colon – واژه‌ای است یونانی و به یکی از صنایع لفظی گفته می‌شـــود. کولون حاوی عبارتی اســـت که به‌لحاظ دستور زبانی، نه منطقی، کامل است– م.

2. Bicolon; 3. Bicola

4. Adele Berlin; 5. Geller; 6. Terseness

تمامی اهل زمین از *خداوند* بترسند،
همهٔ مردم جهان *او* را حرمت بدارند.
(مزمور ۸:۳۳)

واژه‌ای مؤنث می‌تواند جای خود را به واژه‌ای مذکر بدهد (یا برعکس):

قربانی‌های پسندیده خدا روح شکسته (*مؤنث*) است،
خدایا، دل شکسته (*مذکر*) و توبه‌کار را خوار نخواهی شمرد.
(مزمور ۱۷:۵۱)

شکل ناقص یک فعل می‌تواند جای شکل کامل آن را بگیرد.
خداوند بر توفان آب جلوس فرموده است (*کامل*)،
خداوند چون پادشاه جلوس فرموده است (*ناقص*)، تا به ابد.
(مزمور ۱۰:۲۹)

• *توازی دستوری: نحو.* در اینجا برلین بر خلاف کالینز یا گلر که به ساختار عمقی جمله توجه کرده‌اند، سراغ ساختار سطحی جمله می‌رود. وی خاطرنشان می‌سازد که ایجاد توازی میان مصرع‌های یک جملهٔ منظوم، می‌تواند حاصل شماری از "دگردیسی‌ها" باشد. یک عبارت اسمی ممکن است جای خود را به یک عبارت فعلی بدهد:

خداوند را در همه وقت *متبارک خواهم خواند،*
ستایش وی همواره بر زبان من خواهد بود (مزمور ۱:۳۴)

امکان دارد حالت مصرع‌ها عوض شود:

زیرا مردگان، تو را یاد نتوانند کرد، (حالت گزاره‌ای)
کیست که در هاویه تو را بستاید؟ (حالت پرسشی)
(مزمور ۵:۶)

فاعل یک مصرع ممکن است به مفعول مصرع بعدی تبدیل شود:

تو (فاعل) پسر من هستی؛
امروز من تو (مفعول) را مولود ساخته‌ام. (مزمور ۷:۲)

• *توازی واژگانی (لغوی).* یکی از جنبه‌های اصلی این توازی، کاربرد "جفت-واژه‌هایی" نظیر مرد/ زن، زمین/ آسمان، وفاداری/ حقیقت، و غیره است.

در تنگی خویش خداوند را *خواندم*؛
و نزد خدایم *فریاد* کمک *بلند کردم*.
(مزمور ۶:۱۸)
آسمان‌ها، آسمان‌های خداوند است،
اما *زمین* را به بنی آدم بخشیده است.
(۱۶:۱۱۵)

برلین استدلال می‌کند که این جفت-واژه‌ها نتیجهٔ پدیده‌ای گسترده‌تر، به نام "پیوستگی واژگانی"[1] هستند، که در همهٔ فرهنگ‌ها اتفاق می‌افتد و کاربرد شاعرانه‌شان در توازی آنها را "فعال می‌کند". وی خیلی کلی برخی از "قواعد" پیوستگی واژگانی را که به تشریح جفت‌شدن واژه‌ها کمک می‌کنند و عملاً در سرودن شعر به‌کار می‌روند، وارد بحثش می‌کند.

1. Word Association

• *تـــوازی معنایـــی (مفهومی)*. این تـــوازی رابطهٔ میان یـــک مصرع را با مصرع متناظرش نشـــان می‌دهد. برلین نه قصـــد دارد تعریفی نزدیک به تعریـــف توازی مترادف و توازی متضاد لوث ارائه دهد و نه همچون کوگل به کلی‌گویی بســـنده کند. وی توازی معنایی را در قالب دو مصرعی می‌بیند کـــه حاوی نوعـــی «تداوم معنایی، و فراینـــدی پیش‌رونده در اندیشه» هستند.

• *تـــوازی آواشـــناختی (صوتی)*. منظور برلین از ایـــن توازی، وجود جفت‌آواهایی در دو مصرع اســـت. شـــاید بیـــش از یک جفـــت وجود داشـــته باشد. واضح اســـت که تنها در متن عبری می‌تـــوان متوجه این "توازی‌های آوایی" شد.

خوشا به حال آنکه عصیانش آمرزیده شد (*n*ᵉ *suy*)،
و گناهش پوشـــانیده گردید(*k*ᵉ*suy*).
(مزمور ۱:۳۲)

برلیـــن بر ایـــن نکته تأکیـــد می‌کند که هرچند اغلب به‌لحاظ درونی و در ســـطوح گوناگون میـــان توازی‌ها وابســـتگی وجود دارد، اما ممکن است در یک سطح وابستگی وجود داشته باشـــد و در سطح دیگر وجود نداشته باشد.

وزن شعر

در بســـیاری از فرهنگ‌هـــا، یکـــی از شـــاخص‌های شـــعر، حضور "وزن"، یعنی الگوی آوایـــیِ منظم و مـــوزون (ریتمیک) است. بر سر اینکه آیا اصلاً چنین خصیصه‌ای در شعر عبری وجود دارد یا نه، و اگر وجود دارد، به چه شکلی است، بحث و جدل‌های قابل‌ملاحظـــه‌ای وجود داشـــته و هنوز هم ادامه دارند.

در دهـــهٔ ۱۸۹۰، ای. ســـیورز[1] چنیـــن استدلال کرد که ویژگی کلیدیِ شعر عبری، حضور مصرع‌هایی اســـت کـــه در آنها دو هجای بی‌تأکید[2] و در پـــی آنها یک هجای باتأکید[3] آمده اســـت. به این *وزن آناپستیک*[4] گفتـــه می‌شـــود. نمونهٔ انگلیســـی این وزن مصرع زیر اســـت (هجاهای باتأکید ایتالیک شده‌اند):

And the *Sheen* / of their *spears* / was like *stars* / on the sea.

در سدهٔ بیســـتم: نخست گ. هولشتر[5] و پس از وی اس. ماوینـــکل در رد این نظریه و در تأیید وزنی موســـوم به *وزن یامبیک*[6]– که ویژهٔ شـــعر عبری اســـت و در آن جای هجاهای باتأکید و بی‌تأکید عوض می‌شود– استدلال‌هایی را مطرح کردند. نمونهٔ انگلیسی این وزن مصرع زیر است (هجاهای باتأکید ایتالیک شده‌اند):

The *cur*-few tolls the *knell* of *part*-ing day.

همـــهٔ این محققان دریافتنـــد که گاه در وزن شـــعر عبری تغییراتی ایجاد می‌شود. با این‌حال، بیشـــتر تمایل داشتند که این تغییر وزن را ناشـــی از خطاهای نسخه‌برداری یا بازنگری‌ها و بازنویسی‌های اشعار که بعدها به‌وقوع پیوسته، بدانند.

---

1. E. Sievers; 2. Unstressed; 3. Stressed; 4. Anapaestic metre; 5. G. Hölschter; 6. Iambic metre

دیگر پژوهشگران این استدلال را مطرح کرده‌اند که آنچه در شعر عبری اهمیت دارد، تعداد یا طول هجاهاست، نه الگوی هجاهای باتأکید. دی. فریمن و ام. داهود برای نشان دادن اهمیت تعداد هجاها در هر یک از اَشکال مصرع، استدلال‌هایی آورده‌اند. همچنین به‌دنبال راهی می‌گردند تا میان تعداد هجاهای دو مصرع همجوار تعادلی ایجاد کنند. دیدگاه آنها متأثر از این واقعیت است که باور دارند این ویژگی‌های ادبی، از شاخصه‌های شعر اوگاریتی است. البته همهٔ متخصصان اوگاریتی با نظر این دو موافق نیستند.

برخی محققان– از بارزترین آنها می‌توان به نام جی. کوگل و ام. اوکانر اشاره کرد– وجود هرگونه وزن مشخص و منظمی در شعر عبری را رد می‌کنند. همان‌گونه که قبلاً دیدیم، از نظر ایشان ویژگی‌های کلیدی شعر عبری را باید در جای دیگری جستجو کرد. بنابر استدلال کوگل نظم نسبی موجود در وزن شعر، هرچه که هست احتمالاً ناشی از ایجاد تعادل ایده‌هاست، و به تعریف او، این یکی از خصوصیات توازی است. از آنجایی که توازی از انعطاف‌پذیری بالایی برخوردار است، پس دیگر هیچ وزن معینی وجود ندارد.

با توجه به اینکه تا پیش از دوران میلاد، زبان عبری کتاب‌مقدسی دیگر زبانی زنده نبوده، ناگزیر نمی‌توانیم با قاطعیت بگوییم که گویش، لحن بیان و تأکید هجاها چگونه بوده است. این واقعیت، تلاش‌های زبان‌شناسان برای بازسازی الگوهای وزن شعر عبری را با اِشکال مواجه می‌سازد. حتی اگر نظریهٔ بهره‌گیری از شعر اوگاریتی را به‌عنوان مدلی برای شعر عبری معتبر بدانیم، باز همین امر– با گستردگی بیشتر– در مورد زبان و ادبیات اوگاریتی صدق پیدا می‌کند. با این‌همه، بسیاری از محققان با ویلفرد واتسن[1] موافقند که می‌گوید "وزن" یکی از خصایص شعر عبری است، اما کاربردی انعطاف‌پذیر دارد. در نتیجه، به‌ندرت می‌توان در سراسر یک شعر به وزن ثابت و معینی برخورد. با همهٔ اینها، الگوهای ثابت و معینی وجود دارند، نظیر الگوی سه تأکید در یک مصرع و در پی آن دو تأکید در مصرع بعدی (۲:۳)، که خیلی وقت پیش به‌عنوان یکی از خصایص بسیاری از مرثیه‌ها مورد شناسایی قرار گرفت، هرچند وزن مزبور در انواع دیگر شعر هم به‌کار رفته است. نمونهٔ بارز وزن مزبور، مصرع‌های آغازین مزمور ۵ است.

آه – ای خداوند – به سخنانم – گوش فرا ده؛
و ناله‌ام – را ملاحظه فرما.
ای پادشاهم – و ای خدایم،
به صدای – فریادم – توجه کن.

کلماتی که با خط تیره به هم وصل شده‌اند، نشان‌دهندهٔ تکواژه‌های عبری هستند، و هر کدام تنها یک هجای باتأکید دارند، از این‌رو الگوی تأکید، ۲:۳:۲:۳ است.[2]

اگر بیشتر اشعار با هدف سرودخوانی یا نغمه‌سرایی سروده شده بودند، وقوع

1. Wilfred Watson

۲. در متن انگلیسی و احتمالا عبری، جای دو مصرع ۳ و ۴ جا به‌جا آمده و با ترجمهٔ فارسی فرق دارد. به همین‌خاطر در هجابندی فارسی، وزن شعر به‌صورت ۳:۲:۲:۳ درآمده است– م.

چنین الگوهایی تعجب‌برانگیز نمی‌شد. اس. گیلینگام خاطرنشان می‌سازد که اکثر الگوهای تأکیدها ۲:۲، ۳:۳ (که به‌ویژه در مزامیر پرستشی یافت می‌شوند)، ۴:۴ و ۲:۳ (که در بسیاری از مرثیه‌ها یافت می‌شوند) هستند.

۲:۲ از من - دور - مباش،
زیرا که - تنگی - نزدیک است
و - کسی نیست - که یاری - کند.
(مزمور ۱۱:۲۲)

۳:۳ زمین - و - هرآنچه - در آن - است
از آنِ - خداوند - است
جهان - و همه - ساکنانش.
(مزمور ۱:۲۴)

۴:۴ خدا - در - میان - آن - است؛
پس - جنبش - نخواهد - خورد؛
در سپیده دم، - خدا - یاری‌اش - خواهد - کرد. (مزمور ۵:۴۶)

گیلینگام همانند ادل برلین ترجیح می‌دهد به‌جای "وزن"، از "ریتم" (ضرباهنگ- م.) به‌عنوان یکی از ویژگی‌های شعر عبری یاد کند، زیرا ریتم از وزن پویاتر و روان‌تر (سیال‌تر) است. ضمناً ریتم می‌تواند الگوهایی قابل تشخیص، اما متغیر داشته باشد.

تشخیص شعر عبری

تا اینجای کار از بحث ما معلوم شد که تنها معدودی از محققان با کوگل هم‌عقیده‌اند، در این خصوص که بازشناسی نظم از نثر در زبان عبری غیرممکن است. یکی از دلایلی که از سوی کوگل مطرح شده، این است که در زبان عبری هیچ واژه‌ای برای نظم وجود ندارد. فرانسیس لندی[1] در واکنش به این استدلال، خاطرنشان می‌سازد که نبود واژهٔ "شعر" در زبان عبری بدین‌معنا نیست که عبرانیان هیچ برداشتی از مفهوم شعر نداشته‌اند، بلکه بدین‌خاطر است که ایشان چندین واژه برای آن به‌کار می‌برده‌اند که بعضی‌شان مشخص‌ترند. از این گذشته، چنانکه رابرت التر[2] هم یادآور شده، مقدمهٔ یک متن می‌تواند نشان دهد که آنچه در دنباله خواهد آمد، چیزی غیر از نثر است. به‌عنوان مثال، در خروج ۱:۱۵ می‌خوانیم: «آنگاه موسی و قوم بنی‌اسرائیل این سرود را برای خداوند سراییدند...» و این ما را آمادهٔ رویارویی با متنی می‌کند که با نثر معمولی فرق دارد. در واقع، واژه‌ای که در زبان عبری برای "سرود" به‌کار رفته، می‌تواند بر طیفی گسترده از مفاهیم دلالت کند: دعا (مزمور ۹:۴۲)، سرود احمقان (جامعه ۵:۷)، غزل غزل‌ها. لندی تفاوت میان نظم و نثر را به تفاوت میان متون "علامت‌دار" و "بی‌علامت" تشبیه می‌کند. ولی این "علامت‌های" شعری چه چیزهایی هستند؟

در بالا یادآور شدیم که ادل برلین توازی (بنا به تعریف خودش) و ایجاز را نشانه‌های شعر عبری می‌داند. دیگر پژوهشگران (نظیر گیلینگام، میلر، واتسن) فهرستی بلندتر ارائه کرده‌اند. مشخصه‌های زیر گزیده‌ای از این فهرست، و از قرار معلوم مهمتر از بقیه هستند.

1. Francis Landy; 2. Robert Alter

شعر عبری و اوگاریتی

در دهۀ ۱۹۲۰، تیمی از باستان‌شناسان فرانسوی کاوش‌های خود را در سایتی باستانی واقع در شمال سوریه، موسوم به رأس شمرا (Ras Shamra) آغاز کردند. آنان بقایای شهری کنعانی را از زیر خاک بیرون آوردند که روزگاری، یعنی حدوداً در سده‌های چهاردهم تا دوازدهم پیش از میلاد در اوج شکوفایی بوده، و اوگاریت نام داشته است. از این شهر الواح گلی بی‌شماری به‌دست آمد. این گِل‌نوشته‌ها با الفبایی نوشته شده بودند که اقتباسی از خط میخی مورد استفاده در میان‌رودان بود. پَس از کشف رمز از این الفبا، روشن شد که زبان به‌کار رفته (که اوگاریتی نام گرفته بود) پیوندهای نزدیکی به زبان عبری دارد. بسیاری از متون به نثر نوشته شده بودند: نامه‌ها، اسناد حقوقی، و صورت‌جلسه‌های مالی و اداری. با این‌حال، اکثر نوشته‌ها منظوم بودند و به موضوعات دینی و اسطوره‌ای اختصاص داشتند. گِل‌نوشته‌های اوگاریتی چشم‌اندازی وسیع به‌روی فرهنگ کنعانی گشودند و زمینه‌ای ارزشمند برای درک جنبه‌هایی از تاریخ و دین اسرائیل باستان فراهم ساختند.

می‌توان شعر اوگاریتی و عبری را از جهات گوناگون مورد مقایسه قرار داد. تفاوت عمده میان این دو، به محتوای اشعار بازمی‌گردد. بیشتر مطالب منظوم اوگاریتی شامل روایات شعرگونۀ بلند در ارتباط با خدایان و قهرمانان اسطوره‌ای است. همۀ اینها عناصری هستند که با داستان‌سرایی در ارتباطند، و موضوعاتی از قبیل توصیفاتی از مردم، رویدادها و چشم‌اندازها را دربرمی‌گیرند. ادبیات منظوم اوگاریتی آمیزه‌ای است از روایت و گفت‌وشنود (دیالوگ). شعر عبری چیزی شبیه به این ندارد. حتی در مزامیر به‌اصطلاح تاریخی (مزامیر ۷۸؛ ۱۰۵؛ ۱۰۶) و اشعاری همچون سرود دریا (خروج ۱۵:۱-۱۸) و سرود دبوره (داوران ۵)، داستان‌سرایی به شیوۀ اشعار اوگاریتی انجام نمی‌گیرد. این داستان‌ها رویدادهایی را که از انتظار می‌رود شنوندگان پیشاپیش از آنها اطلاع داشته باشند، خلاصه می‌کنند و یا صرفاً به آنها گریزی می‌زنند. دغدغۀ اصلی شاعر داستان‌سرایی نیست، بلکه می‌خواهد به اَشکال گوناگون- ستایش، شکرگزاری، توبه و غیره- واکنش مذهبی مخاطبانش را برانگیزد. در کتاب‌مقدس عبری، نثر است که وسیلۀ انتقال انواع مختلف روایات به‌شمار می‌آید، نه نظم. علت تفاوت میان ادبیات اوگاریتی و عبری، موضوع بحث است. عده‌ای بر این گمانند که شاعران عبرانی در روزگار باستان به دلیل ارتباط روایات منظوم با اسطوره‌شناسیِ مذهبی بت‌پرستان، از آوردن روایت منظوم پرهیز می‌کردند. دیگران بر این عقیده‌اند که نویسندگان عبرانی متوجه ظرافت و انعطاف‌پذیری بیشتر نثر به‌عنوان وسیله‌ای برای داستان‌سرایی شده بودند.

به‌رغم تفاوت فاحشی که در محتوای مطالب ادبیات عبری و اوگاریتی به چشم می‌خورد، اشعار هر دو ادبیات شباهت‌های زیادی دارند. بارزترین آنها کاربرد جفت-واژه‌هایی از یک ردۀ دستور زبانی (اسم، فعل، و غیره) در مصرع‌های موازی شعر است. بسیاری از جفت-واژه‌هایی که در شعر اوگاریتی متداولند، در آثار منظوم عبری هم به چشم می‌خورند. محققان بیش از یکصد مورد از این جفت-واژه‌ها را فهرست کرده‌اند. این نکته شایان توجه است که استفاده از جفت-واژه در نثر اوگاریتی به‌ندرت مشاهده می‌شود، حال آنکه یکی از ویژگی‌های اساسی نثر عبری به‌شمار می‌رود. همین امر یکی از قاطع‌ترین وجوه تمایز نثر از نظم در ادبیات اوگاریتی است. شاید این نتیجۀ کاربرد اسناد منثور به‌دست آمده از اوگاریت باشد، چراکه نوشته‌های منثور پیش از هر چیز هدف‌شان "اطلاع رسانی" است، نه خلق اثری "ادبی".

اگرچه بر سر ماهیت وزن شعر در ادبیات منظوم اوگاریتی میان محققان اختلاف‌نظرهایی وجود دارد، اما به‌نظر می‌رسد که وزن شعری، یکی از خصایص شعر اوگاریتی باشد. ریتم ۳:۳ که در ادبیات عبری تداول زیادی دارد، در نظم اوگاریتی هم مشاهده می‌شود، هرچند در اشعار اوگاریتی کمتر بدان برمی‌خوریم.

- *توازی*، طبق تعریف برلین.
- *ایجاز.* سراینده از دو طریق به ایجاز دست می‌یابد: با "شکاف" و با حذف به قرینهٔ اجزای گوناگون زبان عبری که در نثر متداولند، مانند نشانهٔ عبری مفعول معین، پیشوندی که در زبان عبری نشانگر حرف تعریف معین "the" در زبان انگلیسی است، و واژه‌ای که برای "که [who]/ که [which]" مورد استفاده قرار می‌گیرد.
- *کاربرد جفت-واژه‌ها.* این مقوله با توازی در ارتباط است.
- *ریتم.* چنانکه دیدیم، ریتم بیش از آنکه ثابت باشد، سیال و روان است.
- *نظم غیرمعمول واژگان.* گاهی به‌نظر می‌رسد که این نظم غیرمعمول نتیجهٔ تلاش برای حفظ ریتمی خاص است.
- *واژگان غیرمعمول، و از جمله بهره‌گیری از اصطلاحات قدیمی.*
- *تمرکز بر زبان تمثیلی.*

در موردش بیندیشید

سراییدنِ شعر عبری

سعی کنید به "سبک عبری" شعر بسرایید (البته به زبان خود!) و تا جایی که امکان دارد از ویژگی‌های فهرست‌شده، و خصوصاً ویژگی‌های مهمتر ادبیات عبری، در آن استفاده کنید.

لندی چنین استدلال می‌کند که شعر صرفاً به تمرکز بر این خصایص محدود نمی‌شود. اینها فقط بخشی از چیزی هستند که از نظم، زبانی می‌سازد که ساختاری متفاوت با نثر دارد. او ویژگی‌های متداول‌تر را که "علایم" تمایز میان نظم و نثر محسوب می‌شوند، در زیر فهرست کرده است.

- در مورد حس زمان، میان نظم و نثر تفاوتی وجود دارد. عموماً در نثر توالی زمانی امری بدیهی انگاشته می‌شود. نظم فضایی بی‌زمان است، و دغدغه‌اش را الگوهای تکرارشونده و سکون تشکیل می‌دهند.
- در نثر میان نویسنده، موضوع اصلی و خوانندگان، معمولاً مرزبندی‌های مشخصی وجود دارد و هر یک جایگاه خود را حفظ می‌کنند. در صورتی که در نظم احساسات و عواطف سراینده به شیوه‌ای بیان می‌شوند که خوانندگان خود را در آنها سهیم می‌بینند.
- دغدغهٔ نثر معمولاً زندگی، فعالیت‌ها و گفتگوهای روزمره است. نظم برای بیان موقعیت‌های آستانه‌ای[1] به‌کار برده می‌شود.
- نثر جهان را بر اساس روابط قرابت، زمان و فضا توصیف می‌کند. جهان ارائه‌شده توسط نظم، بر روابط شباهت‌ها و تفاوت‌ها استوار است.

در پایان باید خاطرنشان کرد که داوری بر سر اینکه یک قطعهٔ ادبی عبری منظوم است یا منثور، همیشه سلایق فردی دخیل خواهد بود. با وجود این، با ملاحظهٔ

۱. Liminal جایی که در آن یک وضعیت یا اندیشه باوضعیت یا اندیشهٔ دیگری می آمیزد. و.

ویژگی‌های فهرست‌شده در بالا، می‌توانیم به مبنایی عینی برای داوری دست یابیم.

بیت، مصرع و بند

جی. پی. فوکلمن[1] بر این گمان است که اشعار عبری ساختارهایی فراتر از واحدهای ابتدایی دو کولونی یا سه کولونی[2] دارند. وی این واحدهای ابتدایی را "بیت"[3] می‌نامد و استدلال می‌کند که گروه‌های دوتایی یا سه‌تایی (یا بعضاً بیشتر) از ابیات، بندهایی متمایز را تشکیل می‌دهند. یک بند از "انسجامی درونی" برخوردار است که می‌تواند اَشکال گوناگونی داشته باشد. وی نمونه‌هایی از اَشکال احتمالی این انسجام را برمی‌شمرد.

- بند می‌تواند حول جمله‌ای مرکب شکل بگیرد که طولش به اندازهٔ دو کولون یا بیشتر امتداد پیدا کند.
- بند می‌تواند اندیشه‌ای را فرمول‌بندی یا تشریح کند.
- کولون‌های بند می‌توانند مجموعه‌ای آشکار از چند گونه را شکل دهند.
- بند می‌تواند سخنی گنجانده شده در متن، همچون یک نقل‌قول باشد.
- بند می‌تواند استعاره یا تشبیهی را ارائه کند.
- بند می‌تواند با عبارتی *پرانتزی*[4] علامت‌گذاری شود.

تغییر در موضوع اصلی، عوض شدن حال و هوای جمله (جملهٔ گزاره‌ای، پرسشی، امری، تمنایی)، فرم افعال (زمان فعل، چندم شخص بودن: "من"، "تو"، "ایشان" و غیره) و سایر چیزها، از جملهٔ نشانه‌های مرحلهٔ گذر از یک بند و ورود به بند دیگر هستند.

مزمور ۱۳ نمونه‌ای است که می‌تواند بندهای مختلف را در آن به‌خوبی تشخیص داد.

بند ۱

آیهٔ ۱ تا به کی خداوندا؟
آیا مرا تا ابد فراموش خواهی کرد؟
تا به کی روی خود را
از من خواهی پوشانید؟
آیهٔ ۲ تا به کی با اندیشه‌هایم دست به گریبان باشم؟
و همه روز در دلم غم باشد؟
تا به کی دشمنم بر من سرافراز شود؟

بند ۲

آیهٔ ۳ ای یهوه خدای من،
بر من نظر کن و اجابتم فرما.
به چشمانم روشنایی بخش،
مبادا به خواب مرگ بخسبم؛
آیهٔ ۴ مبادا دشمنم گوید: «بر او چیره شدم»،
و خصمانم از تزلزلم شادمان شوند.

بند ۳

آیهٔ ۵ و اما من، بر محبت تو توکل می‌دارم؛
دلم در نجات تو شادی خواهد کرد.
آیهٔ ۶ برای خداوند خواهم سرایید،
زیرا مرا سزای نیکو داده است.

1. J. P. Fokkleman; 2. Tricolon; 3. verses; 4. Inclusio

نشانهٔ آشکار بند اول، وجود مجموعه‌ای چهارگانه از پرسش‌ها است، که هر یک با "تا به کِی" آغاز می‌شوند. بند دوم تک‌جمله‌ای مرکب است، و علامت مشخصهٔ آن هم تغییر حالت جمله از پرسشی به امری یا تمنایی است. علامت بند آخر هم تغییر فرم تمنایی به ابراز توکل به خدا می‌باشد.

فوکلمن چنین استدلال می‌کند که اغلب، و به‌ویژه در اشعار بلندتر، بندهای متعددی وجود دارند. معمولاً این بندها از دو یا سه قطعه[1] (هرچند در مواقعی بیشتر) تشکیل شده‌اند. وی قبول دارد که تشخیص بندها همیشه هم آسان نیست. از تقسیم‌بندی مزمور ۱۰۳ به سه بند توسط فوکلمن، می‌توانیم به نوع معیارهایی که وی برای این تقسیم‌بندی استفاده کرده، پی ببریم:

بند ۱
آیه‌های ۱–۸ علامت پایان گرفتن این بند "تعریفی" است که در آیهٔ ۸ از سرشت یهوه شده است.
بهره‌گیری از واژه‌های کلیدی "رحمت" و "محبت سرشار" در آیهٔ ۴، ما را برای این تقسیم‌بندی آماده می‌کند.

بند ۲
آیه‌های ۹–۱۶ در اینجا به گونه‌ای از عبارت پرانتزی برمی‌خوریم، که با افعال منفی "نخواهد کرد" و "نمی‌دهد" در آیه‌های ۹ و ۱۰، و "دیگر... نمی‌ماند" در آیهٔ ۱۶، شکل گرفته‌اند.

بند ۳
آیه‌های ۱۷–۲۲ مضمون فرمانروایی یهوه (آیه‌های ۱۹ و ۲۲) و کاربرد فعل "انجام دادن" (آیه‌های ۱۸، ۲۰ و ۲۱) به این بند انسجام می‌بخشد.

کندوکاو بیشتر

شناسایی قطعات (strophes)

فوکلمن در مزمور ۱۰۳ قطعات زیر را مورد شناسایی قرار داده است: آیه‌های ۱-۲، ۳-۵، ۶-۸، ۹-۱۰، ۱۱-۱۳، ۱۴-۱۶، ۱۷-۱۹، ۲۰-۲۲. آیا می‌توانید بفهمید که وی بر چه مبنایی این تقسیم‌بندی را انجام داده است؟

خواندنی‌های بیشتر

مواردی که با * علامت‌گذاری شده‌اند، مرجع دست اول به‌شمار می‌آیند، حال آنکه مأخذ دیگر یا پیچیده‌ترند یا به موضوعات خاصی مربوط می‌شوند.

داهود در مقدمهٔ تفسیری که بر مزامیر ۱۰۱-۱۵۰ نگاشته، بحث رابطهٔ میان شعر اوگاریتی و عبری را پیش می‌کشد. ماوینکل در جلد ۲ کتابش، موسوم به ***مزامیر در پرستش اسرائیل***، فصلی را به وزن شعر عبری اختصاص داده است. مقالهٔ "ساختار شعر عبری" نوشته هالدی، ویراست اول، مقدمه‌ای ارزنده در مورد کار اوکانر دارد.

1. Strophe

W. L. Holladay 'Hebrew Verse Structure Revisited (II): Conjoint Cola, and Further Considerations', *JBL* 118 (1999), 401^416.

J. Kugel *The Idea of Biblical Poetry*. New Haven, CT: Yale University Press, 1981.

F. Landy 'Poetics and Parallelism: Some Comments on James Kugel's *The Idea of Biblical Poetry*', *JSOT* 28 (1984), 61^87.

R. Lowth *Lectures on the Sacred Poetry of the Hebrews*. London: T. Tegg and Son, 1835 (originally published 1753).

P. D. Miller 'The Theological Signi¢cance of Hebrew Poetry', in S. E. Balentine and J. Barton (eds.) *Language, Theology, and the Bible: Essays in Honour of James Barr*. Oxford: Clarendon Press, 1994, 213^230.

S. Mowinckel *The Psalms in Israel's Worship*. Oxford: Blackwell, 1962; vol. 2.

M. P. O'Connor *Hebrew Verse Structure*. Winona Lake, IN: Eisenbrauns, 1980.

T. H. Robinson *The Poetry of the Old Testament*. London: Duckworth, 1947.

G. W. E. Watson *Classical Hebrew Poetry*. JSOTSup 26. Sheeld: JSOT Press, 1986(2nd edn).

* R. Alter *The Art of Biblical Poetry*. New York: Basic Books, 1985.

S. E. Balentine and J. Barton (eds.). *Language, Theology, and the Bible: Essays in Honour of James Barr*. Oxford: Clarendon Press, 1994.

A. Berlin *The Dynamics of Biblical Parallelism*. Grand Rapids, MI/Cambridge, UK: Eerdmans, 2008 (revised and expanded edition).

T. Collins *Line-Forms in Hebrew Poetry*. Rome: Ponti¢cal Biblical Institute, 1978.

M. Dahood *Psalms 101^150*. AB. Garden City, NY: Doubleday, 1970.

* J. P. Fokkelman *Reading Biblical Poetry: An Introductory Guide*, Louisville, KY: Westminster John Knox Press, 2001.

D. N. Freedman 'Pottery, Poetry and Prophecy: An Essay on Biblical Poetry', *JBL* 96 (1977), 5^26.

S. A. Geller *Parallelism in Early Biblical Poetry*. HSM 20. Missoula, MT: Scholars Press, 1979.

* S. E. Gillingham *The Poems and Psalms of the Hebrew Bible*. Oxford: OUP, 1994.

W. L. Holladay 'Hebrew Verse Structure Revisited (I): Which Words "Count"?', *JBL* 118 (1999), 19^32.

فصل ۳

حکمت و ادبیات حکمتی

ادبیات حکمتی

در کتاب‌مقدس عبری سه کتاب وجود دارد که به‌رغم تفاوت‌ها، آن‌قدر با هم نقاط مشترک دارند که محققان آنها را در ذیل نوع متمایزی از ادبیات طبقه‌بندی کرده‌اند. وانگهی، این سبک ادبی را بازتاب نحلهٔ فکری خاصی دانسته‌اند که در دین و فرهنگ بنی‌اسرائیل ظهور کرده بود. کتاب‌های مزبور عبارتند از: ایوب، امثال و جامعه (که در کتاب‌مقدس‌های عبری کوُهِلِت[1] نامیده شده است).

یکی از روش‌های بیان نقاط مشترک این کتاب‌ها آن است که بگوییم، موضوع "حکمت" دغدغهٔ اصلی آنها را تشکیل می‌دهد. این را می‌توان به‌راحتی در سطح واژگان توجیه نمود. چنانکه جدول دفعاتِ تکرار ریشهٔ عبری *hkm* (به معنای حکمت) نشان می‌دهد، در کتاب‌های امثال، ایوب و جامعه، اَشکال مختلف این ریشه در هر سه کتاب به کرات تکرار شده است.

اگر هر سه کتاب را با هم در نظر بگیریم، بیشترین تعداد تکرار ریشهٔ *hkm* در کتاب‌مقدس عبری در آنها دیده می‌شود. واژه‌های دیگری هم هستند که از شاخص‌های این کتاب‌ها به‌شمار می‌روند، اما در سایر کتاب‌های کتاب‌مقدس به‌ندرت به‌کار برده شده‌اند. معنای بعضی از آنها

	امثال	ایوب	جامعه
hokmah (حکمت)	۳۹	۱۸	۲۸
hakam (حکیم)	۴۷	۸	۲۱
hakam (حکیم بودن)	۱۲	۲	۴
hokmot (حکمت)	۳		

1. Qoheleth

گویای جنبه‌های دیگری از "حکمت" (مثلاً، *binah* "درک"؛ *navon* "هوشمند"؛ *‘arum* "زیرک")، یا متضاد آن (برای مثال، k^{e}*sil* "احمق"؛ *lets* "تمسخرکننده، شخص متکبر"؛ *’*^{e}*wil’* "ابله") هستند.

در موردش بیندیشید

حکمت

واژهٔ "حکمت" امروزه چه مفهومی دارد؟ به چیزهایی از قبیل شناخت، فهم، هوش و تجربه چه ربطی پیدا می‌کند؟

اگرچه واژگان مشترک یکی از آشکارترین نکاتی است که این سه کتاب را به هم پیوند می‌دهد، اما نکتهٔ مهمتر، اشتراک آنها در رویکردی است که به واقعیت دارند. رویکرد کتاب‌های حکمتی "انسان‌گرایانه" است، با این مفهوم که دغدغه‌شان را خیر و صلاح انسان‌ها- اعم از مرد و زن- تشکیل می‌دهد. همچنین رویکردی "تجربی" است، بدین‌ترتیب که آنچه نویسندگان می‌گویند، ریشه در مشاهدات دقیق آنها از زندگی و به‌ویژه پیامدهای الگوهای خاص رفتار بشر دارد. با وجودی که هر یک از این کتاب‌ها بر موضوعات خاصی تأکید می‌کنند، اما مضامینی در همهٔ آنها مشترک است: ارزش حکمت، قدرت کلام، نابرابری‌های زندگی، معضل رنج و قطعیت مرگ. دیگر تشابه بارز آنها عدم وجود بسیاری از چیزهایی است که به‌طور عادی قوم اسرائیل را از سایر قوم‌ها متمایز می‌سازد. از برهه‌های مهم تاریخ اسرائیل، عهد سینا یا عهد داوود هیچ ذکری به میان نمی‌آید. به‌ندرت از معبد، نظام قربانی حاکم بر آن و گاهشمار اعیاد یاد می‌شود. در کنار "حکیمان" و "ابلهان"، نامی از انبیا و کاهنان برده نمی‌شود. گذشته از رویکرد کتاب‌های حکمتی به واقعیت و محتوا، این کتاب‌ها (و به‌ویژه امثال و جامعه) از فرم‌های ادبی خاصی پیروی می‌کنند که آنها را از دیگر کتاب‌های کتاب‌مقدسی جدا می‌سازد. بعداً به تفصیل در این باره بحث خواهیم کرد.

ایوب، امثال و جامعه نمونه‌هایی منحصربه‌فرد نیستند، بدین‌معنا که در مجموعه نوشته‌های برجامانده از ادبیات متقدم عبری و نیز در ادبیات به‌جامانده از جهان خاور نزدیک باستان، مشابه این ادبیات وجود دارد. در میان کتاب‌های آپوکریفا[1] یا کتاب‌های کانونی ثانی، دو کتاب وجود دارد که می‌توان آنها را در ردیف "ادبیات حکمتی" یهودی طبقه‌بندی کرد. این دو عبارتند از کتاب **حکمت یشوع بن سیراخ** و **حکمت سلیمان**. بن سیراخ کتاب خود را در اوایل سدهٔ دوم پ. م. در فلسطین و به زبان عبری نوشت. بعدها، نوهٔ بن سیراخ این کتاب را به یونانی ترجمه کرد تا یهودیان اسکندریه هم از آن بهره‌مند شوند. حکمت سلیمان هم احتمالاً در سدهٔ اول پ. م. در اسکندریه، و به زبان یونانی نوشته شده است. این دو کتاب به ما نشان می‌دهند که چطور ایده‌ها و مضامین مطرح‌شده در ادبیات حکمتی کتاب‌مقدس عبری در میان یهودیان محافظه‌کار ساکن فلسطین (بن سیراخ) و نیز در میان پراکندگان

---

۱. Apocrypha- یا اسفار مشکوک به کتاب‌هایی گفته می‌شود که در کانن اصلی کتاب‌مقدس جای ندارند، اما کلیسای کاتولیک و اکثر کلیساهای ارتودکس شرق آنها را در زمرهٔ کتاب‌مقدس جای داده‌اند و به کتاب‌های کانونی ثانی (Deuterocanonical books) نیز شهرت دارند- م.

یهودی یونانی‌زبان به حیات خود ادامه داده و دستخوش تحول شده است.

از مصر و میان‌رودان باستان نوشته‌های زیادی به جای مانده که به‌سبب شباهت‌هایی که با کتاب‌های "حکمتی" کتاب‌مقدس دارند، به "ادبیات حکمتی" موسومند. در مقایسه با کتاب‌های حکمتی سه‌گانه (امثال، ایوب و جامعه) این متون تنوع بیشتری دارند، و به‌وضوح شاخص‌های فرهنگی خودشان را دارا هستند. همین امر باعث شده که برخی از محققان با تردید از برچسب "ادبیات حکمت" برای آنها استفاده کنند. با این‌همه، و به‌رغم تنوعی که در نوشته‌های حکمتی به چشم می‌خورد، این متون، خواه از مصر و میان‌رودان باشند خواه از اسرائیل، آن‌قدر وجوه اشتراک دارند که اکثر محققان با طیب خاطر آنها را در یک سبک ادبی طبقه‌بندی کنند. مادامی که از نوشته‌های مصری و میان‌رودانی با احتیاط استفاده شود، این متون می‌توانند راهگشای درک بهتری از کتاب‌های حکمتی کتاب‌مقدس باشند.

ماهیت حکمت

به‌طور کلی، در کتاب‌مقدس عبری "حکمت" به مهارت‌های خاص فیزیکی و هوشی اطلاق می‌گردد. کسانی که واجد این مهارت‌ها هستند، "حکیم" نامیده می‌شوند. بنابراین، در گزارش ساخت‌وساز خیمهٔ اجتماع، خدا به موسی می‌گوید: «من اهولیباب پسر اخیسامک از قبیله دان را نیز دستیار او ساخته‌ام و به تمام صنعتگران حکمت (مهارت) بخشیده‌ام تا هرآنچه به تو امر کرده‌ام، بسازند» (خروج ۶:۳۱). این مهارت‌ها شامل طراحی هنری، فلزکاری، ترصیع سنگ‌های گرانبها و درودگری می‌شود (خروج ۳:۳۱–۵، آنجایی که در مورد بصلئیل پسر اوری می‌گوید که به وی حکمت و فهم و دانش [توانایی] بخشیده شده تا این کارها را انجام دهد). این مهارت‌ها شامل ریسندگی (خروج ۲۵:۳۵، که به دست زنان صنعتگر [حکیم] انجام می‌گیرند)، گلدوزی و بافندگی (خروج ۳۵:۳۵) هم می‌شوند. در جای دیگر حکمت معادل زیرکی (دوم سموئیل ۳:۱۳)، مصلحت‌اندیشیِ سیاسی (اول پادشاهان ۶:۲)، نوحه‌گریِ حرفه‌ای (ارمیا ۱۷:۹)، دریانوردی و کشتی‌سازی (حزقیال ۸:۲۷–۹) به‌کار رفته است.

معنای "حکمت" در خود ادبیاتِ حکمتی به‌نوعی موشکافانه‌تر مطرح می‌شود. وایبری ضمن صحبت پیرامون کتاب امثال می‌گوید:

> در جاهای دیگر عهدعتیق، *hokmah* به معنی مهارت عملی است: مهارت عبارت است از دانش در حیطه‌ای به‌خصوص، از حیطهٔ هنر گرفته تا سیاست. ولی در کتاب امثال، *hokmah* همیشه به معنای مهارت زندگی، یعنی توانایی فرد در مدیریت کردن زندگی‌اش به بهترین نحو ممکن و حصول مأثرترین نتیجه ممکن، به‌کار برده شده (۱۹۹۴، ص ۴).

علاوه بر این موشکافی در معنای حکمت، نکتهٔ دیگری هم وجود دارد. در ادبیات حکمتی غالباً اصطلاح *hokmah* با واژه‌های دیگری همراه می‌شود که معنای‌شان "فهم" *(binah, t^e vunah)* یا "شناخت" *(da'at)* است. این کار به اصطلاحِ حکمت رنگ و بویی "عقلانی" می‌بخشد. در نتیجه حکمت بیشتر کیفیتی

است «عقلانی که کلید سعادت و موفقیت، و در جامع‌ترین تعبیرش، "زندگی کردن" را در اختیار انسان قرار می‌دهد (وایبری، ۱۹۷۴، ص ۸). چندان که از عبارت محاوره‌ای "دانادلان"- که در بالا بدان اشاره شد و در متن‌هایی غیر از کتاب‌های حکمتی نیز یافت می‌شوند- برمی‌آید، این دقت و باریک‌بینی در معنای حکمت است، نه تغییر در معنای آن. بر خلاف آنچه که در زبان انگلیسی (و نیز فارسی- م.) از دل به‌عنوان مرکز احساسات و عواطف تعبیر می‌شود، در زبان عبری دل پیش از هر چیز کانون خرد و اراده است.

ادبیات حکمتی بر این فرض مبتنی است که می‌توان حکمت را به‌دست آورد. بدین‌ترتیب در مورد هدف نگارندهٔ کتاب امثال گفته شده که وی «برای فراگیری حکمت و ادب» این اثر را نوشته است (امثال ۲:۱). نه تنها "ساده‌لوحان" و "جوانان" می‌توانند از آن بهره‌مند شوند، بلکه «حکیمان [می‌توانند] بشنوند و بر آموخته‌هاشان بیفزایند» (امثال ۵:۱). در همان آیه‌های آغازین کتاب امثال تصریح شده که کسب حکمت، صرفاً به‌دست آوردن مجموعه‌ای از علوم نیست. باید رفتار و کردار را از طریق «کسب ادب و رفتار خردمندانه، و پارسایی و عدل و انصاف» فراگرفت (امثال ۳:۱) و این کار مستلزم "هوشمندی" در کنار "دوراندیشی" و "دانش" است (امثال ۴:۱).

در موردش بیندیشید
ادبیات حکمتی امروزی؟
پیشگفتار کتاب امثال (امثال ۲:۱- ۶) را که در مورد مقصود نگارنده از نگارش این کتاب است، بخوانید. آیا می‌توانید آن را با نمونه‌ای از اشکال امروزی "ادبیات حکمتی" مقایسه کنید؟

حکمت در اسرائیل- پدیده‌ای وارداتی؟
تقریباً در سراسر سدهٔ بیستم در میان پژوهشگران این اجماع نظر کلی وجود داشت که ادبیات حکمتی کتاب‌مقدس عبری نمایندهٔ سنتی "وارداتی" است که از فرهنگی بیگانه وارد فرهنگ اسرائیل شده است. دلایل زیادی به این نتیجه‌گیری قوت می‌بخشیدند. یکی از آنها- چنانکه در بالا هم بدان اشاره کردیم- نبود معیارهای متمایزکنندهٔ اسرائیلی، از قبیل اشارات به تاریخ اسرائیل، عهدها و گزاره‌های دینی اسرائیل، در ادبیات حکمتی است. دیگری اذعان به این واقعیت است که قدمت ادبیات حکمتی در مصر و میان‌رودان، چندین سده بیشتر از ادبیات حکمتی در اسرائیل است. اما نکته‌ای که اهمیت ویژه دارد، انتشار اثری ادبی متعلق به مصر باستان است، موسوم به *اندرزنامهٔ آمنموپ*[1] که معمولاً سدهٔ دوازدهم پ. م. را زمان نگارش آن می‌دانند. خیلی زود آشکار شد که میان امثال ۱۷:۲۲-۲۲:۲۴ و اندرزنامهٔ آمنموپ مشابهت‌های قابل‌توجهی وجود دارد و گویی هر دو از مأخذی مشترک استفاده کرده‌اند، اما اکثر محققان چنین نتیجه گرفتند که مؤلف (یا مؤلفان) امثال ۱۷:۲۲-۲۲:۲۴ به متن آمنموپ وابسته بوده‌اند. سرانجام اینکه، در کتاب امثال، جفت-مَثَل‌هایی وجود دارند که یکی از آنها لحنی "دنیوی"

---
1. Instruction of Amenemope

(سکولار) دارد و دیگری لحنی "الاهیاتی". به نمونه این جفت-مَثَل‌ها توجه کنید:

رهنمود حکیمان چشمهٔ حیات است،
تا آدمی خویشتن را از دام‌های مرگ
دور بدارد. (امثال ۱۴:۱۳)
ترس خداوند چشمهٔ حیات است،
تا آدمی خویشتن را از دام‌های مرگ
دور بدارد. (امثال ۲۷:۱۴)

دبلیو. مک‌کین[1] در تأیید این استدلال که حکمت در اصل عنصری وارداتی به اسرائیل و چیزی عمل‌گرایانه و سکولار بوده، به این پدیده متوسل شد. به‌زعم وی، گذشت زمان ادبیات حکمتی را در اسرائیل با ایمان به یهوه آمیخت. این جفت-مَثَل‌ها گواه بر فرایند آمیختگی مزبور هستند.

اگر حکمت در اسرائیل پدیده‌ای وارداتی بوده، چه زمانی این اتفاق روی داده است؟ از قرار معلوم، محتمل‌ترین زمان برای ورود ادبیات حکمتی به اسرائیل، دورهٔ فرمانروایی سلیمان است. وی برای پشتیبانی از اقداماتی که در اول پادشاهان ۱-۱۱ شرح داده شده، ناگزیر بوده نظام دیوان‌سالاری پیچیده‌ای را پایه‌گذاری کند. این کار شامل تعیین ۱۲ حوزهٔ مالیاتی می‌شده که وظیفه‌شان تأمین ماهیانهٔ نیازهای دربار بوده است؛ پروژه‌های ساختمانی عظیم و متعدد که مستلزم به‌کارگیری کارگران اجباری و بر اساس نظام نام‌نویسی است؛ و فراهم آوردن سازوبرگ نظامی برای ارتش، و از جمله واحد تازه تأسیس ارابه‌رانان، که در شماری از شهرهای پراکنده در سراسر کشور مستقر بودند. سلیمان کارمندان دیوانی خبرهٔ مورد نیازش را از کجا آورده بود؟ گمان می‌رود که وی نظام آموزشی مورد استفاده در مصر را اقتباس کرده بود. این نظام شامل معبد و مدارس درباری می‌شد که در آنها شاگردان آثاری مانند *اندرزنامهٔ آمنموپ* را فرا می‌گرفتند. گذشته از اینها، سلیمان با شاهزاده‌خانمی مصری ازدواج کرده بود و به همراه او، ارابه‌های جنگی را هم به اسرائیل آورد. با گذشت دهه‌ها از اجماع‌نظر محققان در مورد وارداتی بودن ادبیات حکمتی به اسرائیل، کم‌کم و خصوصاً در دو دههٔ اخیر، این سناریو زیر سؤال رفت.

مدارس حکمت

هم در مصر و هم در میان‌رودان آموزگاران و فرزانگانی حرفه‌ای بودند که مطالب حکمت سنتی را گردآوری و حفظ می‌کردند. حوزهٔ فعالیت ایشان محیطی بود که محققان کنونی، نامش را "مدارس حکمت" گذاشته‌اند. در این مدارس، ایشان به جوانان خواندن و نوشتن می‌آموختند و برای دربار سلطنتی و معبد، کارمندان دیوانی تربیت می‌کردند. آیا در اسرائیل باستان هم چنین مدارسی وجود داشته است؟ پاسخ‌هایی که محققان بدین پرسش داده‌اند، طیفی گسترده را دربرمی‌گیرد که یک سویش "نه" قاطع است (ویکز[2]) و سوی دیگرش، "آری" قاطع (لمیر[3])، و در این میان هم کسانی هستند که نسبت به این نظریه دیدگاه مثبتی دارند (دیویز[4]). واقعیت این است که هیچ اشارهٔ صریحی به مدرسهٔ حکمت در اسرائیل نشده بود، تا اینکه یشوع بن سیراخ در سدهٔ دوم پ. م. از "خانهٔ آموزش"

---

1. W. McKane

2. Weeks; 3. Lemaire; 4. Davies

[آموزشکده- م.] یاد کرد (سیراخ ۲۳:۵۱). در عهدعتیق چند عبارت انگشت‌شمار هست که به‌طور غیرمستقیم بر وجود چنین مدارسی گواهی می‌دهند. اشعیا ۹:۲۸-۱۰ را شکایت مخالفان نبی تلقی کرده‌اند که مدعی هستند وی با آنها همچون کودکان خردسالی که باید چیزی را با تکرار بدیشان آموخت، رفتار می‌کند. در آیه‌های ۱۱-۱۳ نبی پاسخ می‌دهد که خدا دقیقاً همین‌گونه با ایشان برخورد خواهد کرد. در آیه‌های ۱۰ و ۱۳ب دو تک‌هجای کوتاه هست *(saw, qaw)* که چندین بار تکرار شده‌اند، و شاید تقلیدی هجوآمیز از شیوهٔ یادگیری کودکان به روش تکرار باشند. با این‌حال، هیچ‌یک از اینها نام حروف الفبای عبری نیستند. اشعیا ۴:۵۰-۹ سومین "سرود خادم" است. این آیات از رابطهٔ میان خدا و خادمش، در قالب رابطهٔ معلم و شاگرد دم می‌زنند. با این‌همه، آیات مزبور هم نمی‌توانند گواهی روشن بر وجود "مدرسه‌ای" برای آموزش باشند. به همین ترتیب امثال ۱۳:۵ به "معلمان" و "آموزگاران" اشاره می‌کند، اما محیطی که ایشان در آن عمل می‌کردند مشخص نیست. شباهت‌های میان امثال ۱۷:۲۲-۲۲:۲۴ و آمنموپ را می‌توان اشاره‌ای تلویحی به این موضوع دانست که هر دو در محیطی مشترک، یعنی مدرسهٔ حکمت به‌کار می‌رفته‌اند. از شواهد کتاب‌مقدسی نمی‌توان به هیچ نتیجهٔ قطعی رسید.

مدرک دیگر وجود تعدادی از متون به‌دست آمده از اسرائیل است که به "الفبایی‌ها"[1] معروفند. آنها دربرگیرندهٔ رشته‌هایی از حروف الفبا هستند که گاه به تنهایی و گاه به‌صورت گروه‌هایی از همان حرف نوشته شده‌اند. شاید اینها مشق و تمرین شاگردانی باشد که در حال یادگیری الفبا بوده‌اند. متون دیگری هم هستند که به دفترمشق فراگیری اعداد هیروگلیف مصری شباهت دارند. در یهودای باستان از اعداد مصری استفاده می‌شد. با وجود این، هیچ‌یک از آنها در فضایی که با قطعیت بشود نامش را "مدرسه" گذاشت، پیدا نشده‌اند. شواهد روشن کتاب‌مقدسی و باستان‌شناختی، و به‌ویژه از سدهٔ هشتم پ. م. به بعد، دال بر سوادآموزی در اسرائیل باستان در دست است. گاهشمار جازر[2] (سدهٔ دهم) و کتیبه تونل سیلوام[3] (سدهٔ هشتم) و نامه‌های لاکیش (سدهٔ هشتم) نمونه‌های شاخصی هستند. پرسش این است که سوادآموزی چگونه انجام می‌گرفته است. این استدلال مطرح شده که ماهیت دشوار و پرزحمت فراگیری خطوط مصری و میان‌رودانی باعث شده بود که آموزش به فرایندی طولانی بدل شود و اگر کسی می‌خواست در خواندن و نوشتن خبره شود، باید زمان زیادی را صرف یادگیری می‌کرد. با این‌حال، الفبای عبری تنها ۲۲ حرف داشت و دانش‌آموزان می‌توانستند آن را به‌سرعت در خانه یا محل کار یاد بگیرند، و بدین‌ترتیب برای تأسیس مدرسه در اسرائیل، هیچ فشاری احساس نمی‌شد. در واکنش به این نظریه چنین استدلال کرده‌اند که در مدارس مصر و میان‌رودان خیلی بیشتر از سواد خواندن و نوشتن آموزش می‌دادند. آنها دوره‌های "فنی" و "حرفه‌ای" زیادی را طی می‌کردند و به دانش و مهارت‌های بسیاری دست

1. Abecedaries

2. Gezer Calendar; 3. Siloam Tunnel Inscription

می‌یافتند. هیچ‌یک از شواهد باستان‌شناختی پیرامون وجود مدارس در اسرائیل باستان قطعی نیستند، بلکه متکی بر حدس و گمانند.

کندوکاو بیشتر:
مدارس حکمت در اسرائیل باستان؟

دیویز در مقاله خود زیر عنوان "آیا در اسرائیل باستان مدارسی وجود داشته؟" (۱۹۹۵) جمع‌بندی مثبت، ولی محتاطانه‌ای به‌عمل می‌آورد، حال آنکه ویکز در فصل ۸ کتابش "حکمت متقدم اسرائیلی" (۱۹۹۴)، به نتیجه‌ای منفی رسیده. استدلال‌های هر دو را بخوانید و خودتان آنها را جمع‌بندی کنید.

دیوان‌سالاری سلیمان

باستان‌شناسی هنوز نتوانسته شواهد زیادی از ثروت عظیم سلیمان و پروژه‌های بزرگ ساختمانی منتسب به وی، به‌دست آورد. با توجه به این واقعیت که اورشلیم به‌شدت ویران و دوباره بازسازی شده، این امر تا حدی قابل توضیح است، و آن بخش‌هایی هم که باستان‌شناسان مایل به کاوش در آنها هستند، در حال حاضر در محله‌های مسکونی قرار دارند و دسترسی به آنها ناممکن است. جیمیسن دریک[1] طی مطالعه‌ای اجتماعی-باستان‌شناختی که در خصوص دورهٔ اوایل پادشاهی در اسرائیل انجام داده، متوجه ویژگی "ریاستِ قبیله‌ای" شده و تنها در سدهٔ هشتم پ. م. است که یهودا به یک "پادشاهی دیوان‌سالار" تبدیل می‌شود. عده‌ای برای تضعیف استدلال وجود مدارس در اسرائیلِ متقدم، به تحقیق وی استناد کرده‌اند. دیگرانِ کار او را به‌شدت مورد انتقاد قرار داده‌اند. ایشان خاطرنشان می‌سازند که وی از داده‌های جنوب فلسطین استفاده کرده، و شواهد احتمالی از فعالیت‌های سلیمان در نواحی شمالی را نادیده گرفته است. از این گذشته، وی حتی گزارشی کامل از شواهد به‌دست‌آمده از جنوب ارائه نمی‌دهد، و باز تعدادی از شواهد یافت‌شده از سدهٔ دهم را نادیده می‌گیرد. منتقدان دریک همچنین استدلال کرده‌اند که وی در مورد تضادهای میان اسرائیل و همسایگانش و نیز میان موقعیت فلسطین در سده‌های دهم و هشتم، اغراق کرده و تفاوت‌های نسبی این دو دوره را به تفاوت مطلق بدل ساخته است.

"حکیمان" حرفه‌ای

ارمیا ۱۸:۱۸ یکی از عبارات کلیدی است که در مورد وجود معلمان حرفه‌ای حکمت (دانایان) و زمان حضور ایشان در اسرائیل، بدان استناد می‌شود.

> پس گفتند: «بیایید بر ضد ارمیا تدبیرها کنیم، زیرا تعلیم از کاهنان ضایع نخواهد شد، و نه مشورت از حکیمان، و نه کلام از انبیا. پس بیایید او را به زبان خود بزنیم و به هیچ سخنش اعتنا نکنیم.»

این آیه را به‌طور سنتی اشاره‌ای به سه گروه حرفه‌ای متمایز (کاهنان، حکیمان و انبیا) تلقی کرده‌اند که هر یک تخصصی

1. Jamieson Drake

ویژه داشـــتند (آمـــوزش [*تـــورات* به زبان عبری]، مشـــورت و کلام یهوه). با این‌حال، آیهٔ مزبـــور فاقـــد زمینهٔ متنی اســـت که به تفســـیر روایت کمک کند. خاطرنشان شده که منظور از "پادشـــاه و صاحب‌منصبان" در ارمیا ۹:۴ همین کاهنان و انبیا است. وانگهی، در حزقیال ۲۶:۷ شـــاهد شباهتی نزدیک به ارمیا ۱۸:۱۸ هستیم: «مصیبت از پی مصیبت و خبـــر بد به دنبال خبر بـــد خواهد آمد. به عبث از نبی رویا خواهند طلبید، و شریعت نزد کاهنان یافت نخواهد شد و نه مشورت نزد مشایخ.» در اینجا "مشورت" به "مشایخ" ربط داده شـــده است. پس جای بحث است که اگر "حکیمـــان" در ارمیا ۱۸:۱۸ گروهی متمایز بوده‌اند، به احتمال بیشـــتر مشاوران پادشاه و سیاســـتمداران بوده‌اند، تا معلمان حرفه‌اِی حکمـــت. البته، امکان داشـــته که عده‌ای از این مشاوران فرزانگانی حرفه‌ای بوده‌اند، امـــا متن چنین تفســـیری را اقتضا نمی‌کند.

در ارمیا ۸:۸–۹ چنین به‌نظر می‌رسد که نبی با همان توان کسانی را که ادعای حکیم بـــودن می‌کنند و عـــده‌ای از کاتبان را مورد حمله قرار می‌دهد. آیا اینها یکی و هم‌گروه هســـتند؟ اگر چنین باشـــد، احتمال دارد که میان "حکیمان" و آنانی که دست‌اندرکار امر ســـوادآموزی بوده‌اند، ارتباطی وجود داشته باشد. با این‌همه، تغییر ضمایر از دوم شخص در آیهٔ ۸الف («چگونـــه می‌توانید بگویید») به ســـوم شـــخص در آیهٔ ۸ب («قلم کاذب کاتبان») حاکی از آن اســـت که روی سخن نبی با دو گروه متفاوت است.

همانند مورد مـــدارس حکمت، تا پیش از ظهور یشـــوع بن ســـیراخ در اوایل سدهٔ دوم پ. م.، هیچ اشـــارهٔ صریحی به وجود معلمان حرفـــه‌ای حکمت در اســـرائیل به چشم نمی‌خورد.

حکمت دنیوی (سکولار)

بررســـی ادبیات مصری از زمان انتشار اندرزنامـــهٔ آمنمـــوپ، به‌طـــرز فزاینده‌ای نشـــان داد که انگ "ســـکولار" زدن به این قبیل ادبیات، کار نادرســـتی اســـت. نه کل اندرزنامه، بلکه به‌طور مشـــخص *اندرزهای* اول آن بیانگر تعهد دینی *آمنموپ* هستند. با این‌حال، از اولین نمونه‌ها چنین برمی‌آید که تعالیم اندرزها بـــر پایهٔ باور دینی به ماعت[1] اســـتوار شـــده‌اند. ماعت را اغلـــب "نظم"، "عدالـــت" و "حقیقت" ترجمه کرده‌اند، ولی ماعت (از دیـــدگاه مصریان) نه صرفاً اصلی انتزاعـــی، بلکه وجودی الاهی بوده اســـت. این واقعیت یکی از جنبه‌های اجماع‌نظر را سست می‌کند، اما هنوز این پرسش اساسی به قوت خود باقی اســـت که آیا حکمت از مصر یا جایی دیگر به اســـرائیل وارد شد، یا خاستگاهی کاملاً اسرائیلی داشته است؟

جمع‌بندی‌ها

بررســـی مباحث بالا بـــدان انجامید که گروهـــی از محققان اجماع‌نظـــر قدیمی را به‌کلی کنـــار بگذارند. ســـایرین با جرح و تعدیل‌هایی کمـــاکان بـــه اجماع‌نظر پایبند مانده‌انـــد، ولـــی در عین‌حال جـــا را برای تحلیل‌هـــا و فرضیات تازه بازگذاشـــته‌اند. ایشان چنین استدلال می‌کنند که این تحول

۱. Maat- ماعـــت یـــا مات نام الاههٔ حقیقـــت، عدالت و صداقت در مصر باســـتان اســـت. وی نماد هنجار هستی به‌شمار می‌رفت- م.

هر زمان که روی داده باشد، در خلال دورهٔ پادشاهی اسرائیل و یهودا تشکیلاتی دولتی وجود داشته که توسط صاحب‌منصبان اداره می‌شده، و این تشکیلات آن‌قدر عریض و طویل بوده که تربیت افرادی برای انجام امور دولتی اجتناب‌ناپذیر می‌نموده است. حتی اگر در گذشته در مورد الگوبرداری از مصر و میان‌رودان اغراق‌هایی شده باشد، باز بعید است که اسرائیل واجد نظام حکومتی و آموزشی‌ای باشد که به هیچ روی وامدار کشورهای همسایه نباشد. شاید مستقیماً از مصر الگوبرداری نشده باشد، اما قطعا از دولت-شهرهای کنعانی (که اورشلیم یکی از آنها بود) اقتباس‌هایی صورت گرفته است. این دولت-شهرها هم سده‌ها زیر نفوذ مصریان قرار داشتند و چنانکه پیداست، سرانجام در همان اوایل دورهٔ پادشاهی در اسرائیل مستحیل شدند. نیز این بحث مطرح است که ارتباط دادن سلیمان با حکمت را نباید سرسری گرفت و نباید آن را "پندارها و گمان‌های" مردم در دوره‌های بعدی دانست. باید در پَس ارتباط سلیمان با حکمت، دلیلی منطقی وجود داشته باشد. آنچه در اول پادشاهان ۴:۳۲-۳۳ دربارهٔ "اقدامات حکیمانهٔ" سلیمان گفته شده، فراتر از آنست که انتظار داشته باشیم حاصلش، فقط نگارش کتاب امثال، جامعه و غزل غزل‌ها باشد و بس.

حکمت در اسرائیل- پدیده‌ای بومی؟

در مصر *اندرزها* عمدتاً در قالب تعالیم پدر به فرزندی که قرار است پس از وی منصبش را در دربار فرعون اشغال کند، ارائه می‌شد. به‌عنوان بخشی از اجماع‌نظری که در بالا بدان اشاره کردیم، عموماً گمان می‌رفت که تعلیم حکمت در اسرائیل باستان ارتباط تنگاتنگی با دربار داشته است. آنانی که اجماع‌نظر را مورد نقد قرار داده‌اند، خاطرنشان می‌سازند که در امثال کمتر گفتاری هست که ربط مستقیمی به پادشاه و دربارش داشته باشد: امثال ۱۵:۸-۱۶؛ ۲۸:۱۴ و ۳۵؛ ۱۶:۱۰ و ۱۲-۱۵؛ ۱۷:۷ و ۲۶؛ ۱۹:۶ و ۱۰ و ۱۲؛ ۲۰:۲ و ۸ و ۲۶ و ۲۸؛ ۲۱:۱؛ ۲۲:۱۱ و ۲۹؛ ۲۳:۱؛ ۲۴:۲۱؛ ۲۵:۱-۷ و ۱۵؛ ۲۸:۲ و ۱۵ و ۱۶؛ ۲۹:۴ و ۱۲ و ۱۴ و ۲۶؛ ۳۱:۱-۹. یکی از پاسخ‌هایی که به این استدلال داده شده، این است که از آنجایی که امثال در شکل و فرم کنونی‌اش در دورهٔ پسا-تبعید تألیف شده، ویراستارانش از لابلای مجموعه‌های قدیمی‌تر موضوعاتی را گلچین کرده‌اند که به‌صورت کلی‌تر راه و رسم زندگی کردن را آموزش می‌دهند، چراکه اوضاع از زمان پادشاهی یهودا تغییر کرده و دیگر حکومت پادشاهی وجود ندارد. استدلال رویکرد دیگر آن است که صِرف برشمردن اشارات صریح به "پادشاه"، "شاهزاده" یا "فرمانروا" نمی‌تواند تصویری حقیقی از موضوع به‌دست دهد. برای مثال، تعدادی از مفسران امثال ۲۸-۲۹ را یکجور "دفترچهٔ راهنما برای پادشاه" دانسته‌اند (فاکس، ۲۰۰۰، ص ۱۰). در ابتدا و انتهای این فصل‌ها اشاراتی به فرمانروایان شده، و سایر اشارات هم در سراسر متن آنها پراکنده است. با این‌همه، بررسی محتوای امثال محققان را به سویی هدایت کرده که گمان کنند خاستگاه بیشتر موضوعات، جایی غیر از دربار سلطنتی بوده است.

حکمت مردمی[1]

وایبری این استدلال را مطرح کرده که اگر پیش‌فرض زمینهٔ دربار را کنار بگذاریم، مَثَل‌های مربوط به فرمانروایان تنها زمانی معنایی درست پیدا می‌کنند که آنها را مرتبط با مردم عادی ببینیم. مردم برای اینکه بدانند فرمانروایان‌شان چگونه باید رفتار کنند یا نکنند، و چه وظایف و مسئولیت‌هایی دارند، حتماً نباید درباری باشند. اف. دبلیو. گلکا[2] که میان مَثَل‌های آفریقایی و کتاب‌مقدسی دست به بررسی مقایسه‌ای زده، به دفاع از این دیدگاه برخاسته است. مَثَل‌های آفریقایی که توسط مردم عادی ابداع شده‌اند، بیانگر دیدگاه‌های پادشاه یا رئیس قبیله و ملازمان درباری‌اش نیز به‌شمار می‌آیند. این دیدگاه‌ها می‌توانند لحنی انتقادی یا همدلانه داشته باشند. شایان ذکر است که گلکا پیش‌فرض (یا "اصل روش‌شناختی") خاص خودش را دارد، یعنی اینکه «خاستگاه هر مَثَلی را باید مردمی فرض کرد، مگر اینکه خلافش ثابت شود» (گلکا، ۱۹۹۳، ص ۲۷). هم وایبری و هم گلکا بر اساس مطالعاتی که روی امثال مرتبط با دولتمندی و تنگدستی انجام داده‌اند، به این نتیجه رسیده‌اند که جمله مَثَل‌های مندرج در امثال ۱۰–۲۹ (به استثنای ۲۲:۱۷–۲۴:۲۲) بازتاب زندگی کشاورزی طبقهٔ متوسطی است که روی زمین خودش کشت‌وکار می‌کند. شاید در اینجا شایان توجه باشد که ایوب و دوستانش نه در کسوت "فرزانگان"، که در سیمای کشاورزانی مرفه و متعلق به طبقهٔ متوسط به تصویر کشیده شده‌اند.

گلکا آگاهانه استدلال‌های استادش کلاوس وسترمان را دنبال می‌کند که معتقد بود، باید ریشه‌های حکمت اسرائیلی را در "حکمت مردمی" و ملاحظات انجام‌شده روی زندگی مردم عادی، جستجو کرد. از دید او، جهان در جملهٔ مَثَلِ امثال ۱۰:۲۹ خلاصه شده است.

این دنیای یک کشاورز، دامدار یا کاسب است که این مقایسه‌ها را برابر دیدگان ما می‌گشاید. آنچه که در امثال شاخ و برگ یافته، قلمرو انسان ساده‌ای است که زندگی روزمره ساده‌ای هم دارد (وسترمان، ۱۹۹۵، ص ۶۰).

به‌زعم وسترمان مَثَل‌ها در میان مردم بی‌سواد شکل گرفته‌اند و، در واقع، زبانزدهایی کوتاه و یک‌بخشی بوده‌اند. بعدها بر طول این مَثَل‌ها افزوده شده و به قیاس‌هایی دوبخشی و برابرنهادهایی تبدیل شده‌اند که از ویژگی‌های جمله‌های بلندتر به حساب می‌آیند. به‌زعم وی، می‌توان در پَس جملات بلندتر و برابرنهادها، جملات ساده‌تر را تشخیص داد.

اگرچه وسترمان می‌پذیرد که بسیاری از گفتارهای مندرج در کتاب امثال خاستگاهی شفاهی و عوامانه دارند، و شاید برخی از آنها هم در جوامع روستایی شکل گرفته باشند، اما ام. وی. فاکس[3] برآن است که هواداران نظریهٔ خاستگاه مردمی مَثَل‌های کتاب‌مقدسی بیشتر میل دارند سرنخ‌های مرتبط با زمینهٔ شهرنشینی را نادیده بگیرند. وی از میان آنها اشاراتی را که به مشاغلی همچون زرگری (امثال ۳:۱۷؛ ۲۱:۲۷)، جواهرسازی (۱۱:۲۵–۱۲) و پیک‌ها (۱۳:۲۵) شده،

1. Folk Wisdom; 2. F. W. Golka

3. M. V. Fox

برمی‌شمارد. همین‌طور اشاراتی که به بردگان، از دید اربابان (نسبتاً ثروتمندشان) شده است (۲۱:۲۹). فاکس ادعا می‌کند که دستِ‌کم برخی از مَثَل‌ها به پادشاه مربوط می‌شوند و زمانی به بهترین وجه ممکن مفهوم پیدا می‌کنند که از منظر درباریان خوانده شوند (مثلاً، ۲۵:۶-۷). وی با گلکا مخالف است که می‌گوید مَثَل‌هایی که اعمال پادشاه را نقد کرده‌اند، باید برآمده از طبقهٔ مردم عادی باشند، نه درباریان. در هر صورت، وی استدلال می‌کند که آن مَثَل‌هایی که گلکا در ذیل "انتقادی" طبقه‌بندی کرده، آن‌قدرها هم انتقادی نیستند که ارکان پادشاهی را زیر سؤال ببرند، بلکه باور دارند که پادشاه قدرت دارد که دست به کارهای زیانبار بزند، بدون اینکه پادشاهی‌اش مورد انتقاد قرار بگیرد. از این‌رو فاکس دربار را «کانون قطعی خلاقیت در زمینهٔ حکمت» می‌داند.

حکمت خانوادگی

در *اندرزنامه‌ها* و نیز در کتاب امثال (به‌ویژه فصل‌های ۱-۹، همچنین در جاهای دیگر) معلم آموزه‌های خود را خطاب به "فرزندم" ["پسرم" در عبری] بیان می‌کند. رابطهٔ استاد-شاگردی به‌صورت رابطهٔ پدر-پسری به تصویر کشیده می‌شود. آیا این یک رابطه خانوادگی واقعی است؟ برخی از پژوهشگران به این پرسش پاسخ مثبت داده‌اند، زیرا در مواردی انگشت‌شمار، صراحتاً از مادر به‌عنوان آموزگار یاد شده است (امثال ۱:۸؛ ۶:۲۰؛ ۱۷:۳۰؛ ۳۱:۱-۹و۲۶). در اینجا لازم به ذکر است که در اسرائیل باستان گروهی از "زنان حکیم" وجود داشته‌اند (دوم سموئیل ۱۴:۲؛ ۲۰:۱۶). از این‌رو، فانتین[1] با وجودی که منکر احتمال آموزش حکمت در مدارس طی دوره‌های متأخرتر نیست، اما بر خاستگاه‌های حکمت شفاهی و خانه، به‌عنوان محیطی برای آموزش تأکید می‌کند. دیگر محققان (کرنشاو[2] فاکس، گلکا) هم احتمال نقش خانواده در آموزش و خلق حکمت مَثَلی را پذیرفته‌اند. با توجه به سرشت جامعهٔ اسرائیلی، نمی‌توان مرزبندی دقیقی میان "خانواده"، "طایفه" و "قبیله" قائل شد و تعیین کرد که دقیقاً کدامیک مأخذ حکمت بوده‌اند.

جمع‌بندی‌ها

به‌طور قطع این دیدگاه به پیش‌فرض‌های اجماع‌نظر پایان داد و باعث شد محققان به کشف شواهدی از حکمت "پرورش‌یافته در خانواده" و برآمده از تجربیات مردم عادی در اسرائیل باستان نایل شوند. بی‌تردید این آموزش حکمت به‌صورت غیررسمی انجام می‌شده، و خانه مکانی مهم برای آن به‌شمار می‌رفته است. با این‌حال، آموزش حکمت در محیط خانواده از احتمال نقش بااهمیت آموزش و "تعلیم حکمت" به معنای اخص آن، چیزی نمی‌کاهد.

زمینه‌های فراگیری در اسرائیل باستان

ظاهراً در پاسخ به این مسئله که چرا محققان متأخر برای "ریشه‌های حکمت" خاستگاه‌های متفاوتی قائل شده‌اند، هیچ دلیل محکمه‌پسندی وجود ندارد. کرنشاو از سه بستر یا زمینهٔ اصلی، به‌عنوان زمینه‌های بنیادین فراگیری در اسرائیل باستان یاد می‌کند: خانواده، مدرسه و دربار.

1. Fontaine; 2. Crenshaw

این سناریویی منطقی به‌نظر می‌رسد. بنابر مشاهدات وی، جملات حکمت‌آموز با زمینهٔ آموزشی خانوادگی و مردمی جور درمی‌آیند. فرم‌های پیچیده‌تر آموزش که به‌طور خاص در امثال ۱-۹ (و همچنین در جاهای دیگر) می‌توان آنها را یافت، به احتمال زیاد حاصل کار آموزگاران حرفه‌ای هستند. برای نادیده گرفتن اشاره‌ای که در امثال ۱:۲۵ به نقش و فعالیت صاحب‌منصبان درباری در تألیف مجموعه‌های گوناگون از مَثَل‌ها شده، هیچ دلیل قانع‌کننده‌ای وجود ندارد. همچنین فاکس دربارهٔ ارتباط دستِ‌کم برخی از موضوعات مندرج در امثال با درباریان به نکات خوبی اشاره کرده است. سابقاً هواداران حکمت مردمی خاستگاه این مَثَل‌ها را تجربیات مردم عادی تلقی می‌کردند. وی چنین استدلال می‌کند که گفتارهای کتاب امثال در حالی که از دل گروه‌های اجتماعی متفاوت- و از جمله کشاورزان خرده‌پا، درباریان و اهل ادب- بیرون کشیده شده‌اند، در نهایت توسط گروهی از دبیران آموزش‌دیده، که لااقل برخی از آنها "مردان پادشاه" بوده‌اند، گردآوری و به‌عنوان بخشی از میراث و ادبیات اسرائیل بازنویسی شده‌اند. این دبیران آموزش‌دیده، که احتمالاً بعضی از ایشان آموزگاران حرفه‌ای حکمت هم بوده‌اند، بی‌هیچ تردیدی از وسعت ادبیات حکمتی در خاور نزدیک باستان خبر داشته‌اند و در کنار حکمت بومی اسرائیلی از آنها هم بهره جسته‌اند.

"تأثیر" حکمت در کتاب‌مقدس عبری

در کتاب‌مقدس عبری، ایوب و امثال و جامعه تنها کتاب‌هایی نیستند که محققان در آنها ردپایی از رویکرد نویسندگان به زندگی- که ویژگی این کتاب‌هاست- یافته‌اند. وایبری (۱۹۷۴) بیشترین تلاش را برای یافتن نشانه‌هایی از حضور "تأثیر حکمت" در سایر کتاب‌های کتاب‌مقدس عبری به‌عمل آورده است. وی با بهره‌گیری از معیار تکرار "واژگان حکمتی" که قابل تشخیص از سایر واژگان هستند، از تأثیر ادبیات حکمتی در بخش‌های نسبتاً مفصل زیر از کتاب‌مقدس عبری، پرده برداشته است.

- پیدایش ۲-۳
- داستان یوسف (پیدایش ۳۷-۵۰)
- تثنیه ۱-۴
- سرود موسی (تثنیه ۳۲)
- روایت جانشینی داوود (دوم سموئیل ۹-۲۰؛ اول پادشاهان ۱-۲)
- تاریخچهٔ سلیمان (اول پادشاهان ۳-۱۱)
- مزامیر ۱؛ ۱۹:۸-۱۵؛ ۳۷؛ ۴۹؛ ۵۱؛ ۷۳؛ ۹۰؛ ۹۲؛ ۹۴؛ ۱۰۴؛ ۱۰۷؛ ۱۱۱؛ ۱۱۹
- اشعیا ۱-۳۹
- ارمیا
- حزقیال ۲۸
- دانیال

البته میزان بهره‌گیری از واژگان و خصوصیات "نوشته‌های حکمتی" در این عبارات، به‌طور قابل ملاحظه‌ای متفاوت است.

کندوکاو بیشتر

"تأثیر" حکمت در کتاب‌مقدس عبری

تثنیه ۳۲، مزامیر ۳۷ و ۴۹ و حزقیال ۲۸ را بخوانید. آیا می‌توانید ویژگی‌های

این عبارات را که باعث شدند وایبری آنها را بر اساس واژگان "حکمتی" و خصوصیات‌شان در فهرست متن‌های حکمتیِ بیرون از کتاب‌های حکمتی کتاب‌مقدس قرار دهد، تشخیص دهید؟

خواندنی‌های بیشتر

مواردی که با * علامت‌گذاری شده‌اند، مرجع دست اول به‌شمار می‌آیند، حال آنکه مأخذ دیگر یا پیچیده‌ترند یا به موضوعات خاصی مربوط می‌شوند.

هیتن[1] توضیحی روشن از موضع "اجماع‌نظر" قدیمی ارائه می‌کند. ویکز به استدلال‌هایی که بر رد اجماع‌نظر شده، سمت و سو می‌بخشد. نظرات ویکز در فصل آغازین کتاب مارتین، به‌صورت اجمالی شرح داده شده‌اند.

* J. L. Crenshaw 'The Three Main Contexts of Israelite Learning', in J. G. Gammie and L. G. Perdue *The Sage in Israel and the Ancient Near East.* Winona Lake, IN: Eisenbrauns, 1990; pp. 205^216.

* G. I. Davies 'Were There Schools in Ancient Israel?', in J. Day, R. P. Gordon and H. G. M. Williamson *Wisdom in Ancient Israel.* Cambridge: CUP, 1995; pp. 199^ 211.

J. Day, R. P. Gordon and H. G. M. Williamson *Wisdom in Ancient Israel.* Cambridge: CUP, 1995.

J. Day 'Foreign Semitic Influence on the Wisdom of Israel and its Appropriation in the Book of Proverbs', in J. Day, R. P. Gordon and H. G. M. Williamson *Wisdom in Ancient Israel.* Cambridge: CUP, 1995; pp. 55^70.

K. J. Dell *The Book of Proverbs in Social and Theological Context.* Cambridge: CUP, 2006.

C. R. Fontaine 'Wisdom in Proverbs', in L. Perdue, B. B. Scott and W. J. Wiseman *In Search of Wisdom.* Louisville, KY: Westminster/John Knox, 1993; pp. 99^ 114.

M. V. Fox *Proverbs 1^9.* AB. New York, NY: Doubleday, 2000.

J. G. Gammie and L. G. Perdue *The Sage in Israel and the Ancient Near East.* Winona Lake, IN: Eisenbrauns, 1990.

F. W. Golka *The Leopard's Spots: Biblical and African Wisdom in Proverbs.* Edinburgh: T. & T. Clark, 1993.

E. W. Heaton *The School Tradition of the Old Testament.* Oxford: OUP, 1994.

D. W. Jamieson-Drake *Scribes and Schools in Monarchic Judah: A Socio-Archaeological Approach.* Sheeld: JSOT Press, 1991.

W. G. Lambert *Babylonian Wisdom Literature.* Oxford: OUP, 1960.

* A. Lemaire 'The Sage in School and Temple', in J. G. Gammie and L. G. Perdue *The Sage in Israel and the Ancient Near East.* Winona Lake, IN: Eisenbrauns, 1990; pp. 165^181.

A. Lemaire 'Wisdom in Solomonic Historiography', in J. Day, R. P. Gordon and H. G. M. Williamson *Wisdom in Ancient Israel.* Cambridge: CUP, 1995; pp. 106^ 118.

W. McKane *Proverbs: A New Approach.* OTL. London: SCM, 1970.

* J. D. Martin *Proverbs.* OT Guides. Sheeld: Sheeld Academic Press, 1995.

J. B. Pritchard *Ancient Near Eastern Texts Relating to the Old Testament.* Princeton, NJ: Princeton University Press, 1969 (3rd edn).

* J. D. Ray 'Egyptian Wisdom Literature', in J. Day, R. P. Gordon and H. G. M. Williamson *Wisdom in Ancient Israel.* Cambridge: CUP, 1995; pp. 17^29.

S. Weeks *Early Israelite Wisdom.* Oxford: Clarendon Press, 1994.

C. Westermann *Roots of Wisdom.* Edinburgh: T. & T. Clark, 1995.

R. N. Whybray *The Intellectual Tradition of the Old Testament.* BZAW 135. Berlin: W. de Gruyter, 1974.

R. N. Whybray *Wealth and Poverty in the Book of Proverbs.* Sheeld: JSOT Press, 1990.

R. N. Whybray *Proverbs.* NCB. London: Marshall Pickering, 1994.

1. Heaton

فصل ۴

کتاب امثال

ساختار کلی کتاب امثال

در مـورد سـاختار کلی کتـاب امثال، اختلاف‌نظر چندانی وجود ندارد. این کتاب حاوی تعدادی عنوان است که ظاهراً کتاب را به بخش‌های گوناگون تقسـیم می‌کنند. دو سه بخش دیگر هم هستند که معمولاً بر مبنای زمینهٔ ادبی‌شـان قابل‌تشخیص‌اند. در نتیجه، پیرامـون مطالب این کتاب اتفاق‌نظر گسـترده‌ای وجود دارد و خوانندگان برای آگاهی از ساختار مزبور می‌توانند به جدول "ساختار کتاب امثال" در زیر، نگاه کنند.

با توجه به سرفصل‌های ارائه‌شده، توجه به نکات زیر حائز اهمیت است:

- امثـال ۱:۱-۷ احتمـالاً در حکم پیشگفتاری است، بر کل کتاب و نیز مقدمه‌ای بر ۸:۱-۱۸:۹.
- در متن عبـری ۱۷:۲۲الف چنین آمده: «گوش خود را فرا داشته، سخن حکیمان را بشـنو.» ترتیب واژگان در ترجمهٔ هفتاد متفاوت اسـت و با "سـخن حکیمان" آغاز می‌شود و به متن حالتی می‌بخشد که می‌توان آن

ساختار کتاب امثال

۱:۱-۱۸:۹	"امثال سلیمان پسر داوود، پادشاه اسرائیل"
۱:۱۰-۱۶:۲۲	"امثال سلیمان"
۲۲:۱۷-۲۲:۲۴	"گفته‌های حکیمان"
۲۳:۲۴-۳۴	"سایر گفته‌های حکیمان"
۱:۲۵-۲۷:۲۹	"اینها نیز امثال سلیمان است که به وسیله مردان حزقیا، پادشاه یهودا نگاشته شد"
۱:۳۰-۱۴	"سخنان آگور پسر یاکه"
۱۵:۳۰-۳۳	مجموعه‌ای از مثل‌های عددی
۱:۳۱-۹	"سخنان لموئیل شاه"
۱۰:۳۱-۳۱	شعری موشح دربارهٔ همسر شایسته

را به‌صورت عنوان تلقی کرد. سخن حکیمان را چه عنوان فرض کنیم چه جزو متن اصلی، از تغییری که در سبک ادبی آن به‌وجود آمده پیداست که از اینجا به بعد، بخش تازه‌ای شروع می‌شود.

- در مورد اینکه سخنان آگور دقیقاً کجا پایان می‌یابد، بحث‌های زیادی مطرح شده است. آشکارترین گسست در متن، آیهٔ ۱۵:۳۰ است که از آن به بعد نخستین سری از مَثَل‌های عددی آغاز می‌شوند، اما این بحث کماکان به قوت خود باقی است که آیا همهٔ آیات ۳۰:۱-۱۴ سخنان آگور بوده‌اند یا نه.
- ۳۱:۱۰-۳۱ بی‌تردید شعری است مستقل که برای سرایش آن از صنعت ادبی توشیح استفاده شده است: ۲۲ مصرع، که هر مصرع به ترتیب حروف الفبای عبری، با یکی از این حروف آغاز می‌شود.
- ۳۱:۱-۹ به تنهایی بخش منسجمی را تشکیل می‌دهد.

به‌زودی، و ضمن بحث پیرامون تألیف کتاب امثال، در مورد تک‌تک این بخش‌ها سخن خواهیم گفت، و با جزئیات بیشتر به شواهد مربوط به ساختار درونی آنها توجه خواهیم نمود.

فرم‌های ادبی

کتاب امثال به‌طور کامل اثری منظوم به زبان عبری است. این از جهتی غافلگیرکننده است. ظاهراً نثر واسطهٔ بسیار مناسبی برای انتقال آموزه‌های اخلاقی و دینی، تلقی می‌شود. این همان فرمی است که برای نگارش مجموعه‌های احکام شریعت در کتاب‌مقدس عبری و نیز برای "خطابه‌های" پندآموز مندرج در فصل‌های آغازین کتاب تثنیه، به‌کار رفته است. پس چرا امثال به‌صورت نظم نوشته شده؟ هیچ پاسخ قاطعی برای این پرسش وجود ندارد، ولی می‌توان جواب‌هایی احتمالی پیشنهاد کرد. بارزترین آنها این است که متن منظوم را آسان‌تر از متن منثور می‌توان به خاطر سپرد. آموزش به روش حفظ کردن، جزو فنون آموزشی مورد استفاده در سراسر خاور نزدیک باستان بوده است، و شعر برای نیل به این هدف وسیلهٔ مناسب‌تری است. بیشتر آثار ادبی این منطقه که در زمینهٔ حکمت به نگارش درآمده‌اند، منظوم هستند. سهولت در به یاد آوردن هم می‌تواند عامل مهم دیگری باشد، و اصلاً همین باعث شده که مَثَل‌ها طی نسل‌های متمادی به‌صورت شفاهی سینه به سینه منتقل شوند. دوم آنکه، هیچ تردیدی در این واقعیت نیست که شعر به‌خاطر بهره‌گیری از واژه‌های آهنگین و تصویرپردازی در ارائهٔ مطالب، اغلب نسبت به نوشته‌های منثور تأثیر متقاعدکنندهٔ نیرومندی دارد. دغدغهٔ عمدهٔ نوشته‌های ادبیات حکمتی آن است که مردم را متقاعد سازد که چگونه رفتار کنند یا نکنند. سوم، شاید منظور از بهره‌گیری از شعر این باشد که میان "شریعت" و "حکمت" تمایز به‌وجود آورد، تمایزی که همیشه هم در دینداری رایج، تشخیص داده نشده است.

واژهٔ عبریِ "مَثَل" *(mashal)* که در عنوان بخش‌های کتاب امثال آمده، مشخص‌کنندهٔ

هیچ فرم ادبی معینی نیست. مفهوم دقیق این واژه با ابهام روبه‌رو است. می‌توان آن را به افعالی ربط داد که معنای‌شان "حکم کردن" یا "مانند چیزی بودن" است. بدین‌ترتیب مَثَل می‌تواند به معنای "واژه‌ای نیرومند" یا "یک مقایسه" باشد. معنای دوم بر فرمی ادبی دلالت می‌کند، اما در عمل، گفتارهای مندرج در کتاب امثال، قیاس به‌شمار نمی‌آیند. در واقع، اصطلاح *mashal* در کتاب‌مقدس عبری زیاد به‌کار رفته و برای گفتارهایی استفاده شده است که طیف گسترده‌ای از فرم‌های ادبی گوناگون را دربرمی‌گیرند. در خود کتاب امثال، دو فرم ادبی قابل شناسایی است. در امثال ۱-۹؛ ۲۲:۱۷-۲۴:۲۲؛ ۳۱:۱-۹ چیزی مد نظر است که "اندرز" نامیده شده است. در باقی کتاب مفهوم "جملهٔ حکیمانه" بر مفاهیم دیگر می‌چربد.

کندوکاو بیشتر:

معنی *mashal*

با استفاده از آیه‌یاب، فرهنگ کتاب‌مقدس (مانند دیکشنری NIDOTTE) و قاموس عبری-انگلیسی روی معنی واژهٔ مَثَل در زبان عبری کار کنید. مشخص کنید که این واژه بر مبنای شیوهٔ کاربردش، چه معنایی می‌تواند داشته باشد.

"رهنمود"

مک‌کین روی فرم ادبی ***اندرزنامه‌های*** مصری و میان‌رودانی، بررسی گسترده‌ای انجام داد و موفق به بازشناسی فرم ادبی متداولی شد که فرم اندرزنامه‌ای نامیده می‌شود. وی نشان داد که این فرم را می‌توان در بخش‌های فهرست‌شده در بالا یافت. از جمله ویژگی‌های فرم اندرزنامه‌ای این است که نگارنده ابتدا فرمانی می‌دهد (مثبت یا منفی) و در پی آن عبارتی انگیزشی («زیرا/ برای اینکه...») می‌آورد و گه‌گاه هم عبارتی در پایان ذکر می‌کند که در آن پیامد عمل کردن به آن اندرز ذکر شده است. گاهی از عبارتی شرطی («اگر...») کمک می‌گیرد، که مشخص‌کنندهٔ موقعیت یا شرایطی است که فرمان تحت آن شرایط کاربرد پیدا می‌کند. امثال ۳:۱-۲ نمونهٔ بی‌کم‌وکاست فرمانی است که به دنبالش عبارتی انگیزشی آمده است.

فرمان: پسرم تعلیم مرا از یاد مبر
بلکه دل تو فرمان‌های مرا نگاه دارد؛
انگیزه: زیرا بر روزها و سال‌های
عمرت خواهد افزود
و سعادتمند خواهی شد.

امثال ۱:۱۰-۱۹ نمونهٔ نسبتاً پیچیده‌تری است که شامل عبارات شرطی هم می‌شود. این قسمت با عبارت شرطی آغاز می‌شود و در پی آن فرمان می‌آید: «پسرم! چون گناهکاران به اغوای تو برخیزند.» سپس ماهیت این اغوا در آیه‌های ۱۱-۱۴ تشریح می‌گردد. پس از آن فرمان تکرار می‌شود (آیهٔ ۱۵) و به دنبالش هم عبارت انگیزشی می‌آید (آیهٔ ۱۶).

پسرم با آنان همراه مشو،
و در طریق ایشان گام مگذار؛
زیرا پاهایشان به سوی شرارت دوان
است،
و برای ریختن خون شتابانند.

در این مورد به‌خصوص، آیه‌های ۱۷-۱۹ را می‌توان دنبالهٔ عبارت انگیزشی دانست (آنها با "به راستی..." شروع می‌شوند)، اما فرم توضیحی به خود می‌گیرند و پیامد اعمال "گناهکاران" را تشریح می‌کنند، پس بهتر است آنها را نسخهٔ منفی عبارت پیامد تلقی کنیم، که در آن پیامدهای گوش نکردن به فرمان ذکر شده است.

"جملهٔ حکیمانه"

در کتاب امثال، جملهٔ حکیمانه تقریباً همیشه از دو نیمه تشکیل شده است. برای نمونه، امثال ۱۸:۱۶ می‌گوید:

غرور پیشرو نابودی است،
و دل متکبر پیشرو لغزش.

در موردش بیندیشید
فرم اندرزنامه‌ای

"اندرزهایی" از خودتان بنویسید. شاید بخواهید از مَثَل‌های سنتی به‌عنوان "فرمان" استفاده کنید و بعد "انگیزه" را به آنها بیفزایید.

«با نگاه اول در مورد کسی قضاوت مکن.»
«هرگز در آبهای متلاطم ماهیگیری مکن.»
«تا آفتاب هست، علوفه‌ات را خشک کن.»
«راستگو باش و از شرارت شرم کن.»

حالا سعی کنید عبارات بیانگر مقصود و عبارات شرطی را به آنها اضافه کنید.

این واحد بنیادینِ امثال ۱:۱۰-۱۶:۲۲ و ۱:۲۵-۲۷:۲۹ را تشکیل می‌دهد. این دونیمه‌بودن ناشی از توازی است که یکی از شاخصه‌های عادی در شعر عبری به‌شمار می‌رود. هر سه نوع توازی، در کتاب امثال بسیار شایع هستند.

توازی متضاد

در این نوع از توازی، نیمهٔ دوم جمله، نقطهٔ مقابل نیمهٔ اول را بیان می‌کند، مثلاً امثال ۲۵:۱۲:

دل مضطرب آدمی را گرانبار می‌سازد،
اما سخن نیکو او را شادمان می‌گرداند.

در این نوع جمله‌بندی، دو زیرگروه شایان توجه وجود دارد. یکی چیزی را که مایهٔ "کراهت" خداوند است، در مقابل آنچه که "پسندیدهٔ" اوست، قرار می‌دهد.

خداوند از ترازوی نامیزان کراهت دارد،
اما وزنهٔ کامل، پسندیده اوست.
(امثال ۱:۱۱)

زیرگروه دیگر، گفتارهای "به از..." می‌باشند.

سفرهٔ محقر، با محبت
به از ضیافت شاهانه، با نفرت.
(امثال ۱۷:۱۵)

توازی مترادف

توازی مترادف زمانی اتفاق می‌افتد که نیمهٔ دوم جمله، تکرار نکتهٔ اصلی نیمهٔ اول است، منتها با واژگانی دیگر، مثلاً امثال ۵:۱۹:

شاهد دروغگو بی‌سزا نمی‌ماند،
آن که دروغ می‌بافد، نخواهد رست.

مقایسهٔ حقیقی، یا تشبیهات ("همچنان...") را می‌توان به‌عنوان زیرگروه توازی مترادف، طبقه‌بندی کرد.

برف در تابستان و باران در موسم حصاد!
همچنان حرمت نیز نادان را نشاید.
(امثال ۲۶:۱)

توازی پیشرونده

در این نوع توازی، نیمهٔ دوم جمله بر شالودهٔ نیمهٔ اول بنا می‌شود، یا به ایده‌ای که در نیمهٔ اول بیان شده شاخ و برگ می‌دهد. برای نمونه، امثال ۲۰:۴:

کاهل زمین را در فصلش شخم نمی‌زند؛
پس در موسم درو گدایی می‌کند و چیزی نمی‌یابد.

دیگر فرم‌ها

چند فرم دیگر هم در کتاب امثال وجود دارد که نسبت به فرم‌های یادشده در بالا، کمتر متداولند. یکی از بارزترین آنها، مَثَل‌های عددی هستند که در بخش ۳۰:۱۵-۳۳ تمرکز یافته‌اند. اکثر آنها به شکل «سه چیز... بلکه چهار چیز...» نوشته شده‌اند و امثال ۳۰:۱۸-۱۹ یکی از آنهاست:

سه چیز مرا بس شگفت می‌نماید،
بلکه چهار چیز که آنها را درنمی‌یابم:
راه عقاب در آسمان،
راه مار بر صخره،
راه کشتی در پهنه دریا،
و راه مرد با دختر جوان.

در موردش بیندیشید
جملات حکیمانه

آیا در فرهنگ شما "جملهٔ حکیمانه‌ای" به‌شکل مَثَل وجود دارد؟ فرم آن جمله چگونه است؟ در زبان انگلیسی بیشتر مَثَل‌ها جملات تک‌بخشی هستند. برای نمونه:

«یک بخیه به موقع، نه بخیه دیگر را هم نجات می‌دهد.»

«بهترین قسمت شجاعت، احتیاط است.»

توجه کنید که چطور امثال ۱۶:۱۸ (که در متن کتاب بدان اشاره کردیم) در مَثَلِ تک‌جمله‌ایِ «غرور مقدمهٔ سقوط است»، در زبان انگلیسی رایج شده است. تنها چند مَثَل انگلیسی وجود دارد که، همانند مَثَل‌های معمول در زبان عبری ساختاری دو بخشی دارند.

«برای هر سگی روزی هست،
و برای هر مردی ساعتی.»

«ازدواج شتابزده مایهٔ پشیمانی است؛ بهتر است دیر ازدواج کنی، یا هرگز نکنی.»

سعی کنید بعضی از مَثَل‌های تک‌بخشی را به سبک مَثَل‌های عبری، به مَثَل‌های دو بخشی تبدیل کنید؛ بعضی را به‌صورت مترادف، بعضی را متضاد و بعضی را نیز به فرم پیشرونده درآورید. شاید مایل باشید مَثَل‌های سنتی انگلیسی زیر را بسط بدهید.

«خدا به کسانی کمک می‌کند که به خودشان کمک می‌کنند.»

«بهترین کلک روراستی است.»

«کمتر حرف بزنی، زودتر می‌توانی اصلاحش کنی.»
پیشگیری بهتر از درمان است.»

راه مار بر صخره،
راه کشتی در پهنه دریا،
و راه مرد با دختر جوان.

گونهٔ ساده‌شده این مَثَل که در آن فهرستی از چهار چیز «بس کوچک... اما به‌غایت حکیم» گنجانده شده‌اند، امثال ۲۴:۳۰–۲۸ است.

دو چیستان هم وجود دارد (امثال ۲۹:۲۳–۳۰؛ ۴:۳۰). همانند شعر موشحی که در ستایش همسر شایستهٔ ستوده‌شده (۱۰:۳۱–۳۱)، شعر کوتاهی هم در ستایش حکمت وجود دارد (۱۳:۳–۱۸). سه خطابه نیز از "بانو حکمت" وجود دارد (۲۰:۱–۳۳؛ ۱:۸–۳۶؛ ۱:۹–۶). دو روایت کوتاه خود-زندگینامه‌ای هم در امثال ۳:۴–۹ و ۳۰:۲۴–۳۴ به چشم می‌خورد.

از آنجا که مطالب حکیمانه در حیطهٔ آموزش استفاده می‌شد، پس وجود فرم‌های متنوعی از امثال جای تعجب ندارد. یک آموزگار خوب از روش‌های مختلف استفاده می‌کند.

دیگر ویژگی‌های سبک‌شناختی

در هر زبانی، گاه آوای واژگان به اندازهٔ معنای آنها اهمیت دارد. آوا می‌تواند هم بر تأثیر گفتار و هم در به خاطر سپردن آن، اثر داشته باشد. این در خصوص امثال به‌طور خاص اهمیت دارد. مثلاً «توانگری به قناعت، به از توانگری به بضاعت» خوش‌آواتر است از «توانگری به قناعت، به از توانگری به دارایی»، (به دلیل آواهای تکرار شده، یعنی قناعت و بضاعت). این‌گونه تأثیر آوایی در امثال عبری حائز اهمیت است، ولی در ترجمه اغلب از بین می‌رود.

مَثَل‌های عبری بیشتر موجزند و از این‌رو "نافذند". بنابراین، امثال ۳۲:۱۵ در عبری چنین خوانده می‌شود:

تأدیب‌ناپذیر، تحقیرگر جان است،
اما توبیخ‌پذیر، حاصل‌گر فهم.[1]

در ترجمهٔ انگلیسی با اینکه معنای روشن‌تری دارد، اما از "نفوذ" مَثَلِ مزبور کاسته شده است.

کسانی که تأدیب را نادیده می‌گیرند،
خودشان را تحقیر می‌کنند،
اما کسانی که پذیرای توبیخ هستند،
فهیم می‌گردند.

مَثَل چیست؟

تا اینجای کار دیدیم که تلاش صِرف برای معنی کردن واژهٔ عبری مَثَل، در پاسخ دادن به پرسش «مَثَل چیست؟»– نه در فرم و نه در محتوا- کمک چندانی نمی‌کند. اگر در پس‌زمینهٔ کتاب‌مقدسی، کاربرد واژهٔ "مَثَل" را به "جملهٔ حکیمانه" محدود کنیم، بررسی فرم و محتوا به تعریفی که اکثر محققان در موردش اتفاق‌نظر دارند، منتهی نخواهد شد. از قرار معلوم این جملات حکیمانه دارای ویژگی‌های زیر هستند:

- کوتاه هستند.
- مبتنی بر تجربه هستند.

۱. ترجمه از ویراستار.

- اغلب برخاسته از مشاهدهٔ دقیق زندگی و جهان هستند.
- به‌شکلی به یاد ماندنی بیان می‌شوند.
- مدعی هستند که بینشی ارزشمند به خواننده ارائه می‌کنند.

بر این مبنا یک مَثَل کتاب‌مقدسی را می‌توان «**تأملی بر زندگی که در جمله‌ای کوتاه و به یاد ماندنی متبلور شده**» تعریف کرد.

اگر می‌خواهیم جلوی هرگونه سوءاستفاده از مَثَل‌ها گرفته شود، باید پاره‌ای از محدودیت‌های مَثَل را که وسیله‌ای ارتباطی و تعلیمی است از نظر دور نداریم. تک‌جملهٔ حکیمانه، فاقد زمینهٔ متن است، و شنونده یا خواننده باید زمینهٔ متن را خودش پیدا کند. زمینهٔ متن مزبور برای معنی کردن مَثَل اهمیت به‌سزایی دارد، چراکه ریشه در مشاهدات یا تجربیاتی خاص دارد. خواننده برای یافتن زمینهٔ متن مناسب باید به حدس و گمان متوسل شود. در شرایطی معین، مَثَلِ «قبل از پریدن خوب نگاه کن» هشداری شایسته است. در شرایط دیگر، عجله کار شیطان است» بصیرتی ارزشمند به شنونده یا خواننده می‌دهد. شاید لازم باشد به مردم یادآوری کنیم که مؤلفان امثال گه‌گاه دو مَثَلِ "متضاد" را با هم آورده‌اند. برای نمونهٔ امثال ۲۶:۴-۵:

جاهل را مطابق جهالتش پاسخ مده،
مبادا تو نیز همچون او شوی.
جاهل را مطابق جهالتش پاسخ ده،
مبادا در نظر خود حکیم بنماید.

بسیاری از مَثَل‌های کتاب‌مقدسی صرفاً بیانگر "روند امور" هستند، و هیچ ارزیابی صریحی را دربرنمی‌گیرند. نباید تصور کرد که مَثَل در عین بیان یک واقعیت، آن را تأیید نیز می‌کند. یک‌بار دیگر خاطرنشان می‌سازیم که برای به‌دست آوردن دیدگاهی "تمام و کمال" نسبت به گفته‌های آموزگاران حکمت، لازم است مَثَل را با مَثَل مقایسه کنیم. بنابراین، امثال ۱۷:۸ با امثال ۱۷:۲۳ تعدیل می‌شود:

رشوه در نظر اهل آن سنگ جادویی است،
که به هر جا روی نمایند، کامیاب‌شان می‌سازد.
شریر، پنهانی رشوه می‌گیرد،
تا عدالت را منحرف سازد.

وقتی هر دو را کنار هم می‌گذاریم متوجه نکتهٔ اصلی می‌شویم: اینکه رشوه اغلب کارساز است، در صورتی که عملی اشتباه است، و دستِ‌کم به برقراری عدالت خدشه وارد می‌سازد. امثال ۱۵:۲۷ به‌طور کلی بر ضد رشوه‌خواری پند می‌دهد:

طالب سود نامشروع، خانواده خویش را به دردسر می‌افکند،
اما آن که از رشوه نفرت کند، خواهد زیست.

در موردش بیندیشید
مَثَل‌های ضد و نقیض

آیا می‌توانید به مَثَل‌هایی از فرهنگ خودتان فکر کنید که ظاهراً متضادند؟ در زبان انگلیسی نمونه‌ای از این مَثَل‌ها

وجود دارد که در متن بدان اشاره کردیم: «قبل از پریدن خوب نگاه کن» و «کسی که نجنبد جا مانده.» نمونه دیگر در میان مَثَل‌ها این است: «یک دست صدا ندارد.» و «آشپز که دو تا شد، آش یا شور می‌شود یا بی‌نمک.»

آیا می‌توانید به موقعیت‌های گوناگونی فکر کنید که بندهای مختلف این جفت‌مَثَل‌های متضاد (و آنهایی که به ذهن خودتان خطور کرده‌اند) بتوانند کاربردی متناسب داشته باشند؟

احتمالاً سرشت مَثَل‌ها از فرهنگی به فرهنگ دیگر فرق می‌کند. بسیاری از مَثَل‌های انگلیسی سرشت "پند نیکو" دارند. با این‌حال، اگر فرض کنیم که آن دسته از مَثَل‌های عبری که بیانگر "روند امور" هستند و فاقد ارزیابی صریح‌اند، به همین منوال‌اند، آن‌وقت چنانکه در مثال مربوط به رشوه‌خواری هم دیدیم، شاید از مسیر درست گمراه شویم.

در موردش بیندیشید
سرشت مَثَل‌ها

در فرهنگ شما، مَثَل‌ها چه سرشتی دارند؟ آیا به‌صورت "پند نیکو" ارائه می‌شوند، یا "مشاهده‌ای خنثی"، "داوری‌های اخلاقی" یا چیزی دیگر؟

چنانکه در متن هم توضیح دادیم، اکثر مَثَل‌های انگلیسی (و زبان‌های دیگر) سرشت "پند نیکو" دارند. این تقریباً در مورد همهٔ مَثَل‌هایی که تا اینجا از آنها یاد کردیم، صادق است. با وجود این، برخی از مَثَل‌های انگلیسی ملاحظاتی ساده بر روند امور هستند. در زیر به چند نمونه از آنها اشاره می‌کنیم:

«آب که از سر گذشت، چه یک وجب چه صد وجب.»
«دندان اسب پیشکشی را نمی‌شمارند.»
«موفقیت، موفقیت می‌آورد.»
«زمان برای کسی صبر نمی‌کند.»

سرانجام اینکه، در مورد مَثَل‌هایی که بیانگر "روند امور" هستند باید خاطرنشان ساخت که آنها صرفاً ملاحظات گوینده هستند، نه قانون. آنها ***توصیف‌کنندهٔ هنجار*** هستند، نه ***بیان‌گر امور ناگزیر***. در کل، وضع بدین منوال است که:

جواب نرم خشم را برمی‌گرداند،
اما سخن تند غضب را برمی‌انگیزد!
(امثال ۱:۱۵)

با این‌همه، تجربه به ما می‌آموزد که هیچ‌یک از دو نیمهٔ جملهٔ مزبور گویای قانونی تخطی‌ناپذیر نیست و این امر همیشه مصداق پیدا نمی‌کند. زندگی و انسان پیچیده‌تر از آنند که در یک جملهٔ کوتاه بگنجند و بشود همهٔ حقیقت را در موقعیت ارائه‌شده، خلاصه کرد. آنانی که خردمندند از این امر آگاهند و مَثَل‌ها را با احتیاط به‌کار می‌برند.

یک بررسی موضوعی: واژه‌ها

تا اینجا گفتیم که برای به‌دست آوردن دیدگاهی "تمام و کمال" نسبت به گفته‌های آموزگاران حکمت، باید مَثَل را با مَثَلی دیگر مقایسه کرد. یکی از روش‌های مقایسهٔ مَثَل‌ها

بررسی موضوعی است. آنچه در زیر می‌آید، نمونه‌ای از یک بررسی موضوعی است.

هنگام بررسی موضوعی روی کتاب امثال، خیلی مهم است که برای تهیهٔ فهرستی از اصطلاحات مربوط به موضوع، قدری "مطالعهٔ جانبی" کنیم. وقتی "واژه‌ها" را به‌عنوان موضوع بررسی انتخاب می‌کنیم، می‌توانیم فهرستی از اصطلاحاتی را که به لحاظ فیزیکی با تولید واژه‌ها در ارتباطند، تهیه کنیم: سخن گفتن، دهان، زبان، لب‌ها. سپس سراغ اصطلاحاتی می‌رویم که به شیوهٔ کاربرد واژه‌ها توسط مردم، ربط پیدا می‌کنند: دروغگویان، سخن‌چینان، غیبت‌کنندگان، چاپلوسان، تمسخرگران، حکیمان و جاهلان، پارسایان و شریران.

کتاب امثال حاوی شماری از "تصاویر نوشتاری"[1] از صفات گوناگون است. در بسیاری از این تصاویر توضیح داده شده که صاحبان صفت‌های مزبور چگونه از واژه‌ها استفاده می‌کنند. البته برای بعضی، نکتهٔ اصلی تصویر همین است.

دروغگویان

کتاب امثال با صراحت کامل دروغگویی و دروغگویان را نکوهش می‌کند.

> شش چیز است که خداوند از آنها بیزار است،
> بلکه هفت چیز، که از آنها کراهت دارد:
> چشمان متکبر، زبان دروغگو...
> (امثال ۶:۱۶-۱۷الف)
> خداوند از لبهای دروغگو کراهت دارد،
> اما راستکرداران پسندیده اویند.
> (امثال ۱۲:۲۲الف)

دروغگویی به‌عنوان نوعی تنفر نسبت به شخص قربانی تصویر شده است.

> آن که نفرت را پنهان سازد، لبهای دروغگو دارد،
> و آن که شایعه‌پراکنی کند، نادان است. (امثال ۱۰:۱۸)
> زبان دروغگو از قربانیان خود نفرت دارد،
> و دهان چاپلوس ویرانی به بار می‌آورد. (امثال ۲۶:۲۸)

مرد خردمند یقین دارد که راستی برجای خواهد ماند، اما دروغ نخواهد پایید.

> لبهای راستگو تا ابد برقرار می‌ماند،
> اما زبان دروغگو دمی بیش نمی‌پاید.
> (امثال ۱۲:۱۹)

احتمالاً این مَثَل به دروغی دلالت دارد که شخص برای خلاصی از موقعیتی هولناک، حفظ آبرو یا به‌دست‌آوردن منفعتی زودگذر، در لحظه بر زبان می‌آورد. اما تارهای فریب دیر یا زود از هم خواهند گسیخت.

سخن‌چینان

تنها در چند مَثَل به سخن‌چینان اشاره شده، که در یکی از آنها دو بار اصطلاح نجواگر به‌کار رفته است. نجواگر از ملازمان نزدیک "شخص منحرف" است، یعنی کسی که مسیر حقیقت را تغییر می‌دهد (امثال ۱۲:۲-۱۵). چنین انحراف از حقیقت روابط را مسموم می‌سازد و نزاع به راه می‌اندازد.

1. Pen Portraits

شخص منحرف تخم نزاع می‌پاشد،
و سخن‌چین بین دوستان نزدیک
جدایی می‌افکند. (امثال ۲۸:۱۶)
بدون هیزم، آتش خاموش می‌شود،
بدون سخن‌چینی، مشاجره پایان
می‌پذیرد. (امثال ۲۰:۲۶)

یکی از خصوصیات غم‌انگیز طبیعت انسان این است که از گوش دادن به حرف‌های سخن‌چینان لذت می‌برد.

سخنان سخن‌چین همچون لقمه‌های لذیذ است،
که به اعماق وجود انسان فرو
می‌رود. (امثال ۸:۱۸؛ ۲۲:۲۶)

مردم از شایعهٔ آبدار سخن‌چینان لذت می‌برند، و به‌راحتی آن را باور می‌کنند. خطر سخن‌چینی آن است که به محض پذیرفته و باور شدن از سوی شنونده، دیگر کسی به این آسانی‌ها فراموشش نمی‌کند. این سخنان باطل در ذهن مردم حک شده، باقی می‌مانند. به همین دلیل است که گوش دادن به سخن‌چینان به اندازهٔ سخن‌چینی بد است.

شخص بدکار به لب‌های فتنه‌انگیز گوش
می‌سپارد؛
و دروغگو به زبان خرابکار.
(امثال ۴:۱۷)

غیبت‌کنندگان

غیبت‌کننده کسی است که آشکارا سخن‌چینی می‌کند، و پرده از اسرار دیگران برمی‌دارد. بهترین کار آن است که از همنشینی با چنین فردی خودداری کنیم.

سخن‌چین اسرار را فاش می‌کند،
اما شخص امین رازدار است.
(امثال ۱۳:۱۱)
سخن‌چین رازها را فاش می‌کند؛
پس با مرد پرگو همنشینی مکن!
(امثال ۱۹:۲۰)

چاپلوسان

به‌طور تحت‌اللفظی، چاپلوس به کسی می‌گویند که «زبانی چرب و نرم دارد.» او با دروغگو از یک قماش است و از نگاه امثال کسی است که مردم را خانه‌خراب می‌کند.

زبان دروغگو از قربانیان خود نفرت
دارد،
و دهان چاپلوس ویرانی به بار
می‌آورد. (امثال ۲۸:۲۶)
آن که تملق همسایه‌اش را بگوید،
دامی برای پاهای وی می‌گسترد.
(امثال ۵:۲۹)

ترغیب حس خودستایی در افراد، زمینه را برای سقوط آنان فراهم می‌سازد. به همین سبب شخص چاپلوس در برابر کسی قرار دارد که آگاهانه حقایق تلخ را برای دیگران بازگو می‌کند.

توبیخ‌کننده در آخر
محبوب‌تر از تملق‌گو خواهد بود!
(امثال ۲۳:۲۸)

تمسخرگران

صفاتی که تاکنون بدان‌ها پرداختیم، از صفات کوچک در کتاب امثال به شمار می‌آیند. تمسخرگر مورد توجه بیشتری قرار گرفته است.

مرد مغرور و متکبر، که تمسخرگرش نامند،
با نخوت بی‌حد عمل می‌کند. (امثال ۲۴:۲۱)
تمسخرگر حکمت را می‌جوید و نمی‌یابد،
اما فهیمان آسان به معرفت می‌رسند. (امثال ۶:۱۴)
تمسخرگر توبیخ را خوش نمی‌دارد،
گریزان است او از حکیمان! (امثال ۱۲:۱۵)
تمسخرگر را بزن که ساده‌لوح نیز عاقل خواهد شد؛
شخص فهیم را توبیخ کن که معرفت را درک خواهد کرد. (امثال ۲۵:۱۹؛ ر.ک. ۱۱:۲۱)
کیفر برای تمسخرگران فراهم است،
و کتک برای پشت جاهلان. (امثال ۲۹:۱۹)
تمسخرگر را بیرون کن که نزاع نیز خاموش خواهد شد؛
مشاجره و رسوایی پایان خواهد پذیرفت. (امثال ۱۰:۲۲)
تدبیر جاهلانه گناه است،
مردمان از تمسخرگر کراهت دارند. (امثال ۹:۲۴)
تمسخرگران شهر را به آشوب می‌کشند،
اما حکیمان خشم را فرو می‌نشانند. (امثال ۸:۲۹)

ویژگی افراد تمسخرگر، غرور و تکبر ایشان است (امثال ۲۴:۲۱). تمسخرگر اطمینان کامل دارد که حق با او است، نه حاضر است توبیخ شود نه از حکیمان و خردمندان جویای حکمت است (۱:۲۰-۳۳، اشاراتی که به "ساده‌لوحان"، "تمسخرگران" و "جاهلان" می‌شود، شرحی است از آنچه که در ۶:۱۴ و ۱۲:۱۵ آمده. نگرش تمسخرگر، برخورد شدید با او را ایجاب می‌کند (امثال ۲۵:۱۹ و ۲۹؛ ۱۱:۲۱). اگرچه وی از توبیخ درس عبرت نمی‌گیرد، اما دیگران متنبه خواهند شد. تمسخرگر به‌خاطر همین صفاتش، به همان اندازه که متکبر و تعلیم‌ناپذیر است، مستعد ایجاد دردسر هم هست: نزاع، مشاجره، رسوایی (۱۰:۲۲). دردسری که او به‌وجود می‌آورد، با شهرآشوبی مقایسه شده است (۸:۲۹). بی‌جهت نیست که تمسخرگر کسی است که «همه از او کراهت دارند» (۹:۲۴)!

پارسایان و شریران

پارسایان و شریران، شخصیت‌های اصلی کتاب امثال را تشکیل می‌دهند، و معمولاً با هم در امثال- و به‌عنوان "همزادان متضاد"- ظاهر می‌شوند. بعضی از مَثَل‌ها در ارتباط با کاربرد واژه‌ها توسط این دو گروه، سروده شده‌اند.

دهان پارسایان چشمه حیات است،
اما دهان شریران خشونت را پنهان می‌سازد. (امثال ۱۱:۱۰)
زبان پارسایان نقرهٔ اعلاست،
اما دل شریران کم‌ارزش است. (امثال ۲۰:۱۰)

سخن پارسایان منبع سلامت و سرزندگی است، حال آنکه کلام شریران تهدید به ویرانی می‌کند، از این‌رو آنچه بر

زبان می‌آورند، ضدارزش محسوب می‌شود. ریشهٔ تفاوت در سخنان پارسایان و شریران، این واقعیت است که پارسایان "پسندیده" را می‌شناسند، و احتمالاً منظور چیزی است که پسندیدهٔ یهوه است، یا شاید چیزهایی را بر زبان می‌آوردند که موقعیت اقتضا می‌کند، در صورتی که شریران حقیقت را مخدوش می‌سازند.

لبهای پارسایان سخن پسندیده
می‌داند،
اما دهان شریران تنها انحراف!
(امثال ۱۰:۳۲)

حکیمان و جاهلان

حکیمان و جاهلان هم از شخصیت‌های اصلی و "همزادان متضاد" کتاب امثال به‌شمار می‌آیند. عمدهٔ مطالبی که دربارهٔ کاربرد کلمات توسط این دو گروه گفته می‌شود، در تعلیم کلی کتاب در مورد واژه‌ها و نحوهٔ به‌کار بردن آنها، نقش دارند.

شیوهٔ استفادهٔ حکیمان از واژه‌ها
کلمات قدرت بسیار دارند.
مرگ و زندگی در قدرت زبان است،
آنان که دوستش می‌دارند، از میوه‌اش
خواهند خورد. (امثال ۱۸:۲۱)

از همین‌روست که کاربرد حکیمانهٔ واژه‌ها اهمیت بسیاری دارد. دانایان در مَثَل‌های‌شان برای کاربرد حکیمانهٔ واژه‌ها، سه دستورالعمل اصلی را تجویز می‌کنند. اول از همه، باید از پرگویی پرهیز نمود.

پرگویی خالی از گناه نیست،
عاقل آن است که زبان خویش نگاه
دارد. (امثال ۱۰:۱۹)

از آنجایی که هیچ‌یک از ما کامل نیستیم، همیشه مستعد بر زبان آوردن حرفی هستیم که به خودمان یا به دیگران آسیب می‌زند، یا اصولاً اشتباه است. هرچه بیشتر حرف بزنیم، میزان آسیب یا اشتباه ناشی از گفتار هم افزایش می‌یابد. از این‌رو بهتر است جلوی زبان‌مان را بگیریم و از گفتن سخنان غیرضروری اجتناب کنیم. جنبه‌های مختلف این مضمون در مَثَل‌های دیگر توضیح داده شده است.

آن که مراقب زبان خویش است،
مراقب جان خویش است،
اما آن که نسنجیده سخن می‌گوید،
خود را هلاک می‌سازد. (امثال ۱۳:۳)
هر که مراقب دهان و زبانش باشد،
جان خویش از بلا در امان می‌دارد.
(امثال ۲۱:۲۳)

دوم، باید پیش از سخن گفتن فکر کنیم. کلاً در امثال "عجله" بار منفی دارد، و همین بار منفی در مورد استفاده از واژه‌ها هم به‌کار رفته است.

آیا کسی را دیده‌ای که در سخن گفتن
عجول باشد؟
به نادان بیش از او امید هست.
(امثال ۲۹:۲۰)

شخصی که در سخن گفتن عجول است، شاید قصد آسیب‌زدن نداشته باشند، اما بیان بی‌ملاحظهٔ کلمات می‌تواند به اندازهٔ ضرب شمشیر آسیب‌زننده باشد.

هستند که سخنان باطل‌شان چون
ضرب شمشیر است،

اما زبان حکیمان شـفا می‌بخشـد.
(امثال ۱۸:۱۲)

کلام اندیشیده و سنجیده، سلامتی و شفا می‌آورد.

سومین دسـتورالعمل که دنبالهٔ راهکار قبلی اسـت، اهمیت گـوش دادن پیش از سخن گفتن می‌باشد.

پاسخ دادن پیش از شنیدن،
نادانـی اسـت و شرمسـاری.
(امثال ۱۳:۱۸)

ایـن مَثَل خطـای کسـانی را نکوهش می‌کند که خوش‌سـخن‌اند، اما گوشی برای شنیدن حرف‌های دیگران ندارند. این قبیل افراد در نهایت متوجه می‌شـوند که دارند با خودشـان حرف می‌زنند، و اینجاست که نفهمی‌شان برملا می‌گردد.

استفادهٔ بهینه از واژه‌ها

دروغ‌گویان، سخن‌چینان، غیبت‌کنندگان، تمسخرگران و غیره، نمونهٔ کسانی هستند که از واژه‌ها استفاده غیرمفید یا اشتباه می‌کنند. در مقابـل، کتاب امثال بـرای کاربرد بهینهٔ واژه‌ها سه روش تجویز می‌کند.

کلمات باید "سنجیده" باشند.

سخن سنجیده
سـیب طلاسـت در سـینی نقره!
(امثال ۱۱:۲۵)

انسـان از دادن پاسخ شایسته شادمان می‌شود،
چه نیکوست سـخنی که به وقتش گفته شود! (امثال ۲۳:۱۵)

ایـن مَثَل‌ها کلماتـی را توصیه می‌کنند که هم در شـیوه و هم در زمان بیان‌شـان، "سنجیده" باشـند. واژه‌ای که به شایستگی ادا نشـود، حتی اگر محتوای نیکو هم داشته باشد، یا نشنیده گرفته می‌شود یا سوءتفاهم به‌وجود می‌آورد. پنـد نیکویی که در زمان غلط می‌دهیم، می‌توانـد نتیجه‌ای معکوس داشته باشد.

کلمات باید دلپذیر باشند.

شانهٔ عسل است سخنان دلپذیر،
شـیرین بـرای جان و شـفابخش استخوان. (امثال ۲۴:۱۶)

در اینجـا دانایـان از "شـیرین‌زبانی" چاپلوسانه حرف نمی‌زنند. منظور آنها را در مَثَل‌های زیر بهتر می‌توان دریافت.

زبان شفابخش، درخت حیات است،
اما زبان کج، روح را در هم می‌شکند.
(امثال ۴:۱۵)

دانادل فهیم خوانده می‌شود،
و زبان شیرین قدرت مجاب‌کنندگی انسـان را فزونـی می‌بخشـد.
(امثال ۲۱:۱۶)

دل شـخص حکیم زبانـش را عاقل می‌گرداند،
لب‌های او آموزش را رواج می‌دهد.
(امثال ۲۳:۱۶)

شاید معنی دیگر امثال ۲۱:۱۶ این باشد کـه بعید اسـت بتوان با کلمـات عجولانه استدلالی را به کرسی نشاند.

حکیمان به‌خوبی می‌دانسـتند که انسان همیشه نمی‌تواند سخنان دلپذیر بر زبان آوَرَد.

مواقعی هست که باید از توبیخ و سرزنش استفاده کرد. ایشان از گفتن چنین سخنانی اِبا نداشتند. در واقع، آن را توصیه می‌کردند، زیرا توبیخ اگر به‌جا باشد و توبیخ‌شونده آن را دریابد، باعث ساخته شدن شخصیتش می‌گردد. توجه داشته باشید که تنها توبیخ *حکیمانه* توصیه شده است.

حلقهٔ زرین و زیور طلاست
توبیخ‌کنندهٔ حکیم برای گوش شنوا.
(امثال ۱۲:۲۵)

توبیخ نکردن با انگیزهٔ نرنجاندن فرد خطاکار، ممکن است نتیجه‌ای ناخوشایند به بار آورد.

توبیخ آشکار،
به از محبت پنهان. (امثال ۵:۲۷)

در واقع، توبیخی که در زمان درست انجام گیرد، می‌تواند مشکل را در نطفه خفه کند.

آن که رندانه چشمک می‌زند دلریش می‌سازد،
اما آن که بی‌پرده نکوهش می‌کند
باعث صلح می‌شود. (امثال ۱۰:۱۰)

شاید همیشه از نکوهش‌کننده قدردانی نکنند، ولی گه‌گاه مورد تقدیر قرار می‌گیرد.

توبیخ‌کننده در آخر
محبوب‌تر از تملق‌گو خواهد بود.
(امثال ۲۳:۲۸)

کندوکاو بیشتر

کاهل

کاهل یا "شخص تنبل" (مطابق بیشتر ترجمه‌های امروزی)، گه‌گاه به شخصیت کمدیِ کتاب امثال تبدیل می‌شود. بعضی از مَثَل‌هایی که در ارتباط با وی سروده شده‌اند، نشان می‌دهند که آموزگاران حکمت افرادی شوخ‌طبع بوده‌اند. با استفاده از آیه‌یاب، روی موضوع "تنبلی" و شخص تنبل در کتاب امثال، مطالعهٔ موضوعی کنید. می‌توانید کار خود را روی این موضوع با مَثَل کلی زیر آغاز نمایید.

اندکی خواب، اندکی چشم بر هم نهادن
و اندکی دست بر دست گذاشتن برای استراحت،
و فقر همچون راهزن بر تو خواهد تاخت
و ناداری، همچون مردی مسلح.
(امثال ۲۴:۳۳-۳۴)

تألیف کتاب امثال

چنانکه دیدیم، بررسی شواهد درونی کتاب امثال، طی یک ارزیابی اجمالی، نشان می‌دهد که این کتاب مجموعه‌ای است متشکل از مجموعه‌هایی کوچکتر، و فرایند شکل گیری‌اش از زمان سلیمان (میانهٔ سدهٔ دهم پ. م.) تا دستِ‌کم دوران پادشاهی حزقیا (اواخر سدهٔ هشتم پ. م.) ادامه داشته است. همچنین، بعضی از مطالب به غیراسرائیلیان منتسب می‌باشند. از این‌رو کاملاً پیداست که به‌سختی می‌توان از "نویسنده" یا "زمان نگارش" کتاب امثال سخن گفت.

با توجه به روایاتی که در مورد حکمت سلیمان وجود دارد (اول پادشاهان ۴:۲۹-۳۴)، نسبت دادن کتاب امثال (امثال ۱:۱) و لااقل

بعضی از مطالبش (۱:۱۰؛ ۱:۲۵) به شخص سلیمان قابل درک است. دشوار بتوان سلیمان یا هر کسِ دیگری را از ملازمان دربار اسرائیل خالق اولیهٔ بیشتر مطالب این کتاب دانست. چنانکه در مبحث ریشه‌های حکمت در اسرائیل دیدیم، بسیاری از جملات حکیمانه بازتاب زندگی روزمرهٔ کشاورزی از طبقهٔ نسبتاً مرفه روستایی است. با وجود این، در خاور نزدیک باستان منسوب نمودن کتابی حکمتی به شخصی خاص، بدین معنا نبود که همهٔ مطالب کتاب را خود وی نگاشته است. در پیشگفتار *اندرزنامهٔ پتاه‌هوتپ*[1] تصریح شده که کتاب مزبور دربرگیرندهٔ "نصایح نیاکان" و "گفته‌های پیشینیان" است (نقل‌قول از فاکس، ۲۰۰۰، ص ۵۷). آموزگاران حکمت، در واقع، گردآورندگان این مجموعه مطالب بودند، نه نگارندگان اصلی آنها. بیش از دو هزار سال پس از زمان نگارش *اندرزنامهٔ پتاه‌هوتپ*، بن سیراخ به شاگردانش می‌گوید:

> آماده شنیدن سخنان خداپسندانه باشید،
> و نگذارید هیچ مَثَل حکیمانه‌ای از چنگ‌تان بگریزد. (سیراخ ۳۵:۶)

پس نسبت دادن امثال به سلیمان، به‌عنوان اولین گردآورندهٔ مطالب حکمتی و کسی که شخصاً در تألیف بعضی از آنها نقش داشته، امری کاملاً طبیعی است.

بررسی دقیق مجموعه‌های اصلی قابل تفکیک در کتاب امثال (نگاه کنید به جدول "ساختار کتاب امثال" در ص ؟؟) نشان می‌دهد که خود آنها هم مجموعه‌هایی متشکل از مجموعه‌های کوچکترند. یکی از شواهدی که گمان مزبور را تقویت می‌کند، واقعیت وجود مَثَل‌هایی است که کمابیش واژه به واژه تکرار شده‌اند (مثلاً، ۱۲:۱۴/ ۲۵:۱۶؛ ۸:۱۸/ ۲۲:۲۶؛ ۱۶:۲۰/ ۱۳:۲۷). این مورد بیشتر زمانی اتفاق می‌افتد که مجموعه مَثَل‌های مختلف را کنار هم قرار می‌دهند، نه در مواقعی که مَثَل‌های منتخب تکی را به مجموعهٔ موجود می‌افزایند.

امثال ۱:۱۰-۱۶:۲۲ حاوی ۳۷۵ جمله است. به جز یک مورد (۷:۱۹ که سه بخش دارد)، همهٔ آنها جملات دوبخشی هستند. محققان همیشه بر سر طبقه‌بندی جملات به‌خصوص، با یکدیگر اتفاق‌نظر ندارند، اما در حدود ۲۰۰ مورد از این جملات شاهد توازی متضاد هستیم. حدوداً ۱۶۰ مورد از جملات متضاد در امثال ۱۰-۱۵ متمرکز شده‌اند. تفاوت در تمرکز فرم خاصی از جملات، غالباً دلیلی است بر اینکه امثال ۱۰-۱۵ و ۱:۱۶-۱۶:۲۲ در اصل مجموعه‌هایی جداگانه بوده‌اند. جالب اینجاست که در امثال ۲۶:۱۴-۱۱:۱۶ تمرکزی غیرعادی از مَثَل‌هایی که در آنها نام یهوه به‌کار رفته، مشاهده می‌گردد. آیا به همین دلیل است که دو مجموعهٔ قدیمی‌تر را به هم پیوسته‌اند؟

ظاهراً امثال ۲۵-۲۹ هم از دو مجموعهٔ مَثَل‌های جداگانه تشکیل شده است. در امثال ۲۵-۲۷ به موارد زیادی از تشبیهات (مقایسه‌هایی با استفاده از واژهٔ "همچون") و استعارات (مقایسه‌های تلویحی) و تنها چند مورد جملات متضاد برمی‌خوریم. در این بخش هم شاهد تمرکز قطعات کوچک با فرم "اندرز" هستیم. از مقایسهٔ

1. Instruction of Ptahhotep

فصل‌هـــای ۲۵-۲۷ و ۲۸-۲۹ به این نتیجه می‌رسیم که حجم زیادی از جملات حاوی توازی متضاد و پیشـــرونده، در بخش اخیر متمرکز شـــده‌اند. در این بخش تشـــبیهات چندانی به چشـــم نمی‌خورد. یک‌بار دیگر تأکید می‌کنیم که شـــاید ایـــن تفاوت‌های سبک‌شناختی نشان‌دهندهٔ خاستگاه مجزای دو مجموعه باشـــند. قطعهٔ نسـبتاً بلندی از "اندرزها" (آیه‌هـــای ۲۳-۲۷) که در انتهای امثال ۲۷ جای گرفتـــه، می‌تواند جمع‌بندی مجموعهٔ اول باشد.

در مورد امثال ۱-۹ باید گفت که اتفاق‌نظر کلی- هرچند نـــه به‌طور کامل- وجود دارد که این فصل‌ها از ده بخش تشکیل شده‌اند، که هر بخش به شیوه‌ای یکسان آغاز می‌شود.

کندوکاو بیشتر
نگارش امثال ۲۵-۲۹

امثـال ۲۵-۲۷ را بخوانیـد و مـوارد مقایســه (اعم از تشـبیه یا اسـتعاره) و جملات متضاد را در آنها شناسایی کنید. سپس امثال ۲۸-۲۹ را بخوانید و جملاتی را که در آنها توازی متضاد یا پیشـرونده و نیـز مقایســه‌ها به‌کار رفته مشـخص ســازید. چه درصدی از مَثَل‌های مندرج در فصل‌های ۲۵-۲۷ مقایســه هستند، و چه درصدی از آنها در فصل‌های ۲۸-۲۹ متمرکز شده‌اند؟

- روی خطاب همـهٔ آنها در همان کلمه اول یا دوم، "پسرم" ("پسرانم" در امثال ۱:۴) است.
- نگارنده به پسـر توصیه می‌کند که انـدرزی را که در پی خواهد آمد "بشنود"، "بپذیرد"، "فراموش نکند" و غیـره (در ۱:۲ این توصیه به‌صورت شرطی ارائه شده است).
- اقتدار شـــخصی گوینـــده، یعنی "پدر" مورد تأکید قرار می‌گیرد.
- به ارزشـــمند یا ســـودمند بودن سخنان پدر، صراحتاً یا تلویحاً اشاره می‌شود.

بخش‌هـــای مزبور بـــا این آیـــات آغاز می‌شوند: ۱:۸-۹؛ ۲:۱-۲؛ ۳:۱-۲؛ ۳:۲۱-۲۲؛ ۴:۱-۲؛ ۴:۱۰-۱۲؛ ۴:۲۰-۲۲؛ ۵:۱-۲؛ ۶:۲۰-۲۲؛ ۷:۱-۳. همچنیـــن میان محققان توافقی نسبی وجود دارد که سه "میان‌پرده" در لابـلای بعضـــی از بخش‌هـــا گنجانده شـــده‌اند، و اینکه فصل ۸ آخرین "میان‌پرده" و قرینه‌ای برای ۱:۲۲-۳۳ است.

- ۱:۲۰-۳۳ هشدار حکمت.
- ۳:۱۳-۲۰ شـعری در سـتایش حکمت.
- ۶:۱-۱۹ چهار تذکر و هشدار.
- ۸:۱-۳۶ ستایش حکمت از خود.

توافق محققان به همین سـطح محدود می‌شود و از اینجا به بعد بر سر اینکه در هر یک از ده بخش مزبور، چـه فرم "تعلیمی" منسـجمی وجود دارد، بحث و اختلاف‌نظر ادامه می‌یابد. وایبـری در چند مورد از این بخش‌ها هسته‌ای اولیه می‌بینند که یک یا چند بار ویرایش شـده‌اند و بر حجم‌شان افزوده شده است. برای مثال، وی در تحلیلی که از امثال ۳:۲۱-۳۵ ارائه داده است، آیه‌های ۲۱-۲۴ و ۲۷-۳۱ را آمـوزهٔ اولیـه می‌دانـد.

وایبری بر این گمان است که آیه‌های ۲۵-۲۶ ویراست ثانویه هستند که به منظور همتراز کردن تعلیم پدر با اطمینان به یهوه، روی متن اولیه انجام شده‌اند. از آنجایی که آیه‌های ۳۲-۳۴- برخلاف تعلیم ویژهٔ آیه‌های ۲۷-۳۱- از سرنوشت پارسایان و شریران با عباراتی کلی یاد می‌کنند، پس آنها هم طی ویرایش ثانویه به متن افزوده شده‌اند و آیهٔ ۳۵ هم بعداً بدانها اضافه گردیده است. از سوی دیگر، فاکس هر "خطابه" (خودش این اصطلاح را به‌کار می‌برد) را واحدی منسجم و متشکل از ساختاری سه‌بخشی می‌بیند (نمونهٔ آن ۳:۲۱-۳۵ است).

۱. *دیباچه*. مقدمه‌ای که شامل موارد زیر است:
الف- مخاطب، «پسرم/ پسرانم...»؛
ب- نصیحت (۳:۲۱)؛
پ- انگیزه (۳:۲۲-۲۶).
۲. *درس*. بدنهٔ اصلی تعلیم (۳:۲۷-۳۲). در این مورد به‌خصوص، پنج هشدار وجود دارد که همگی با «... مکن» آغاز می‌شوند.
۳. *نتیجه‌گیری*. عبارتی که آموزه‌های تعلیم داده شده در بدنه اصلی را به‌طور کلی خلاصه می‌کند (۳:۳۳-۳۴). گاه خطابه با جمله‌ای فرازین و به یاد ماندنی پایان می‌پذیرد (۳:۳۵).

در امثال ۹ حکمت (آیه‌های ۱-۶) و جهالت (آیه‌های ۱۳-۱۸) شخصیتی انسانی می‌یابد و تصاویر متعددی از این شخصیت‌ها به تصویر کشیده شده است. این آیات در حکم نقطهٔ اوجی شایسته و نمایشی برای این بخش از کتاب محسوب می‌شوند. محققان بر سر طبیعت و کاربرد آیه‌های ۷-۱۲ اختلاف‌نظر دارند. در مورد دلیل ترتیب‌بندی کنونیِ ده اندرز یادشده در این آیات، هیچ اتفاق‌نظری وجود ندارد. در روند فکری یا موضوعی هیچ تحول خاصی مشاهده نمی‌شود.

کندوکاو بیشتر: امثال ۳:۲۱-۳۵

بخش‌های مرتبط را از روی تفاسیری که فاکس و وایبری بر امثال نوشته‌اند، بخوانید تا بتوانید مطلب را کامل‌تر درک کنید و مباحثی را که در این فصل از کتاب خلاصه شده‌اند، بهتر ارزیابی نمایید.

ظاهراً فصل‌های ۱-۹ هم مانند فصل‌های ۱۰-۳۱ گلچینی از مطالبی هستند که از قبل وجود داشته‌اند. تا مدتهای طولانی اتفاق‌نظری کلی وجود داشت که قدمت امثال ۱-۹ باید کمتر از امثال ۱۰-۳۱ باشد و به دوران پسا-تبعید تعلق دارد. برای این تاریخ‌گذاری دو دلیل عمده وجود داشت. دلیل اول باور به این نکته بود که فرم "خطابهٔ" بلند در این فصل‌ها، نتیجه تحول ادبی در جملات حکمتی به‌شمار می‌رفت. دلیل دوم هم وجود این فرض بود که تصویر الاهیاتی که در این فصل‌ها از حکمت ارائه شده، بازتاب "الاهیات حکمتی" است که نسبت به جملات حکیمانه شاخ و برگ بیشتری گرفته‌اند و آثار گذشت زمان را بر خود دارند. اخیراً کفایت هر دو دلیل زیر

سؤال رفته است. بازشناسی فرم اندرز در امثال ۱-۹ بر دلیل اول خط بطلان می‌کشد. تردیدی نیست که اندرز، فرم ادبی مستقلی است که پیشینهٔ طولانی دارد و قدمتش از کهن‌ترین مَثَل‌های کتاب امثال هم بیشتر است. دوم، مقایسهٔ مطالب امثال ۱-۹ با مطالب غیراسرائیلی، و به‌ویژه ادبیات حکمتی مصری، باعث شده که عده‌ای از محققان (همچون کایاتس،[1] لنگ[2]) چنین نتیجه بگیرند که تاریخ‌گذاری پیش از تبعید را نمی‌توان به همهٔ مفاهیم الاهیاتی مطرح‌شده در این فصل‌ها تعمیم داد.

امثال ۱:۱-۷ مقدمه‌ای است بر کل کتابی که امروزه در دست داریم. این واقعیت که "شعار" ۷:۱ تقریباً در انتهای اندرزها (۱۰:۹)، در بدنهٔ اصلی جملات (۳۳:۱۵) و تقریباً در پایان کتاب (۳۰:۳۱) بازتاب پیدا می‌کند، نمی‌تواند تصادفی باشد. اگرچه در نگاه اول، به‌کار گرفتن شعر توشیحی در وصف زن شایسته، چنین می‌نماید که روشی عجیب برای پایان دادن به کتاب است، اما با بررسی دقیق‌تر متوجه می‌شویم که این شعر عمداً در انتهای کتاب جای داده شده است. یکی از دلایل احتمالی استفاده از صنعت توشیح در کتاب‌مقدس عبری، القای ایدهٔ کاملیت به خواننده است، بدین‌ترتیب که شعر مزبور کتاب امثال را کامل می‌کند. پاره‌ای از ویژگی‌های شعر حاکی از آنند که منظور از سراییدنِ آن، برانگیختن حافظهٔ خواننده برای به یاد آوردن امثال ۱-۹ باشد. در این فصل‌ها چندین شخصیت زن وجود دارد: مادر، عروس، همسر، زن ولنگار، زن زناکار، و توصیفاتی که از حکمت و جهالت در قالب

---
1. Kayatz; 2. Lang

شخصیت‌هایی انسانی شده است. برخلاف زن ولنگار، زن زناکار و جهالت که سرکش و جاهل‌اند (۱۱:۳۱-۱۲)، زن شایسته قابل‌اعتماد (۱۱:۳۱-۱۲) و حکیم (۲۶:۳۱) است. او هم به مانند حکمت، معلم است (۲۶:۳۱ / ۱۴:۸) «ارج او از یاقوت فرون‌تر است» (۱۰:۳۱ / ۱۵:۳؛ ۱۱:۸). بنابراین، همچون حکمت باید به جست‌وجوی چنین زنی برخاست (۱۰:۳۱). از همه مهم‌تر، منشأ فضایل زن شایسته- همانند خود حکمت- «ترس خداوند است» (۳۰:۳۱).

از آنچه در بالا گفتیم چنین برمی‌آید که شکل‌گیری کتاب امثال فرایندی پیچیده و بی‌گمان درازآهنگ بوده است. ابتدا مجموعهٔ موضوعات شکل گرفته‌اند و بعد این موضوعات طی چندین مرحله با یکدیگر ادغام شده‌اند تا اینکه کل کتاب گرد آمده و سپس مقدمه (۱:۱-۷) و مؤخره‌ای (۱۰:۳۱-۳۱) بدان افزوده شده است. همهٔ اینها احتمالاً در دورهٔ پسا-تبعید روی داده‌اند، اما در مورد شکل‌گیری این کتاب هیچ قطعیتی وجود ندارد و نمی‌توان با اطمینان در موردش سخن گفت.

ترتیب‌بندی جمله‌ها

مطالعهٔ امثال ۱:۱۰-۱۶:۲۲ و ۱:۲۵-۲۷:۲۹ چنین در ذهن تداعی می‌کند که نظم و ترتیب جملات اتفاقی است. برای نمونه، دشوار می‌توان درک کرد که چرا با وجودی که تقریباً نیمی از مَثَل‌های مندرج در فصل ۱۰ به پارسایان و شریران اختصاص یافته‌اند (بعضی از آنها در گروه‌های کوچک دوتایی یا بیشتر متشکل شده‌اند)، باز در لابلای موضوعات کاملاً متفاوت- و بدون هیچ دلیل

آشـــکاری- پراکنده شده‌اند. به‌رغم مطالعات گســترده، هیچ‌کس نتوانسته توضیح معقولی ارائه کند که بر اســـاس آن بتـــوان به اصولی برای ترتیب‌بندی موضوعات در کتاب امثال دست یافت. تاکنون اصول عمدهٔ احتمالی که برای ترتیب‌بندی موضوعات ارائه شده‌اند، از این قرارند:

- *موضوعـــی*- گفتارها بر اســـاس موضوعـــات یـــا مضامین مشـــابه گروه‌بنـــدی شـــده‌اند. بـــرای مثال، گروهـــی از مَثَل‌ها که بـــه جاهلان اختصاص یافته‌اند، در امثال ۱:۲۶-۱۲ (به استثنای آیهٔ ۲) جمع شده‌اند، و در پـــی آن گروهـــی از مَثَل‌های مربوط به شـــخص کاهل قرار گرفته است (۱۳:۲۶-۱۶).
- *لفظـــی*- در گفتارهـــای مجاور یکدیگر از واژگانی یکسان یا مشابه استفاده شده است. البته اگر نگارنده به موضوعاتی مشابه پرداخته باشد، این امر کاملاً اجتناب‌ناپذیر خواهد بود، اما کاربرد واژگان مشـــابه لزوماً به معنای تشـــابه در موضوع نیست. به‌عنوان مثـــال، در تک‌تک آیه‌های امثال ۳۳:۱۵-۷:۱۶، نـــام یهوه آمده است.
- *جناس*[1]- این به معنای پیوستگی آوایی اســـت، که می‌تواند به چندین روش اتفـــاق بیفتد. بـــرای مثال، در امثال ۹:۱۱-۱۲ همهٔ جملات با یک حـــرف از الفبای عبـــری (*bet*= ب) آغاز می‌شود.

واقعیت این است که با این قبیل پیوندها هرگز نمی‌توان بیش از چند جمله را در یک گروه جای داد.

کندوکاو بیشتر:
ترتیب‌بندی جملات

امثال ۱۰ را بخوانید و به جملاتی که در مورد پارســـایان و شریران هستند، توجه کنید. ســـپس ببینید که آیا می‌توانید برای وجود جملات دیگری که در لابلای آنها قـــرار گرفته‌اند، دلایلی پیـــدا کنید. برای ارزیابـــی دلایل خودتان بـــه چند کتاب تفسیر نگاه کنید.

آمنموپ و امثال ۱۷:۲۲-۲۲:۲۴

چنانکه دیدیم، عنوان (بازسازی‌شـــدهٔ) امثال ۱۷:۲۲الـــف و عنوان امثال ۲۳:۲۴الف نشـــان‌دهندهٔ دو بخـــش متمایـــز در کتاب امثال هســـتند. وجه تمایز دیگر این بخش، ویژگی‌هـــای ادبی آن اســـت. در این بخش واحد بنیـــادی، جملهٔ حکمتی دو بخشـــی نیست، بلکه جملهٔ چهار بخشی (یا *quatrain*) است. از این گذشته، فرم جملات به‌صورت اندرز است، نه عبارات ساده.

ایـــن ویژگی‌هـــای سبک‌شـــناختی در اندرزنامـــهٔ آمنمـــوپ هم وجـــود دارند. با این‌حال، نکتـــهٔ جالب توجه‌تـــر و مهمتر، شباهت‌های محتوایی میان این دو متن است. این تشابهات در کتاب ″اندرزنامهٔ آمنموپ: مشـــابهت‌ها با کتاب امثال″ ص ۱۰۶ شرح داده شده‌اند. پژوهشـــگران از مقایسهٔ امثال با آمنموپ توانســـته‌اند برای اَشکالی که در متن عبری امثال ۲۰:۲۲ به چشـــم می‌خورد،

---

۱. Paranomasia – آوردن دو یـــا چند کلمه که لفظاً یکی ومعناً مختلف باشند. فرهنگ معین. و.

پاسخی احتمالی پیدا کنند. این مَثَل می‌گوید: «آیا "سه روز پیش" *(shilshum)* مَثَل‌هایی برایت ننگاشتم، از مشورت و معرفت؟» با اندک جرح و تعدیل می‌توان متن مزبور را چنین خواند: «آیا سی *(she loshim)* مَثَل برایت ننگاشتم از مشورت و معرفت؟» نتیجه‌گیری اندرنامه آمنموپ این‌گونه آغاز می‌شود: «به این سی فصل بنگر، آنها آگاهی‌رسانند، آنها آموزنده‌اند.» این کتاب به‌راستی به سی فصل کوتاه تقسیم شده است. شماری از محققان (از جمله مک‌کین) حقیقتاً در همین بخش از امثال و در دنبالهٔ مقدمه ۲۲:۱۷–۲۱، سی اندرز یافته‌اند– هرچند بر سر جزئیات این تقسیم‌بندی، هیچ اتفاق‌نظری وجود ندارد. این تحلیل‌ها مورد پذیرش همگان نیستند.

شباهت‌های امثال ۲۲:۲۲–۲۳:۱۱ با ***اندرزنامهٔ آمنموپ***، کاملاً بارز است. شش مورد از ده گفتاری که مک‌کین در این بخش از امثال شناسایی کرده، نمونهٔ بسیار مشابهی در این اندرزنامهٔ مصری دارند. پرسش جذاب و بی‌پاسخ این است که چرا این مشابهت‌ها در ۲۰ گفتار باقی مانده ادامه پیدا نمی‌کنند. با وجودی که اکثر محققان بر این گمانند که میزان شباهت میان امثال ۲۲:۱۷–۲۳:۱۱ و ***آمنموپ*** نشانگر وابستگی مستقیم مؤلف عبرانی به اثر مصری است، اما این نتیجه‌گیری سایرین را متقاعد نمی‌کند. ایشان استدلال می‌کنند که مؤلف احیاناً شناختی کلی از امثال متداول مصری داشته. با این‌حال، در این مورد به‌خصوص جای شگفتی است که گروهی از گفتارها که شباهت زیادی به ***آمنموپ*** دارند، باید همگی کنار هم و در این بخش از کتاب امثال جمع شوند.

اندرزنامهٔ آمنموپ:
مشابهت‌های آن با کتاب امثال

امثال ۲۲:۲۴: با مرد تندخو دوستی مکن، و با آن که زود به خشم آید، دمساز مشو.
آمنموپ ۱۳:۱۱–۱۴: نه با مرد عصبی دوستی کن، نه برای همکلام شدن به او نزدیک شو.
امثال ۲۲:۲۸: حدود دیرین را که پدرانت قرار داده‌اند، جابه‌جا مکن.
آمنموپ ۷:۱۲–۱۳: نه علائم مرزی کشتزارها را جابه‌جا کن، نه ابزار اندازه‌گیری را دستکاری کن.
امثال ۲۲:۲۹: مردی را که در کارش چیره‌دست است، می‌بینی؟ او در خدمت پادشاهان خواهد بود، و نه در خدمت عوام.
آمنموپ ۲۷:۱۶–۱۷: کاتب چیره‌دست، زیبندهٔ دربار است.
امثال ۲۳:۱–۲: چون با حاکمی به طعام می‌نشینی، در آنچه پیش روی توست تأمل کن، و اگر شکمباره‌ای، کارد بر گلویت بگذار.
آمنموپ ۱۳:۱۸: در حضور صاحب‌منصب به طعام منشین و در برابرش دهانت را بسته نگاه دار؛ اگر سیری به فرو دادن آب دهان بسنده کن. چشمت به کاسه‌ای که پیش رویت قرار دارد باشد، و بگذار همان نیازت را برآورده سازد.
امثال ۲۳:۴–۵: خویشتن را برای ثروتمند شدن از پا میفکن؛ از اندیشیدن بدان باز ایست! تا چشم بدان بدوزی از میان رفته است؛ زیرا ثروت چون عقاب بال می‌گیرد و می‌پرد!
آمنموپ ۹:۱۴–۱۶؛ ۱۰:۴–۵: برای مال افزودن تلاش مکن، به آنچه داری قانع باش. اگر ثروتت را از راه دزدی به‌دست آورده باشی... همچون غاز بال خواهد گرفت و به آسمان خواهند پرید.
امثال ۲۳:۶–۷: از سفرهٔ مرد خسیس مخور، و مشتاق خوراک لذیذ او مباش؛ زیرا از آن دسته است که همیشه حساب نگاه می‌دارند.
آمنموپ ۱۴:۵–۷: نه به مال تهیدستان طمع ورز، نه به نان گرسنگان؛ مال تهیدستان در گلویت گیر می‌کند، و آن را قی خواهی کرد.
نقل‌قول‌ها از اندرزنامهٔ آمنموپ، ترجمه میریام لیکتهایم هستند که توسط هالو و یانگر به چاپ رسیده‌اند (۱۹۹۷، صص ۱۱۵–۱۲۲).

در موردش بیندیشید

شباهت‌ها با *اندرزنامهٔ آمنموپ*

با توجه به مقایسه‌ای که در پنل "اندرزنامهٔ آمنموپ: مشابهت‌های آن با کتاب امثال" انجام گرفته، وجود شباهت‌ها تا چه اندازه برای شما تکان‌دهنده است؟ دربارهٔ توجیهات احتمالی این شباهت‌ها چه می‌اندیشید؟

بانوی حکمت در کتاب امثال

یکی از خیره‌کننده‌ترین ویژگی‌های کتاب امثال شمار شخصیت‌های زن این کتاب و اهمیت نقشی است که به برخی از آنها داده می‌شود. از جمله زنانی که بدان‌ها اشاره شده، مادران در جایگاه آموزگار (امثال ۱:۸؛ ۲۰:۶) هستند، و از جملهٔ آنها ملکه‌ای که رفتار شایستهٔ پادشاه و مسئولیت‌های وی را به پسرش آموزش می‌دهد (۱:۳۱-۹). همچون همسر شایستهٔ وصف‌شده در شعر توشیحی (۱۰:۳۱-۳۱)، زن دیگری هم هست که با عنوان «همسر روزگار جوانی» از او یاد می‌شود (۱۸:۵-۱۹). برخلاف این دو نمونهٔ مثبت از زن در امثال، «زن ولنگار» (۱۶:۲-۱۹؛ ۳:۵-۶؛ ۲۴:۶-۲۹؛ ۱:۷-۲۷) و جهالت (۱۳:۹-۱۸) هم وجود دارند. با این‌حال، شخصیت زن اصلی کتاب، خودِ حکمت است که در هیبت زن به تصویر کشیده شده.

حکمت نخستین‌بار در امثال ۲۰:۱-۳۳ در سیمای یک زن پدیدار می‌شود. نگارنده او را به‌صورت زنی به تصویر کشیده که در کوی و برزن بانگ برمی‌آورد و "ساده‌لوحان" را خطاب می‌کند. وی در خطابه‌ای که در قالب اول شخص ارائه شده، به آنانی که سخنانش را نشنیده گرفته‌اند، هشدار مصیبت، و به آنانی که گوش سپرده‌اند، نوید امنیت می‌دهد. سرودهٔ "در ستایش حکمت" در ۱۳:۳-۲۰، هم از انسان‌انگاری و هم از زبانی شخصی، برای ستودن حکمت استفاده می‌کند، و بدین‌ترتیب در اینجا هم حکمت شخصیتی زنانه دارد. در مورد امثال ۵:۴-۹ هم وضع به همین منوال است. تصویر حکمت در کسوت کدبانوی میزبان سخاوتمند در ۱:۹-۶، آشکارا در مقابل "زن ولنگار" و جهالت قرار می‌گیرد.

امثال ۸ جایی است که شخصیت‌پردازی حکمت به بهترین و کامل‌ترین شکل انجام گرفته است. در ۱:۸-۲۰ حکمت به همان شیوه‌ای سخن می‌گوید که قبلاً در ۲۰:۱-۳۳ گفته بود. با وجودی که ۲۲:۸-۳۱ مضمون حکمت و آفرینش را که در ۱۹:۳-۲۰ بدان اشاره شده بود، برمی‌گزیند، اما در اینجا مرزهای یافت‌شده در عبارات دیگر را، که در آنها حکمت شخصیتی انسانی به خود گرفته، درمی‌نوردد. در آیه‌های ۲۲-۲۶ سرشت دیرینهٔ حکمت، که مولود اولین اقدام یهوه در راستای آفرینش جهان است، مورد تأکید قرار می‌گیرد. از آیهٔ ۲۷ به بعد شاهد تأکید بر حضور دوشادوش حکمت و یهوه در امر آفرینش هستیم. اما آیا حکمت به‌عنوان شخصیتی تصویر شده که صرفاً آنجا حضور دارد، یا اینکه در فرایند آفرینش نقشی *فعال* بر عهده گرفته است؟ پاسخ به این پرسش به ترجمهٔ واژه‌ای عبری که در آیهٔ ۳۰ آمده *(amon')*، بستگی دارد. در میان ترجمه‌های زیادی که پیشنهاد شده، سه مورد درخور ملاحظه هستند.

- شاید واژهٔ مزبور مشتقی از یک فعل به معنای "مورد اعتماد" باشد. بدین‌ترتیب می‌توان آن را "مَحرم اسرار" یا حتی "محبوب" ترجمه کرد.
- شاید واژهٔ مزبور مشتقی از یک فعل به معنای "شیر خوردن" باشد. بدین‌ترتیب می‌توان آن را "شیرخواره/ بچهٔ کوچک" ترجمه کرد.
- اصلاحیه‌ای که معمولاً در مورد این واژه (و بر پایه این فرض که *amon'* واژهٔ وام‌گرفتهٔ اکدی است) پیشنهاد می‌کنند آن است که شکل درست واژه *omman'* به‌معنای «کارشناس، پیشه‌ور» است.

با وجودی که پیشنهاد سوم امکان نقش فعال حکمت در آفرینش را فراهم می‌سازد، اما زمینهٔ متن آیهٔ چنین چیزی اقتضا نمی‌کند. آیهٔ مزبور صرفاً از همراهی حکمت در "کنار" یهوه، به هنگام آفرینش جهان، سخن می‌گوید. در این‌باره که آیا فقط به حکمت شخصیتی انسانی داده شده، یا اینکه شخص[1] و وجودی متمایز از یهوه است، بحث‌های زیادی انجام گرفته. پیشنهاد سوم شاید بتواند این احتمال را ایجاد کند. با این‌حال، حتی در آن‌صورت هم آیهٔ ۲۲ حکمت را مطیع یهوه و وجودی مخلوق وی می‌داند. با توجه به تردیدهایی که پیرامون معنای amon' وجود دارد، به‌نظر می‌رسد که بهترین راه آن است که حکمت توصیف‌شده در امثال ۸:۲۲–۳۱ را یکی از صفات یهوه بدانیم که شخصیتی مجزا به خود گرفته، نه یک شخص.

1. Hypostasis

کندوکاو بیشتر

امثال ۸:۲۰

تفسیرهای زیر دیدگاه‌های متفاوتی از معنای آیه ارائه کرده‌اند. این تفاسیر را بخوانید و جمع‌بندی خودتان را از آنها بیان کنید.

ام. وی. فاکس *امثال ۱–۹*، ۲۰۰۰.

دبلیو. مک‌کین *امثال: رویکردی نوین*، ۱۹۷۰.

آر. ای. مورفی *امثال*، ۱۹۹۸.

آر. ان. وایبری *امثال*، ۱۹۹۴.

در راستای یافتن خاستگاه‌های تصویر شخصیت‌مند حکمت و رابطه‌اش با جهان خلقت، تلاش‌های زیادی انجام گرفته است. یکی از پرطرفدارترین دیدگاه‌ها (که توسط کایاتس ارائه شده) خاستگاه حکمت مجسم (شخصیت‌مند) را ماعت، الاههٔ مصری "نظم/ حقیقت/ عدالت" می‌داند. ماعت شخصی است که تجسم نظم الاهیِ متجلی در جهان به‌شمار می‌آید. با این‌همه، چنانکه از متون موجود برمی‌آید، ماعت الاهه‌ای محبوب و معروف نبوده، و هرگز در حالتی تصویر نشده که سخنانی بگوید که شبیه جملات حکیمانهٔ بانوی حکمت در کتاب امثال باشد. فاکس این نظریه را که اشارات پراکنده در متون مصری به ماعت، می‌تواند زمینهٔ مناسبی برای شخصیت حکمت در امثال ۸ باشد، زیر سؤال می‌برد.

بی. لنگ نظریهٔ وجود ماعت به‌عنوان نمونهٔ اولیه حکمت را رد می‌کند، و بر این گمان است که به‌جای ماعت باید یکی از الاهه‌های کنعانی را خاستگاه حکمت مجسم دانست. با این‌حال، در میان خدایان کنعانی،

الاههٔ حکمت وجود ندارد. از این گذشته، بانوی حکمت هیچ شباهتی به الاهه‌های کنعانی ندارد. نه به‌لحاظ جنسی بی‌پروا است نه نماد باروری محسوب می‌شود. عطایای او- که مایهٔ دولتمندی‌اند- ثمرهٔ پارسایی و عدالتند، نه رَحِم و کشتزار (۱۹:۸-۲۱).

ناکس توجه خوانندگان را به قدیس‌نامه‌ها[1] یا سروده‌هایی که در ستایش خدایان تصنیف شده‌اند- و در آنها ایزیس[2] الاههٔ مصری با عبارات اول شخص سخن می‌گوید و سخنانش به امثال ۸ شباهت‌هایی دارند- جلب می‌کند. با وجود این، سروده‌های مزبور در اواخر سدهٔ سوم پ. م. متداول شدند و این زمان متأخرتر از آن است که بتواند نمونه‌ای اولیه برای امثال ۸ به‌شمار آید.

نظریهٔ دیگری که به اندازهٔ نظریات قبل پذیرفتنی است، این واقعیت است که واژهٔ "حکمت" در زبان عبری نامی مؤنث است و وقتی به حکمت شخصیتی انسانی داده شود، طبیعتاً این شخصیت در سیمای یک زن متبلور می‌شود. شخصیت‌پردازی یکی از رایج‌ترین فنون ادبی است و به‌ویژه در شعر کاربرد دارد. سی. کمپ[3] استدلال کرده که شماری از نقش‌هایی که زن ایفاگر آنها است، با تصویر بانوی حکمت در کتاب امثال، تنیده شده است.

ارزیابی شخصیت‌پردازی حکمت در سیمای زن در امثال ۱-۹ طیف گسترده‌ای از واکنش‌ها را در میان پژوهشگران فمنیست برانگیخته است. برخی (همچون برنر[4] نیوسام[5]) استدلال می‌کنند که هرچند "ندای" حکمت، مؤنث است اما حاوی ایدئولوژی مردانه و پدرسالارانه می‌باشد. ای. او. بلیس[6] با انگشت گذاشتن روی امثال ۷، که به‌زعم وی اصولاً بیانگر دغدغه‌های زنانه- در بطن جامعهٔ روزگار نگارنده- هستند، به این نظریه واکنش نشان داده است. کمپ و کی. ای. فارمر[7] از کسانی هستند که نسبت به شخصیت‌پردازی زنانهٔ حکمت، کلاً نظر مثبتی دارند. فارمر برای این نظر مثبت سه دلیل اقامه می‌کند.

- شخصیت‌پردازی زنانه، انعکاسی مثبت به نقش زن، به‌عنوان منبع حکمت و آموزش، ارائه می‌کند.
- جایگزینی زنانه و کمتر انحصارگرایانه، در برابر شیوهٔ گفتار مردانه در مورد خدا، ارائه می‌کند.
- شیوه‌های اندیشهٔ حکمت، زنان را (و همهٔ آنان را که تجربیاتی متفاوت از "هنجار" جامعه دارند) به ارزیابی تجربیات و مشاهدات خودشان از واقعیت و به‌کار بردن آنها برای آزمودن فرمول‌های سنتی حقیقت، تشویق می‌کند.

در موردش بیندیشید
شخصیت زنانهٔ حکمت

بخش‌هایی از کتاب امثال را که در آنها حکمت در سیمای زن شخصیت‌پردازی شده، بخوانید. سپس واکنش خود را نسبت به ادله فارمر در ارتباط با رویکرد مثبتش به این شخصیت‌پردازی از دیدگاه فمینیستی، بیان کنید.

1. Aretalogy; 2. Isis; 3. C. Camp; 4. Brenner; 5. Newsom
6. A. O. Bellis; 7. K. A. Farmer

امثال و الاهیات

با توجه به این واقعیت که نه در مناسک اسرائیل و نه در سنت تاریخ نجات این ملت، هیچ اشاره‌ای به کتاب امثال نشده، نویسندگانی که در زمینهٔ الاهیات عهدعتیق قلم‌فرسایی کرده‌اند، تا همین اواخر نقش این کتاب را در زمینهٔ الاهیات دستِ‌کم یا حتی نادیده می‌گرفتند. "بیگانه" دانستن خاستگاه‌های کتاب امثال به تغییر این دیدگاه هیچ کمکی نکرده است. در این مورد شاید بتوان به دو اثر تأثیرگذار که در سدهٔ بیستم توسط و. آیشروت[1] (انتشار به زبان آلمانی در ۱۹۳۳–۱۹۳۹) و گ. فن راد[2] (انتشار به زبان آلمانی در ۱۹۵۷–۱۹۶۰) نوشته شدند، اشاره کرد. الاهیات آیشروت حول محور رابطهٔ مبتنی بر عهد میان خدا و اسرائیل، متمرکز است. وی تنها چند صفحه از کتابش را به ادبیات حکمتی اختصاص می‌دهد ("حکمت خدا" در جلد ۲، صص ۸۰–۹۲) و تمرکز خود را روی امثال ۸:۲۲–۳۱ می‌گذارد. فن راد در جلد اول کتابش، با عنوان "الاهیات روایات تاریخی اسرائیل" بخشی را به "اسرائیل پیش از یهوه" اختصاص داده، و در این بخش به واکنش اسرائیل به حضور یهوه در تاریخ این قوم می‌پردازد. زیربخش‌های امثال ۱۰–۳۱ (صص ۴۱۸–۴۴۱)، امثال ۱–۹ و ایوب (صص ۴۴۱–۴۵۳) و جامعه (صص ۴۵۳–۴۵۹) وصلهٔ ناجوری برای این بخش به‌شمار می‌آیند، زیرا در این کتاب‌ها هیچ واکنشی به تجربیات تاریخی اسرائیل از یهوه، مشاهده نمی‌شود. فن راد در سال ۱۹۷۰ کتابی تأثیرگذار با عنوان ***حکمت در اسرائیل*** منتشر ساخت، که علاقهٔ فزایندهٔ محققان را به دخیل نمودن ادبیات حکمتی در اندیشهٔ الاهیاتی‌شان پیرامون عهدعتیق، برانگیخت. دو کتاب جدیدتری که در همین مورد به بازار آمده، حاصل تلاش‌های کلمنتس[3] و پردو[4] است. در اینجا ما قصد داریم شمه‌ای از موضوعات مطرح‌شده در این کتاب‌ها را بررسی کنیم.

ترس یهوه

ایدهٔ "ترسیدن از خدا/ یهوه" را در سراسر کتاب‌مقدس عبری می‌توان پیدا کرد. ریشهٔ این اصطلاح به احتمال زیاد حس خوف دینیِ ناشی از رویارویی با جهان فراطبیعی یا روحانی بوده است. اصطلاح مزبور با همین مفهوم در گزارش خروج و عهد سینا به‌کار رفته است (خروج ۱۴:۱۰ و ۳۱؛ ۱۸:۲۰–۲۰). در سینا، ترس آمیخته به احترام نسبت به یهوه بود که اسرائیل را متعهد به فرمانبرداری از او نمود. به همین ترتیب، کتاب تثنیه گزارش تجربهٔ عهد سینا را با دو عبارت خاتمه می‌دهد که در آنها معنای "ترس یهوه" روشن شده است.

> و اکنون ای اسرائیل، یهوه خدایت از تو چه می‌خواهد، جز آنکه از یهوه خدایت بترسی و در همه راه‌هایش گام برداری و او را دوست بداری و یهوه خدای خود را به تمامی دل و تمامی جان خود عبادت کنی، و فرمان‌های خداوند و فرایض او را که من امروز برای خیریت تو به تو امر می‌فرمایم، نگاه داری. (تثنیه ۱۰:۱۲–۱۳)

1. W. Eichrodt; 2. G. Von Rad

3. Clements; 4. Perdue

از یهوه خدای خود بترسید و او را
عبادت کنید. به او بچسبید و به نام او
سوگند یاد کنید. (تثنیه ۱۰:۲۰)

بدین‌ترتیب "ترسیدن از یهوه" به معنای وفادار ماندن به یهوه و دوست داشتن اوست، و وفاداری و محبت به او را می‌توان از طریق نگاه داشتن فرمان‌ها و فرایض وی نشان داد. به همین دلیل است که برای موضوعات عملی، همچون شیوهٔ برخورد با ناشنوایان یا نابینایان یا سالخوردگان، همین ترس از یهوه را به‌عنوان انگیزهٔ لازم، تجویز می‌کند (لاویان ۱۹:۱۴ و ۳۲). همین جنبهٔ عملی ترس از خداوند- به معنای "سلوک کردن در طریق‌های او... برای خیریت خودتان"- است که بر کل کتاب امثال سایه افکنده. با این‌حال، هیچ دلیلی وجود ندارد که گمان کنیم مفهوم ترس یهوه در کتاب امثال جنبهٔ اخلاقی محض پیدا کرده و معنای خوف دینی و سرسپردگی خود را از دست داده است.

اهمیت این مفهوم برای کتاب امثال، از محل قرار گرفتن "شعار" کتاب- یعنی بلافاصله بعد از پیشگفتار- پیداست.

ترس خداوند سرآغاز دانش است،
اما حکمت و ادب را جاهلان خوار
می‌شمارند. (امثال ۱:۷)

چنانکه قبلاً دیدیم، بازتاب‌هایی از این آیه در سراسر کتاب وجود دارد و قسمت‌های مختلف آن را همچون حلقه‌های زنجیر به یکدیگر پیوند می‌دهد.

ترس خداوند آغاز حکمت است،
و شناخت آن قدوس، بصیرت.
(امثال ۹:۱۰)

ترس خداوند، مربی حکمت است،
و فروتنی پیشرو عزت.
(امثال ۱۵:۳۳)

جذابیت فریبنده است و زیبایی
زودگذر،
اما زنی را که از خداوند می‌ترسد،
باید ستود. (امثال ۳۱:۳۰)

تنوع موجود در این آیات، نکاتی را به ما می‌آموزند. اول اینکه، در امثال ۹:۱۰ و ۱۵:۳۳ "حکمت" جایگزین "دانش" شده، و بدین‌سان بر پیوند "حکمت" با "ترس خداوند"، که در ۱:۷ب تلویحاً بدان اشاره شده بود، صحه می‌گذارد. دوم، در ۱۵:۳۳ "آغاز حکمت" جای خود را به "مربی حکمت" می‌دهد. این جایگزینی، ترجمهٔ معمول آیه‌های دیگر را تأیید می‌کنند در تقابل با نظری که می‌گوید واژهٔ "آغاز" را می‌توان "بهترین قسمت" ترجمه کرد. همچنین نشان می‌دهد که "آغاز" به معنای "اصل اول" یا "مبنا" است، نه یکی از مراحل اولیه که باید آن را پشت سر گذاشت. هم ۹:۱۰ب و هم ۱۵:۳۳ب حاکی از معنای نسبی "ترس خداوند" هستند (ر.ک. امثال ۲:۵). در کتاب‌مقدس عبری، "شناخت" خدا اصطلاحی است که مفهوم ارتباطی دارد (مثلاً، هوشع ۴:۱؛ ۶:۶). امثال ۱۵:۳۳ مشخصاً روی فروتنی در پیشگاه یهوه انگشت می‌گذارد (ر.ک. امثال ۲۲:۴). و سرانجام، انتخاب همسر شایسته، به‌عنوان "زنی که از خداوند می‌ترسد" نشان می‌دهد که "ترسیدن از خداوند" کلاً با زندگی و رفتار بشر در ارتباط است، و تنها به مراعات شعائر مذهبی محدود نمی‌شود. ترس خداوند به‌نوعی یادآور وعدهٔ "خیریت" در

تثنیه ۱۳:۱۰ است، و امثال آن را با کسب "حیات" مرتبط می‌داند (امثال ۳:۷-۸؛ ۱۰:۲۷؛ ۱۴:۲۷؛ ۱۹:۲۳؛ ۴:۲۲). محتوای این مَثَل‌ها نشان می‌دهند که چیزی که نگارنده از "کیفیت زندگی" مد نظر دارد، این‌جهانی و مبتنی بر تجربیات مادی خود ماست. جنبهٔ اخلاقی ترسیدن از یهوه، در امثال ۱۳:۸ خلاصه شده است:

> ترس خداوند، نفرت از بدی است؛
> من از کبر و غرور، راه بد و زبان منحرف نفرت دارم.

امثال ۷:۳، ۶:۱۶ و ۱۷،۲۳ بیانگر احساساتی مشابه هستند. از نگاه دانایان، "ترس یهوه" هم جنبه‌ای درونی داشت و به رابطهٔ فرد با یهوه مربوط می‌شد، و هم جنبه‌ای بیرونی و رفتار فرد را در زندگی دربرمی‌گرفت.

کندوکاو بیشتر
ترس خداوند

با استفاده از آیه‌یاب کتاب‌مقدس، همهٔ مَثَل‌هایی را که در آنها از "ترس خداوند" سخن به میان آمده، پیدا کنید. آیا این مَثَل‌ها بر اساس محتوای‌شان به چند گروه متمایز تقسیم می‌شوند؟ با در نظر گرفتن این آیات، آنچه را که در متن اصلی کتاب دربارهٔ معنای "ترس خداوند" در کتاب امثال گفته شد، ارزیابی کنید.

مک‌کین و سایرین استدلال می‌کنند که "حکمت قدیم" عملی و غیردینی بود، و "جهت‌گیری الاهیاتی" به سوی پرستش یهوه بعدها بدان افزوده شد، و بدین‌ترتیب حکمت با یهوه گره خورد و "مَثَل‌های یهوه" شکل گرفتند. چنان که دیدیم، این ایده که حکمت- خواه پدیده‌ای بیگانه و وارداتی بوده، خواه بومی- با تعبیر امروزی، همیشه "سکولار" بوده است، اکنون دیگر اعتبار چندانی ندارد و خیلی‌ها آن را زیر سؤال برده‌اند. بنابراین، دلیل موجهی وجود ندارد که همهٔ اشاراتی را که در امثال به "ترس یهوه" شده، افزوده‌های متأخر به بدنهٔ اصلی ادبیات حکمتی اسرائیل قلمداد کنیم.

حکمت و آفرینش

در کتاب‌مقدس عبری، خدا به طرق گوناگون مکشوف می‌شود. از بارزترین آنها یکی تورات (شریعت) است که در سینا به قوم اسرائیل اعطا گردید و دیگری "کلام خداوند" که به‌واسطهٔ انبیا به گوش آنان می‌رسید. با این‌همه، خودِ خدا هم در تاریخ اسرائیل دست به اقداماتی زده است. هیچ‌یک از این روش‌های مکاشفه عاری از ابهام و مشکل نبودند. شریعت جامع و فراگیر نبود و باید آن را بنا به موقعیت، تعدیل می‌کردند (به تفاوت‌های میان احکام مربوط به آزاد کردن بردگان در خروج ۲:۲۱-۱۱ و تثنیه ۱۲:۱۵-۱۸ دقت کنید). تشخیص انبیای راستین از دروغین مشکلی همیشگی بود و پاسخ ساده‌ای هم برای آن وجود نداشت (دستورالعمل‌های ارائه‌شده در تثنیه ۱:۱۳-۵؛ ۲۰:۱۸-۲۲ قادر به حل همهٔ مشکلات احتمالی نبودند). با توجه به پیچیدگی‌ها و رویدادهای تصادفی، مشاهده و درک دست خدا در تاریخ نیازمند بصیرت خاص بود. در نگاه اول هیچ منبع

آشکاری برای تشخیص مکاشفهٔ الاهی در ادبیات حکمتی به چشم نمی‌خورد. آموزگار انسانی معلوم است، اما پیدا نیست که آیا از اقتدار الاهی برخوردار هست یا نه، و هیچ اشاره‌ای هم به تورات یا ادعای سخن گفتن از جانب یهوه یا به نام او، وجود ندارد. با این‌حال، آموزگاران مخاطبان خود را به "یافتن"، "فراگرفتن" یا "گوش سپردن" به حکمت فرامی‌خوانند. محققین پی‌برده‌اند که حکیمان بر نظم آفرینش به‌عنوان منبعی برای مکاشفهٔ الاهی انگشت گذاشته‌اند.

امثال ۱۹:۳-۲۰ حکمت را به آفرینش پیوند می‌دهد، و همین رویه در ۲۲:۸-۳۶ بسط می‌یابد. در ۲۲:۸-۳۰ جهان هستی به‌صورت ساختاری منظم تصویر شده که طراح و سازندهٔ آن کسی نیست جز یهوه. از قرار معلوم حکمت، تجسم اصول این نظم کیهانی است. در ۳۱:۸ حکمت به‌گونه‌ای تصویر شده که دارد در جهان آفریده پایکوبی می‌کند و به‌طور خاص از وجود بنی‌آدم شادمان است (این معنای متداول واژهٔ عبری‌ای است که در اینجا "لذت بردن" ترجمه شده). بنابراین، هیچ تعجبی ندارد که ۳۲:۸-۳۶ مخاطبانش را به شنیدن حکمت فرامی‌خواند، زیرا «هر که مرا [حکمت را] یابد، حیات را یافته است و لطف خداوند شامل حالش می‌شود.» برخی از محققان بر این گمان هستند که مضمون حکمت در مقام نظم مقرر در آفرینش، در ۱:۹-۶ هم ادامه پیدا می‌کند. شاید منظور از "هفت ستون"، هفت سیارهٔ شناخته‌شده در جهان باستان (پنج سیارهٔ قابل رؤیت به اضافهٔ خورشید و ماه) باشد. با این‌حال، این تنها برداشتی احتمالی از آیه‌ای مبهم است.

امثال ۱۹:۳-۲۰ و ۲۲:۸-۳۶ مبنای درک اقدامات خردمندان اسرائیل باستان را توضیح می‌دهد. با ملاحظهٔ دقیق الگوهای قابل تشخیص در زندگی، و با نگریستن به آن‌ها از دریچهٔ "ترس خداوند"، و تعمق بر تجارب با بهره‌گیری از "معرفت آن قدوس"، می‌توان بصیرت لازم را برای درک حکمت الاهی به‌دست آورد. حکمت به‌عنوان یکی از منابع مکاشفه، به همان اندازهٔ مشاهدهٔ دست یهوه در رویدادهای تاریخ، تفکیک نبوت‌های راستین از دروغین، یا تفسیر و به‌کار بردن احکام تورات، غامض و پیچیده است.

یکی از دلایلی که اهمیت الاهیاتی کتاب امثال در گذشته نادیده گرفته شده، این بوده که آن را "کتابچهٔ راهنمای اخلاقیات" عمل‌گرایانه‌ای تلقی کرده‌اند که قصد دارد رفتار را از روحانیت جدا سازد. با وجود این، درک صحیح از مفهومی که "ترس خداوند" و "الاهیات آفرینش" در این کتاب دارند، آشکار می‌سازد که به‌زعم امثال، روحانیت به زندگی هماهنگ منتهی خواهد شد. امثال عاری از دوگانگی‌هایی است که اغلب از ویژگی‌های زندگی دینی و نهادهای آن به‌شمار می‌آیند. امثال با همان جدیتی که با مستی و بی‌بندوباری جنسی برخورد می‌کند، انواع مختلف بی‌عدالتی و بهره‌کشی از دیگران را هم تقبیح می‌نماید. "ترس خداوند" به همان اندازه که در خانه لازم الاجرا است، در عالم سیاست و تجارت هم باید مراعات شود.

پاداش و کیفر

محققان اغلب با این فرض به امثال نگاه می‌کنند که گویی این کتاب ارتباطی

کم‌وبیش خودکار میان کنش و پیامد آن ایجاد می‌کند. ظاهراً چند مَثَل هست که این گمان را تقویت می‌کنند.

شریر اجرت دروغین می‌گیرد،
آن که پارسایی می‌کارد، مزد حقیقی.
(امثال ۱۸:۱۱)
آن که ظلم می‌کارد، بلا می‌درود.
(امثال ۸:۲۲الف)

با این‌همه، در این‌باره سه ویژگی در کتاب امثال وجود دارد که نشان می‌دهد دانایان بیش از آنچه که گه‌گاه بدیشان نسبت می‌دهند، نگرشی موشکافانه به موضوع داشته‌اند. اخیراً شماری از پژوهشگران، و از جمله آر. ون لیوون[1] بر این نکته تأکید کرده‌اند. اولین نکتهٔ مورد توجه، محدودیت‌های ذاتی مَثَل‌ها، و نشان دادن این محدودیت‌ها در آن‌دسته از مَثَل‌هایی است که به ظاهر یکدیگر را نقض می‌کنند (امثال ۴:۲۶–۵) یا دست‌ِکم با یکدیگر در تنش هستند (۱۵:۱۰؛ ۴:۱۱).

دوم، مَثَل‌هایی هستند که با تصدیق آنچه که خلاف هنجار ارائه‌شده در کتاب امثال است، پیچیدگی‌های زندگی واقعی را بازتاب می‌دهند. تنگدستی می‌تواند نتیجهٔ بی‌عدالتی باشد (۲۳:۱۳) نه تنبلی (۴:۱۰). بی‌عدالتی می‌تواند به توانگری بینجامد (۸:۱۶). در حقیقت، چندین مورد از گفتارهایی که در آنها از "به از..." استفاده شده، بازتاب‌دهندهٔ بی‌عدالتی‌ها و نابرابری‌های زندگی هستند، که پارسایان را در وضعیت نامساعد رها می‌کنند (مثلاً، ۱۶:۱۵).

و سرانجام، مَثَل‌هایی هستند که بر محدودیت‌های حکمت و فهم بشری و طبیعت ادراک‌ناپذیر حکمت الاهی صحه می‌گذارند.

تدبیرهای بسیار در دل انسان است،
اما آنچه استوار ماند مشورت خداوند است. (امثال ۲۱:۱۹)
قدم‌های انسان از جانب خداوند است،
پس آدمی راه خود را چگونه بفهمد؟
(امثال ۲۴:۲۰)
هیچ حکمتی، هیچ بصیرتی، و هیچ مشورتی نیست
که علیه خداوند به کار آید.
(امثال ۳۰:۲۱)
اسب را برای روز جنگ آماده می‌کنند،
اما پیروزی از آن خداوند است.
(امثال ۳۱:۲۱)

مَثَل آخری با امثال ۱۸:۲۱ که موفقیت در جنگ را منوط به مشورت گرفتن از حکیمان می‌داند، در تنش است.

توجه کلی به موضوع اعتماد در کتاب امثال، یکی از چیزهایی است که ایمان دانایان به نظام الاهی آفرینش را بیان می‌کند. این تا اندازه‌ای زندگی را قابل‌پیش‌بینی می‌سازد. به نظر ون لیوون برای فراوانی مَثَل‌های خلاف "هنجار"، دلیلی آموزشی وجود دارد- یعنی باید "قواعد ابتدایی" زندگی را چارچوبی در نظر بگیریم که در آن استثناهایی هم وجود دارد. با این‌حال، خردمندان افراد ساده‌لوحی نبودند، و قبول داشتند که ممکن است موارد غیرمنتظره و خلاف انتظار هم اتفاق

1. R. Van Leeuwen

بیفتد. این لااقل تا اندازه‌ای به‌سبب آن است که حکمت یهوه فراتر از حکمت انسان می‌باشد.

حکمت پس از امثال

شخصیت بخشیدن به حکمت در امثال ۱–۹ سرآغاز تحولی بود که در یهودیت متأخر تداوم پیدا کرد و بر تکوین مراحل اولیهٔ الاهیات مسیحی تأثیری قابل‌ملاحظه گذاشت. مرحلهٔ نخست این تحول را در بن سیراخ ۲۴، یعنی سرودی که حکمت در ستایش خود می‌سراید، شاهد هستیم. او زمانی با آفرینش ارتباط بیشتری داشت (آیهٔ ۳)،

من از دهان قادر متعال بیرون آمدم،
و همچون شبنم زمین را پوشانیدم.

بن سیراخ به‌روشنی اظهار می‌دارد که حکمت، آفریدهٔ خداست (آیهٔ ۹، «او مرا آفرید»). به‌طور خاص به وی فرمان داده شد تا در اسرائیل ساکن شود (آیه‌های ۸–۱۲)، و در همانجا شکوفا گردد (آیه‌های ۱۳–۱۷). سرود با فراخوانی پایان می‌یابد (آیه‌های ۱۹–۲۲) که یادآور فراخوان‌های کتاب امثال است. با وجود این، بن سیراخ در پی آن جمله‌ای را بیان می‌کند که صراحتاً حکمت را با تورات یکی می‌شمارد (آیهٔ ۲۳).

این همه، کتاب عهد خدای قادر متعال است،
شریعتی که موسی به ما فرمان داد،
تا میراثی برای جماعات یعقوب باشد.

بن سیراخ کتاب خود را در اوایل سدهٔ دوم پ. م.، در فلسطین و به زبان عبری نوشت. در اواخر همان سده، فردی یهودی از اهالی اسکندریه کتابی به زبان یونانی نوشت که به حکمت سلیمان شهرت یافت. وی پا را از کتاب امثال و بن سیراخ هم فراتر نهاد و در امر آفرینش جهان هستی، به حکمت نقشی فعال داد. او [یعنی حکمت- م.] «در کارهای [خدا] مشارکت دارد... علت فعال همه چیز... شکل‌دهندهٔ همهٔ موجودات» است. (حکمت سلیمان ۸:۴–۶). نگارندهٔ کتاب، صفاتی الاهی برای حکمت قائل می‌شود (قدوس، قادر مطلق، ناظر مطلق، ۲۳:۷). او بر همه چیز اشراف دارد (۲۴:۷) و «دم نیرومند خدا، و تجلی ناب جلال حضرت اعلی» است (۲۵:۷). کمی جلوتر حکمت را با ستون‌های ابر و آتش، که در بیابان اسرائیل را همراهی می‌کردند، یکی می‌گیرد (۱۷:۱۰). در داستان مزبور که در کتاب خروج ثبت شده، دو ستون مزبور نمادهای حضور خدا هستند. چنین پیداست که نویسندهٔ کتاب حکمت سلیمان از شخصیت‌پردازی برای حکمت گامی فراتر نهاده، آن را شخص می‌پندارد.

در انجیل یوحنا ۱:۱–۱۴، آنجایی که یوحنا از **کلام** (به یونانی *لوگوس*[1]) پیش-موجود (ازلی) خدا سخن می‌گوید، می‌توانیم بازتابی از کتاب امثال، اندیشه‌های بن سیراخ و حکمت سلیمان را ببینیم. این **کلام** پیش از همه چیز با خدا بود، در آفرینش نقش عامل یا کارگزار خدا را داشت و «جسم پوشید» و میان آدمیان ساکن شد و خدا را بر ایشان مکشوف نمود. یوحنا در اینجا ایده‌های

1. Logos

مربوط به حکمت در سنت یهودی را با اندیشهٔ یونانی و به‌ویژه فلسفهٔ رواقی پیرامون لوگوس الاهی- که همهٔ آفرینش را فراگرفته- می‌آمیزد. در عبرانیان ۱:۲-۳ بازتابی قوی از کتاب حکمت سلیمان ۷:۲۴-۲۶ را مشاهده می‌کنیم. همچنین لحنی که این کتاب دربارهٔ حکمت به‌کار برده، در کولسیان ۱:۱۵-۱۷ انعکاس یافته است. تردیدی نیست که تحول اندیشهٔ یهودی پیرامون حکمت بود که به مسیحیان اولیه قدرت بیان مقصود بخشید تا دربارهٔ خدایی که خویشتن را در وجود یک انسان مکشوف ساخت و عیسای ناصری نامیده می‌شد، سخن بگویند.

خواندنی‌های بیشتر

مواردی که با * علامت‌گذاری شده‌اند، مرجع دست اول به‌شمار می‌آیند، حال آنکه مأخذ دیگر یا پیچیده‌ترند یا به موضوعات خاصی مربوط می‌شوند.

تفسیرها

تا همین اواخر، کتاب امثال از سوی مفسران کتاب‌مقدس مورد غفلت واقع شده بود و آثار تفسیری زیادی به زبان انگلیسی وجود نداشت. تفسیر توی[1] اگرچه کاملاً قدیمی شده، اما اثری کلاسیک به‌شمار می‌آید و ارجاعات مکرری که به ترجمه‌های اولیه از زبان عبری داده، هنوز مفیدند. تفسیر مختصر کیدنر هم تا اندازه‌ای قدیمی است، اما توضیحات تأویلی سودمندی بر متن کتاب امثال دارد. تفسیر مک‌کین، به سبب تحلیل‌های ژرفش در مورد ادبیات حکمتی غیراسرائیلی، در مطالعهٔ کتاب امثال نقش مهمی ایفا کرد. این تفسیر برای مطالعهٔ لحن به‌کار رفته در کتاب امثال اثری ارزنده به‌شمار می‌آید. تفسیر ایتکن[2] همانند دیگر مجلدهای مجموعه کتاب‌های DSB، رویکردی روحانی دارد. تفسیر وایبری شاید سهل‌آموزترین اثری باشد که مجموعه‌ای از جدیدترین تفسیرهای موجود بر کتاب امثال را در خود گرد آورده است.

K. T. Aitken *Proverbs*. DSB. Edinburgh: St Andrew Press, 1986.
R. J. Cli¡ord *Proverbs*. OTL. Louisville, KY: Westminster John Knox, 1999.
M. V. Fox *Proverbs 1^9*. AB. New York, NY: Doubleday, 2000.
* D. Kidner *Proverbs*. TOTC. London: IVP, 1964.
T. Longman III *Proverbs*. Grand Rapids, MI: Baker Academic, 2006.
W. McKane *Proverbs: A New Approach*. OTL. London: SCM, 1970.
R. E. Murphy *Proverbs*. WBC. Nashville, TN: Thomas Nelson, 1998.
L. G. Perdue *Proverbs*. Interpretation. Louisville, KY: Westminster John Knox Press, 2000.
C. H. Toy *The Book of Proverbs*. ICC. Edinburgh: T. & T. Clark, 1899.
* R. N. Whybray *Proverbs*. NCB. London: Marshall Pickering, 1994.

سایر کتاب‌ها و مقالات

A. O. Bellis 'The Gender and Motives of the Wisdom Teacher in Proverbs 7', in A. Brenner and C. Fontaine (eds.) *Wisdom and Psalms*. A Feminist Companion to the Bible (2nd Series), Sheeld: Sheeld Academic Press, 1998; pp. 79^91.
A. Brenner 'Proverbs 1^9: An F Voice?', in A. Brenner and F. van Dijk-Hemmes (eds.) *On Gendering Texts*. Leiden: Brill, 1993; pp. 113^130.
C. Camp *Wisdom and the Feminine in the Book of Proverbs*. Sheeld: Almond Press, 1985.
* J. L. Crenshaw *Old Testament Wisdom: An Introduction*. Louisville, KY: Westminster John Knox Press, 1998 (rev. edn).

1. Toy's Commentary

2. Aitken

R. E. Murphy *Wisdom Literature*. FOTL 13. Grand Rapids, MI: Eerdmans, 1981.
R. E. Murphy 'The Personi¢cation of Wisdom', in J. Day, R. P. Gordon and H. G. M. Williamson *Wisdom in Ancient Israel*. Cambridge: CUP, 1995; pp. 222^233.
* R. E. Murphy *The Tree of Life*. Grand Rapids, MI: Eerdmans, 1996 (2nd edn).
C. A. Newsom 'Woman and the Discourse of Patriarchal Wisdom: A Study of Proverbs 1^9', in P. L. Day (ed.), *Gender and Di¡erence*. Minneapolis, MN: Fortress, 1989; pp. 142^160.
* L. G. Perdue *Wisdom and Creation: The Theology of Wisdom Literature*. Nashville, TN: Abingdon, 1994.
R. Van Leeuwen 'Wealth and Poverty: System and Contradiction in Proverbs', *Hebrew Studies* 33 (1992), 25^36.
G. von Rad *Old Testament Theology*. Edinburgh: Oliver & Boyd, 1962, 1965; 2 vols.
G. von Rad *Wisdom in Israel*. London: SCM, 1972.
S. Weeks *Instruction and Imagery in Proverbs 1^9*. Oxford: OUP, 2007.
R. N. Whybray *Wisdom in Proverbs*. London: SCM, 1965.
R. N. Whybray *The Book of Proverbs: A Survey of Modern Study*. Leiden: Brill, 1995.
R. N. Whybray *The Composition of the Book of Proverbs*. She⁄eld: JSOT Press, 1995.
R. E. Clements *Wisdom in Theology*. Carlisle: Paternoster, 1992.
R. E. Clements 'Wisdom and Old Testament Theology', in J. Day, R. P. Gordon and H. G. M. Williamson *Wisdom in Ancient Israel*. Cambridge: CUP, 1995; pp. 269^286.
J. Day, R. P. Gordon and H. G. M. Williamson *Wisdom in Ancient Israel*. Cambridge: CUP, 1995.
W. Eichrodt *Theology of the Old Testament*. London: SCM, 1961/1967; 2 vols.
*K. A. Farmer 'The Wisdom Books', in S. L. McKenzie and M. P. Graham (eds.) *The Hebrew Bible Today: An Introduction to Critical Issues*. Louisville, KY: Westminster John Knox Press, 1998; pp. 129^151.
J. M. Hadley 'Wisdom and the Goddess', in J. Day, R. P. Gordon and H. G. M. Williamson *Wisdom in Ancient Israel*. Cambridge: CUP, 1995; pp. 234^243.
W. W. Hallo and K. L. Younger Jnr (eds.) *The Context of Scripture*, Leiden: Brill, 1997; vol. 1.
C. Kayatz *Studien zu Proverbien 1^9*. WMANT 22. Neukirchen-Vluyn: Neukirchener Verlag, 1966.
W. L. Knox 'The Divine Wisdom', *JTS* 38 (1937), 230^237.
B. Lang *Wisdom and the Book of Proverbs: An Israelite Goddess Rede¢ned*. New York, NY: Pilgrim Press, 1986.
* J. D. Martin *Proverbs*. OT Guides. She⁄eld: She⁄eld Academic Press, 1995.

فصل ۵

ایوب

ساختار کتاب ایوب

ساختار کتاب ایوب در شکل و فرمی که ما در دست داریم، نسبتاً روشن است. برای شروع باید گفت که میان بخش عمدهٔ کتاب که به‌صورت منظوم نگاشته شده و مقدمهٔ و مؤخرهٔ منثور آن تمایزی آشکار به چشم می‌خورد. بخش‌های منثور بازگوکنندهٔ داستان ایوب هستند. بخش منظوم شامل خطابه‌هایی است که به سه گروه اصلی تقسیم می‌شوند. بزرگترین گروه دربرگیرندهٔ سه دور خطابه است، که به شرح بحث و جدل میان ایوب و سه دوستش، الیفاز، بلدد و صوفر اختصاص یافته است. برای هر خطابه مقدمه‌ای صریح وجود دارد: «آنگاه فلانی در پاسخ گفت:...» و در پی این خطابه‌ها شخصیتی موسوم به الیهو چهار خطابه ایراد می‌کند. در نهایت این یهوه است که با دو خطابه به خطابه‌های مزبور خاتمه می‌بخشد، و ایوب هم به هر یک از این دو خطابه پاسخی کوتاه می‌دهد. جزئیات بیشتر را می‌توانید در جدول "ساختار کتاب ایوب" در ص ۱۶۴ بخوانید.

با ملاحظهٔ این ساختار، چند پرسش مطرح می‌شود. ظاهراً دور سوم خطابه‌ها میان ایوب و دوستانش ناقص است. خطابهٔ بلدد کوتاه است و از خطابهٔ صوفر هم خبری نیست. آیا این طرح از آغاز وجود داشته، یا اینکه بلایی بر سرش آمده است؟ از قرار معلوم چیزی ناگهانی شعر مربوط به حکمت را قطع می‌کند. چنانکه خواهیم دید، با مطالعهٔ محتویات کتاب، این پرسش‌ها قوت می‌گیرند و پرسش‌های دیگری را با خود به همراه می‌آورند.

بررسی اجمالی کتاب ایوب

مقدمه

چنانکه پیداست، داستان ایوب در سرزمینی بیرون از اسرائیل به‌وقوع پیوسته، و در حقیقت زمان رویداد آن پیش از دوران شکل‌گیری اسرائیل بوده است (نگاه کنید به ص ۱۷۱ ایوب مردی به‌راستی خداترس، با ثروتی هنگفت توصیف شده است. سپس، روایت خواننده را به "پشت صحنه" می‌برد، جایی که شورای آسمانی تشکیل

ساختار کتاب ایوب

مقدمه: آزمایش ایوب (۱:۱-۱۳:۲)
۱- کاملیت ایوب (۱:۱-۵)
۲- آزمایش اول (۶:۱-۲۲)
الف) گردهمایی آسمانی (۶:۱-۱۲)
ب) ایوب گرفتار مصیبت می‌شود (۱۳:۱-۱۹)
پ) واکنش ایوب (۲۰:۱-۲۲)
۳- آزمایش دوم (۱:۲-۱۰)
الف) گردهمایی آسمانی (۱:۲-۶)
ب) ایوب گرفتار بیماری می‌شود (۷:۲-۸)
پ) واکنش ایوب
۴- از راه رسیدن دوستان ایوب (۱۱:۲-۱۳)

خطابه‌های ایوب و دوستانش (۱:۳-۴۰:۳۱)
۱- ایوب زادروزش را نفرین می‌کند (۱:۳-۲۶)
۲- دور اول خطابه‌ها (۱:۴-۲۲:۱۴)
الف) الیفاز (۱:۴-۲۷:۵)
ب) ایوب (۱:۶-۲۱:۷)
پ) بلدد (۱:۸-۲۲)
ت) ایوب (۱:۹-۲۲:۱۰)
ث) صوفر (۱:۱۱-۲۰)
ج) ایوب (۱:۱۲-۲۲:۱۴)
۳- دور دوم خطابه‌ها (۱:۱۵-۳۴:۲۱)
الف) الیفاز (۱:۱۵-۳۵)
ب) ایوب (۱:۱۶-۱۶:۱۷)
پ) بلدد (۱:۱۸-۲۱)
ت) ایوب (۱:۱۹-۲۹)
ث) صوفر (۱:۲۰-۲۹)
ج) ایوب (۱:۲۱-۳۴)
۴- دور سوم خطابه‌ها (۱:۲۲-۱۴:۲۶)
الف) الیفاز (۱:۲۲-۳۰)
ب) ایوب (۱:۲۳-۲۵:۲۴)
پ) بلدد (۱:۲۵-۶)
ت) ایوب (۱:۲۶-۲۳:۲۷)
۵- شعری در باب حکمت (۱:۲۸-۲۸)
۶- خطابه پایانی ایوب (۱:۲۹-۴۰:۳۱)
الف) ایوب موقعیت پیشین خود را تشریح می‌کند (۱:۲۹-۲۵)
ب) ایوب موقعیت حقارتبار کنونی‌اش را تشریح می‌کند (۱:۳۰-۳۱)
پ) ایوب با ادعای بی‌گناهی، خدا را به چالش می‌کشد (۱:۳۱-۴۰)

خطابهٔ الیهو (۱:۳۲-۲۴:۳۷)
۱- مقدمه (۱:۳۲-۵)
۲- خطابهٔ اول (۶:۳۲-۳۳:۳۳)
۳- خطابهٔ دوم (۱:۳۴-۳۷)
۴- خطابهٔ سوم (۱:۳۵-۱۶)
۵- خطابهٔ چهارم (۱:۳۶-۲۴:۳۷)

سخنان یهوه خطاب به ایوب (۱:۳۸-۶:۴۲)
۱- دور اول (۱:۳۸-۵:۴۰)
الف) خطابهٔ یهوه (۱:۳۸-۲:۴۰)
ب) پاسخ ایوب (۳:۴۰-۵)
۲- دور دوم (۶:۴۰-۶:۴۲)
الف) خطابهٔ یهوه (۶:۴۰-۳۴:۴۱)
ب) پاسخ ایوب (۱:۴۲-۶)

مؤخره: اثبات بی‌گناهی ایوب (۷:۴۲-۱۷)
۱- حکم یهوه (۷:۴۲-۸)
۲- دعای ایوب برای دوستانش (۹:۴۲)
۳- برکت دوباره یافتن ایوب (۱۰:۴۲-۱۷)

شده و در آنجا میان خداوند و شیطان (یعنی اتهام‌زننده/ مخالفت‌کننده؛ در اینجا «شیطان» لقب است، نه نام) مکالمه‌ای درگرفته است. ظاهراً کار شیطان گزارش دادن عدم موفقیت

بنی‌آدم بر زمین است. خداوند ایوب را به‌عنوان نمونه‌ای درخشان از «مردی صالح و بی‌عیب که از خدا می‌ترسد» معرفی می‌کند. شیطان هم در واکنش، انگیزهٔ ایوب را زیر سؤال می‌برد. به گمان وی ایوب تنها به‌خاطر برکات مادی‌ای که خداترسی نصیبش ساخته، از خدا می‌ترسد، و پیشنهاد می‌کند که ایوب در این زمینه مورد آزمایش الاهی قرار بگیرد. واکنش خداوند به ادعای شیطان این است که به وی اجازه می‌دهد همهٔ دارایی‌های ایوب را از چنگش درآورد. سپس می‌خوانیم که چگونه در یک روز خبر چهار فاجعه به گوش ایوب می‌رسد مبنی بر اینکه که او همهٔ احشام، خادمان و فرزندانش را از دست داده است. شیطان به‌واسطهٔ عوامل انسانی (صبایان و کلدانیان) و طبیعی (آتش و تندباد) همه چیز و همه کس ایوب را از وی می‌گیرد. واکنش ایوب به همهٔ این مصیبت‌ها، عبارتی کوتاه است: «خداوند داد و خداوند گرفت؛ نام خداوند متبارک باد!» در جلسهٔ دوم شورای آسمانی، خداوند بار دیگر ایوب را مورد ستایش قرار می‌دهد و باز شیطان انگیزهٔ وی را زیر سؤال می‌برد. این دفعه شیطان مجوز لازم برای آسیب‌زدن به جسم ایوب را کسب می‌کند، مشروط بر آنکه جانش را نگیرد. ایوب به بیماری زننده و دردناکی مبتلا می‌شود. با این‌حال به حرف زنش که گفته بود خدا را لعن کن و بمیر، اعتنایی نمی‌کند. سه نفر از دوستان ایوب سراغش می‌آیند تا با وی سوگواری کنند، و هفت شبانه روز در سکوت کنارش می‌نشینند.

نگارنده در مقدمهٔ کتاب خود تصریح می‌کند که ایوب از لحاظ اخلاقی انسانی بی‌گناه و بی‌عیب است. رنج وی ناشی از مجازات گناهانش نیست. وی با پافشاری بر این نکته می‌خواهد بگوید که در پس رنج بی‌گناهان مسئلهٔ دیگری وجود دارد.

کندوکاو بیشتر: شیطان

هم در ایوب ۱–۲ و هم در زکریا ۳، «شیطان» یک لقب است (به معنای اتهام‌زننده/ مخالفت‌کننده). شاید این همان نامی باشد که در اول تواریخ ۱:۲۱ نیز به‌کار رفته، آنجایی که حرف تعریف معینی به‌کار برده نشده، و شاید این بیانگر تحولی رو به جلو در ادراک یهودی و مسیحی متأخر از ماهیت شیطان– به عنوان موجودی اهریمنی– باشد. در چند فرهنگ کتاب‌مقدس (از قبیل NIDOTTE) "شیطان" را جستجو کنید و مطالب بیشتری پیرامون کاربرد این نام و تحولی که در مفهوم شیطان به عنوان موجودی اهریمنی و سردستهٔ نیروهای شریر به‌وجود آمده، کسب کنید.

در موردش بیندیشید چالش شیطان

«بهترین خط‌مشی، روراستی است»، مَثَلی سنتی در زبان انگلیسی به‌شمار می‌آید. نکته‌ای که اغلب در مورد این مَثَل می‌گویند، این است که شنونده را به داشتن رفتار اخلاقی شایسته تشویق نمی‌کند. اگر مردم تنها به دلیل "کسب منفعت" روراست باشند، آن‌وقت

روراستی را به‌خاطر نَفْسِ "نیکو بودن" آن رفتار اخلاقی پیشه نخواهند کرد، بلکه برای کسب "منفعتی نیکو". رفتار اخلاقی راستین آن است که انسان نه با انگیزهٔ "کسب منفعت" بلکه به‌خاطر نَفْسِ "نیکویی" آن کار، انجامش دهد. البته، در واقع، انگیزه‌های ما برای داشتن رفتار اخلاقی شایسته، غالباً آمیزه‌ای از هر دو است. چالش شیطان تلاشی برای پرده برداشتن از انگیزه‌های واقعی رفتار ایوب بود.

خطابه‌های ایوب و دوستانش

ایوب با مرثیه‌ای که در آن زادروز خود را نفرین می‌کند، سکوتش را می‌شکند. وی آرزو می‌کند که ای کاش هنگام تولد مرده بود. ظاهراً وی مرگ را بر وضعیت رقت‌بار کنونی‌اش ترجیح می‌دهد. دوستان ایوب به این آرزوی وی واکنش نشان می‌دهند. هر یک به شیوهٔ خاص خود ادعا می‌کنند که خدا عادل است و از این‌رو پارسایان را پاداش می‌دهد و شریران را مجازات می‌کند. و بدین‌ترتیب از دیدگاه ایشان رنجی که انسان متحمل می‌شود، گواهی بر خطاکاری او است، و علاجی جز اقرار به گناه و توبه ندارد. در دور آغازین خطابه‌ها، هر یک از دوستان ایوب به روشی متفاوت در دفاع از این باور، دلیل و برهان می‌آورند. الیفاز به توصیف تجربهٔ عرفانی خود، که طی رویاهای شبانه به‌دست آورده بود، می‌پردازد (ایوب ۴:۱۲–۲۱). ماهیت مکاشفهٔ وی، که بر اساس آن هیچ انسانی نمی‌تواند در پیشگاه خدا ادعای پارسایی کند، مستقیماً پاسخگوی گلایهٔ ایوب نیست، زیرا این در مورد دوستان وی هم صدق می‌یابد. با این‌حال، نکته این است که خدا از پارسایی کاذب انسان‌ها، و تلویحاً ایوب، آگاه است. بلدد استدلال خود را بر پایهٔ تعلیم سنتی نسل‌های پیشین بنا می‌کند (۸:۸–۱۰)، و به‌طور ضمنی مدعی می‌شود که آنچه بر سر ایوب آمده، باید به‌خاطر گناه وی و فرزندانش باشد. صوفر الاهیاتی شسته‌ورفته دارد، و آن را با جدیت هرچه تمام‌تر به‌کار می‌گیرد. حکمت خدا نامتناهی است و ایوب حق به چالش کشیدن آن را ندارد (۱۱:۷–۹). رنج ایوب باید گواه بر ناخشنودی خدا از وی باشد (۱۱:۱۰–۱۱). در حقیقت خدا احتمالاً تخفیف هم به او داده است (۱۱:۶)! اگر ایوب اعتراف و توبه کند، خدا هم دستش را خواهد گرفت و بلندش خواهد کرد (۱۱:۱۳–۲۰).

ایوب از سخنان دوستانش برآشفته می‌شود. ایشان (۶:۲۸–۳۰) و خدا (۱۰:۱–۷؛ ۱۳:۱۳–۱۸) را فرامی‌خواند تا به بی‌گناهی‌اش نظر افکند. دوستانش را متهم می‌کند که به ناحق از جانب خدا و به نمایندگی از سوی او سخن می‌گویند (۱۳:۴–۷). ایوب ادعا نمی‌کند که به‌کلی منزه از گناه است، بلکه می‌گوید مرتکب هیچ کاری نشده که سزاوار عقوبتی تا این حد رنج‌آور باشد (۷:۱۶–۲۱). روی سخن دوستانش تنها با خود او است. ایوب در خطابه‌هایش متناوباً دوستانش و خدا را مورد خطاب قرار می‌دهد. وی ضمن پافشاری کردن بر بی‌گناهی‌اش، تمایل خود را برای ارائهٔ بی‌واسطهٔ دادخواست به درگاه خدا، اعلام می‌کند. با وجود این، در روند دادرسی

اِشکالی وجود دارد- ایوب ناگزیر است برای دادخواهی به کسی متوسل شود که به وی اتهام بسته است (۱۵:۹)! از این گذشته، قدرت و حکمت خدا آن‌قدر عظیم است که هیچ انسانی را یارای ایستادن در برابرش نیست (۹:۲-۴؛ ۱۶-۲۱). ایوب خدا را به بی‌عدالتی متهم می‌سازد- بدین‌معنا که او با بی‌پروایی بی‌عیب و شریر را هلاک می‌سازد (۲۲:۹). ایوب آرزو می‌کند که ای کاش کسی بود تا واسطه می‌شد و در دادگاه میان وی و خدا حَکَمیت می‌کرد، اما هیچ‌کس نیست (۹:۳۲-۳۳). به‌رغم همهٔ اینها، هنوز ایوب خواهان آن است که بی‌گناهی‌اش در دادگاه الاهی ثابت شود (۱۳:۱-۳). او از خدا می‌خواهد که بگذارد وی دمی از رنج‌هایش بیاساید، تا بتوانند از موضع منصفانه‌تری دیدار کنند (۱۳:۲۰-۲۳). این دور از خطابه‌ها با مرثیهٔ ایوب به پایان می‌رسد. حال وی از حال درختی که بریده شده بدتر است، زیرا درخت امید دارد که دوباره بروید و جوانه بزند، در صورتی که برای آدمیان مرگ پایان کار است (۱۴:۷-۱۲). وی آرزو می‌کند که حتی هاویه- مأوای مردگان- جایی باشد که وی در آن موقتاً دمی بیاساید (۱۴:۱۳-۱۷)، اما نیک می‌داند که این امیدی واهی بیش نیست (۱۴:۱۸-۲۲).

در خطابه‌ها هیچ پایبندی واقعی به دلیل و برهان مشاهده نمی‌شود. ایوب و دوستانش به‌جای آنکه دیالوگی حقیقی با یکدیگر داشته باشند، بیشتر مایلند یکی پس از دیگری حرف بزنند. چنانکه از دورهای دوم و سوم خطابه‌ها هم برمی‌آید، پیشرفت چندانی در استدلال‌ها به چشم نمی‌خورد، و تنها جوش و خروش کلامی است که شدت بیشتری می‌گیرد. این امر را می‌توان در خطابه‌های الیفاز شاهد بود. لحن وی در خطابهٔ اول نسبتاً ملایم و متقاعدکننده است. در خطابهٔ دوم، با کلماتی پرمایه ایوب را به‌خاطر سخنان احمقانه (۱۵:۲-۶) و تکبرش (۱۵:۷-۱۶) سرزنش می‌کند. در خطابه سوم، الیفاز شکیبایی از کف می‌دهد و علناً ایوب را به «شرارت عظیم» متهم می‌سازد (۲۲:۵) و از وی می‌خواهد که خویشتن را در برابر خدا فروتن کند و «ظلم را از خیمهٔ خود دور سازد» (۲۲:۲۳).

کندوکاو بیشتر: ایوب ۱۴

اندرسن یکی از معدود مفسران امروزی است که می‌گوید در ایوب ۱۴ باور به رستاخیز از مردگان، به‌روشنی بیان شده است. وی با این برهان چنین نتیجه گرفته که منطق ایوب با «منطق غربی»، که در آن رشتهٔ سخن گام به گام و خطی دنبال می‌شود، متفاوت است. به‌زعم اندرسن، ایوب عقیدهٔ راستین خود را در آیه‌های ۱۴-۱۷، یعنی در میانهٔ خطابه، بیان می‌کند و آن را در لابلای آراء و عقاید متضادی که از نگاه وی مردودند، جای می‌دهد. اکثر محققان دیگر آیه‌های ۱۴-۱۷ را «پرواز خوشبینی» (هابل)، یا «رؤیای ناممکن» (کلاینز) نامیده‌اند، که ایوب را یارای تحملش نیست. خودتان این دیدگاه‌های متضاد را در تفسیرهای اندرسن (۱۹۷۶)، کلاینز (۱۹۸۹) و هابل (۱۹۸۵) بخوانید.

ایوب در پاسخ به خطابهٔ دوم صوفر، این ادعا را که نتیجهٔ اعمال مردم در همین زندگی به ایشان برمی‌گردد، رد می‌کند. وی مدعی است که اغلب، شریران هستند که کامیاب می‌شوند و از مواهب زندگی برخوردار می‌گردند. به‌زعم ایوب، دوستانش واقعیت را نادرست جلوه می‌دهند (ایوب ۲۱). او همچنان بر بی‌گناهی خود پافشاری می‌کند و درخواست ملاقات با خدا را دارد. در وجود ایوب تنشی غریب برپا شده است. او خدا را دشمن خود می‌داند، دشمنی که کمر به نابودی وی بسته است (۱۶:۶-۱۴). با این‌حال خود را در حالی می‌یابد که از دست خدا به خودِ خدا متوسل شده است! ایوب اطمینان خود را از این واقعیت ابراز می‌کند که هرچند دوستان زمینی‌اش وی را رد کرده‌اند، اما «شاهدی در آسمان» هست که داد وی را از خدا خواهد ستاند (۱۶:۱۸-۲۲). به‌سختی می‌توان این «شاهد» را کَسِ دیگری جز خودِ خدا تصور کرد، و با توجه به اینکه آیهٔ ۱۸ بازتابی از پیدایش ۴:۱۰ است- آنجایی که خون هابیل نزد وی فریاد برمی‌آورد- این تصور تقویت می‌شود. در ایوب ۱۷:۳ دادخواستی مشابه این به چشم می‌خورد.

در عبارت مشهور ۱۹:۲۳-۲۹، که پیرامونش بحث‌های زیادی هم درگرفته، با اشکالات جدی مرتبط با متن روبه‌رو هستیم. در اینجا، ایوب باور خود را به اینکه «رهاننده» یا «مدافعی» دارد که عاقبت به دفاع از وی خواهد برخاست و بدخواهانش را مجازات خواهد کرد، اعلام می‌کند. بار دیگر به‌نظر می‌رسد که این شخصیت کسی جز خدا نیست. واژهٔ عبری‌ای که

«رهاننده» ترجمه شده، *go'el* («ولی» در ترجمهٔ فارسی- م.) است. چنانکه پیش‌تر هم اشاره کردیم، این اصطلاحی حقوقی است و بر کسی (یکی از خویشان نزدیک) دلالت می‌کند که وظیفه داشت به دفاع از خویشاوند محرومش برخیزد و حقوق وی را تأمین کند یا انتقام مرگش را بگیرد. کاربرد این اصطلاح برای خدا، حاکی از صمیمیت شخص ستمدیده با خداست. بحث بر سر این است که آیا ایوب انتظار دارد خدا پیش از مرگش به دفاع از وی برخیزد یا پس از مرگ؟ و اگر منظورش پس از مرگ است، آیا رستاخیز از مردگان مد نظرش بوده یا نه؟ با توجه به آیه‌های ۲۳-۲۴، که در آن ایوب آرزو می‌کند که ای کاش سخنانش در جایی ثبت و ماندگار می‌شد، بعید نیست که انتظار داشته پیش از اقدام رهاننده برای دفاع از وی، مرگ گریبانش را بگیرد. با این‌حال، متن عبری آیهٔ ۲۶ مشکل‌برانگیزتر از آن است که بتوان چیزی بیش از این نتیجه گرفت که وی از رهایی خود، حتی پس از مرگش باخبر خواهد شد.

کندوکاو بیشتر:
ایوب ۱۹:۲۳-۲۹

آگاهی اکثر مردم از این عبارت، مبتنی بر کتاب اشعار اپرای اوراتوریوی بزرگ مسایا (*Messiah*) اثر هندل[1] است. این کتاب اشعار، آشکارا بر ایمان ایوب به رهایی در آینده، دلالت می‌کند. با وجود این، چنانکه در بررسی آیات بدان اشاره کردیم، معنای متن عبری در پرده‌ای از

---
1. Handel

ابهام است. با کمک گرفتن از دو یا سه کتاب تفسیر آیات مزبور را بررسی کنید تا شمه‌ای از مشکلات موجود در متن دستگیرتان شود و با شیوه‌های متفاوت درک و تفسیر آنها آشنا شوید. آن‌وقت در وضعیتی قرار خواهید گرفت که نتیجه‌گیری خودتان را از معنای احتمالی عبارت مزبور ارائه کنید.

برخی از محققان بر این گمانند که توصیفی که در ایوب ۲۶:۵-۱۴ از قدرت خدا به‌عمل آمده، باید دنبالهٔ مناسبی برای خطابهٔ کوتاه بلدد در ۲۵:۱-۶ باشد، و اینکه توصیف سرنوشت شریران در ۲۷:۷-۱۰ و ۱۳-۲۳ بیشتر با گفتار صوفر متناسب است، نه گفتار ایوب. بعداً در این‌باره بحث خواهیم کرد. سرودهٔ "ناتوانی بشر در جستجوی حکمت خدا" (فصل ۲۸) در حکم میان‌پرده‌ای است که خطابهٔ آخر ایوب را از فصول پیشین جدا می‌سازد. ایوب در این خطابه خوشبختی گذشته‌اش را به یاد می‌آورد و بر وضعیت کنونی‌اش ماتم می‌گیرد. سپس با سخنانی جسورانه خدا را به چالش می‌کشد و از او می‌خواهد که اگر مشخصاً در وی جرم و خطایی دیده، مورد لعن و نفرین الاهی قرار بگیرد. وی با این مبارزه‌طلبی به سخنانش خاتمه می‌دهد (فصل ۳۱).

خطابه‌های الیهو

به‌جای اینکه خدا پاسخ مبارزه‌طلبی ایوب را بدهد، شخصیت دیگری ظاهر می‌شود: الیهو. در مقدمه‌ای کوتاه که به‌صورت منثور نوشته شده (ایوب ۳۲:۱-۶)، کتاب وی را جوانی معرفی می‌کند که از گلایه‌های ایوب بر ضد خدا و ناتوانی دوستانش در ارائهٔ پاسخ‌های دندان‌شکن به استدلال‌های وی، به خشم آمده است. وی که تا اینجا بر خلاف بزرگان مجلس خاموش بوده، اکنون لب به سخن می‌گشاید. الیهو پس از اینکه با سخنانی پرلاف و گزاف و طولانی خودش را معرفی می‌کند، سراغ این استدلال می‌رود که خدا از رنج برای هشدار دادن به انسان‌ها و بازگرداندن ایشان از گناه (۳۳:۱۴-۱۸) و به‌عنوان وسیله‌ای برای تأدیب آدمیان برای روی آوردن به خدا و طلب آمرزش از وی و بازداشتن ایشان از شرارت بیشتر (۳۳:۱۹-۳۳)، استفاده می‌کند. این اصلاً دیدگاه جدیدی نیست- الیفاز در خطابهٔ نخست خود بدان اشاره کرده بود (۵:۱۷-۱۸)- اما الیهو به تفصیل آن را شرح می‌دهد. الیهو در چهارمین و واپسین خطابهٔ خود (۳۶:۸-۱۶) دوباره به این موضوع برمی‌گردد. وی در خطابه‌های دوم و سومش حرف چندان تازه‌ای نمی‌زند که پیش از وی سه دوست ایوب بر زبان نیاورده باشند. نه ایوب و نه دوستانش به این خطابه‌ها پاسخی نمی‌دهند. تأثیرگذارترین بخش از خطابه‌های الیهو جمع‌بندی او از توصیف اعمال آفرینش عظیم خدا و واکنش درست انسان به این کارها است (۳۶:۲۴-۳۷:۲۴). سبک شعریِ این خطابه‌ها، در قیاس با سبک شعریِ درخشانِ فصل‌های پیشین، خام و بی‌روح است.

سخنان خدا و پاسخ‌های ایوب

سرانجام خدا از میان توفان با ایوب سخن می‌گوید. در کتاب‌مقدس عبری،

تجلیات ظهور خدا معمولاً با تصاویری همراه است که یادآور توفان، آتشفشان و زمین‌لرزه‌اند. خدا سخنانش را با توبیخ ایوب آغاز می‌کند. ایوب از معرفت لازم بی‌بهره و استدلال‌هایش از حقیقت تهی است. سپس، خدا توجه ایوب را به شگفتی‌های طبیعت- که او نه می‌تواند توضیحی برای‌شان و نه بر آنها تسلطی داشته باشد- جلب می‌نماید و با چند پرسش وی را به چالش می‌کشد. این پدیده‌ها به چهار دسته تقسیم می‌شوند: آفرینش جهان (ایوب ۴:۳۸-۱۱)، شگفتی‌های آسمان‌ها (۱۲:۳۸-۲۱)، آب و هوا (۲۲:۳۸-۳۸)، و نهایتاً مجموعه‌ای از آفریده‌های حیات وحش (۳۹:۳۸-۳۰:۳۹). اینها پرسش‌هایی هستند که در قالب سروده‌هایی ناب بیان می‌شوند. در خاتمه خدا از ایوب می‌خواهد که به پرسش‌هایش پاسخ دهد (۱:۴۰-۲). تنها چیزی که ایوب می‌تواند بگوید این است که لیاقت پاسخ دادن را ندارد. تا همین‌جا هم زیادی حرف زده و بیش از این چیزی نخواهد گفت (۳:۴۰-۵).

خدا دور دوم سخنان خود را با طرح چالشی دیگر آغاز می‌کند و باز ایوب را به مجادله می‌طلبد. چرا ایوب برای موجه جلوه دادن خودش، به خدا اتهام زده که با بی‌عدالتی جهان را اداره می‌کند؟ آیا ایوب قدرت و توانایی آن را دارد که عادلانه بر جهان هستی فرمان براند؟ سپس خدا از ایوب می‌خواهد که با دقت بر دو آفریدهٔ شگفت‌انگیزی که با جزئیات توصیف‌شان می‌کند، بنگرد: بهیموت (۱۵:۴۰-۲۴) و لویاتان (۱:۴۱-۳۴). این خطابه بدون هیچ چالش یا سرزنشی به پایان می‌رسد. ایوب ناگزیر به بزرگی قدرت خدا و حماقت خودش به‌سبب گفتن چیزهایی که بیرون از درک و فهمش هستند، اعتراف می‌کند (۱:۴۲-۳). درک وی از این امور بیشتر نشده، اما اقرار می‌کند که اکنون شناخت عمیق‌تری نسبت به خدا پیدا کرده است (۴:۴۲-۵). معنی آیهٔ ۶:۴۲ روشن نیست. معنای تحت‌اللفظی‌اش «کراهت دارم (یا آب می‌شوم) و در خاک و خاکستر توبه می‌کنم» است. اگر معنی فعل اول را «کراهت داشتن» بگیریم، جملهٔ مزبور باید مفعولی هم داشته باشد، و بدین‌ترتیب، محتمل‌ترین مفعول «خویشتن» یا «کلمات (احمقانه‌ام)» است. میان این دو فرق چندانی نیست. «توبه می‌کنم» را در اینجا (و نیز در اغلب موارد دیگر) باید «فکرم را تغییر می‌دهم» معنی کرد. ایوب در اینجا آن کاری را نمی‌کند که دوستانش تمام مدت انجامش را از وی می‌خواستند- یعنی اقرار به گناهکار بودن و توبه کردن از آن. وی اعتراف می‌کند که درک سابقش از خدا ناقص بوده است. کل پاسخ او این است که خویشتن را در برابر تجربهٔ تازه و ژرف‌تری که از خدا به‌دست آورده، فروتن می‌سازد.

کندوکاو بیشتر: ایوب ۶:۴۲

درک آیهٔ مزبور بسته به آن است که مشخص کنیم:

- ایوب از چه چیزی کراهت دارد.
- واژه‌ای که «توبه» ترجمه شده، در اینجا به چه معناست.
- حرف اضافه در عبارت «در خاک و خاکستر» را چگونه معنا کنیم.

• به محض روشن شدن معنای حرف اضافه، خود جمله به تنهایی چه معنایی می‌دهد.
برای شناخت بحث‌های انجام شده و احتمالات موجود، به تفاسیر بزرگتر مراجعه کنید.

مؤخره

مؤخرهٔ منثور کتاب ایوب با این کلمات آغاز می‌شود که خدا به الیفاز می‌گوید که از وی و دو دوست دیگرش خشمگین است، زیرا «دربارهٔ من مانند خدمتگزارم ایوب به‌درستی سخن نگفتید» (ایوب ۷:۴۲). سپس بدیشان فرمان می‌دهد که برای خودشان قربانی تقدیم کنند و از ایوب بخواهند برای‌شان دعا کند. زمانی که این کارها را انجام می‌دهند، خدا دعای ایوب را مستجاب می‌سازد (۴۲:۸-۹). پس از آن ایوب سلامت و سعادتش را بازمی‌یابد، و خدا دوچندان وی را برکت می‌دهد. وی در کهنسالی و در کمال شادمانی و کامیابی می‌میرد.

تألیف کتاب ایوب

داستان منثور

تمایز آشکار میان مقدمه و مؤخرهٔ منثور و خطابه‌های منظوم کتاب ایوب، پرسش‌هایی پیرامون رابطهٔ ادبی این دو بخش از کتاب، برانگیخته است. آیا هر دو قسمت را یک نویسنده نگاشته است؟ اگر نه، کدام قسمت اول نوشته شده، داستان منثور یا خطابه‌های منظوم؟ شمار اندکی از پژوهشگران (از جمله دبلیو. بی. ستیونسن[1]) استدلال کرده‌اند که مقدمه و مؤخره بعدها نوشته و به خطابه‌ها ضمیمه شده‌اند. با این‌حال، بدون وجود مقدمه نمی‌توان درک کاملی از خطابه‌ها به‌دست آورد. اکثر محققان با این استدلال متقاعد شده‌اند که اگر مقدمهٔ کنونی، همان مقدمهٔ اصلی و اولیهٔ کتاب نباشد، دشوار می‌توان فهمید که چرا باید مقدمهٔ اصلی جای خود را به مقدمه‌ای دیگر بدهد، زیرا این مقدمهٔ جدیدتر قطعاً نمی‌تواند بیش از مقدمهٔ اولیه، با خطابه‌ها ارتباط برقرار کند. داستان بازگوشده در مقدمهٔ کتاب نیازمند نتیجه‌گیری قانع‌کننده‌ای نیز هست، و این کار نه به‌وسیلهٔ خطابه‌ها بلکه توسط مؤخره به انجام می‌رسد. مؤخره در شکل و فرم کنونی‌اش، وجود خطابه‌ها (به معنای اعم آنها) و مقدمه را مسلم انگاشته است. بارقه‌هایی از مقدمه را می‌توان در مؤخرهٔ کتاب هم مشاهده کرد. دفاع خدا از ایوب (ایوب ۷:۴۲) انعکاس همان چیزی است که در مقدمه دربارهٔ ایوب آمده، مبنی بر اینکه او به زبان خود مرتکب هیچ گناهی نشد (۲۲:۱؛ ۱۰:۲). شفاعت ایوب برای دوستانش (۴۲:۸-۹) شبیه شفاعتی است که در آغاز کتاب برای فرزندانش می‌کند (۵:۱). همدلی و تسلی بستگان ایوب نسبت به او (۱۱:۴۲)، به تسلی و همدردی دوستانش در مقدمهٔ کتاب (۱۱:۲) بی‌شباهت نیست.

بیشتر محققان به این نتیجه رسیده‌اند که مقدمه و مؤخرهٔ کتاب ایوب توأمان دربرگیرندهٔ داستان قدیمی ایوب هستند. حزقیال ۱۴:۱۲-۲۰ به نوح و دانیال و ایوب به عنوان سه نمونه از مردان پارسای روزگار اشاره می‌کند. دانیالی که در اینجا از وی یاد شده، قهرمان کتاب دانیال کتاب‌مقدس (که

1. W. B. Stevenson

هم‌عصر خـــودِ حزقیال نبی بود، و نامش در زبـــان عبری به‌گونه‌ای دیگر تلفظ می‌شـــد، یعنی *daniyyel* به جای *dani' el* چنانکه در کتاب حزقیال آمده) نیســـت، بلکه احتمالاً یکی از پادشـــاهان فرزانه و نیکوی فینیقی بوده که در گذشتهٔ دور می‌زیســـته و نامش در متون اوگاریتی نیز آمده اســـت. نکته‌ای که گمان مزبور را تقویت می‌کند، این واقعیت اســـت که حزقیال یک‌بار دیگر، در ســـروده‌ای که به پادشاه شهر فینیقی صور اختصاص یافته (حزقیـــال ۳:۲۸)، از وی یـــاد می‌کند. هیچ بعید نیســـت که از دیرباز این سه شخصیت یادشـــده را در زمرهٔ «پاتریارخ‌ها» به‌شـــمار می‌آورده‌انـــد. به‌طـــور قطع ســـبک زندگی تصویرشده برای ایوب، شبیه سبک زندگی پاتریارخ‌ها در کتاب پیدایش اســـت. ثروت وی، هماننـــد دارایی پاتریارخ‌هـــا با تعداد احشام و خدمه‌اش اندازه‌گیری می‌شود. وی به‌عنوان سرپرست خانواده، شخصاً و بدون نیاز به کاهـــن، قربانی تقدیم می‌کند. وی در دورانی زندگی می‌کند که متناســـب با عصر پاتریارخ‌هاست.

آیا نویســـندهٔ خطابه‌های منظوم، صرفاً متن روایت منثوری را که در اختیارش بوده گرفته و هرآنچه را که مابین مقدمه و مؤخرهٔ کنونی بوده به نظم درآورده، یا اینکه داستان را از ابتدا بازنویسی کرده است؟

آنهایی که مخالف بازنویسی کتاب ایوب هستند، انگشـــت روی تفاوت‌های آشکار میان نظـــم و نثر می‌گذارند. آنان اســـتدلال می‌کننـــد کـــه در متن منثور، ایـــوب مردی معرفی می‌شـــود که نمونهٔ صبـــر و بردباری اســـت، حال آنکه در خطابه‌هـــای منظوم او انســـان کاملاً متفاوتی اســـت. در واقع، این تفاوت آن‌قدرها هم فاحش نیست. در مقدمهٔ کتاب، ایوب از توصیـــهٔ زنش مبنی بر اینکه خدا را نفرین کند و بمیرد، سر بازمی‌زند. با این‌حال، در خطابه‌های منظوم هم، حتی در اوج گلایه‌هایـــش از خدا، از نفرین کردن او خودداری می‌کند. می‌گویند که ایوب ۱۷:۱۹ به زنده بودن پســـران ایوب دلالت می‌کند، حال آنکـــه در مقدمهٔ کتـــاب می‌خوانیم که آنها کشته شده‌اند. با وجود این، اصطلاحی کـــه در عبری بـــه‌کار رفته، «پســـران رَحِم من» می‌باشـــد. در ایـــوب ۱۰:۳، آنجایی که اصطلاح تحت‌اللفظی «رَحِم من» اســـتفاده شده، به‌روشنی «رَحِم مادرم» معنی می‌دهد؛ بنابراین، منظور ایـــوب ۱۷:۱۹ هم می‌تواند خواهران و برادران ایوب باشـــد («فرزندان رَحِم مادرم»)، نه فرزنـــدان خودش. به هر روی، ایـــوب ۴:۸ و ۵:۲۹ حاکـــی از آننـــد که فرزنـــدان ایوب مرده‌انـــد، پس هرگونه ناهماهنگی، درونی اســـت و به متن منظوم محدود می‌شود.

نکتهٔ دیگری که گاه بر آن تأکید می‌کنند این اســـت که به اســـتثنای ایوب ۹:۱۲، در متـــن منظوم برای خدا از نام یهوه اســـتفاده نمی‌شـــود. شـــاید حضور یهوه در این آیه ناشـــی از خطای نســـخه‌بردار و بازتابی از اشعیا ۲۰:۴۱ب باشد. ایوب و دوستانش در خطابه‌های خود، معمولاً به خدا تحت عنوان ال[1] الواه[2] یا شدای[3] و به‌ندرت الوهیم[4] اشاره می‌کنند. در متن منثور، برای خدا معمولاً نام یهوه به‌کار برده شده، هرچند نویسنده گه‌گاه از نام الوهیم هم استفاده کرده است. با همهٔ اینها، در متن منثور نـــام یهوه تنها یک‌بار از دهان ایوب بیرون می‌آید (ایوب ۲۱:۱)، پس

1. El; 2. Eloah; 3. Shaddai; 4. Elohim

در این زمینه میان متن منظوم و منثور تفاوت چندانی به چشم نمی‌خورد. از این گذشته، در مقدمهٔ خطابه‌های خدا و مقدمهٔ پاسخ ایوب، نام یهوه به‌کار رفته (ایوب ۱:۳۸؛ ۱:۴۰ و ۳ و ۶؛ ۱:۴۲). به‌نظر می‌رسد که در اینجا پیرامون کاربرد نام یهوه نوعی یکپارچگی مشاهده می‌شود، بدین‌ترتیب که استفاده از نام یهوه ناشی از صمیمیت رابطهٔ میان خدا و ایوب است. بسیاری از محققان متوجه تنش الاهیاتی آشکاری میان مقدمه و خطابه‌ها شده‌اند. در این مورد بعداً بحث خواهیم کرد. در کل، بسیار محتمل می‌نماید که نگارندهٔ خطابه‌ها داستانی قدیمی را در قالبی جدید بازگو کرده است.

شمار اندکی از محققان کوشیده‌اند برای مقدمه و مؤخرهٔ کتاب مؤاخذ یا مراحل تحول گوناگونی پیدا کنند (برای نمونه، گ. فورر[1] که به پنج مرحله اشاره می‌کند)، ولی این بحث‌ها مورد پذیرش گسترده قرار نگرفته‌اند.

دور سوم خطابه‌ها

پیش‌تر دیدیم که دلایلی وجود دارد که بر پایهٔ آنها، ممکن است دور سوم خطابه‌ها سردرگمی‌هایی به‌وجود آورد. خطابهٔ بلدد کوتاه است و پاسخ ایوب به آن حاوی بخش‌هایی است که بهتر می‌بود از دهان دوستانش بیرون آمده باشد. همچنین در میانهٔ آن به سرخطی غیرمنتظره برمی‌خوریم (ایوب ۱:۲۷) که شبیه به سرخط آغازین (۱:۲۶) است. با این‌حال، به‌رغم تلاش‌های گوناگونی که برای بازسازی این دور از خطابه‌ها صورت گرفته (نگاه کنید به نمونه‌هایی که در جدول «بازسازی‌های پیشنهادی دور سوم خطابه‌ها» در ص ۱۷۴ آمده‌اند؛ سنیت[2] بیش از ۲۰ امکان مختلف را فهرست کرده است)، هیچ‌یک از آنها با اقبال گسترده مواجه نشده‌اند. همچنین در یکی از تارگوم‌های[3] (اصطلاحی آرامی) ایوب که از قمران به‌دست آمده (11QTgJob)، متن به همان شکلی که ما امروزه در دست داریم، ثبت شده است. قدمت این تومار تارگوم را سدهٔ نخست میلادی تعیین کرده‌اند، اما زبان تارگوم حاکی از آنست که این متن در سدهٔ دوم پ. م. برگردان شده است. بنابراین، اگر متن دستخوش آشفتگی شده، در همان اوایل تاریخچهٔ این کتاب اتفاق افتاده است، و بسیار بعید به‌نظر می‌رسد که بتوان با اطمینان آن را بازسازی کرد. بسیاری از پژوهشگران در مواجهه با این سردرگمی، نهایت تلاش خود را کرده‌اند تا بهترین برداشت را از متن موجود به‌عمل آورند.

برخی از محققان معتقدند که متن دور سوم خطابه‌ها، از انسجام لازم برخوردار است. از نگاه آنها (برای نمونه، اندرسن، گود)، خطابه‌های دوستان ایوب کم‌کم ته کشیده است. این نشان‌دهندهٔ ناتوانی ایشان در ارائهٔ پاسخ‌های متقاعدکننده به پافشاری شدید ایوب بر بی‌گناهی‌اش و ناکارآمد بودن الاهیات ایشان است. توصیفی که در ایوب ۷:۲۷–۲۳ از سرنوشت شریران شده، هشداری دو پهلو به دوستان ایوب

1. G. Fohrer

2. Snaith

۳. Targum — تارگوم به ترجمهٔ کتاب‌مقدس به زبان آرامی گفته می‌شود که مترجمی حرفه‌ای، متن عبری را به زبان محاوره‌ای یهودیان سرزمین اسرائیل در دوره‌ای که دیگر به زبان عبری سخن نمی‌گفتند، برگردان کرده است– م.

است که مراقب باشند، زیرا آنچه می‌گویند ممکن است به دلیل اتهامات کاذبی که بر ضد ایوب اقامه کرده‌اند، گریبانگیر خودشان هم بشود. نمونهٔ مشخص این رویکرد را می‌توانیم در بازسازی این فصل‌ها توسط جنزن[1] ببینیم. وی ۱۸:۲۴-۲۰ را نقل‌قول ایوب از دیدگاه دوستانش می‌داند، که در دنبالهٔ آن و در ۲۱:۲۴-۲۴، آنها را رد می‌کند. ایوب با پاسخی طعنه‌آمیز (۱:۲۶-۴)، خطابهٔ بلدد (۱:۲۵-۶) را قطع می‌کند و به تمسخر می‌گوید که بلدد قصد بیان چه حرف‌هایی را دارد (۵:۲۶-۱۴). سپس ایوب به بی‌گناهی خود سوگند می‌خورد (۱:۲۷-۶) و دشمنانش را نفرین می‌کند (۷:۲۷-۱۲). و در آخر، با لحنی نیشدار خطابهٔ صوفر را در مورد خود وی به‌کار می‌برد (۱۳:۲۷-۲۳). ایوب با قبضه کردن خطابه‌های دوستانش نشان می‌دهد که هم کشتی استدلال‌شان به گل نشسته (یعنی اکنون دیگر حرفی برای گفتن ندارند) و هم خودِ ایوب دیگر مایل به ادامه گفتگو با آنان نیست.

کندوکاو بیشتر: دور سوم خطابه‌ها

بازسازی‌های پیشنهادی دور سوم خطابه‌ها را که در جدولی به همین نام فهرست شده‌اند، مطالعه کنید. سپس با توجه به چکیدهٔ تفسیری که جنزن از زیربخش «دور سوم خطابه‌ها» ارائه کرده، ایوب ۲۴-۲۷ را بخوانید (یا اصلاً خود تفسیر جنزن را مطالعه کنید). در این‌باره که آیا این فصل‌ها نیازی به "بازسازی" دارند یا نه، چه نتیجه می‌گیرد؟ اگر نیاز به بازسازی دارند، کدامیک از موارد پیشنهادی را مناسب‌تر می‌دانید؟

بازسازی‌های پیشنهادی دور سوم خطابه‌ها

دورم (کتاب ایوب، ۱۹۲۶)

الیفاز	۱:۲۲-۳۰
ایوب	۱:۲۳-۱۷:۲۴ + ۲۵:۲۴
بلدد	۱:۲۵-۶ + ۵:۲۶-۱۴
ایوب	۱:۲۶-۴ + ۲:۲۷-۱۲
صوفر	۱۸:۲۴-۲۴ + ۱۳:۲۷-۲۳

ستیونسن (شعر ایوب، ۱۹۴۷)

الیفاز	۱:۲۲-۳۰
ایوب	۱:۲۳-۲۵:۲۴
بلدد	۱:۲۵-۶ + ۵:۲۶-۱۴
ایوب	۲:۲۶-۴ + ۲:۲۷-۶ و ۱۱-۱۲ و ۲۲
صوفر	۷:۲۷-۱۰ و ۱۳-۲۱ و ۲۳

گوردیس (کتاب خدا و انسان، ۱۹۶۵)

الیفاز	۱:۲۲-۳۰
ایوب	۱:۲۳-۲۵:۲۴
بلدد	۱:۲۵-۶ + ۵:۲۶-۱۴
ایوب	۱:۲۶-۴ + ۱:۲۷-۱۲
صوفر	۱۳:۲۷-۲۳

هابل (کتاب ایوب، ۱۹۸۵)

الیفاز	۱:۲۲-۳۰
ایوب	۱:۲۳-۱۷
بلدد	۱:۲۵-۶ + ۵:۲۶-۱۴
ایوب	۱:۲۶-۴ + ۱:۲۷-۱۲
صوفر	۱:۲۴-۲۵ + ۱۳:۲۷-۲۳

1. Janzen

ایوب ۲۸

دیدگاه شایعی وجود دارد مبنی بر اینکه ایوب ۲۸ شعری است در باب حکمت، و در واقع، هیچ ربطی به دور خطابه‌های رد و بدل شده میان ایوب و دوستانش ندارد (هرچند گود و جنزن کوشیده‌اند آن را جزو خطابهٔ ایوب تفسیر کنند). لحن ملایم آن، با لحن شوریدهٔ ایوب در انتهای خطابه‌ها، هیچ تناسبی ندارد. فرض اینکه ایوب گویندهٔ این سخنان است، ناشی از سرخط ایوب ۱:۲۷ می‌باشد. با این‌حال، در ۱:۲۹ سرخط دیگری هست که این سروده را از آنچه در پی می‌آید، جدا می‌کند. در شعر ایوب ۲۸، به‌جای سه واژه‌ای که مشخصاً در خطابه‌ها برای نام خدا به‌کار رفته، به خدا زیر عنوان الوهیم (۲۳:۲۷) و ادونای (آیهٔ ۲۸) اشاره شده است. اکثر محققان چنین نتیجه گرفته‌اند که این سروده در اصل شعری مستقل بوده است. از آنجایی که این سروده به‌لحاظ ادبی از همان کیفیت بالای خطابه‌ها برخوردار است، و از آنجایی که موضوعش به ادراک‌ناپذیربودن حکمت الاهی مربوط می‌شود، با خطابه‌های خدا هماهنگی کامل دارد و به احتمال زیاد توسط نگارندهٔ خطابه‌ها سروده شده است. اینکه ایوب ۲۸ در چه زمانی و چرا به متن افزوده شده، جای بحث دارد. شاید صرفاً برای اینکه محفوظ بماند، آن را به متن اصلی افزوده‌اند. با این‌حال، اگر آن را توضیحی از جانب شخصی ببینیم که بیرون از معرکه نشسته و مناظرهٔ ایوب و دوستانش را زیر نظر دارد، آن‌وقت حضورش در این کتاب چندان بی‌مناسبت جلوه نخواهد کرد.

ایوب ۲۸ بیانگر این دیدگاه است که انسان فاقد توانایی لازم برای درک حکمت الاهی است و واکنش درست به این واقعیت آن است که حرمت خدا را نگاه داریم و از بدی دوری کنیم. این مطلب زمینه را برای سخنان خدا هموار می‌سازد و به‌خاطر محل قرار گرفتنش، میان‌پرده‌ای نمایشی بین دورهای اصلی خطابه‌ها و خطابهٔ نهایی ایوب، ایجاد می‌کند.

خطابه‌های الیهو

به چهار دلیل این گمان وجود دارد که خطابه‌های الیهو در اصل جزو کتاب ایوب نبوده‌اند.

- *سبک*- اکثر محققان دریافته‌اند که شعر این خطابه‌ها از کیفیتی پایین‌تر از باقی کتاب برخوردار است. یعنی بی‌روح و تکراری است.
- *زبان*- استدلال می‌کنند که در این خطابه‌ها نسبت به خطابه‌های دیگر حجم بیشتری از واژگان آرامی به چشم می‌خورد، که شاید نشان‌دهندهٔ تأخر خطابه‌های الیهو نسبت به باقی قسمت‌های کتاب ایوب باشد.
- *ساختار*- الیهو ناگهان و درست در مقطعی که خواننده انتظار ظاهر شدن خدا را دارد، پدیدار می‌شود و به مجرد خاتمهٔ خطابه‌هایش دوباره ناپدید می‌گردد و دیگر از وی ذکری به میان نمی‌آید. وی مدعی است که پاسخ هر مشکلی را در آستین دارد، و اینکه دوستان

ایـوب توان پاسـخ دادن ندارند، با همه اینهــا در مؤخره- چه در ستایش، چه در نکوهش الیهو- به هیچ وجه یادی از وی نمی‌شود.

• *الاهیـات*- چنانکــه دیدیم، با اینکــه در خطابه‌هــای الیهــو بر نقش آموزشی رنج تأکید بیشتری گذاشــته شــده، اما محتوای این خطابه‌هــا نکتهٔ چندانــی به آنچه پیش‌تر گفته شده بود، نمی‌افزاید. خوانندــده‌ای که بــا مقدمهٔ کتاب آشنایی دارد، می‌تواند مشاهده کند که الیهو نســبت به دوستان ایوب چیز بیشــتری که بتواند دردی از ایوب دوا کند، بر زبان نمی‌آورد. پــس تا آنجایی که بــه پیام کتاب مربوط می‌شــود، گفته‌های الیهو دربرگیرندهٔ چه نکته‌ای است؟

در موردش بیندیشید

رنج، عنصری "آموزشی"

این ایده کــه یکی از نگرش‌های مثبت به مســئلهٔ رنج، آن است که برایش نقشی "آموزشــی" قایــل شــویم، در مباحث دینی و فلســفی که پیرامــون رنج مطرح شــده‌اند، امری کاملاً متداول است. این موضوع بــه طرق گوناگون در عهدجدید بیان شــده اســت، مثلا رومیان ۵:۱-۵؛ عبرانیــان ۵:۱۲-۱۱؛ یعقــوب ۲:۱-۴. واکنش شما به این ایده چیست؟

اعتبار هر یک از ادلهٔ بالا که در رد اصیل بــودنِ خطابه‌های الیهو اقامه شــده‌اند، زیر سؤال اســت. هیچ دلیلی وجود ندارد که به موجب آن نویســنده‌ای باید حتماً از سبکی واحد تبعیت کند، و مشخصاً در مورد بی‌روح بودنِ شــعر، کســانی همچون دورم و هابل استدلال کرده‌اند که سبک عاری از روح در خطابه‌های الیهو به‌خاطر تفاوت شــخصیت خود اوست، نه وجود نگارنده‌ای متفاوت. به همین ترتیب، (به عقیدهٔ اندرسن) بهره‌گیری از واژگان آرامی شاید با این نیت انجام گرفته که بــه خطابه "لحنی" متمایــز و متفاوت با لحن ایوب و دوســتانش بدهد. شاید دلیل ســاختاری محکم‌ترین برهان باشــد، ولی قاطع نیســت. اندرســن و هابل، هر دو این استدلال را مطرح می‌کنند که در مناظرهٔ میان ایوب و دوســتانش، الیهو یکی از قهرمانان داســتان به‌شــمار نمی‌آید، بلکه وی بیشتر نقــش داوری دارد. در این زمینه، نقش الیهو شبیه نقش یهوه است. کار ارزیابی انسانی از بحث به وی محول شده و یهوه هم ارزیابی الاهی را انجام می‌دهد. به‌خاطر همین نقش متفاوت اســت که در مؤخرهٔ کتاب از الیهو ذکری به میان نمی‌آید، کما اینکه از شــیطان هم نامی برده نمی‌شــود. همچنین گروهی از محققان بــرای خطابه‌های الیهو نقشــی ســاختاری در کتاب ایوب قایل هســتند. خطابه‌های مزبور میان‌پرده‌ای نمایشی ایجاد می‌کننــد که برای خواننده تنش‌زا اســت و باعث می‌شود که منتظر ظهور خدا بماند. از جنبهٔ الاهیاتی، اذعان الیهو بر اینکه دوستان ایــوب نتوانســته‌اند به اســتدلال‌های وی پاسخی دندان‌شکن بدهند، و خود ایوب هم نتوانســته برهانی متقاعدکننده ارائه دهد، بر لاینحل‌بودن مسئلهٔ رنج تأکید دارد.

بیشتر پژوهشــگران در رویارو شدن با اســتدلال‌های رقیب، چنین نتیجه می‌گیرند

که خطابه‌های الیهو احتمالاً طی ویراست ثانویه به کتاب افزوده شده‌اند. معدودی از آنها هم بر این گمانند که خطابه‌های مزبور را خود نگارندهٔ اصلی، در مقطعی دیگر (یا متأخرتر) به اثرش افزوده است.

کندوکاو بیشتر: خطابه‌های الیهو

دیدگاهی که برای الیهو بیشتر نقش «داوری» یا «حَکَمیت» قایل است، تا یکی از شخصیت‌های داستان، در تفاسیر اندرسن (۱۹۷۶، صص ۴۹-۵۲) و هابل (۱۹۸۵، صص ۴۴۳-۴۴۷) به بحث کشیده شده است. خودتان این بحث‌ها را بخوانید و ببینید کدامیک شما را متقاعد می‌سازند.

سخنان یهوه

شماری از محققان (از جمله رولی[1]) اصلیت خطابهٔ دوم خدا را زیر سؤال برده‌اند. آنها برای این کار خود دو دلیل دارند. اول اینکه، استدلال می‌کنند که خطابهٔ دوم چیزی به مطالب خطابهٔ اول اضافه نمی‌کند، و بعد از آنکه ایوب سر تسلیم فرود می‌آورد، دیگر لزومی ندارد که خدا، آن‌هم با لحنی تند وی را بازخواست کند. دوم اینکه، بنا بر استدلال محققان مزبور سبک شعری خطابهٔ دوم بی‌مایه‌تر از سبک شعری خطابهٔ اول است. کسانی که خطابهٔ دوم را جزو کتاب نمی‌دانند، معمولاً ایوب ۴۲:۱-۶ را به ۴۰:۳-۵ می‌افزایند و آن را پاسخ ایوب به خطابهٔ یهوه تلقی می‌کنند.

هر دوی این دلایل بر داوری‌های ذهنی مبتنی هستند، و بسیاری از محققان آنها را رد می‌کنند. می‌توان چنین استدلال کرد که خطابه‌های مورد بحث، در واقع، مکمل یکدیگرند. اولی بر حکمت یهوه در نظم بخشیدن به جهان تأکید دارد، حال آنکه دومی چنانکه در توصیف دو مورد از مخلوقاتش (بهیموت و لویاتان- م.) نشان داده شده، بر قدرت او متمرکز می‌باشد. همچنین در این خطابه‌ها شاهد حرکتی پیشرونده، از ملاحظهٔ مخلوقاتی مستقل از انسان، تا آنهایی که برای بشر خطر دارند، هستیم. محققانی (همچون دورم، ایتن، گوردیس) هستند که با نظریهٔ بی‌مایگیِ سبک شعری خطابهٔ دوم مخالفند. اکثر محققان قبول دارند که هر دو خطابهٔ الاهی جزو بدنهٔ اصلی و اولیه کتاب ایوب بوده‌اند.

شکل‌گیری کتاب

با توجه به اختلاف‌نظرهایی که پیرامون بخش‌های اصلی و بخش‌های افزوده به کتاب ایوب وجود دارد، دیگر جای تعجب نیست که با طیف گسترده‌ای از نظریات مربوط به روند شکل‌گیری این کتاب از سوی محققان، روبه‌رو شویم (نگاه کنید به مثال‌های مندرج در جدول "شکل‌گیری کتاب ایوب" در ص ۱۶۴). برخی از پژوهشگران به بحث پیرامون یکپارچگی ذاتی کتاب ادامه داده‌اند (برای نمونه، اندرسن و وایبری که هر دو به‌نوعی محتاطانه با موضوع برخورد کرده‌اند). بعضی از تفسیرهای قدیمی‌تر اصلیت بخش‌های معینی از کتاب را نادیده گرفته‌اند و آنها را جزو افزوده‌های بعدی دانسته‌اند که به منظور توضیح پیام اصلی

1. Rowley

به متن اولیه افزوده شـــده‌اند. تفســیرهای جدیدتر (مانند کلاینـــز، گود، هابل، جنزن، راد[1] وایبری) کوشـــیده‌اند ایـــن کتاب را در قالب یک اثر ادبی یکدست، در همان شکل و فرمی که امروزه در دســـت داریم، تفسیر کنند و برای این کار چنین استدلال می‌کنند که با وجود تفاوت‌هایی که در متن به چشم می‌خورد، اما ویراستار(ان) مضمون واحدی را دنبال می‌کرده است.

متن و زبان کتاب ایوب

از ظواهـــر امر چنین پیداســـت که متن عبری کتاب ایوب طـــی انتقال به دوره‌های بعدی، متحمل آسیب‌های جدی شده است. متن در جاهایی، نسبتاً مبهم و در برخی جاها نامفهوم است. از این‌رو محققان بیش از هر کتاب دیگری در کتاب‌مقدس عبری، روی تصحیح کتـــاب ایوب وقت صرف کرده‌اند. ترجمهٔ یونانی قدیمی کتاب ایوب تا حدود ۱۰۰ پ. م. متداول بود. این متن به‌رغم آنکه در ایوب ۹:۲ (ســـخنی از جانب زن ایوب) و ایـــوب ۱۷:۴۲ (اطلاعـــات پَس‌زمینه‌ای در مورد شـــخصیت‌های داســـتان) مطالب اضافـــه‌ای دارد، اما پنج ششـــم متن عبری کنونـــی و متن مازورتی (MT) اســـت (نگاه کنید به جدول "قســـمت‌های حذف شـــده در متن یونانـــی" در ص ۱۷۹) و در بعضی قسمت‌ها ترجمه‌ای آزاد از متن عبری ارائه داده است. تارگوم آرامی ایوب که در قمران پیدا شـــد (11QTgJob) با توجه به معیارهای زبان‌شـــناختی، به سد دوم پ. م. تعلق دارد. این تارگوم شـــامل یک تومار بلند، ۲۷ تکهٔ بزرگ و تعدادی تکهٔ کوچک می‌شود. اینها حاوی بخش‌هایی از ایوب ۱۷-۴۲ هستند. در کل بـــا متن مازورتی مشـــابهت دارد، اما گه‌گاه به متن یونانی قدیم نزدیک می‌شـــود. چنانکه پیش‌تر خاطرنشـــان کردیم، تارگوم آرامی شـــبیه متن مازورتـــی ایوب ۲۴-۲۷ اســـت. پشیتای ســـریانی[2] ایوب مستقیماً از عبری ترجمه شـــده و در درک بخشـــی از واژه‌های دشوار به محققان کمک می‌کند.

زبان کتاب ایوب اشـــکالات عدیده‌ای را در متن باعث شده اســـت. در این کتاب حدود ۱۰۰ واژه هســـت کـــه در هیچ جای دیگر به‌کار برده نشـــده‌اند. شگفتی‌های این قطعهٔ بلنـــد و منظوم عبری به همین خلاصه نمی‌شـــود. کاربـــرد واژه‌های متـــرادف در صنعت ادبـــی توازی، که از شـــاخصه‌های شـــعر عبری است، باعث شـــده که نگارنده از واژه‌های مهجور بیشـــتری استفاده کند، که در سایر متون ادبی عبری از آنها اثری به جای نمانده است. معنی برخی از آنها را تنها می‌توان با توجه به کاربرد واژه‌های هم‌ریشه با واژهٔ مورد بررســـی، که در دیگر زبان‌های سامی یافت نیز می‌شـــوند، استنباط کرد. در این رابطه، کشـــف متـــون کنعانی اوگاریت شواهد مفید و تازه‌ای در اختیار پژوهشگران گذاشت.

گاه نگارنده برای ایجاد توازی شـــعری، از واژهٔ مشـــترکی آرامی به‌عنـــوان مترادفی برای واژهٔ عبری اســـتفاده کرده است. علاوه بر ایـــن، در کتاب ایـــوب گونه‌های دیگری از آرامی‌گرایـــی، چه در فـــرم واژه‌ها و چه در برخی اصطلاحات محاوره‌ای، مشـــاهده

1. Rodd

۲. Syriac Peshitta– پشیتا یا پشیطتا به معنی ساده و بسیط است و پشیتای سریانی به نســـخهٔ معیار کتاب‌مقدس در کلیساهای آشوری گفته می‌شود– م.

می‌شود. همچنین شمار قابل‌ملاحظه‌ای از واژه‌ها هستند که برای فهم بهترشان باید به زبان عربی مراجعه کرد. مقدمه و مؤخرهٔ کتاب به عبری کلاسیک فاخر نوشته شده‌اند، و می‌توان آنها را با روایات کتاب پیدایش و کتاب‌های سموئیل مقایسه کرد.

قسمت‌های حذف‌شده در متن یونانی قدیمی

فهرست شماره‌هایی که در زیر می‌آید، تعداد خط‌های حذف‌شده از متن در هر یک از بخش‌های کتاب ایوب است. این فهرست از تفسیر درایور و گری اقتباس شده.

فصل‌های ۱-۲	۱
فصل‌های ۷-۱۴	۲۳-۲۹
فصل‌های ۱۵-۲۱	۵۹
فصل‌های ۲۲-۳۱	۱۲۴
فصل‌های ۳۲-۳۷	۱۱۴
فصل‌های ۳۸-۴۲:۶	۴۳
فصل ۴۲:۷-۱۷	۳

بسیاری از این خطوط حذف‌شده، یا خط‌های تکراری هستند یا در خطابه‌های قبلی بازگو شده‌اند. این امر حاکی از حذف عمدی در خطابه‌ها و خلاصه کردن آگاهانهٔ آنها توسط مترجم یونانی است.

تاریخ نگارش و نگارندهٔ کتاب ایوب

این واقعیت که داستان ایوب زمینه‌ای مشابه داستان‌های پاتریارخ‌ها دارد، موجب شده که تلمود آن را منتسب به موسی بداند. در سایر مأخذهای به‌جامانده از رابی‌ها، برای زمان نگارش این کتاب طیف گسترده‌ای- از روزگار پاتریارخ‌ها تا زمان عزرا- ذکر شده است. اکثر محققان امروزی تاریخ نگارش کتاب ایوب را دوره‌ای مابین سده‌های هفتم و سوم پ. م. دانسته‌اند. این عدم قطعیت در تاریخ‌گذاری نشان می‌دهد که شواهد صریحی در دست نیست که بر مبنای آن بتوان زمانی دقیق برای نگارش این کتاب تعیین کرد. تاریخ نگارش تارگوم آرامی کتاب ایوب که از قمران به‌دست آمده، به سدهٔ دوم پ. م. بازمی‌گردد، و اشارهٔ احتمالی کتاب حکمت یشوع بن سیراخ ۹:۴۹ (که در اوایل سدهٔ دوم نوشته شده، و اشارهٔ آن در متون عبری و سریانی وجود دارد نه در متن یونانی) به کتاب ایوب، نگارش این کتاب پس از از ۲۰۰ پ. م. را بعید می‌سازد. در زیر به برخی از شایع‌ترین استدلال‌هایی که پیرامون تاریخ‌گذاری کتاب ایوب انجام شده، اشاره می‌کنیم.

- شمار واژه‌ها و اصطلاحات آرامی در کتاب، می‌تواند نشانهٔ زمان نگارش آن در دورهٔ فرمانروایی ایرانیان- یعنی زمانی که استفاده از زبان آرامی در میان یهودیان افزایش چشمگیری یافته بود- باشد. با این‌حال، چنانکه خواهیم دید، برخی از پژوهشگران استدلال کرده‌اند که بهره‌گیری از اصطلاحات آرامی بیشتر مدرکی است دال بر ***مکان*** نگارش کتاب، تا ***زمان*** آن.
- در راستای قرار دادن کتاب ایوب در فرایند تحول الاهیات که در سایر کتاب‌های کتاب‌مقدس شاهدش هستیم، تلاش‌هایی

صورت گرفته است. برای نمونه در کتاب ایوب، همچون زکریا ۳:۱-۲ "شیطان" عنوانی است که بر منصبی خاص دلالت می‌کند. در اول تواریخ ۲۱:۱، که معمولاً زمان نگارشش را سدهٔ سوم یا چهارم پ. م. می‌دانند، شیطان تنها یک نام است. عده‌ای از همین استفاده کرده، چنین استدلال نموده‌اند که زمان نگارش کتاب ایوب نباید متأخرتر از ۳۰۰ پ. م. باشد. موضوع مسئولیت فردی در پیشگاه خدا، که می‌توان آن را در موعظهٔ ارمیا (ارمیا ۳۱:۱۹-۲۴) و حزقیال (حزقیال ۱۸ و ۳۳) یافت، شماری از محققان را بر آن داشته که این موضوع را پَس‌زمینه‌ای مهم برای کتاب ایوب تلقی کنند و زمان نگارش این اثر را بعد از کتاب‌های انبیای مذکور بدانند. با وجود این، در هر دو کتاب یادشده (ارمیا و حزقیال- م.) موضوع انصاف در میان است، چراکه در غیر این‌صورت فرزندان متحمل عذاب گناهان والدین‌شان خواهند شد. در ایوب هیچ اشاره‌ای به این موضوع نشده است. دیگران این‌گونه استدلال کرده‌اند که فرض مسلم انگاشتن یکتاپرستی در کتاب ایوب دال بر زمانی متأخرتر از نبوت‌های اشعیا ۴۰-۵۵ (که معمولاً معتقدند در حدود ۵۵۰ پ. م. نوشته شده) است. در نبوت‌های یادشده، موضوع وحدانیت یهوه- به‌عنوان یگانه خدای حقیقی- موضوع داغ و بحث روز است.

- رویکرد دیگر، اشارات یا نقل‌قول‌های مندرج در کتاب ایوب از سایر کتاب‌های کتاب‌مقدس عبری را دنبال می‌کند. در اینجا به برخی از نمونه‌های بارز نقل‌قول‌ها اشاره می‌کنیم:

مقایسه کنید: ... اوست که دب اکبر و جبار را آفرید،
و هم ثریا و صور فلکی جنوب را. (ایوب ۹:۹)

با: آن که ثریا و جبار را آفرید،
که ظلمت غلیظ را به سپیدهٔ صبح بدل می‌کند. (عاموس ۵:۸الف)

مقایسه کنید: کیست که از این همه درنیابد
که دست خداوند آنها را به جا آورده است؟ (ایوب ۱۲:۹)

با: تا همه ببینند و بدانند،
و تعمق کرده دریابند،
که دست خداوند این را کرده،
و قدوس اسرائیل این را پدید آورده است. (اشعیا ۴۱:۲۰)

مقایسه کنید: اما برادران من همچون رودهای فصلی
فریبکارند،
همچون رودهایی که فقط برای مدتی روان می‌شوند.
(ایوب ۶:۱۵)

با: آیا تو برایم مانند چشمه‌ای
فریبنده
خواهی بود،
و همچون نهری ناپایدار؟
(ارمیا ۱۸:۱۵)

همین اشارات احتمالی به کلمات ارمیا و اشـعیا ۴۰–۵۵ است که باعث شده برخی از محققان سـدهٔ پنجم یا ششم را بهترین زمان برای نگارش کتاب ایوب بدانند. اشکالی که در این قبیل استدلال‌ها وجود دارد این است که تنها بر دو فرض نامعلوم مبتنی هسـتند: ۱) اشارهٔ مزبور اصل است، ۲) نگارندهٔ ایوب به نویسنده‌ای دیگر متکی بوده (در صورتی که شاید موضوع برعکس باشد، یا اینکه هر دو از مأخذی مشترک اقتباس کرده باشند).

- گروهی از پژوهشگران استدلال می‌کنند که هر دو کتاب ایوب و جامعه بازتاب‌دهندهٔ «بحران» پدید آمده در اندیشـهٔ حکیمانهٔ یهودی هستند و ایده‌های سـنتی مربوط به عدالت و کیفر الاهی را زیر سـؤال می‌برند. از این‌رو ایشـان کتاب ایوب را تقریباً همزمان با کتاب جامعه (یعنی حدود ۳۰۰ پ. م.) تاریخ‌گـذاری می‌کنند. با این‌همه، قطعی انگاشـتن وجود «بحران» در اندیشـهٔ یهودی، از حد یک فرضیـه فراتر نمی‌رود. موضوع عدالت و کیفر الاهی یکی از مباحثی اسـت که در زمان‌هـا و مکان‌های متعـددی در ادبیات عبری، همچون پیدایـش ۲۲:۱۸–۳۲، «اعترافـات» ارمیا (مثلا ارمیـا ۱:۱۲–۵)، حبقوق و شـماری از مزامیر مرثیه‌ای (برای مثال، مزمورهـای ۳۷؛ ۷۳) متبلور شده است.

با توجه به ایـن واقعیت که هیچ مبنای محکمـی برای تعیین زمـان نگارش کتاب ایوب وجود ندارد، نمی‌توان با قطعیت گفت که این کتاب در چه زمانی نوشته شده است. ظاهراً اکثر محققان با تاریخ سـدهٔ چهارم یا سوم پ. م. موافقند.

بحـث پیرامون هویـت نگارندهٔ کتاب، به بحـث مختصات زبانی کتـاب ایوب و مکان احتمالـی "دیار عوص" که داسـتان در آن به‌وقوع پیوسـته، گره خورده اسـت. مراثی ۲۱:۴ عوص را بـا ادوم یکی می‌داند و پیدایش ۲۸:۳۶ آن را به "سعیر در سرزمین ادوم" ربط می‌دهد.

کندوکاو بیشتر: "نقل‌قول‌ها" در کتاب ایوب

ایـن فهرسـتی از جاهایـی دیگـر از کتاب‌مقـدس اسـت کـه کم‌وبیش عبارت‌پردازی یکسـانی با کتاب ایوب دارد. آیا این نقل‌قول‌ها اصل هستند؟ اگر چنین است، کدامیک از دیگری نقل‌قول کرده است؟

ایوب ۸:۹الف	= اشعیا ۲۴:۴۴پ
ایوب ۸:۹ب	= عاموس ۱۳:۴ب
ایوب ۹:۹الف	= عاموس ۸:۵الف
ایوب ۱۸:۹ب	= مراثی ۱۵:۳الف
ایوب ۹:۱۲ب	= اشعیا ۲۰:۴۱الف
ایوب ۲۱:۱۲الف + ۲۴ب	= مزمور ۴۰:۱۰۷

ایوب ۱۱:۱۴ = اشعیا ۵:۱۹
ایوب ۷:۱۵ب = امثال ۲۵:۸ب
ایوب ۳۵:۱۵الف = اشعیا ۴:۵۹ب

این فهرست برگرفته از فهرست "قرابت‌های کتاب ایوب با دیگر کتاب‌های عهدعتیق"، اثر جی. ای. هارتلی[1] (۱۹۸۸، صص ۱۱-۱۲) است.

ارمیا ۲۰:۲۵ از عوص جدا از ادوم نام می‌برد، اما آن را در زمرهٔ نواحی جنوبی و همراه با سرزمین‌های فلسطینی ذکر می‌کند. از سوی دیگر، پیدایش ۲۳:۱۰ و ۲۱:۲۲ عوص را به ارام پیوند می‌دهد و این گمان را در ذهن تداعی می‌کند که عوص سرزمینی در شمال اسرائیل بوده است. در ایوب ۳:۱ گفته شده که ایوب «از تمامی مردمان مشرق‌زمین بزرگتر است». در اینجا، بدون شک منظور از «مشرق‌زمین»، نواحی خاوری رود اردن است. با توجه به این شواهد متنوع، برخی از محققان عوص را ناحیه‌ای در ادوم یا نزدیک به آن و در جنوب شرقی اسرائیل دانسته‌اند، که موقعیت جغرافیایی این ناحیه امکان تماس با زبان عربی را برای مردمانش فراهم می‌کرده است. ضمیمهٔ ترجمهٔ هفتاد کتاب ایوب، وی را یکی از پادشاهان ادومی معرفی می‌کند و می‌گوید که خانه‌اش در مرز ادوم و عربستان قرار داشت. با این‌حال، سایرین عوص را ناحیه‌ای در حوران در جانب شمال شرقی اسرائیل دانسته‌اند، یعنی جایی که امکان تماس با زبان آرامی، و احتمالاً عربی برای ساکنانش وجود داشته است.

در سدهٔ دوازدهم میلادی، محقق یهودی، ابن عزرا[2] این نظریه را مطرح ساخت که با توجه به مختصات زبانی، احتمالاً کتاب ایوب از زبانی دیگر به عبری ترجمه شده است. از آن به بعد محققان جسته‌گریخته موضوع ترجمهٔ ایوب از زبان عربی یا آرامی را پیش کشیده‌اند. در زمانهٔ کنونی، گیوم[3] استدلال کرده که کتاب ایوب در اصل به زبان عربی و به‌دست نویسنده‌ای که در یکی از کلنی‌های یهودی‌نشین در عربستان زندگی می‌کرده، نوشته شده، در حالی که تورسینای[4] برای کتاب ایوب، خاستگاهی آرامی قایل شده است. گوردیس در رد این نظریه که ترجمه شدن این کتاب از زبانی دیگر بهترین توجیه برای مختصات زبانیِ آن است، دلایلی محکم ارائه می‌کند. بنا بر استدلال وی، اول از همه دشواری‌های موجود در متن اصلی شاید ناشی از ترجمه‌های غلط بوده، زیرا مترجمان به‌طور معمول سعی می‌کنند از کتابی که در دست ترجمه دارند، برگردانی روان به زبان مقصد ارائه کنند. دوم اینکه، به نظر وی بسیاری از واژه‌های به‌ظاهر آرامی، و در کل، آرامی‌گرایی در کتاب ایوب، شاید نتیجهٔ بهره‌گیری نگارنده از واژه‌های مهجور عبری بوده، که در سایر کتاب‌های عبری دیگر اثری از آنها بر جای نمانده، اما به‌خاطر ریشه‌های مشترک زبان‌های سامی، هنوز در زبان‌های دیگر می‌توان آنها را مشاهده کرد. با این‌همه، گوردیس استدلال

1. J. E. Hartley

۲. Ibn Ezra– ابراهیم بن عزرا (۱۰۸۹-۱۱۶۴ م) فیلسوف، شاعر، اخترشناس، مفسر، طالع‌بین، پزشک و خاخام یهودی اهل تودلای اسپانیا بود که در سدهٔ یازدهم و دوازدهم میلادی می‌زیست– م.

3. Guillaume; 4. Naftali Herz Tur-Sinai

می‌کند که تمرکز بر واژه‌های آرامی در کتاب ایوب، و به‌ویژه بهره‌گیری از واژه‌های آرامی به‌عنوان مترادف‌هایی برای واژه‌های عبری- در صنعت ادبی توازی- نشانگر آن است که نویسنده شناخت خوبی از زبان آرامی داشته است. به گمان هارتلی نویسندهٔ ایوب یا این کتاب را به گویشی از زبان عبری نزدیک به زبان آرامی- نه عبری کلاسیک به‌کار رفته در اکثر کتاب‌های کتاب‌مقدس- نوشته، یا احتمالاً فردی دوزبانه بوده است.

کندوکاو بیشتر:
ایوب، متنی ترجمه‌شده

استدلال گوردیس را که در رد ترجمه بودن کتاب ایوب از زبان عربی یا آرامی به زبان عبری اقامه کرده، بخوانید (۱۹۶۵، صص ۲۰۹-۲۱۲). آیا به نظر شما استدلال وی متقاعد کننده است؟

همانند موضوع تاریخ نگارش این کتاب، باز هیچ شواهد و مدارک مستدلی وجود ندارد که به موجب آنها بتوان با اطمینان نتیجه گرفت که نویسندهٔ ایوب چه کسی بوده است.

ادبیات باستانی قابل مقایسه با ایوب

با وجودی که در ادبیات غیراسرائیلی باستان، اثری وجود ندارد که به‌طور کامل با کتاب ایوب قابل مقایسه باشد، اما متن‌هایی هست که به‌لحاظ فرم ادبی‌شان و/ یا مضمونی که بدان پرداخته‌اند، شباهت‌هایی با این اثر دارند.

شعر سومری موسوم به «***مویهٔ مردی خطاب به خدایش***»، که از حدود ۲۰۰۰ پ. م. به‌جا مانده، با تشویق خوانندگان به ستایش یکی از خدایان و تضرع به درگاه وی آغاز می‌شود. سپس مردی را معرفی می‌کند که به‌رغم زندگی نیکویی که داشته، متحمل رنج‌های بسیار شده است. مویه‌های وی به تفصیل نقل شده‌اند. او از کلمات دروغی که دوستانش در حق وی بر زبان آورده‌اند شکایت می‌کند و می‌پرسد که چرا باید با او همچون شریران رفتار شود. او از خدایش می‌پرسد که چرا وی را نادیده گرفته و برای کمک به او هیچ اقدامی نمی‌کند، و در حقیقت به‌نظر می‌رسد که مشکلات بیشتری را روی سرش تلنبار می‌کند. در حالی که مرد سرگرم گریه و زاری است، خانواده‌اش و زنانی که کارشان عزاداری حرفه‌ای است، وی را همراهی می‌کنند. دستِ‌کم تلخی و عمق اندوه وی، تا درجه‌ای از اهمیت قرار دارد که طی اعترافی کوتاه به گناهش از خدا می‌خواهد بر وی رحم کند و از فلاکت نجاتش دهد. گلایه‌های مرد به شکایت‌های ایوب شباهت‌هایی دارد، اما در کل درسی که شعر مزبور می‌دهد، بیشتر همراستا با پندهای دوستان ایوب است.

متن بابلی ***حکمت خداوند را خواهم ستود*** (حدود ۱۳۰۰ پ.م.) سرود شکرگزاری از مردوک است که پس از بهبودی پادشاهی از بیماری سراییده شده. فرمانروا در این سروده رنج‌هایش را به یاد می‌آورد، و جزئیات دهشتناک آنها را بیان می‌کند، و مرثیه‌ای را که طی آن دوره سراییده بود، ثبت می‌نماید. شکایت وی از این است که خدایان او را رها کرده‌اند، و

مطرود خانواده و دوستانش شده است، مقام و موقعیت برجستهٔ اجتماعی را از دست داده و بیماری وی را از پا درآورده است. با اینکه مطابق موازین پارسایی زندگی کرده، اما همچون بی‌خدایان متحمل رنج و عذاب شده است. حدس وی این است که برای خدایان بوالهوس ارزش‌های الاهی وارونه شده، و اکنون از نیکان روی گردانده‌اند و شریران را مورد لطف قرار می‌دهند. زمانی که خواسته بود صدای مردوک را بشنود، پاسخی جز سکوت نگرفته بود. در نهایت آرزو کرده بود که خشم مردوک فروکش کند و برای رهانیدن وی دست به اقدامی بزند. کم‌کم حال وی بهتر می‌شود و سلامتی خود را بازمی‌یابد. آنگاه دسته‌ای به راه انداخته، راهی معبد مردوک می‌شود و برای همهٔ آنانی که از مقررات معبد سرپیچی کرده بودند، خود را نمونهٔ رحمت مردوک معرفی می‌کند. تشابه اصلی این متن بابلی با کتاب ایوب در مفهوم بی‌عدالتی از نگاه شخص رنج‌کشیده و ادراک‌ناپذیریِ طریق‌های خدایان است.

هر دو متن یاد شده به‌صورت منولوگ (تکگویی- م.) ارائه شده‌اند. اثری که به‌لحاظ فرم به ایوب نزدیکتر است، ***تئودیسهٔ بابلی*** (حدود ۱۰۰۰ پ. م.) است. این نوشته شعری است توشیحی متشکل از ۲۷ بند، و هر بند از ۱۱ مصراع تشکیل شده است. همهٔ مصراع‌های هر بند با نشانهٔ خط میخی[۱] یکسانی آغاز می‌شوند. متن مزبور دیالوگی است میان فردی رنج‌کشیده و دوستش، یا شاید دوستانش. در این متن تفاوت میان واقعیت رنج و تعالیم دینی سنتی دربارهٔ این موضوع، تشریح می‌شود. شخص رنج‌کشیده مشکلات خود را با دوستش در میان می‌گذارد، و دوستش می‌کوشد با توصیه‌هایی نظیر دعا کردن و داشتن رفتار عادلانه، تلخی و گلایه‌های وی را مهار کند. شخص رنج‌کشیده به نمونه‌هایی از بی‌عدالتی در زندگی و جامعه اشاره می‌کند و از آنها چنین نتیجه می‌گیرد که کسانی که از خدا غافل هستند کامیاب و آنانی که خداترسند، بینوا می‌شوند. دوستش این سخن را کفرگویی تلقی و این‌گونه استدلال می‌کند که باید پذیرفت که درک طریق‌های خدا کار آسانی نیست. وی مجبور می‌شود تصدیق کند که خدایان به بشر سرشتی دروغگو بخشیده‌اند، و ایشان تا این اندازه مسئول بدبختی‌های اجتماع هستند. آنگاه فرد رنج‌کشیده از دوستش طلب بخشش و از ارواح نگهبانش طلب رحمت می‌کند. او اذعان می‌کند که خدای خورشید، یعنی خدای عدالت، شبان آدمیان است. نتیجه‌گیری مزبور با جمله‌ای که در قالب توشیحی بیان شده، انعکاس پیدا می‌کند. نگارندهٔ اثر با این کار خود اظهار می‌دارد که از جملهٔ کسانی است که برای خدا و پادشاه حرمت قایل هستند. این اثر همانند کتاب ایوب بر نقص و نارسایی تعالیم ساده‌لوحانه در مورد پاداش و کیفر در مواجهه با واقعیت رنج، صحه می‌گذارد. هیچ راه‌حلی برای معضل ناشی از این نارسایی ارائه نمی‌کند، اما از ادامه دادن به زندگی مطابق موازین خداپسندانه، دفاع می‌کند.

همچنان که از نام ***گفتگوی بدبینانهٔ*** بابلی[۲] (حدود ۱۳۰۰ پ. م.) پیداست، این اثر هم

1. Cuneiform

2. Babylonian Dialogue of Pessimism

در قالب دیالوگ نگاشته شده، و این‌بار بحث میان مردی با خدمتکارش در جریان است. پیرامون محتوای این متن در بخش مربوط به کتاب جامعه/ کوُهِلِت بحث خواهد شد. این نوشته وجوه اشتراک چندانی با ایوب ندارد.

شعر مصریِ موسوم به ***بحث و جدل بر سر خودکشی***[۱] (حدود ۲۱۰۰ پ. م.) داریم که دیالوگی است میان مردی با روح/ جانِ خودش. موضوع بحث، میل مرد به ارتکاب خودکشی است. دو مورد از مضامینی که در این شعر بدان‌ها پرداخته شده، خواننده را به یاد ایوب می‌اندازد: این واقعیت که ظاهراً شریران ترقی می‌کنند، در حالی‌که عادلان هلاک می‌شوند، و دیگری آرزوی مرگ کردنِ کسی که در زندگی با بی‌عدالتی روبه‌رو شده است.

اعتراض‌های روستایی سخنور[۲] داستانی است منثور که در آن نُه گفتار شبه‌منظوم از زبان فردی روستایی ثبت شده است. روستایی همهٔ این گفتارها را خطاب به سرمباشری که یکی از زیردستان خود را برای نظارت بر کار روستایی گماشته و او روستایی را مورد ستم قرار داده، بیان می‌کند. همهٔ آنها درخواست برای اجرای عدالت هستند. شرح مصائب مرد روستایی سرانجام به گوش فرعون می‌رسد و از سخنوری وی به وجد می‌آید. در پایان فرد روستایی با اعطای منصبی باافتخار و دریافت داراییِ فرد ستمکار، پاداش خود را می‌گیرد. این نوشته در فرم اثر شباهت‌هایی با کتاب ایوب دارد، اما عدالت خدایان را زیر سؤال نمی‌برد.

برای وابستگی مستقیم میان ایوب و این آثار ادبی سومری، بابلی و مصری، هیچ دلیلی در دست نیست. آنچه که این نوشته‌ها نشان می‌دهند این است که مضامین مورد بحث در کتاب ایوب، موضوعاتی همیشگی هستند که نویسندگان به شیوه‌های گوناگون بدان‌ها پرداخته‌اند. اثر دیگری که به آن‌سوی مرزهای فرهنگی خاور نزدیک باستان تعلق دارد و می‌توان آن را با کتاب ایوب مورد مقایسه قرار داد، نمایشنامهٔ یونانی ***پرومته در زنجیر***[۳] (حدود ۴۶۰ پ. م.) نوشتهٔ اشیل[۴] است. نمایشنامه چنین آغاز می‌شود که زئوس پرومته را در کوهستانی در انتهای جهان به زنجیر کشیده تا مجازات کند. بدنهٔ اصلی نمایشنامه حاوی چند سلسله دیالوگ است که میان پرومته و بازدیدکنندگان مختلف ردوبدل می‌شود. در این دیالوگ‌ها پرومته نیکویی‌هایی را که در حق انسان‌ها کرده، و در عوض ناعادلانه از سوی زئوس مورد مجازات قرار گرفته، برمی‌شمارد و او را به مبارزه می‌طلبد. با وجود این، باورش را به این امر بیان می‌کند که سرانجام روزی زئوس دست آشتی به‌سوی او دراز خواهد کرد. آخرین بازدیدکننده، هرمس، پیک زئوس است که از پرومته می‌خواهد رازی را که در رابطه با سرنگونی قطعی زئوس در سینه دارد، برملا کند. پرومته از افشای راز سر بازمی‌زند، و نمایشنامه در حالی به پایان می‌رسد که وی نزول زئوس را از اریکهٔ خدایی به تصویر می‌کشد و آسمان و

1. The Dispute over Suicide; 2. The Protests of the Eloquent Peasant

3. Prometheus Bound

۴. Aeschylus – آیسخولوس یا اسکیلس یا اشیل (۵۲۵–۴۵۵ پ. م.) تراژدی‌نویس یونانی که از دیگر آثار وی می‌توان به «پارسیان» اشاره کرد– م.

زمین را برای خطای ناکرده‌ای که به‌خاطرش متحمل رنج شده، گواه می‌گیرد.

میان کتاب ایوب و برخی از نوشته‌های حکمتی مصری، به‌گونهٔ دیگری از وجوه اشتراک برمی‌خوریم. «**نامنامهٔ آمنوپ**»[1] همهٔ چیزهایی را که آفریدگار (پتاه) در آسمان و بر زمین آفرید فهرست کرده است. ترتیب این فهرست در جاهایی با ترتیب پدیده‌های طبیعی نامبرده شده در ایوب ۳۸-۳۹ مطابقت دارد. در «**هجونامهٔ هوری**»[2] (حدود ۱۵۸۰-۱۰۸۰ پ. م.) از قرار معلوم یکی از صاحب‌منصبان برای کم کردن روی کاتب مغروری که با وی مکاتبه داشته، از شیوه پرسش و پاسخ آموزگار از شاگرد استفاده می‌کند. در اینجا هم وجه اشتراکی وجود دارد، و این بار شباهت اثر مصری با ایوب ۳۸-۳۹ نه در محتوا، که در فرم است (پرسش‌های صاحب‌منصب در رابطه با جغرافیا).

کتاب ایوب از دیدگاه ادبی

کسانی که در زمینهٔ نقد فرم کار می‌کنند، گذشته از تقسیم عمدهٔ نظم و نثر، می‌توانند فرم‌های ادبی گوناگونی را که در کتاب ایوب خودنمایی می‌کنند، شناسایی کنند. فرم‌های ادبی از جمله مرثیه (ایوب ۳)، مَثَل (۲:۵)، سرود (۹:۵-۱۶)، حکایت تمثیلی (۱۱:۸-۱۹)، مناظره (فصل ۲۱)، شعر حکیمانه (فصل ۲۸)، سوگند بی‌گناهی (فصل ۳۱). حضور این همه موضوعات متنوع در کتاب ایوب، تلاش محققان برای طبقه‌بندی این کتاب بر اساس ژانر ادبی

را با اشکال مواجه ساخته است. چنانکه دیدیم، در ادبیات خاور نزدیک باستان هیچ اثر دیگری شبیه به کتاب ایوب نیست که از جور زمانه در امان مانده باشد. در مورد ژانر ادبی این کتاب اظهارنظرهای گوناگونی صورت گرفته است: مرثیه‌ای استجاب‌شده، محاکمه‌ای قضایی، هزل و مناظره‌ای حکیمانه. مشکل طبقه‌بندی پوپ[3] را واداشت تا چنین نتیجه بگیرد که این کتاب اثری منحصربه‌فرد[4] است و طبقه‌بندی مختص به خودش را دارد. بیشتر محققان برای توصیف کتاب ایوب به اصطلاحات کلی، نظیر «ادبیات حکمتی» متوسل می‌شوند. این به‌خاطر وجود مضامینی (همچون رنج، پاداش و کیفر، آفرینش، حکمت در اَشکال گوناگون) که در این کتاب بدانها پرداخته شده، و همچنین فرم گفت‌وشنود (دیالوگ) است.

در کتاب ایوب علاوه بر فنون مرسوم در شعر عبری، شماری از تکنیک‌های ادبی دیگر نیز به‌کار گرفته شده‌اند. نمونه‌ای از این تکنیک‌ها، تکرار واژه‌ها به‌صورت زنجیره در یک پاراگراف می‌باشد. این می‌تواند همچون استفاده از واژهٔ «مکان» در فصل ۲۸، تکراری سرراست باشد. با این‌حال، ممکن است مانند آنچه که در ایوب ۹:۳ و ۱۶ و ۲۰ می‌بینیم، یکجور بازی با کلمات هم در جریان باشد. در موردی که ذکر کردیم، واژهٔ «نور» آیهٔ ۹ روشنایی مادی روز است. در آیهٔ ۱۶ همین واژه معنایی دوگانه می‌گیرد: «روشنایی روز» و «زندگی». نهایتاً در آیهٔ ۲۰ همین واژه به‌عنوان مترادفی برای «زندگی» به‌کار رفته است.

---

1. The Onomasticon of Amenope; 2. The Satirical Letter of Hori

3. Pope; 4. sui generis

نمونهٔ دیگر، کاربرد کنایه است. این تکنیک بیش از یک‌بار مورد استفاده قرار گرفته است. کنایهٔ لفظی پدیده‌ای متداول محسوب می‌شود. ایوب در خطابهٔ خود در فصل ۷، از «بطالت» خویش (آیهٔ ۳)، «بازنگشتن» از هاویه (آیهٔ ۱۰)، «تلخی جان» (آیهٔ ۱۱)، و از چیزهایی که وی را به «وحشت» می‌افکنند (آیهٔ ۱۴)، سخن می‌گوید. الیفاز در ۱۵:۲۰-۳۵ برای توصیف خودش از «درد و رنجی» که شریران تجربه می‌کنند، از همین واژه‌ها بهره می‌گیرد. این به آنچه که وی در آیهٔ ۶ گفته بود- «دهان خودت تو را محکوم می‌کند»- نکاتی را می‌افزاید. این کنایه جنبه‌ای دراماتیک هم دارد. در ۲۲:۲۶-۳۰ الیفاز به ایوب قول می‌دهد که اگر توبه و با خدا آشتی کند، حتی می‌تواند به جایگاه شفیعی ارتقا یابد که در آن با شفاعتش سایرین را از غضب خدا خواهد رهانید. نکتهٔ کنایه‌آمیز در اینجاست که در مؤخرهٔ کتاب، زمانی که خدا الیفاز و دوستانش را محکوم می‌کند، این ایوب است که از اتهاماتش تبرئه می‌گردد و خدا به الیفاز می‌گوید که از ایوب بخواهد تا برای ایشان شفاعت کند! سومین شکل کنایه در کتاب‌مقدس عبری، کنایهٔ معنوی است، مانند آنچه که در مزمور ۸:۴ می‌بینیم و ظاهراً در ایوب ۷:۱۷-۱۸ نیز تکرار شده است.

انسان چیست که در اندیشه‌اش باشی،
و بنی‌آدم، که به او روی نمایی؟
(مزمور ۸:۴)
انسان چیست که او را در شمار آوری،
و دل بدو مشغول داری؟
هر بامداد به سراغش آیی،
و هر لحظه او را بیازمایی؟
(ایوب ۷:۱۷-۱۸)

شیوع تکنیک کنایه در کتاب ایوب عاملی است که باعث شده دل[1] و عده‌ای دیگر از محققان چنین استدلال کنند که ایوب هزلیه‌ای است که شک و بدبینی نسبت به ایده‌های سنتی حکمت را بیان می‌کند.

در بررسی‌های ادبی که همین اواخر روی کتاب ایوب انجام گرفته، تمرکز از روی علاقه به بخش‌های مختلف کتاب، خاستگاه‌های احتمالی آنها و نحوهٔ گردآوری این بخش‌ها و تبدیل ساختنش به کتابی که اکنون در دست داریم، برداشته شده، و علاقه به فرم کنونی آن در کانون توجه پژوهشگران قرار گرفته است. در نتیجهٔ این بررسی‌ها، محققان بر یکپارچگی ادبی این کتاب صحه گذاشته‌اند. بررسی هابل نمونهٔ خوبی از این نتیجه‌گیری‌هاست.

هابل به شماری از واژه‌های کلیدی برخورده که هم در «قالب» نثر مشاهده می‌شوند و هم در دیالوگ‌های منظوم، و همین واژه‌ها هستند که انسجام میان بخش‌های منثور و منظوم را برقرار می‌کنند. یکی از این واژه‌ها، «بی‌عیب» است. در همان ابتدای کتاب، ایوب به‌عنوان شخصی «بی‌عیب» به خواننده معرفی می‌شود (ایوب ۱:۱)، و خدا هم در شورای آسمانی، بر این واقعیت مهر تأیید می‌زند (آیهٔ ۸). بلدد به‌طور ضمنی می‌گوید که ایوب باید مرتکب خطا و گناهی شده باشد، زیرا «به یقین خدا مرد بی‌عیب را طرد نخواهد کرد» (۸:۲۰). ایوب در پاسخ به

1. Dell

او اصرار می‌ورزد که فردی «بی‌عیب» است (۲۱:۹-۲۲). زن ایوب، هنگامی که می‌گوید: «آیا همچنان کاملیت [بی‌عیب بودن] خود را حفظ می‌کنی؟» (۹:۲)، از اصطلاحی عبری که هم‌خانواده با «بی‌عیب» است، استفاده می‌کند. الیفاز به ایوب نصیحت می‌کند که باید امیدش به «بی‌عیبی [بی‌غل‌وغش بودن] رفتارش» باشد (۶:۴). ایوب در خطابه‌اش که به‌طور کوبنده‌ای به این دیالوگ خاتمه می‌دهد، هنگامی که سوگند یاد می‌کند (گونه‌ای از نفرین کردن خودش، نه خدا)، کلماتی بر زبان می‌آورد که بازتاب سخنان همسرش است و می‌گوید: «تا زنده‌ام کاملیت خویش را انکار نخواهم کرد. همچنان بر پارسایی خود پای خواهم فشرد» (۵:۲۷-۶).

هابل چنین استدلال می‌کند که در مورد تمایز میان «روایت» و «دیالوگ» معمولاً بیش از آنچه که باید مبالغه می‌شود، و هواداران این تمایز دیالوگ را میان‌پرده‌ای ایستا در طرح داستان تلقی می‌کنند که در فاصلهٔ میان مقدمه و مؤخرهٔ روایت، خودنمایی می‌کند. از دیدگاه وی خطابه‌ها جزو لاینفک طرح داستان هستند. جمله‌ای که در ۱:۳ آمده، مقدمهٔ کتاب را به خطابه‌ها پیوند می‌دهد و چنین گزارش می‌کند که ایوب بر آن است تا روزی را که زاده شد نفرین کند. خود این نفرین یکجور اقدام است: "اقدامی کلامی".[1] نفرین ایوب دوستانش را وادار به شکستن سکوت می‌کند، و بدین‌ترتیب دیالوگ آغاز می‌شود. در ۱:۲۷ نویسندهٔ کتاب، وقتی فرم مقدمهٔ خطابه‌ها از «سپس فلانی در پاسخ گفت» به «و ایوب در ادامهٔ خطابهٔ خود گفت» تغییر می‌یابد، به خواننده علامت می‌دهد که طرح داستان وارد مرحلهٔ تازه‌ای شده است. این مقدمه نفرینی دیگر است که به‌نوعی با نفرین مندرج در فصل ۳ توازن برقرار می‌سازد. «خطابهٔ» ایوب در فصل‌های ۲۹-۳۱ با نفرین کردن خودش پایان می‌یابد و درست مانند فصل ۳ که انگیزهٔ به حرف آمدن دوستان ایوب شده بود، این‌بار نفرین زمینه را برای رویارویی وی با خدا آماده می‌کند. هابل چنین استدلال می‌کند که الیهو شخصیتی نیست که ویراستار غیرحرفه‌ای کتاب غفلتاً او را به داستان افزوده باشد. در ۳۳:۹ ایوب چنین شِکوه می‌کند که «میان ما داوری *[mokiah]* نیست». الیهو در ۱۲:۳۲ از همین اصطلاح استفاده می‌کند (که هابل آن را چنین ترجمه کرده: «اینک هیچ داوری *[mokiah]* برای ایوب نیست») و تلویحاً قصد دارد بگوید که خودش قرار است این نقش را بر عهده بگیرد. از این‌رو ایوب را فرامی‌خواند تا برای پاسخگویی در دادگاه وی حاضر شود (۵:۳۳)، زیرا وی هیبت ترسناکی ندارد که برخلاف تصور ایوب از خدا (۳۴:۹)، وی را به هراس بیفکند. سخنان الیهو قضاوتی انسانی از موضع ایوب است. در پی این قضاوت انسانی است که خدا با هیبتی خیره‌کننده وارد صحنه می‌شود و در نهایت زمینه برای واپسین سخنان ایوب فراهم می‌گردد. بدین‌ترتیب، هابل خطابه‌ها را جزو یک طرح پیچیدهٔ داستانی می‌بیند که کل کتاب را شامل می‌شود.

هابل خاطرنشان می‌سازد که در توصیف ۱:۱ از ایوب به‌عنوان کسی که «از خدا می‌ترسید و از بدی اجتناب می‌کرد» و نیز واپسین کلمات ایوب ۲۸:۲۸ (ترجمهٔ

1. Speech act

تحت‌اللفظی از زبان عبری می‌گوید: «به‌راستی حکمت، ترس خداوند است؛ و فهم، روی گرداندن [دوری جستن] از شرارت»)، یکجور «ساختار پرانتزی»[1] (که اغلب از آن به‌صورت عبارت پرانتزگونه یا *inclusio* یاد می‌شود) به چشم می‌خورد. هابل استدلال می‌کند که این امر نشان می‌دهد که فصل ۲۸ بعدها به کتاب افزوده نشده، بلکه نگارنده آگاهانه آن را در انتهای دیالوگ میان ایوب و دوستانش قرار داده است.

در موردش بیندیشید
کلمات در جایگاه "اقدامات کلامی"

بررسی جدید در زمینهٔ زبان نشان داده که در عبارات کلامی، نوعی از اقدام به چشم می‌خورد. به‌عنوان مثال، عبارات زیر را در نظر بگیرید: فرمان‌ها، وعده‌ها، توبیخ‌ها، کلمات بخشایش. آیا این عبارات نظر هابل را در این مورد که «طرح داستان» ایوب به‌جای اقدامات عملی که معمولاً در طرح یک داستان انتظارش را داریم، با اقدامات کلامی پیش برده می‌شود، تأیید می‌کنند؟

مؤخره

چنانکه در گذشته نیز خاطرنشان ساختیم، بسیاری از محققان میان مؤخره و باقی قسمت‌های کتاب ایوب تنش الاهیاتی آشکاری می‌بینند. ظاهراً نخستین آیه‌های مقدمه، از آموزه مشروط بودن پاداش و کیفر حکایت دارند. ایوب مردی توصیف می‌شود که هم «بی‌عیب و صالح بود، کسی که از خدا می‌ترسید و از بدی اجتناب می‌کرد» و هم «از تمامی مردمان مشرق‌زمین بزرگ‌تر بود». ممکن است برای خواننده این تصور ایجاد شود که میان پرهیزکاری ایوب و ثروت و شأن اجتماعی وی، رابطه‌ای مستقیم وجود دارد. با این‌حال، به مجردی که خدا چالش شیطان را برای آزمودن ایوب می‌پذیرد، رشتهٔ این تصور که ***باید*** همیشه چنین رابطهٔ مستقیمی وجود داشته باشد، گسسته می‌شود. سپس طی دیالوگ‌ها، مفاهیم ضمنی این گسستگی آشکار می‌شوند. در ایوب ۴۲:۷-۹، خدا دوستان ایوب را به‌خاطر دفاع از این موضع که باید حتماً میان پرهیزکاری و کامیابی رابطه‌ای وجود داشته باشد، نکوهش می‌کند. با وجود این، به‌نظر می‌رسد که وقایع بعدی و برگشتن سلامتی و دارایی ایوب دوباره این رابطه را برقرار می‌کند و باعث می‌شود که میان مؤخره و روال اصلی پیام کتاب ایوب، تضاد ایجاد شود.

معدودی از محققان (همچون باتنویزر[2]) این تضاد آشکار را با این نظریه توجیه کرده‌اند که مؤخرهٔ کتاب ایوب بعدها و توسط ویراستاری ناوارد به متن افزوده شده است. گروهی دیگر (همچون پوپ) استدلال کرده‌اند که بازگشت سلامت و ثروت ایوب یکی از اجزای اصلی روایت عامیانهٔ قدیمی ایوب بوده و نویسندهٔ دیالوگ‌ها نمی‌توانسته به همین راحتی آن را از انتهای داستان حذف کند. محققان بسیاری نیز هیچ‌یک از این دو نظریه را قانع‌کننده نیافته‌اند. بعید به‌نظر می‌رسد که کتاب ایوب بدون مؤخره‌ای که موضوع آغاز شده در روایت «مقدمه» را جمع و جور کند، اصلاً وجود داشته است.

1. Envelope structure

2. Buttenwieser

همان‌طور که هنگام بحث در مورد تألیف کتاب هم اشاره کردیم، دلیل محکمی برای این باور وجود دارد که نویسندهٔ دیالوگ‌ها، قصه‌ای عامیانه و قدیمی را از نو بازگو کرده و آن را به فرم و قالب کنونی درآورده است. با توجه به این نکته و نیز تعمدی که در گسستن آموزهٔ سنتی پاداش و کیفر در مؤخرهٔ کتاب ایوب به چشم می‌خورد، پس چرا نویسنده باید دوباره در مؤخرهٔ کتابش، آموزهٔ رد شده را از نو بیان کند؟ آیا به‌راستی چنین اتفاقی افتاده است؟

کلاینز این برهان را مطرح می‌سازد که آنچه در مورد تفاوت مؤخره با مابقی قسمت‌های کتاب می‌بینیم، نه تناقض بلکه «ساختارشکنی» است. تناقض برخوردی آشکار میان دو فلسفه است، که شاید نتیجه‌اش این شود که شخص یکی از فلسفه‌ها را جایگزین دیگری سازد. این همان چیزی است که در مقدمهٔ کتاب، وقتی خدا به شیطان اجازه می‌دهد ایوب را آزمایش کند، روی می‌دهد. کلاینز «ساختارشکنی» را «تضعیف» فلسفه‌ای که متن بر آن تأکید دارد، تعریف می‌کند. «تضعیف» کاری است که در زیر سطح انجام می‌شود و پایه‌های فلسفه‌ای را سست می‌سازد. کلاینز چنین استدلال می‌کند که تضعیف فلسفهٔ حاکم بر متن، دقیقاً همان کاری است که در مؤخرهٔ کتاب ایوب صورت می‌گیرد، زیرا میان مؤخره و پیام باقی قسمتهای کتاب هیچ تناقض آشکاری وجود ندارد؛ با این‌همه، بازگشت تندرستی و دارایی و فرزندان ایوب، چنین تناقضی را در ذهن خواننده تداعی می‌سازد. این ساختارشکنی، خواننده را با پیام کتاب در وضعیت بلاتکلیفی رها می‌کند.

قرائت «ساختارشکنانه» از مؤخره، دست‌ِکم از دو جنبه زیر سؤال می‌رود. نخست، چنانکه خاطرنشان ساختیم، بسیاری از محققان میان مؤخره و مابقی مطالب کتاب ایوب تناقضی آشکار مشاهده کرده‌اند (و عده‌ای هم آن را خیلی جدی گرفته‌اند). مشکل صرفاً برداشتی تلویحی از آنچه که در زیر لایهٔ سطحی متن پنهان شده، نیست. دوم اینکه، بررسی‌هایی که اخیراً روی فرایند خوانش صورت گرفته ثابت کرده که آنچه در کتاب‌ها مورد تأکید قرار گرفته، معمولاً با این هدف طراحی شده که از ابتدا تا انتها، و به شیوه‌ای «خطی» خوانده شود. بنابراین، از خواننده انتظار می‌رود که در هر مقطعی، متن را با توجه به آنچه که تا مقطع مورد نظر خوانده، درک کند. مفسران زیادی (بدون هیچ اشارهٔ صریحی به نظریهٔ فرایند خوانش) این اصل را پذیرفته‌اند و کوشیده‌اند مؤخرهٔ کتاب ایوب را طوری درک کنند که در تناقض با مطالب پیشینش نباشد.

بر پایهٔ استدلال رولی، با توجه به گسستگی رابطه میان پارسایی و کامیابی، از دوباره کامیاب شدن ایوب باید چنین استنباط کرد که این نه به‌خاطر پارسایی وی، بلکه ناشی از این واقعیت بوده که آزمایش ایوب به اتمام رسیده است. به نظر وی، نبوغ هنری کتاب چنین برداشتی را ایجاب می‌کند. آزمون باید نتیجه‌ای متناسب داشته باشد، و از دید خواننده هر چیز دیگری غیر از بازگشت تندرستی و دارایی ایوب، تحمل‌ناپذیر خواهد بود. شماری از پژوهشگران به استدلال‌هایی شبیه به این روی آورده‌اند (مثلاً، اندرسن، ایتن، هابل).

کرنشاو و پردو، هر دو در مؤخره بیش از اعادهٔ سلامت و ثروت ایوب، اعادهٔ حرمت خدا را می‌بینند، که پردو از آن با عنوان «برائت خدا» یاد می‌کند. قبول «شرط‌بندی» با شیطان توسط خدا و در نتیجهٔ آن رنج و مصیبت ایوب، حداقل پرسش‌هایی را در ذهن خواننده دربارهٔ علاقهٔ خدا به ایوب برانگیخت. حال، خدا با رفتاری که در مؤخرهٔ کتاب با ایوب می‌کند، دست‌ِکم تا اندازه‌ای به این پرسش‌ها پاسخ می‌دهد.

در تفسیرهایی که بر مؤخرهٔ کتاب ایوب نوشته شده، محققان بر این نکته تأکید دارند که خدا- درست برخلاف عقیدهٔ دوستان ایوب که اقدامات الاهی را در چارچوب قید و بندها و محدودیت‌های ناشی از رابطهٔ پرهیزکاری و کامیابی می‌دیدند- با آزادی عمل کار می‌کند. جنزن بیش از سایرین روی این نکته مانور می‌دهد. وی اصرار دارد که اقدامات خدا در مؤخرهٔ کتاب را باید برآمده از آزادی عمل خدا دانست. این آزادی درسی است که باید از دیالوگ‌ها و نقطهٔ اوج‌شان، یعنی سخنان خدا، آموخت. هیچ چیز نمی‌تواند خدا را محدود و مقید به قانون پاداش و کیفر کند. او می‌تواند بی‌دلیل به خدمتگزارانش پاداش عطا فرماید و این کار را هم می‌کند. در واقع، نکته‌ای که جنزن خاطرنشان می‌سازد، مضمون اقدام بی‌دلیل در مؤخرهٔ کتاب است. اینکه نام دختران ایوب ذکر شده، اما از پسران وی اسمی برده نمی‌شود، با قواعد عرفی که از روایت عبری انتظار داریم، در منافات کامل است. وانگهی، ایوب هم با دادن حقوق ارث و میراث به دخترانش، دست به اقدامی بی‌دلیل می‌زند، چراکه بنا بر قوانین عبرانی، ارث تنها زمانی به دختران تعلق می‌گرفت که ورثهٔ ذکوری در میان نباشد. پس مؤخره بیش از آنکه سعی در تبیین قانون پاداش و کیفر داشته باشد، مضمون اقدام آزادانه و مبتنی بر فیض را دنبال می‌کند.

در موردش بیندیشید

پرهیزکاری و کامیابی

این عقیده که باید میان پرهیزکاری و کامیابی، یا نیکویی و سعادتمندی رابطه‌ای مستحکم وجود داشته باشد، هم در اندیشهٔ عوامانه (برای نمونه، مثل «بهترین خط‌مشی، روراستی است» که قبلاً بدان اشاره کردیم) هواداران بسیاری دارد و هم در برخی از فرم‌های دینی امروزی (مثلاً، "انجیل سلامت، ثروت و رفاه"). آیا این اندیشه باعث نمی‌شود که کتاب ایوب در زمانهٔ کنونی هم حرفی برای گفتن داشته باشد؟

پیام کتاب ایوب

احتمالاً در مورد کتاب ایوب، بیش از هر کتاب دیگر کتاب‌مقدس عبری، تفسیرهای متنوع ارائه شده است. شیفتگان این کتاب تنها پژوهشگران کتاب‌مقدس و الاهی‌دانان نیستند. ایوب توجه هنرمندان، نمایشنامه‌نویسان، شاعران، فیلسوفان و روانکاوان را هم به خود جلب کرده است. تنها کاری که در اینجا می‌توانیم بکنیم، این است که برآوردی اجمالی از این تفسیرهای گوناگون را در معرض دید خوانندگان قرار دهیم.

دستاویزی برای شهامت داشتن در رویارویی با معمای رنج

گوردیس دغدغهٔ اصلی کتاب ایوب را موضوع عملکرد قانون عدل الاهی در زندگی افراد می‌داند. در اسرائیل باستان این آموزهٔ قراردادی شکل گرفته بود که خدا پارسایان را پاداش می‌دهد و شریران را به کیفر اعمال‌شان می‌رساند. این امر هم در مورد گروه‌های اجتماعی صدق می‌کرد و هم در مورد کل ملت. این مسئله حتی در سطح جمعی مشکل‌ساز بود، اما در سطح فردی اشکالات بیشتری به‌وجود می‌آوَرد و از این‌رو به‌طرز فزاینده‌ای در کانون توجه قرار گرفت، تا حدی که نمود آن را در موعظهٔ ارمیا و حزقیال هم شاهدیم. دوستان ایوب این آموزه را شرح و بسط دادند و به‌کار بردند. سهم عمدهٔ خطابه‌های ایوب در باب این موضوع- یعنی بحران رنج پارسایان در جهانی فاقد اخلاقیات که به‌وسیلهٔ خدایی عادل آفریده شده- گویای این واقعیت است که ایوب قصد ندارد عقیدهٔ خود را در مورد آنچه درست و عادلانه است، رها کند.

گوردیس چنین استدلال می‌کند که نویسندهٔ ایوب دیدگاه‌های مثبت خود را در مورد این مسئله، از زبان الیهو و یهوه بیان می‌کند. الیهو بر نقش رنج در شکل دادن انضباط اخلاقی پای می‌فشارد. رنج می‌تواند انگیزهٔ لازم برای دستیابی به اخلاقیات والاتر را در اختیار فرد رنج‌کشیده قرار دهد. به‌زعم گوردیس، این در عین‌حال که نکتهٔ معتبری به‌شمار می‌آید، اما پاسخ اصلی مسئله نیست. سراینده با توصیفات بی‌پرده و پرنشاط پیرامون شگفتی‌های طبیعت از زبان یهوه، باور خود را به الگو و نظم آفرینش ابراز می‌کند، حتی اگر انسان‌ها نتوانند این الگو و نظم را به‌طور کامل درک کنند. به همین ترتیب، انسان‌ها می‌توانند باور داشته باشند که حتی اگر درک کاملش میسر نباشد، باز در حیطهٔ اخلاق، منطق و عدالتی وجود دارد. از دیدگاه گوردیس پیام کتاب ایوب این است که قیاس تمثیلی نظم طبیعی، به کسی که به خدا ایمان دارد این دستاویز را می‌دهد تا بر پایه ایمانش به راستی و عدالت خدا، با شجاعت با معمای رنج روبه‌رو شود.

رنج می‌تواند به شناخت ما از خدا ژرفا ببخشد

رولی خاطرنشان می‌سازد که دلیل ارائه‌شده در مقدمهٔ کتاب برای رنج ایوب، آشکارا از آن دسته دلایلی است که نمی‌توان به موارد دیگر تعمیمش داد، و در هر مورد برای خود ایوب هم توضیح داده نمی‌شود. از این‌رو وی این‌گونه استدلال می‌کند که هدف کتاب نمی‌تواند ارائهٔ توضیحی کلی برای رنج بی‌گناهان، یا در حقیقت، در کل، مسئلهٔ رنج باشد. از نظر وی دغدغهٔ کتاب ایوب، دین (یعنی رویارویی شخصی با خدا) است نه الاهیات (یعنی یافتن پاسخ‌های منطقی). ایوب رنج خود را گواهی بر طردشدنش از سوی خدا می‌بیند. این الاهیات غلط باعث شد که وی با معضلی اگزیستانسیالیستی دست به گریبان شود. وی متوجه نبود که رنج بی‌گناهان دلیل بر طرد ایشان از جانب خدا نیست. یهوه طی سخنانش، اسرار طبیعت را که فراتر از درک ایوب هستند، به وی یادآوری می‌کند، و رنج هم یکی از این اسرار به‌شمار می‌رود. چیزی که بیش از

همه برای ایوب اهمیت دارد این است که خدا در گرماگرم رنج‌کشیدنش سراغ وی آمد و نشانش داد که خدا به حال خود رهایش نکرده است. ایوب در واپسین کلماتش از حماقت سخنانی که قبلاً گفته بود- و ناشی از عدم درک وی از بی‌گناهی‌اش بود- توبه می‌کند. پیام کتاب ایوب این است که هرچند انسان‌ها مجبورند در تاریکی متحمل رنج شوند، اما خودِ رنجی که می‌کشند می‌تواند تجربه‌ای غنی محسوب شود، به شرط آنکه از حضور خدا آگاه باشند.

ارج نهادن به حضور خدا به‌خاطر وجود خودش

از دید کرنشاو در سخنان خدا نمی‌توان هیچ پاسخی برای مسئلهٔ رنج بی‌گناهان و عدالت الاهی یافت. خطابهٔ اول خدا به ایوب می‌آموزد که وی نمی‌تواند بر جهان هستی فرمان براند و اینکه جهان بدون وی، یا کلاً بدون بشر هم می‌تواند به بقا ادامه دهد. مخلوقاتی که در این خطابه بدان‌ها اشاره شده، همگی آنهایی هستند که هیچ ارتباطی با انسان ندارند. در خطابهٔ دوم، خدا ایوب را به‌خاطر تلاش برای عادل جلوه دادن خودش، آن‌هم به بهای ناعادل نشان دادن خدا توبیخ می‌کند، بدین اعتبار که ایوب تنها در صورتی می‌تواند تبرئه شود که خدا به جرم دست بردن در عدالت متهم گردد. خدا با نادیده گرفتن اصل موضوعی که باعث شده بود ایوب با خالق خود دربیفتد، به ایوب آموخت که فرضش در مورد نحوهٔ عملکرد جهان هستی بر اساس اصلی منطقی، اشتباه است. با فروپاشی این اصل، لزوم برائت شخصی رنگ می‌بازد، چراکه خشم و لطف خدا را نمی‌توان مستقیماً به شرارت یا فضیلت بشر ربط داد. آخرین کلمات ایوب نشان می‌دهد که فقدان اصل منطقی می‌تواند دستاورد مهمی در پی داشته باشد؛ اینکه انسان می‌تواند حضور خدا را به‌خاطر وجود خودش ارج بنهد، و این درست همان موضوعی است که شیطان در مقدمهٔ کتاب رویش انگشت گذاشته بود.

"برائت خدا"

پردو در صدد درک کتاب ایوب از طریق فهم استعاره‌هایی- اعم از صریح و غیرصریح- برآمده که نویسنده در مورد خدا، بشر و جهان به‌کار برده است. اوج دراماتیک کتاب لحظهٔ ظهور یهوه و سخن گفتنش از میان گردباد است. پردو در اینجا استعارهٔ توفان را می‌بیند، یعنی اینکه خدا برای نبرد آمده است. در بدو امر، این نبردی کلامی با ایوب- انسانی یاغی- است. یهوه با سلسله پرسش‌هایی که خطابهٔ اولش را تشکیل می‌دهند، ایوب را به جنگ کلامی فرامی‌خواند. هدف از این کار- که در خطابهٔ دوم تصریح شده- آنست که ایوب متقاعد شود که تنها یهوه، و نه هیچ موجود فانی و معمولی دیگری، از دانش و قدرت لازم برای فرمانروایی بر کائنات برخوردار است. در این خطابه یکجور ساختارشکنی استعارهٔ انسان، در مقام پادشاهی بر آفرینش خدا، به چشم می‌خورد. تنها «آفریده‌ای» که گفته شده یهوه آن را به دنیا آورده (احتمالاً در نقش قابله، نه مادر) و تروخشکش کرده، یم[1] (دریا، ایوب ۳۸:۸-۱۱) است. همهٔ جانورانی که در این خطابه توصیف

1. Yam

شده‌اند- به جز اسب- همگی مخلوقاتی وحشی هستند که در مناطق غیرمسکونی زندگی می‌کنند و انسان هیچ تسلطی بر آنها ندارد. در دنیای خدا انسان محور عالم هستی محسوب نمی‌شود و از عدالت کیفری هم ذکری به میان نمی‌آید. این خطابه ایوب را به‌کلی مجاب می‌سازد. اکنون نگرش وی به جهانی مبتنی بر عدل که توسط پادشاهانی بشری اداره می‌شود، فرو ریخته است.

استعارهٔ غالب در خطابهٔ دوم، نبرد آفریدگار با هیولاهای بی‌نظمیِ آغازین[1] است. یهوه سخنانش را با دفاع از عدالت خود آغاز کرده، چنین استدلال می‌کند که بی‌گناهی ایوب لزوماً به معنای مجرم بودن خدا نیست. ایوب حاکمیت عادلانهٔ خدا را به چالش کشیده است. اکنون نوبت یهوه است که ایوب را به چالش بکشد. اگر وی سودای فرمانروایی بر جهان هستی را در سر دارد، باید بر هیولاهای بی‌نظمی، یعنی بهیموت و لویاتان فایق آید. واقعیت این است که هیچ‌کس بر زمین توان غلبه بر این هیولاها را ندارد (۴۱:۳۳-۳۴). پردو پیام این خطابه‌ها را این‌گونه توصیف می‌کند که کائنات بر اساس نظم آفریده شده است، اما نیروهای بی‌نظمی از توان زیادی برخوردارند و اگر قرار است فرمان یهوه بر پایهٔ عدل و انصاف در دنیا روان گردد، این نیروها باید مرتباً درهم شکسته شوند. ایوب در دومین دور سخنانش به حاکمیت مطلق یهوه اعتراف می‌کند و آن را می‌ستاید. چیزی که ایوب در ۴۲:۶ رد می‌کند، مرثیه‌سرایی و سخنان سرکشانه‌ای است که قبلاً با گفتن‌شان سعی داشت نظم آفرینش را براندازد.

در مؤخرهٔ کتاب موضع الاهیاتی دوستان ایوب، با تأکیدشان بر کیفر اعمال و حاکمیت بلامنازع خدا، به‌عنوان موضعی باطل رد می‌شود. موضع ایوب که عدالت خدا را زیر سؤال برده بود و از خدا می‌خواست در مقام فرمانروای جهان هستی به تضرعات قربانیان بی‌عدالتی گوش بسپارد، به‌عنوان موضعی صحیح اعلام می‌شود. با توجه به آنچه که پیش‌تر در خطابه‌های خدا بیان شده، اعادهٔ تندرستی و دارایی ایوب نشان برائت خداست، نه پاداش پرهیزگاری و کاملیت ایوب. زیرا کار خدا این است که برای درست کردن امور وارد عمل شود. با این تعبیر، خدا مبرا می‌شود. پیام کتاب این است که جهان قلمرو پادشاهی خدا و تابع فرمان همایونی اوست. با این‌حال، میان او و شریر نبردی همیشگی در جریان است. در جهان هستی، انسان‌ها پادشاه نیستند، بله «بندگان» (این ترجمه‌ای است که پردو از اصطلاح "خدمتگزار" در ایوب ۴۲:۸ کرده) خدا محسوب می‌گردند. ولی ایشان بندگانی هستند که برای پیوستن به نبرد الاهی با شریر، فرا خوانده شده‌اند، حتی اگر این مشارکت در نبردی باشد که نامش دعوت از آفریدگار برای عادلانه رفتار کردن است.

چالشی برای محک زدن خود-انگارهٔ انسان

در حالی که پردو برای تفسیر ایوب از استعاره‌ها بهره می‌گیرد، جنزن کنایه را کلید کار خود قرار می‌دهد. به‌زعم وی، عبارات کنایه‌آمیز «به چیزی غیر از آنچه که ظاهراً قصد بیانش را دارند، دلالت می‌کنند، چیزی که در لایهٔ زیرین معنای ظاهری پنهان شده است». نقب زدن به لایهٔ زیرین، امکان «بازسازی»

1. Chaos

معنا و جایگزینی معنایی جدید به‌جای معنای قدیمی را به مفسر می‌بخشد. بدین‌ترتیب، کنایه خواننده را «اخلاقاً به مشارکت فعال» در پیدا کردن معنای جدید دعوت می‌کند. جنزن پرسش‌های مطرح‌شده در خطابه‌های الاهی را صرفاً کاربرد "پرسش بلاغی"[1] نمی‌بیند، بلکه آنها را کنایی می‌داند. با این تعبیر پرسش‌های مزبور قصد ندارند پیش‌فرض‌های ایوب را رد کنند، بلکه می‌خواهند او را به چالش بکشند و به تغییر الاهیاتش دعوت کنند. بنا بر استدلال جنزن، این تغییر مستلزم هرچه که هست، در ایوب ۶:۴۲ به نمایش گذاشته شده است. وی این آیه را چنین ترجمه می‌کند: «بنابراین، من حرف خود را پس می‌گیرم و در خاک و خاکستر نظرم را عوض می‌کنم». اصطلاح «خاک و خاکستر» در کتاب‌مقدس عبری تنها در سه جا به‌کار برده شده: پیدایش ۲۷:۱۸؛ ایوب ۱۹:۳۰؛ ۶:۴۲. در دو مورد اول، این اصطلاح بیانگر حس گوینده نسبت به موقعیت مخلوقات است. جنزن برای رد نظر کسانی که پرسش‌های خدا را- چه به‌لحاظ لحن و چه محتوا- تأکیدی بر بی‌اهمیت بودن ایوب، و ایضاً همهٔ انسان می‌دانند، استدلال‌هایی مطرح می‌کند. انسان‌ها از فهرست مخلوقاتی که خدا در پرسش‌هایش از آنها یاد می‌کند، مستثنا نیستند. پرسش‌های بلاغی را (تو کیستی؟ کجا بودی؟ آیا می‌توانی؟) اگر کنایی تلقی کنیم، خواهیم دید که ایوب را با یک چالش روبه‌رو می‌سازند: اینکه وی قرار است چگونه درکی از خود داشته باشد؟ آیا آفریده‌ای صرف است، یا مخلوقی که با وجود آلوده‌شدنش با دنیا، هنوز حامل صورت خداست، هرچند که همین حامل صورت خدا بودن تا اندازه‌ای برای وی در پردهٔ اسرار قرار دارد. به عقیدهٔ جنزن ایوب در دومین پاسخش به خدا، این چالش را می‌پذیرد.

خواننده‌محوری

با اینکه جنزن برداشت خود را از مفهوم کتاب ایوب ارائه می‌دهد، ولی ادعا نمی‌کند که این تنها معنای ممکن است. وی چنین استدلال می‌کند که عبارات کنایی می‌توانند «پایدار» یا «ناپایدار» باشند. کنایه‌های پایدار آنهایی هستند که نگارنده برای برهم زدن یک موضع و جایگزین کردن موضعی دیگر، که به‌زعم نگارنده موضعی مستحکم است، استفاده می‌کند. در کنایه‌های ناپایدار برهم زدن یک موضع، به جایگزین کردن موضع مستحکم دیگر نمی‌انجامد. جنزن کنایه‌های به‌کار رفته در خطابه‌های الاهی را از نوع ناپایدار می‌داند و به‌زعم او خوانندگان برای گزینش معنای این خطابه‌ها، و البته کل کتاب به حال خود واگذاشته شده‌اند تا با توجه به موقعیت خودشان، برای یافتن معنا «اخلاقاً مشارکت فعال» داشته باشند. این دیدگاه یکی از راه‌های رسیدن به رویکردی است که «نقد خواننده-محور»[2] نامیده می‌شود. رویکرد مزبور بر این فرضیه استوار است که کمابیش این خواننده است که به متن معنا می‌بخشد. اکثر رویکردهای خواننده-محور، به تعبیری رویکردهای «ایدئولوژیک» هستند و از آنها برای دفاع از موضع ایدئولوژیک خاصی استفاده می‌کنند. رویکرد ایدئولوژیک به‌مثابه

۱. Rhetorical Question- یا استفهام انکاری، به پرسشی گفته می‌شود که پاسخش کاملاً مشخص است و پرسش‌کننده با مطرح کردن آن تنها قصد دارد موضوعی را بیان کند- م.

2. Reader-Response Criticism

"عینکی" است که خواننده از طریق آن به متن می‌نگرد. کلاینز در مقدمهٔ تفسیری که بر کتاب ایوب نوشته، مختصراً به «قرائت‌های» گوناگونی که از مواضع ایدئولوژیک مختلف از کتاب ایوب به‌عمل آمده، اشاره می‌کند: قرائت‌های فمینیستی، گیاهخواری، ماتریالیستی و مسیحی.

قرائت‌های فمینیستی از کتاب ایوب

همسر ایوب واضحاً یکی از شخصیت‌های این کتاب است که خوانندگان فمینیست بدو علاقه‌ای ویژه دارند. پاردس[1] او را شخصیتی می‌داند که از پیش در نظر گرفته شده تا یکی از عوامل شتاب بخشیدن به دیالوگ‌ها باشد. وی زمانی که با واقعیت رویدادهای اسفناک زندگی ایوب- که خود نیز در آنها شریک است- روبه‌رو می‌شود، دیدگاهی کاملاً متفاوت دارد و هواداری ایوب از مدل سرسپردگی «کامل» به خدایی «کامل» را به چالش می‌کشد. پاسخ خشمگینانهٔ ایوب شاید نشانگر آن باشد که زنش موضوعی را مطرح نموده که در ذهن خود وی هم لانه کرده بود. هرچند ایوب حاضر نشد «خدا را لعن کند و بمیرد»، اما هنگامی که دیالوگ آغاز شد، وی زادروز خود را لعن کرد و آرزو کرد که ای کاش هرگز از مادر زاده نشده بود. زن ایوب به او کمک می‌کند تا شروع به پرسیدن کند و همین پرسیدن‌هاست که وی را به درک جدیدی از خدا نایل می‌سازد. با این‌حال، سخنان زن ایوب آن‌قدر برای نویسنده چالش‌انگیز هستند که دیگر در مؤخره از وی نامی نمی‌برد. پاردس این واقعیت را که در مؤخرهٔ کتاب نام دختران ایوب ذکر شده و از پسرانش نامی به میان نیامده، نکته‌ای حائز اهمیت می‌بیند. نام‌های ایشان یمیمه (روز روشن یا کبوتر)، قصیعه (کاسیا، نام یک عطر) و قرن هفوک (سرمه، یکی از مواد آرایشی که زنان برای زیبایی به چشمان خود می‌کشیدند) نشان می‌دهد که ایوب به کشفی تازه از دنیای زیبا و خوشبوی زنانه رسیده است. ایوب احترام خود را به دخترانش با اقدامی که آن روزها کاری غیرمعمول بود، نشان می‌دهد. او به دخترانش حق بهره‌مندی از میراثش را می‌بخشد. از نظر پاردس، این اقدام ایوب نشان می‌دهد که وقتی او خود را تسلیم خدا می‌کند، حس مردانهٔ کنترل کردن را از دست می‌دهد.

ون والد[2] از نقش زن ایوب در داستان، قرائتی تقریباً مشابه دارد. با این‌حال، استدلال می‌کند که مفهوم گفته‌های زن ایوب مبهم است. وی ایوب ۹:۲ را چنین ترجمه کرده است:

> آنگاه زنش به او گفت:
> «آیا همچنان کاملیت خود را حفظ می‌کنی؟
> خدا را متبارک بخوان/ با خدا وداع کن و بمیر.»

ون والد خاطرنشان می‌سازد که قسمت اول سخنان زن ایوب تکرار کلماتی است که خدا دربارهٔ ایوب گفته بود: «او همچنان کاملیت خود را حفظ کرده است» (۳:۲). قسمت دوم هم بازتاب گفته‌های شیطان در ایوب ۱۱:۱ و ۵:۲ ب است: «او رو در رو با تو وداع خواهد کرد». بنابراین، زن ایوب هم از خدا نقل‌قول می‌کند و هم از شیطان و فعل

1. Pardes

2. Van Wolde

عبری ***باراک***[1] را به‌کار می‌برد که هم به معنی «متبارک خواندن» است (همانند ایوب ۱۰:۱ و ۲۱) و هم «نفرین کردن» (نظیر ایوب ۵:۱ و ۱۱ و ۵:۲). آیا منظور او این است که ایوب باید «خدا را وداع گوید [یا نفرین کند]» و برای مردن آماده شود، یا اینکه باید خدا را متبارک خواند و در حالی که تسبیح خداوند را بر لب دارد، جان بسپارد، و شاید دست به خودکشی بزند؟ با توجه به ابهامی که در متن وجود دارد، آیا معنی پاسخ ایوب این است که نمی‌خواهد خدا را نفرین کند، یا اینکه نمی‌خواهد او را متبارک خواند؟ در هر صورت، زن ایوب باعث می‌شود که وی پیرامون موقعیت خود ژرف‌تر بیندیشد و برای اولین‌بار با مرگ رو در رو شده، پرسش‌هایی را که در سرش جولان می‌دهند، بر زبان آورد. به عقیدهٔ ون والد در نتیجهٔ همین ژرف‌اندیشی است که عبارت سرراست ۲۱:۱ («**یهوه** داد و **یهوه** گرفت! نام **یهوه** متبارک باد!») اکنون جای خود را به یک پرسش می‌دهد («آیا نیکویی را از خدا بپذیریم و بدی را نپذیریم؟»). همچنین توجه داشته باشید که نام «**یهوه**» اکنون جای خود را به «خدا» داده است (ترجمه‌های بالا از ون والد هستند). پس این پرسش زن ایوب است که ایوب را به پرسشگری وامی‌دارد، و این فرایندی است که در نهایت به تحول رابطهٔ ایوب با خدا و عمیق‌تر شدن این رابطه منتهی می‌گردد.

قرائت الاهیات رهایی‌بخش

گوتیه‌رز[2] از موضع الاهیات رهایی‌بخش به کتاب ایوب نگاه می‌کند. از نظر او پرسش محوری کتاب این است: «چگونه باید دربارهٔ خدا حرف بزنیم؟» و مشخصاً چگونه باید دربارهٔ وضعیت رنج بی‌گناهان در آمریکای لاتین حرف بزنیم. به عقیدهٔ وی مقدمه، مؤخره و مرثیهٔ آغازین ایوب این پرسش را مطرح می‌سازند که «آیا انسان‌ها می‌توانند ایمانی بدون چشم‌داشت به خدا داشته باشند؟» نویسندهٔ کتاب ایوب بر این باور است که داشتن ایمان بدون چشم‌داشت ممکن است و از ایوب به‌عنوان سخنگوی نظرات خود استفاده می‌کند. گوتیه‌رز چنین استدلال می‌کند که در این کتاب لحن نبوتی (که در دیالوگ و خطابه‌های الیهو شاهدش هستیم) با تفکر (که می‌توان در خطابه‌های الاهی و پاسخ‌های ایوب یافت) آمیخته شده است. در پایان ایوب درمی‌یابد که لحن تأمل و پرستش (که بیانگر محبت فیض‌آمیز خداست) باید مکمل لحن نبوتی (که بیانگر عدالتی است که محبت خدا اقتضا می‌کند) باشد.

دو معضل رنج و عدالت الاهی زیربنای کتاب را تشکیل می‌دهند، اما هدف اصلی آن نشان دادن این نکته است که اگر اندیشیدن دربارهٔ خدا تا سطح اندیشیدن دربارهٔ عدالت خدا تنزل پیدا کند، خود خدا هم تا سطح یک بت پایین خواهد آمد. اگر رازآلود بودن خدا را- که آزادانه و بلاعوض عمل می‌کند، و به همین‌خاطر آزاد است تا محبت بی‌دریغ و رایگان خود را ابراز نماید- نپذیریم، سرشت عدالت ما را از موضوع اصلی دور خواهد کرد. خطابه‌های الاهی نشان می‌دهند که محبت بی‌حد و مرز و بی‌دریغ خدا، کل آفرینش را دربرگرفته است. پاسخ دوم ایوب

1. barak

۲. Gustavo Gutiérrez Merino- فیلسوف، الاهی‌دان و کشیش دومینیکن اهل پرو و یکی از بنیان‌گذاران الاهیات رهایی‌بخش در آمریکای لاتین- م.

به خدا، کلید رمزگشایی کتاب محسوب می‌شود. او از آنچه گفته توبه نمی‌کند؛ و به‌واسطهٔ تجربه کردن رنج به درکی پویا از رنج دیگران رسیده است. همین امر باعث شده که ایوب نظام اخلاقی پاداش و کیفر را رها کند. چیزی که کنار می‌گذارد ماتم و زاری و افسردگی است. وی درمی‌یابد که خدا را تابع برداشتی خاص از عدالت می‌دیده، و اکنون این نگرش را رها می‌کند. عدالت به تنهایی نمی‌تواند حرف آخر را بزند. این فیض است که به عدالت معنا و مفهوم می‌بخشد. این باور به محبت بی‌دریغ خداست که به «ترجیح‌دادنِ» بیچارگان (که خود سزاوار این مرحمت نیستند) و همبستگی با کسانی که از فقر، ستم و بهره‌کشی در رنج‌اند، منجر می‌شود.

در موردش بیندیشید

پیام کتاب ایوب

هر محققی در کتاب ایوب «پیامی» متفاوت با دیگری یافته است. به عقیدهٔ شما این پیام‌های متفاوت تا چه اندازه با هم فرق دارند؟ هر یک از این دیدگاه‌ها را که می‌خواهید، به عنوان «پیام کتاب» انتخاب کنید و سپس آن را با پیام ارائه‌شده از سوی محققان دیگر مقایسه نمایید.

خواندنی‌های بیشتر

مواردی که با * علامت‌گذاری شده‌اند، مرجع دست اول به‌شمار می‌آیند، حال آنکه مأخذهای دیگر یا پیچیده‌ترند یا به موضوعات خاصی مربوط می‌شوند.

تفسیرها

پیرامون این کتاب فریبنده و رمزآمیز تفسیرهای بسیاری نوشته شده است. تفسیر کلاینز شامل کتاب‌شناسی ادبی منحصربه‌فردی در زمینهٔ کتاب ایوب است. کتاب‌هایی که راد و وایبری نوشته‌اند، هر یک چشم‌اندازی شایسته به کتاب ارائه می‌دهند، و از میان این دو کتاب، نوشتهٔ وایبری فنی‌تر است. اندرسن و رولی، هر کدام تفسیری نسبتاً مختصر بر کتاب ایوب نگاشته‌اند. تفسیر رولی به‌خاطر داوری‌های فشرده و متعادلی که از مباحث پژوهشی ارائه کرده، شایان توجه است. ترجمه و تجدید چاپ تفسیر بزرگ دورم نشان می‌دهد که کتابش در این زمینه به اثری «کلاسیک» تبدیل شده است. تفسیر درایور و گری به‌طور ویژه در حیطهٔ متن و زبان کتاب ایوب، کتاب برجسته‌ای است. با این‌همه، وقتی پای زبان به میان می‌آید، به ناچار نباید مطالب قابل مقایسه از ادبیات اوگاریتی را از نظر دور داشت، و این کاری است که پوپ در تفسیر خود بدان پرداخته است. اثر بزرگ گوردیس حاصل یک عمر مطالعه روی کتاب ایوب است و در عین‌حال که تفسیری موشکافانه و دقیق به‌شمار می‌آید، شامل مطالعات تخصصی سودمند هم می‌باشد. کلاینز، هابل و جنزن رویکردهای ادبی‌تری به کتاب ایوب داشته‌اند و نمایندگان نحلهٔ فکری جدیدی به‌شمار می‌آیند.

* F. I. Andersen *Job*. TOTC. London: IVP, 1976.
M. Buttenwieser *The Book of Job*. London: Hodder & Stoughton, 1922.
D. J. A. Clines *Job 1^20*. WBC. Dallas, TX: Word

E. M. Good *In Turns of Tempest*. Stanford, CA: Stanford University Press, 1990.
R. Gordis *The Book of God and Man: A Study of Job*. Chicago: University of Chicago Press, 1965.
A. Guillaume *Studies in the Book of Job with a New Translation*. Leiden: Brill, 1968.
G. Gutie¤ rrez *On Job: God-Talk and the Su;ering of the Innocent*. Maryknoll, NY: Orbis, 1988.
N. C. Habel 'The Narrative Art of Job: Applying the Principles of Robert Alter', *JSOT* 27 (1983), 101^111.
W. G. Lambert *Babylonian Wisdom Literature*. Oxford: OUP, 1960.
R. E. Murphy *Wisdom Literature*. FOTL 13. Grand Rapids, MI: Eerdmans, 1981.
* R. E. Murphy *The Tree of Life*. Grand Rapids, MI: Eerdmans, 1996 (2nd edn).
I. Pardes 'Conclusion', in I. Pardes (ed.), *Countertraditions in the Bible: A Feminist Approach*. Cambridge, MA: Harvard University Press, 1992; pp. 144^156.
L. G. Perdue *Wisdom in Revolt*. Sheeld: Sheeld Academic Press, 1991.
* L. G. Perdue *Wisdom and Creation: The Theology of Wisdom Literature*. Nashville, TN: Abingdon Press, 1994.
J. B. Pritchard *Ancient Near Eastern Texts Relating to the Old Testament*. Princeton, NJ: Princeton University Press, 1969 (3rd edn).
H. H. Rowley 'The Book of Job and Its Meaning', in H. H. Rowley *From Moses to Qumran*. London: Lutterworth Press, 1963; pp. 141^183.
N. H. Snaith *The Book of Job: Its Origin and Purpose*. London: SCM, 1968.
W. B. Stevenson *The Poem of Job*. Oxford: OUP, 1947.
G. L. Studer *Das Buch Hiob*, Bremen: M. Heinsius, 1881.
E. van Wolde *Mr and Mrs Job*. London: SCM, 1997.
Books, 1989.
E. Dhorme *A Commentary on the Book of Job*. London: Nelson, 1967 (a translation by H. Knight of the French edn of 1926).
S. R. Driver and G. B. Gray *Job*. ICC. Edinburgh: T. & T. Clark, 1921.
J. C. L. Gibson *Job*. DSB. Edinburgh: St Andrews Press, 1985.
R. Gordis *The Book of Job*. New York, NY: Jewish Theological Seminary of America, 1978.
N. C. Habel *The Book of Job*. OTL. London: SCM, 1985.
J. E. Hartley *The Book of Job*. NICOT. Grand Rapids, MI: Eerdmans, 1988.
J. G. Janzen *Job*. Interpretation. Atlanta, GA: John Knox Press, 1985.
M. H. Pope *Job*. AB. Garden City, NY: Doubleday, 1973 (3rd edn).
C. S. Rodd *The Book of Job*. EC. London: Epworth Press, 1990.
H. H. Rowley *Job*. NCB. London: Nelson, 1970.
N. H. Tur-Sinai *The Book of Job: A New Commentary*. Jerusalem: Kiryath-Sepher, 1957.
* N. Whybray *Job*. Sheeld: Sheeld Academic Press, 1998.

سایر کتاب‌ها و مقالات

OTHER BOOKS AND ARTICLES

D. J. Clines 'Deconstructing the Book of Job', in D. J. Clines *What Does Eve Do to Help?*, JSOTSup 94, Sheeld: JSOT Press, 1990; pp. 10^123.
* J. L. Crenshaw *Old Testament Wisdom: An Introduction*. Louisville, KY: Westminster John Knox Press, 1998 (rev. edn).
K. J. Dell *The Book of Job as Sceptical Literature*. BZAW 197. Berlin and New York: W. de Gruyter, 1991.
* J. H. Eaton *Job*. OT Guides. Sheeld: JSOT Press, 1985.
G. Fohrer *Introduction to the Old Testament*. London: SPCK, 1970.

فصل ۶

جامعه

کوُهِلِت که بود؟

در این فصل از کتاب از نام «جامعه» برای عنوان کتاب مورد نظر در کتاب‌مقدس، و از «کوُهِلِت»[1] برای شخصی که تعالیمش در این کتاب حفظ شده، استفاده خواهیم کرد. این نام که برای شناسایی کسی که «سخنانش» در کتاب جامعه ثبت و ضبط شده (**کوُهِلِت**، جامعه ۱:۱) به‌کار رفته، همچون اکثر مطالب این کتاب در پرده‌ای از رمز و راز است. واژهٔ مزبور به‌لحاظ دستوری، جنسیتی مؤنث دارد؛ با این‌حال، همواره در کتاب به‌شکل فعل مذکر به‌کار برده شده است. همچنین در ۸:۱۲ و احتمالاً ۲۷:۷، نویسنده همین واژه را به همراه حرف تعریف معین آورده است، یعنی شخص مورد اشاره خود کوُهِلِت است. این نشان می‌دهد که کوُهِلِت لقب آن شخص است، نه نامش.

به‌نظر می‌رسد کوُهِلِت از فعل کُهل *(qahal)* به معنای «گرد آمدن، جمع شدن» گرفته شده باشد. با توجه به فرم واژه، چنین برمی‌آید که کتاب جامعه بر گروه کوچکی از واژه‌ها اشاره می‌کند که بر کارایی‌ها یا تخصص‌های ویژه‌ای دلالت دارند. همچنین بعضی از آنها برای عناوین این قبیل کاربردها مورد استفاده قرار گرفته‌اند. بر این مبنا، معنای کوُهِلِت باید چیزی شبیه «گردآورنده» باشد. اما این «گردآورنده» چه چیزهایی را گرد آورده است؟ با توجه به جامعه ۹:۱۲ شاید بتوان نتیجه گرفت که منظور، گردآوری مَثَل‌ها بوده است. با این‌حال، در همه جای کتاب‌مقدس عبری از فعل ***کُهل*** برای گردهم‌آوردنِ مردم استفاده شده است. از این‌رو است که وقتی کتاب‌مقدس عبری به زبان یونانی برگردان شد، کوُهِلِت را *ekklesiastes* ترجمه کردند؛ به معنای کسی که عضو یک جماعت است. زمانی که واژهٔ هم‌خانوادهٔ آن، یعنی *ekklesia* ("جماعت") برای دلالت بر «کلیسا» به‌کار برده شد، آن‌وقت مسیحیان از نام کوُهِلِت، معنای «واعظ»[2] را استنباط کردند. این اصطلاحی است که در ترجمهٔ قدیمیِ

1. Qoheleth

2. Preacher

کتاب‌مقدس به زبان انگلیسی مورد استفاده قرار گرفته. در ترجمه‌های امروزی معمولاً کوُهِلِت را به‌شکلی عام‌تر «معلم» آورده‌اند. در جامعه ۹:۱۲ به ما گفته شده که یکی از کارهای کوُهِلِت، معرفت آموختن به مردم بوده است. اینکه وی به چه کسانی تعلیم می‌داد و در چه زمینه‌ای تعلیم می‌داد، موضوع حدس و گمان است. مطالب کتاب عده‌ای از محققان را برآن داشته تا مخاطبان کوُهِلِت را گروهی از جوانان مرفه بدانند که فرصت لازم برای مطالعه و بحث داشته‌اند. شاید او مکتب خود را دایر کرده بوده، اما همان‌طور که قبلاً هم دیدیم، تا پیش از مدرسهٔ بن‌سیراخ در اوایل سدهٔ دوم پ. م.، هیچ مدرک روشنی دال بر وجود چنین نهادهای آموزشی در اسرائیل، وجود ندارد.

کندوکاو بیشتر: معنی کوُهِلِت

با استفاده از آیه‌یاب، فرهنگ کتاب‌مقدس (نظیر NIDOTTE) و فرهنگ عبری-انگلیسی، کاربرد فعل کُهل و واژه‌های هم‌خانواده با آن را در کتاب‌مقدس عبری، بررسی کنید. بر پایهٔ اطلاعاتی که به‌دست می‌آورید، جمع‌بندی خودتان را از معنای احتمالی نام یا لقب کوُهِلِت ارائه دهید.

آیهٔ آغازین کتاب، کوُهِلِت را «پسر داوود، که در اورشلیم پادشاه بود» توصیف می‌کند. از ظواهر امر چنین به‌نظر می‌رسد که کوُهِلِت کسی جز شخص سلیمان نمی‌توانسته باشد، و به همین‌خاطر است که به‌طور سنتی سلیمان را نویسندهٔ کتاب جامعه دانسته‌اند. با وجود این، دستِ‌کم از زمان مارتین لوتر، برخی با توجه به شواهد مندرج در خودِ کتاب جامعه، این تعبیر سنتی را عاری از اشکال ندانسته‌اند. اول از همه، چرا سلیمان باید از یک «نام مستعار» استفاده کند؟ شاید محتمل‌تر باشد که کسی بخواهد با ترفندی ادبی خودش را به‌جای سلیمان جا بزند. در جامعه ۱۲:۲ دلیل بهره‌گیری از این ترفند توضیح داده شده است: «زیرا آن که پس از پادشاه بیاید چه تواند کرد؟ جز آنچه پیش‌تر انجام شده است!» تعبیر ضمنی این عبارت آن است که اگر پادشاهی نتواند معنا و هدف خود را در زندگی پیدا کند، پس دیگر چه کسی می‌تواند؟ پس نویسنده با گرفتن "شخصیت" پادشاه به خود، می‌تواند دست به کاوشی اساسی در منابع احتمالی معنا بزند. در واقع، پس از دو فصل اول کتاب، یعنی زمانی که دیگر به خواننده ثابت شد که نویسندهٔ کتاب از مزایای لازم- از قبیل وقت، پول و قدرت- برای تفحص در طیف گسترده‌ای از احتمالات پیرامون مفهوم زندگی برخوردار بوده، هر تلاشی برای یکی انگاشتن نگارنده با سلیمان، به پایان می‌رسد.

حتی در همین دو فصل آغازین کتاب هم شواهدی هست که نشان می‌دهند، نگارندهٔ کتاب جامعه با سلیمانِ تاریخی یکی نیست. ترجمهٔ تحت‌اللفظی جامعه ۱۲:۱ می‌گوید: «من، "کوُهِلِت"، بر اورشلیم پادشاه بودم». از آنجایی که مطابق اول پادشاهان، سلیمان در زمانی که هنوز «بر تخت نشسته بود» مُرد، عجیب می‌نماید که تصور کنیم او به‌گونه‌ای از خودش سخن می‌گوید که گویی زنده

است ولی دیگر پادشاه نیست. سپس نویسنده در ۱۶:۱الف می‌گوید: «با خود اندیشیدم: "حکمت فراوان اندوخته‌ام، بیش از همهٔ آنان که پیش از من بر اورشلیم فرمان رانده‌اند."» تنها پادشاهی که پیش از سلیمان بر اورشلیم فرمان رانده بود، پدرش داوود بود. بعید است که سلیمان خواسته باشد خودش را با پادشاهان یبوسی که پیش‌تر بر این شهر حکمروایی می‌کردند، مقایسه کند. دو آیهٔ مزبور این مفهوم را در ذهن خواننده تداعی می‌کنند که این هم جزو ترفند ادبی نویسنده بوده که برای خود موقعیتی در حد و اندازهٔ سلیمان پادشاه قائل شده، اما چندان مقید نبوده که وانمود کند، همان سلیمانِ تاریخی است. بعدها در کتاب به نقدهایی که نگارنده از پادشاهان و حکومت می‌کند، برمی‌خوریم و این نقدها نشان می‌دهند که به احتمال زیاد حاصل تجربیاتِ فردی عادی از شکست‌ها و عدم موفقیت‌های فرمانروایانند، نه برداشت‌های پادشاهی از ناکامی‌های پادشاهان دیگر (جامعه ۴:۱؛ ۵:۸–۹؛ ۸:۲–۵؛ ۱۰:۵–۷ و ۲۰).

در موردش بیندیشید

ایفای نقش و بازتاب آن بر زندگی

اگر قصد داشتید ثمرهٔ تأملات خودتان را در باب مفهوم زندگی در دنیای امروز بنویسید، چه نقشی برای خودتان قائل می‌شدید تا در یافتنِ گذرگاه‌های احتمالی برای رسیدن به معنای زندگی، هم به خودتان و هم به مخاطبان‌تان کمک کرده باشید؟ یک نخست وزیر؟ یک ستارهٔ موزیک پاپ؟ یک شخصیت مشهور ورزشی؟ یک ستارهٔ سینما؟ یک ابر-سرمایه‌دار موفق در تجارت؟ آیا امروزه شخصیتی هست که به اندازهٔ سلیمان در گذشته، امکانات لازم برای یافتن طریق‌های مختلفِ رسیدن به معنای زندگی را در اختیار داشته باشد؟

فقط با در نظر گرفتن این شواهد درونی می‌توان فهمید که چرا از سدهٔ نوزدهم به بعد، اکثریت پژوهشگران نتیجه گرفته‌اند که کوُهِلِت با سلیمان یکی نیست، اما در فصل‌های آغازین کتابش نقش سلیمان را به خود گرفته تا برای یافتن معنای زندگی، گذرگاه‌های احتمالی گوناگون را بجوید. چنانکه خواهیم دید، دلایل دیگری هم در دست داریم که ثابت می‌کنند این کتاب را سلیمان در سدهٔ نهم پ. م. ننوشته است.

متن و زبان کتاب جامعه

از ظواهر امر چنین پیداست که متن کتاب جامعه به‌خوبی حفظ شده است. اشکالاتی که در درک این کتاب بروز یافته‌اند، بیش از آنکه ناشی از مسئلهٔ انتقال متن باشند، برخاسته از لحن غیرعادی، فرم و پیام این کتاب هستند. تکه‌هایی از متن عبری این کتاب در قمران پیدا شده است. این تکه‌ها صحت متن مازورتی را تأیید می‌کنند.

ترجمهٔ هفتاد حاوی برگردانی بسیار تحت‌اللفظی از کتاب جامعه به زبان یونانی است. در چند جا به‌نظر می‌رسد که ترجمهٔ هفتاد معنایی بهتر از متن عبریِ مازورتی ارائه کرده است. ترجمهٔ وولگات لاتین برگردانی است آزاد از متن عبری، نه ترجمهٔ یونانیِ کتاب‌مقدس. پشیتای سریانی در مجموع با

متن مازورتی مطابقـــت دارد. تارگوم آرامی بیش از آنکه برگردانی از کتاب جامعه باشد، شرحی تفسیرگونه بر آن محسوب می‌شود، که از کُوهِلِت شخصیتی پیوسته اندیشمند و راستدین[1] ساخته است.

دستِ‌کم از سدهٔ هفدهم، محققان نوعِ عبری به‌کاررفته در کتاب جامعه را شاهدی دال بر نگارش آن توسط شخصی غیر از سلیمان دانسته‌اند. زبان آن مشخصاً با واژگان، دستورزبان و نحو «عبریِ کلاسیک»، که اکثر کتاب‌های کتاب‌مقدس بدان نوشته شده‌اند، تفاوتی بارز دارد. زبانش بیشتر شبیه عبری به‌کاررفته در دورهٔ پسا–تبعید، مانند کتاب‌های عزرا، نحمیا و تواریخ ایام است. همچنین، جامعه بیش از کتاب‌های نامبرده، به عبری میشنایی[2] متأخر، که مورد استفادهٔ رابی‌های قدیم بوده، شباهت دارد. برای تشریح مختصات عبری کتاب جامعه، پاره‌ای توضیحات ارائه شده است.

یکی از خصوصیات عبری «متأخر» یا «پسا–کتاب‌مقدسی» این است که تحت تأثیر واژگان و فرم‌های دستوریِ زبان آرامی قرار دارد. آرامی یکی از زبان‌های سامی است که با وجود فرم و ساختار متمایز، رابطه‌ای تنگاتنگ با زبان عبری دارد. این زبان در دورهٔ امپراتوری ایران (شاهنشاهی هخامنشی- م.) به زبان مشترک اقوام امپراتوری تبدیل شد. در نهایت زبان آرامی جای عبری را گرفت و یهودیان آن را به‌عنوان زبان محاوره به‌کار بردند. تأثیر زبان آرامی در کتاب جامعه آنچنان بارز است که برخی از محققان (از جمله توری؛ گینزبرگ، ۱۹۵۰)[3] چنین استدلال کرده‌اند که کتاب جامعه‌ای که اکنون در دست ماست، ترجمه‌ای از اثر اصلی به زبان آرامی است. این استدلال مفصلاً (توسط گوردیس و ویتلی) به نقد کشیده شد و ظاهراً امروزه در میان پژوهشگران پایگاهی ندارد. بخش‌هایی از استدلال مزبور موشکافانه و فنی هستند، اما گوردیس به دو نکتهٔ اساسی‌تر اشاره می‌کند. نکتهٔ اول این که، بخش مهمی از استدلال توری که در دفاع از ترجمه بودنِ کتاب جامعه اقامه شده، مدعی است که برخی از اشکالات موجود در کتاب را می‌توان «اشتباه در ترجمه» تلقی کرد. برهان گوردیس این است که پاره‌ای از این توضیحات مورد بررسی دقیق قرار نگرفته‌اند. وی سپس می‌گوید که شاید کل استدلال ناشی از تصوری غلط باشد. شاید یک مترجم دچار برداشت اشتباه شود، و به تبع آن ترجمهٔ اشتباهی هم ارائه دهد، ولی معمولاً خود متن شیوایی و بومی بودنِ زبان کتاب را آشکار می‌کند. وی به این واقعیت اشاره می‌کند که اشکالات موجود در متن عبری کتاب‌های کتاب‌مقدس، در برگردان روان اکثر ترجمه‌های انگلیسی "ناپدید" می‌شوند. همچنین گوردیس خاطرنشان می‌سازد که گرایش به زبان آرامی به‌طور ناپیوسته در کُوهِلِت رخ می‌دهد، و به استدلال

1. Orthodox

۲. Mishnah– کتابی است که یکی از دین‌پژوهان یهودی به نام رابی یهودا هناسی (زادهٔ ۱۳۲ م.) با جمع‌آوری مکتوبات متفرق هلاخایی در یک‌جا تدوین نمود و به‌صورت کتاب ویژهٔ تورات شفاهی درآورد. مجموعهٔ هناسی در همهٔ مدارس یهودی آن زمان پذیرفته شد و جای آثار پیشین را گرفت. میشنا حاصل کار شش نسل از تنائیم یا عالمان شریعت شفاهی است. میشنا به شش بخش تقسیم می‌شود که به هر بخش یک سِدِر می‌گویند. (ویکیپدیای فارسی)– م.

3. Torrey; Ginsberg, 1950

وی این آرامی‌گرایی بیش از آنکه ناشی از ترجمه باشد، به‌خاطر آشنایی نگارندۀ کتاب با این دو زبان خویشاوند بوده، و همین امر باعث شده که ناخودآگاه از یکی دور و به دیگری نزدیک شود.

در سال ۱۹۵۲ داهود استدلال کرد که کتاب جامعه به‌وسیلۀ فردی یهودی که سخت تحت تأثیر زبان فینیقی بوده نوشته شده، و از این‌رو می‌بایست ساکن یکی از شهرهای فینیقیه بوده باشد. این نظریه هم از سوی گوردیس، و خصوصاً ویتلی به نقد کشیده شده است. نظریۀ مزبور نتوانست در میان پژوهشگران طرفداران چندانی پیدا کند.

اکنون چنین به‌نظر می‌رسد که همگان با نتیجه‌گیری گوردیس موافقند که مختصات زبانی در وهلۀ نخست ناشی از آن است که نگارنده با زبان آرامی آشنایی کامل داشته، و در نتیجه مستعد لغزش و بهره‌گیری از واژه‌های آرامی بوده است. به گمان وایبری شاید دلیل دیگری که برای برخی از ابهامات زبانی این کتاب وجود دارد، این است که نویسنده سعی داشته ایده‌هایی پیچیده و انتزاعی را توضیح بدهد، و بیان این توضیحات به نثر کلاسیک عبری کار چندان آسانی نبوده است. دلیل این دشواری آن است که نثر کلاسیک حروف ربط اندکی دارد و بیشتر می‌کوشد از به‌کار بردن جملات پیرو بپرهیزد. این قید و بندها، دست و بال کوُهِلِت را برای بیان توصیفات و نکات ظریفی که حاصل تأملات وی بودند، می‌بست.

کوُهِلِت کِی و کجا می‌زیست؟

چنانکه در بالا اشاره شد، داهود بر این گمان بود که کوُهِلِت در یکی از شهرهای فینیقیه می‌زیسته، اما این نظریه هوادارن چندانی پیدا نکرد. به‌طور خاص در سدۀ نوزدهم عده‌ای از محققان استدلال می‌کردند که کوُهِلِت در اسکندریۀ مصر زندگی می‌کرده و در همانجا این کتاب را نگاشته است. این استدلال تا اندازه‌ای به‌خاطر تأثیر یونانی‌ای بود که در این کتاب مشاهده می‌کردند (نکته‌ای که بعداً پیرامونش بحث خواهیم کرد). با این‌حال، ایشان در تأیید این مغایرت، روی اشاراتی که به پادشاه به‌عنوان کسی که شخصاً با شاگردان کوُهِلِت در تماس بوده (به‌ویژه جامعه ۲:۸-۴)، و اشاره‌ای احتمالی به داد و ستد دریایی (جامعه ۱:۱۱-۲) انگشت می‌گذاشتند. اما هیچ‌یک از ادلۀ مزبور قطعی نبودند. اشاراتی که به پادشاه شده، شاید بر مبنای گفتارهای سنتی باشند، و در هر صورت «پادشاه» می‌تواند به "زمامدار محلی"- با هر منصب رسمی- دلالت داشته باشد، و شاید استاندار اورشلیم در دورۀ پس از تبعید، منظور نظر نویسنده بوده است. علاوه بر این، فلسطین هم مانند مصر بندرهای بین‌المللی برای داد و ستد دریایی داشته است.

همان اندک شواهد موجود در کتاب حاکی از آن است که کتاب جامعه در اورشلیم به رشته تحریر درآمده. اشاراتی به شرایط اقلیمی، از قبیل باران (جامعه ۳:۱۱؛ ۲:۱۲)، تغییر باد (۶:۱؛ ۴:۱۱)، استفاده از چاه آب و آب‌انبار برای ذخیره کردن آب (۶:۱۲) و درخت بادام (۵:۱۲) وجود دارد که با شرایط آب و هوایی و اقلیمی مصر سازگار نیستند، بلکه با موقعیت جغرافیایی یهودیه جور درمی‌آیند. از همه مهمتر اشاراتی هستند که به معبد و قربانی می‌شوند (۱:۵؛ ۲:۹). از قرار معلوم در این اشارات،

دسترسی شاگردان کُوهِلِت به معبد اورشلیم امری بدیهی انگاشته شده است.

بهترین توجیهی که برای نتیجه‌گیری زبانی وجود دارد این است که کُوهِلِت با زبان آرامی آشنایی کامل داشته و بسیاری از خصوصیات عبری میشنایی در این کتاب، حاکی از آنند که کتاب جامعه در دورهٔ پسا-تبعید نوشته شده است. همگان با این موضوع موافقند که حکمت بن سیراخ شباهت‌های زیادی با کتاب جامعه دارد (موارد مشابه در کتاب بارتن[1] فهرست شده و گوردیس آنها را خلاصه‌وار در کتابش آورده است، ۱۹۶۸). زمان نگارش کتاب بن سیراخ را معمولاً حدود ۱۸۰ پ. م. - نه دیرتر- برآورد می‌کنند. همچنین برای تکه‌های کتاب جامعه که در قمران پیدا شده‌اند هم تاریخی حدود ۱۵۰ پ. م. پیشنهاد شده که این نشان می‌دهد کتاب مزبور در آن زمان از شهرت و معروفیت کامل برخوردار بوده است. گذشته از این، در کتاب جامعه هیچ اشاره‌ای دال بر ناآرامی‌های دههٔ ۱۶۰ پ. م. که ناشی از جور و ستم آنتیوخوس چهارم (اپیفانس) بود و به قیام مکابی‌ها منجر شد، به چشم نمی‌خورد. همهٔ این شواهد گواهی می‌دهند که کتاب نمی‌توانسته بعد از ۲۰۰ پ. م. نوشته شده باشد.

کندوکاو بیشتر

جامعه و حکمت بن سیراخ

شواهد فهرست‌شده توسط بارتن و/ یا گوردیس را که نشان می‌دهند بن سیراخ با جامعه شباهت‌های زیادی دارد، مطالعه کنید. این فهرست به‌نظر شما تا چه اندازه قانع‌کننده است؟

در سدهٔ نوزدهم عده‌ای از محققان ادعا کردند که در کتاب جامعه نشانه‌های زیادی از یونانی‌زدگی[2] یافته‌اند. شاید اینها نشان از آن باشند که کتاب پس از یورش اسکندر مقدونی به امپراتوری ایران طی سال‌های ۳۳۴-۳۳۱ پ. م. نوشته شده، زیرا از این زمان به بعد است که شاهد نفوذ فراگیر زبان یونانی در فلسطین هستیم. با این‌حال، بررسی دقیق یونانی‌زدگی مورد ادعای محققان گوناگون نشان داد که واژه‌های مزبور همگی قرینه‌هایی در زبان عبری یا سایر زبان‌های سامی دارند (بارتن، و گوردیس، ۱۹۶۸، خلاصه‌هایی سودمند از این قراین ارایه نموده‌اند).

فردریکز[3] استدلال می‌کند که بسیاری از خصوصیات زبانی در کلام کُوهِلِت که قبلاً تصور می‌شد به دورانی متأخرتر دلالت دارند، نمونه‌هایی در زبان عبری کتاب‌مقدسی دارند. وی این‌گونه نتیجه گرفت که زبان کُوهِلِت را نباید به بعد از دورهٔ تبعید مربوط دانست و این کتاب باید زودتر از این دوره نوشته شده باشد. بنا بر استدلال شورز[4] نتیجه‌گیری فردریکز کاستی‌هایی دارد، زیرا وی خصوصیات زبان‌شناختی را به‌طور جداگانه در نظر گرفته است. کتاب جامعه انباشته از شواهدی است که دال بر نگارش این کتاب در دورهٔ پسا-تبعید هستند. اکثر محققان هنوز بر این گمانند که زبان کتاب گواه بر آن است که در سدهٔ سوم یا نهایتاً اواخر سدهٔ چهارم پیش

1. Barton

2. Graecisms; 3. Fredericks; 4. Schoors

از میلاد نوشته شده است. خیلی‌ها این نکته را مؤید نفوذ یونانی‌گرایی مفروض در کتاب جامعه می‌دانند. در این‌باره بیشتر بحث خواهیم کرد.

مرد و کتاب

دستِ‌کم از سدهٔ نوزدهم بحثی مطرح بوده، پیرامون اینکه چه حجمی از کتاب جامعه سخنان مردی است که با عنوان کوُهِلِت شناخته می‌شود. این کتاب دو ویژگی دارد که پرسش مزبور را در ذهن محققان برمی‌انگیزد، و برخی از رابی‌های متقدم متوجه هر دو ویژگی شده، در موردشان به کنکاش پرداخته‌اند. ویژگی اول اینکه در متن کتاب شاهد عباراتی متناقض هستیم. نمونهٔ بارز این نقیضه‌ها جامعه ۱۲:۸-۱۴ است. در آیه‌های ۱۲-۱۳ آمده که شریران در درازمدت کامروا نمی‌شوند و اینکه در نهایت همه چیز به نفع ترسندگان خدا تمام خواهد شد. در آیهٔ بعدی دقیقاً خلاف آن را می‌گوید. چندین عبارت متناقض دیگر هم وجود دارد که خلاف همدیگر حرف می‌زنند (مثلاً جامعه ۱۷:۳؛ ۱:۹-۲). ویژگی دوم اینکه ظاهراً برخی از عبارات کتاب جامعه با گفته‌های سایر کتاب‌های کتاب‌مقدس در تناقض هستند (برای مثال، ۱۴:۸).

در نیمهٔ دوم سدهٔ نوزدهم، در مورد این تناقضات نظریه‌ای در میان محققان رواج یافت. به‌زعم این محققان سخنان کوُهِلِت اندیشهٔ جریان اصلی «حکمت سنتی» را جریحه‌دار ساخته و باعث شده که این جریان گفته‌های وی را به نقد بکشد. در نتیجه دیگرانی که از دیدگاه انتقادپذیری ضعیف‌تری برخوردار بودند، گفته‌های وی را ویرایش کردند و چیزهایی بدان افزودند تا از ناهنجاری سخنان کوُهِلِت و تضاد نظراتش با جریان "ارتدوکس" قدری بکاهند. نمونهٔ برجستهٔ این رویکرد را در تفسیر دی. زیگفرید[1] که در سال ۱۸۹۸ به زبان آلمانی انتشار یافت، می‌بینیم. وی در کتاب خود حضور نُه ویراستار مختلف با دیدگاه‌های الاهیاتی گوناگون را بدیهی انگاشته است. آنان مسئول نگارش بیش از نیمی از مطالبی هستند که ما امروزه در کتاب جامعه می‌بینیم (بارتن خلاصه‌ای از تحلیل زیگفرید ارائه کرده است). اما این پرسش مطرح می‌شود که اگر به‌راستی سخنان کوُهِلِت تا این اندازه ناخوشایند بودند و به مذاق جریان "ارتودکس" خوش نمی‌آمدند، پس دیگر چه دلیلی داشت که آن را به‌کلی حذف نکنند؟!

همواره برخی برای توجیه نظرات به‌ظاهر متناقض کتاب، دلیل و برهان آورده‌اند. اخیراً بعضی از آنها که معتقدند نظریهٔ ویراستاران متعدد چندان متقاعدکننده نیست، با اقبال بیشتری روبه‌رو شده‌اند. یک احتمال این است که کتاب جامعه گلچینی است از قطعات مستقل و متعلق به برهه‌های زمانی مختلفی از زندگی کوُهِلِت، و این عدم یکپارچگی در دیدگاه و خلقیات هم بازتاب تجربیات گوناگون و مراحل متفاوت زندگی او است. حال این پرسش مطرح می‌شود که چه کسی این گلچین را فراهم کرده است. آیا خود کوُهِلِت بوده، یا یکی از شاگردانش؟ در پیشگفتار و جمع‌بندی کتاب شواهدی آشکار دال بر انجام پاره‌ای فعالیت‌های

1. D. Siegfried

ویراستاری به چشـــم می‌خورد. همچنین، آیا در ترتیب‌بندی مطالب کتاب نظم خاصی قابل تشخیص است یا نه؟ چنانکه خواهیم دید، در این‌باره دیدگاه‌های متفاوتی وجود دارد.

احتمال دیگر این اســـت که کوُهِلِت ابتدا تعالیم سنتی را نقل‌قول و سپس تفسیر می‌کرده اســـت، و گه‌گاه حتی می‌کوشـیده آن تعالیم را رد کند. در روزگار وی نویســـندگان برای نشان دادن مطلبی که نقل می‌کنند، از علامت نقل‌قول استفاده نمی‌کردند. خوانندگان ناگزیر بودند خودشان نقل‌قول‌ها را تشخیص دهند. نمونهٔ احتمالی این فنِ «نقل‌قول و تفسیر» را در جامعه ۴:۵-۶ می‌بینیم.

نادان دست بر دست می‌گذارد
و گوشت تن خودش را می‌خورد.
یک مشت با آرامش، به از دو مشت
با مشقت
و از پی باد دویدن!

حس و حـــال آیهٔ ۵، شـــبیه حس امثال ۶:۱۰-۱۱؛ ۲۴:۳۳-۳۴ است. واکنش سنتی به این مَثَل، احتمالاً کلماتی در ســـتایش کار و سختکوشـــی اســـت (مانند امثال ۱۳:۴؛ ۲۱:۵). با این‌حـــال، کوُهِلِت ادعا می‌کند که رضایت‌بخش‌ترین نتیجه آن است که به‌کار و تلاش در حد متعادل بســـنده کنیم. چیزی که ثابت می‌کند این نظر خود کوُهِلِت است، تکه‌کلام مشهور وی، یعنی «در پی باد دویدن» و سایر عباراتی می‌باشد که در جاهای دیگر در بیان پوچی و بیهودگی زحمت و مشقت به‌کار برده است (برای نمونه، ۳:۱؛ ۱۸:۲ به بعد). دیدگاه مشابه دیگری که در باب کتاب جامعه وجود دارد این اســـت که جامعه را دیالوگی میان کوُهِلِـــت و حریفی واقعی یا خیالی می‌پندارد. اشکال این دیدگاه آن است که برای بازشناسی «نقل‌قول‌ها» و «پاسخ‌ها» اتفاق‌نظر محـــدودی وجـــود دارد. نیز، در پاره‌ای موارد هواداران این دیدگاه استدلال می‌کنند که «نقل‌قول‌ها» برای خلاصه یا تأیید کردن نظرات خود کوُهِلِت به‌کار رفته‌اند.

لودر[1] اســـتدلالی بعضاً مشـــابه را پیش می‌گیـــرد مبنی بر اینکـــه تناقضات ظاهری در کتاب جامعه شـــامل یک "قطب" و یک "ضد-قطب"[2] می‌شوند که مدام در تنش‌اند. وی استدلال می‌کند که یک روی هر تناقض ظاهـــری، نقطه‌نظری اســـت که شـــاخصهٔ «حکمت عرفی» به‌شـــمار می‌رود. بنابراین، روی دیگر آن، پاســـخ کوُهِلِت است. وی بر این مبنا چنین نتیجه می‌گیرد که در اندیشـــهٔ خود کوُهِلِـــت هیچ تناقض واقعی‌ای وجود ندارد. کسانی که آراء لودر را مورد نقد قرار داده‌اند، معتقدند که همهٔ "موارد متناقض" که او از آنها نام می‌برد، واقعاً قطبی نیســـتند، و الگوی "قطب در برابر ضد-قطب" که لودر آن را ترسیم می‌کند، غالباً تفسیرهای تحمیل شده بر متن به بار می‌آورد.

و ســـرانجام، توجیـــه احتمالی دیگری کـــه بـــرای تناقضـــات ظاهـــری در کتاب جامعه وجود دارد این اســـت که تناقضات مزبـــور ناشـــی از خصوصیـــت جدلـــی (دیالکتیـــک) اندیشـــهٔ کوُهِلِت می‌باشـــد. کوُهِلِت واقعیت را امـــری پیچیده می‌بیند. صرفاً یک‌تنه بـــه قاضی رفتـــن و تنها یک روی ســـکه را دیدن، و حتی راه «میانه‌روی» پیش گرفتن، نمی‌توانـــد عدالت را در مورد این پیچیدگی به‌جا آورد. باید این تناقضات ظاهـــری را به‌ســـادگی پذیرفـــت، زیرا کل

1. Loader; 2. Contra-pole

حقیقت در ورای ادراک انسانی مخفی است. در نتیجه، شیوهٔ نگارش کوُهِلِت از ویژگی‌ای برخوردار است که برای آن اصطلاحی آلمانی وجود دارد: *Zwar-aber Aussage*. این اصطلاح را شاید بتوان «گزارهٔ درست، اما غیراثباتی» ترجمه کرد. چندین محقق کوشیده‌اند کتاب را در چارچوب این تعریف مورد تحلیل قرار دهند. مشکل اینجاست که معمولاً این «اماها» مستقیماً در پی عبارات «مفروضِ صحیح» نمی‌آیند. از این‌رو، وی می‌گوید که به سبب ظلم و ستم، مردگان از زندگان سعادتمندترند (جامعه ۴:۲)، اما پس از بیان مطالب بسیار می‌گوید که زنده بودن بهتر است، چون زندگان امیدوارند و می‌دانند که روزی خواهند مرد، اما مردگان هیچ نمی‌دانند (۹:۴-۵). توجیه احتمالی‌اش این است که کتاب جامعه گلچینی از گفتارهای فاقد نظم و ترتیب است.

کندوکاو بیشتر: نقل‌قول‌ها در کتاب جامعه

وایبری (۱۹۸۱) بر این گمان است که در کتاب جامعه، یک گفته (خصوصاً جمله‌ای که دو بخش دارد) احتمالاً نقل‌قول است، اگر:

۱) گفته‌ای کامل و مستقل باشد؛
۲) از لحاظ فرم به امثال ۱۰-۲۹ شبیه باشد؛
۳) با ایده‌های بیان‌شده در امثال همسو، ولی با ایده‌های اصلی کوُهِلِت در تنش باشد؛
۴) فاقد خصیصه‌های زبان‌شناختی "متأخر" باشد.

وی با بهره‌گیری از این معیارها نقل‌قول‌هایی را که خودش نام هشت «نمونهٔ بارز» بر آنها گذاشته، مورد شناسایی قرار می‌دهد: جامعه ۲:۱۴الف؛ ۴:۵؛ ۴:۶ (با حذف «و از پی باد دویدن»)؛ ۷:۵؛ ۷:۶الف (با حذف «این نیز بطالت است»)؛ ۹:۱۷؛ ۱۰:۲؛ ۱۰:۱۲.

فاکس (۱۹۹۹) قبول دارد که شاید وایبری در شناسایی این نقل‌قول‌ها راه درستی در پیش گرفته باشد. با این‌همه، از نظر وی زمانی می‌توان گفته‌ای را نقل‌قول دانست که نقل‌قول‌کننده "فاصلهٔ" خودش را با آن حفظ کند. بنا بر استدلال وی، اگر کوُهِلِت می‌خواست می‌توانست نقل‌قول‌ها را خیلی صریح بیان کند. می‌توانست با گفتن: «دانایان می‌گویند... اما من می‌گویم...» علناً نقل‌قول‌ها را به خوانندگانش نشان دهد. تازه شیوه‌های دیگری هم برای نشان دادن نقل‌قول‌ها وجود دارند که از صراحت کمتری برخوردارند:

۱) با ذکر نام شخصی دیگر در کنار گویندهٔ اصلی، در زمینهٔ متنی بی‌واسطه به‌گونه‌ای که خواننده با گفتهٔ آن شخص ارتباط برقرار کند؛
۲) با ارجاع به «دهان» یا «کلام» یا هر چیز دیگری که نشان‌دهندهٔ گفتار است؛
۳) با تغییر در "چندم‌شخص‌بودنِ" گرامری، مانند: «آنان می‌گویند...»

در دیدگاه وی، شناسایی «نقل‌قول‌ها» می‌تواند به‌راحتی به بهانه‌ای برای پرهیز از روبه‌رو شدن با اشکالات موجود در متن تبدیل شود.

«نقل‌قول‌های» شناسایی‌شده توسط وایبری را مطالعه کنید و سپس با توجه به آنها، ارزیابی خودتان را از نقد فاکس ارائه دهید.

به‌رغم تناقضات ظاهری، کلمات (مثلاً «حکمت»، «زمان/ موسم»، «سود»)، عبارات (مثلاً «زیر آفتاب»، «باطل اباطیل») و مضامینی (همچون ارزش حکمت، رویکرد درست به کار، ناگزیر بودن مرگ، لذت بردن از زندگی) وجود دارند که در سراسر متن کتاب پراکنده‌اند و به آن حس یکپارچگی می‌بخشند. به همین دلیل و آنچنان که این بررسی نشان داده، اکثر محققان امروزی در کل اتفاق‌نظر دارند که بدنهٔ اصلی کتاب توسط یک نفر نوشته شده، اما در مورد روش توجیه ماهیت معماگونهٔ این کتاب، هیچ اتفاق‌نظری وجود ندارد.

تحلیل («گزارهٔ درست، اما غیراثباتی»)
ZWAR-ABER AUSSAGE
از ها. و. هرتسبرگ[1]

ZWAR (درست)	ABER (اما)
۱۶:۱	۱۷:۱–۱۸
۳:۲–۱۰	۱۱:۲
۱۳:۳–۱۴الف	۱۴:۳ب به بعد
۱۱:۳الف	۱۱:۳ب
۱۷:۳	۱۸:۳ به بعد
۱۳:۴–۱۶الف	۱۶:۴ب
۱۱:۷–۱۲	۷:۷ (پس و پیش شده)
۱۲:۸ب–۱۳	۱۴:۸–۱۵
۴:۹ب	۵:۹
۱۶:۹الف	۱۶:۹ب
۱۷:۹–۱۸الف	۱۸:۹ب–۱:۱۰
۲:۱۰–۳	۵:۱۰–۷

1. H. W. Herzberg

ساختار ادبی

این واقعیت که کتاب جامعه فاقد هر گونه استدلال ساختارمند روشن است، باعث نشده که محققان از جستجو برای یافتن ساختاری ادبی در آن دست بکشند. در مورد وجود چنین ساختاری، اتفاق‌نظری محدود وجود دارد. در کل همه می‌پذیرند که جامعه ۱:۱-۳ و ۸:۱۲-۱۴ مقدمه و مؤخرهٔ کتاب را تشکیل می‌دهند و در حکم چارچوبی برای کل کتاب- که اساساً گفته‌های خود کوُهِلِت محسوب می‌شوند- هستند. پژوهشگران عموماً مقدمه و مؤخره و احتمالاً معدودی از افزوده‌ها در بدنهٔ متن را حاصل کار ویراستار یا ویراستاران می‌دانند. در ۱:۱-۲ و ۲۷:۷، و ۸:۱۲-۱۴ از کوُهِلِت در قالب سوم شخص مفرد یاد می‌شود (این موضوع در برخی از ترجمه‌های انگلیسی گنگ است) و از این‌رو طبیعی است که آنها را ثمرهٔ نگارش شخص دیگری بدانیم. در درون این چارچوب، بخش‌های اول و آخر (۱:۴-۱۱ و ۱:۱۲-۷) سبکی متمایز و شبه-منظوم دارند. احتمالاً آنها را به این دلیل در جای کنونی قرار داده‌اند که آغاز و انجامی شایسته برای اندیشه‌های کوُهِلِت باشند. سبک و موضوع اصلی ۱۲:۱-۲۶:۲، آنجایی که کوُهِلِت «نقاب سلیمانی» بر چهره می‌زند، این بخش را از بخش‌های دیگر متمایز می‌سازد. نیز موضوعات بسیاری مطرح می‌شوند که در مطالب بعدی بدان‌ها پرداخته خواهد شد. اگر این ملاحظات را بپذیریم، موضوع اصلی در تشخیص ساختار ادبی کتاب جامعه به ترتیب‌بندی موضوعات در ۱:۳-۱۰:۱۱ بستگی پیدا می‌کند.

برخی از محققان کتاب جامعه را بر اساس موضوعات یا مضامین اصلی که بر هر بخش سایه افکنده‌اند، به چند بخش تقسیم کرده‌اند. گینزبرگ[1] (۱۹۵۵) گذشته از عنوان و مؤخره، کتاب را به چهار بخش اصلی تقسیم می‌کند. این ساختار را می‌توانید در جدول زیر ببینید.

نظر گینزبرگ در مورد ساختار کتاب جامعه

عنوان ۱:۱

A	۲:۱-۲۶:۲	مضمون: «همه چیز باطل (*هِول*[1]) است».
B	۱:۳-۳:۴	مضمون: «همهٔ رویدادها از پیش مقدر شده‌اند، اما به هیچ وجه قابل پیش‌بینی نیستند».
A′	۴:۴-۹:۶	مضمون: «همه چیز باطل (*هِول*) است».
B′	۶:۱۰-۸:۱۲	مضمون: «همهٔ رویدادها از پیش مقدر شده‌اند، اما به هیچ وجه قابل پیش‌بینی نیستند»

مؤخره ۹:۱۲-۱۴

به عقیدهٔ گینزبرگ، جامعه ۹:۳-۱۳ دو مضمون A و B را به یکدیگر پیوند می‌دهد. پرسش آغازین ۳:۱ در ۹:۳ هم تکرار می‌شود و بدان چنین پاسخ می‌دهد که انسان از زحمت و مشقت خود هیچ چیز به‌دست نمی‌آورد، زیرا خدا چنین مقدر ساخته است. گینزبرگ در بخش‌های A′ و B′ ازسرگیریِ مضامین A و B را با همان ترتیب سابق می‌بیند، و پیامدهای ناشی از آنها را به تصویر می‌کشد. نقد جدی بر این تحلیل این است که عمدهٔ مطالب در مضامین پیشنهادی گینزبرگ نمی‌گنجند. خود گینزبرگ بدان اعتراف می‌کند و به برخی از بخش‌ها زیر عنوان «گریز از موضوع اصلی» (مثلاً، ۱:۵-۹؛ ۱۷:۹-۱۹:۱۰) اشاره می‌کند، و می‌گوید که برای‌شان هیچ توضیحی ندارد.

سایر محققان تحلیل‌های ساختاری خود را بر پایهٔ بازشناسی آمیزه‌ای از صنایع ادبی و مضامین بخش‌ها ارائه نموده‌اند. روسو[2] ساختار مشهود در کتاب را بر اساس تناظر متقاطع[4] یافته است.

نظر روسو دربارهٔ ساختار کتاب جامعه

A	عنوان	۱:۱
B	مضمون	۲:۱-۳
C	مقدمه	۴:۱-۱۱
C′	مؤخره	۱:۱۲-۷
B′	مضمون	۸:۱۲
A′	یادداشت‌های ویرایشی	۹:۱۲-۱۴

چنانکه در جدول «نظر روسو دربارهٔ ساختار کتاب جامعه» مشاهده می‌کنید، در تناظر متقاطع ساختار نیمهٔ دوم موازی نیمهٔ اول است، ولی با تصویر معکوس یا به‌اصطلاح آینه‌ای. در اینجا ممکن است این پرسش مطرح شود که A و A′ تا چه اندازه می‌توانند با یکدیگر ارتباط داشته باشند. روسو مطالب درون این چارچوب را به هفت "چرخهٔ" موضوعی تقسیم می‌کند. هر یک از این چرخه‌ها با سخنی در ستایش لذت بردن از زندگی به پایان می‌رسند.

محققان پیشین به اشارات مکرر به پرهیز از لذت بردن از زندگی پی برده بودند (جامعه ۲۴:۲-۲۶؛ ۱۲:۳-۱۳ و ۲۲؛ ۱۸:۵-۲۰؛ ۱۵:۸؛ ۷:۹-۱۰؛ ۷:۱۱-۱۰)، اما درنیافته بودند که این اشارات چه کاربرد ساختاری‌ای ممکن است داشته باشند. پرسش اینجاست که آیا روسو به‌راستی در این کار موفق بوده؟ چراکه سه بخش

۱. Hevel – صفر، هیچ و پوچ – م.

1. Ginsberg

2. Rousseau; 4. Chiasm

از موارد اشارهٔ وی (۴، ۵ و ۷ در جدول «چرخه‌های روسو») بیش از آنکه مضمونی واقعی باشند، عنوانی مبهم دارند. روسو استدلال می‌کند که در هر چرخه، مطالب اغلب بر اساس اصل «توازی» حاصل از مضامین، عبارات یا کلمات تکرارشده مرتب می‌شوند. بدین‌ترتیب در چرخهٔ اول، او دو نیمهٔ موازی می‌بیند.

حکمت فریبنده است (۱:۱۲-۱۸)-
ثروت فریبنده است (۲:۱-۱۱)
حکمت فریبنده است (۲:۱۲-۱۷)-
ثروت فریبنده است (۲:۱۸-۲۳)

چرخه‌های روسو

A	۱- اعتراف سلیمان (۱:۱۲-۲:۲۶).
B	۲- دانایان در کل ناتوان از درک طرح خدا هستند (۳:۱-۱۳).
	۳- دانایان ناتوان از درک رویدادهای پس از مرگ هستند (۳:۱۴-۲۲).
C	۴- فریبها و پندهای گوناگون (۴:۱-۵:۲۰).
	۵- فریبها و پندهای گوناگون (۶:۱-۸:۱۵).
B′	۶- بی‌تأثیر بودن حکمت (۸:۱۶-۹:۱۰).
C′	۷- فریبها و پندهای گوناگون (۹:۱۱-۱۱:۱۰).

او در یافتنِ آنچه که در همین سطح پایین- و نه سطح ساختاری کلی- الگوهایی اصیل به‌نظر می‌رسند، موفق عمل کرده است.

شاید دو تحلیل بسیار متفاوت از کتاب که توسط رایت و کرنشاو ارائه شده‌اند، نمونه‌هایی از آراء محققانی باشند که در دو سوی طیف مربوط به ساختار کتاب قرار دارند. رایت جامعه ۱:۴-۱۱ و ۱۱:۷-۱۲:۷ را تأکید بر دو مضمون اصلی کتاب می‌داند: بی‌فایده بودن کار و زحمت و دعوت به لذت بردن از زندگی. وی برای شناسایی ساختار کتاب جامعه، در بدنهٔ کتاب به‌دنبال شناسه‌های کاملاً ادبی می‌گردد. او از عبارت‌های تکراری «[این نیز/ همهٔ اینها بطالت است] در پی باد دویدن» استفاده کرده، نتیجه می‌گیرد که نیمهٔ اول کتاب (به‌زعم وی ۱:۱۲-۶:۹) به شش زیربخش تقسیم می‌شود. رایت در نیمهٔ دوم کتاب (یعنی ۷:۱-۸:۱۷) چهار زیربخش می‌یابد که با عبارت «درک نتوان کرد» و شش زیربخش دیگر در ۹:۱-۱۱:۶ که با عبارت «نمی‌دانی» قابل شناسایی هستند. این تحلیل با نقدهایی مواجه شده است. رایت در بهره‌گیری از عبارات «شناسه» ثابت‌قدم نیست. برای مثال، تکرار «عبارت شناسه» در آیهٔ ۴:۴ را نادیده می‌گیرد و در ۱:۱۴ عبارت شناسه در میانهٔ زیربخش آمده، نه در انتهای آن. سپس این پرسش مطرح می‌شود که چرا وی این سه عبارت را برگزیده، در حالی که عبارات دیگری هم هستند که کوُهِلِت آنها را تکرار کرده است (برای نمونه، «زیر آفتاب»). سرانجام اینکه، برخی از زیربخش‌ها فاقد انسجام موضوعی واقعی هستند (مثلاً ۲:۱۸-۶:۹؛ ۱۰:۱۶-۱۱:۲). رایت طی بررسیِ متعاقب تحلیلش، در تأیید تحلیل خود به عددشناسی[۱] متوسل می‌شود.

---

۱. Numerology - عددشناسی یا علم‌الاعداد باور به رابطه‌ای الاهی یا رمزآمیز میان یک عدد و یک یا چند رویداد همزمان است. همچنین به بررسی ارزش عددی حروف هر کلمه هم عددشناسی می‌گویند (مانند ارزش عددی حروف همخوان نام داوود [د و د] که بنا بر ارزش عددی حروف عبری [۴+۶+۴] برابر با عدد ۱۴ است، یا ارزش عددی حروف یونانی LXX [۵۰+۱۰+۱۰] که برابر

عددشناسی بر این واقعیت استوار است که حروف الفبای عبـری دارای ارزش عددی خاصی هستند. رایت خاطرنشان می‌سازد که ارزش عددی عبارت «همه چیز باطل اباطیل اسـت» در زبان عبری معادل ۲۱۶ می‌شود، که این تعـداد آیه‌های ۱:۱-۸:۱۲ اسـت. نیـز، واژهٔ «بطالت» (بـا ارزش عددی ۳۷) در آیهٔ ۲:۱ سـه بار به‌کار رفته، که مجموعاً عدد ۱۱۱ را به‌دسـت می‌دهـد (۳x ۳۷). زیربخـش ۱:۱-۹:۶ هم ۱۱۱ آیه دارد و این به عقیدهٔ وی گواه بر آن اسـت که از ۹:۶ به بعد زیربخش دیگری آغاز می‌شود. او دست به مطالعات عددشناختی پیچیده‌تری هم زده است. مشـکل اینجاست که انگار وی برای اثبات نظریاتش در مـورد الگوهای عددی در ساختار پیشنهادی‌اش، دست به گزینش اعداد دلبخواهی زده اسـت. از این گذشته، این نکته را نمی‌توان از نظر دور داشـت که تقسـیم‌بندی کنونی کتاب‌مقدس به آیات، کاری اسـت که در سـده‌های میانی انجام گرفته، و ما نمی‌دانیم که آیا ویراسـتار اولیهٔ کتاب هم این تقسـیم‌بندی را مد نظر داشته یا نـه، زیرا در آن زمان هنوز کتاب‌مقدس به آیات متعدد تقسیم نشده بود.

کرنشـاو از جمله مفسـرانی است که جستجو برای یافتن سـاختاری کلی را رها کرده‌اند و صرفـاً کتاب را به زیربخش‌هایی که از نگاه‌شـان دارای انسجام و یکپارچگی هستند، تقسیم نموده‌اند. مقایسهٔ تحلیل وی با تحلیل سایر پژوهشگران (وایبری، ۱۹۸۹) نشـان می‌دهد که در مورد زیربخش‌ها میان آنهـا همگرایی زیادی وجـود دارد، ولی از اتفاق‌نظر قطعی خبری نیست.

تحلیل رایت

مقدمه (۱:۱-۳)
مضمون اول: زحمت کشیدن بی‌فایده است (۴:۱-۱۱)
۱. کندوکاو کوهِلِت در زندگی (۱۲:۱-۹:۶)
مقدمهٔ مضاعف (۱۲:۱-۱۵ و ۱۶-۱۸)
بررسی لذت‌جویی (۱:۲-۱۱)
بررسی حکمت و حماقت (۱۲:۲-۱۷)
بررسی ثمرات مشقت (۱۸:۲-۹:۶)
۲. نتیجه‌گیری‌های کوهِلِت (۱۰:۶-۶:۱۱)
مقدمه (۱۰:۶-۲۱)
الف- انسان نمی‌تواند دریابد که انجام چه کاری برایش خوب است
نقد حکمت سنتی:
در باب روز سعادتمندی و روز مصیبت (۱:۷-۴۱)
در باب زنان و حماقت (۵۲:۷-۹۲)
در باب مرد حکیم و پادشاه (۱:۸-۷۱)
ب- انسان نمی‌داند که چه چیز در انتظار اوست
او می‌داند که خواهد مرد: مردگان هیچ نمی‌دانند (۱:۹-۶)
آدمی زمان خود را نمی‌داند (۱۱:۹-۲۱)
آدمی نمی‌داند که چه پیش خواهد آمد (۳۱:۹-۵۱:۰۱)
آدمی نمی‌داند که چه شرارتی واقع تواند شد (۶۱:۰۱-۲:۱۱)
آدمی نمی‌داند که چه نیکویی واقع تواند شد (۳:۱۱-۶)
مضمون دوم: تشویق لذتجویی (۷:۱۱-۸:۱۲)
مؤخره (۹:۱۲-۱۴)

با عدد هفتاد است)- م.

تحلیل کرنشاو

۱:۱	برنوشت[1]
۱:۲-۳	شعار کتاب و عبارت موضوعی
۱:۴-۱۱	زیر آفتاب هیچ چیز تازه نیست
۱:۱۲-۲:۲۶	تجربهٔ ملوکانه
۳:۱-۱۵	برای هر چیز زمانی است
۳:۱۶-۴:۳	اشک‌های مظلومان
۴:۴-۶	نگرش‌های مَثَل‌گونه دربارهٔ مشقت و نقطهٔ مقابل آن
۴:۷-۱۲	مزایای داشتن همدم
۴:۱۳-۱۶	مردمان دمدمی مزاج
۵:۱-۹	تکالیف مذهبی
۵:۱۰-۶:۹	بطالت ثروت
۶:۱۰-۱۲	واحد انتقالی
۷:۱-۱۴	مجموعه‌ای از امثال
۷:۱۵-۲۲	در باب میانه‌روی
۷:۲۳-۲۹	جستن و یافتن
۸:۱-۹	فرمانروایان و رعایا
۸:۱۰-۱۷	راز عملکرد الاهی
۹:۱-۱۰	سایهٔ مرگ
۹:۱۱-۱۲	زمان و بخت
۹:۱۳-۱۸	حکمت هدررفته
۱۰:۱-۲۰	مجموعه‌ای از امثال در باب حکمت و حماقت
۱۱:۱-۶	عنصر خطر کردن
۱۱:۷-۱۲:۷	جوانی و پیری
۱۲:۸	عبارت موضوعی (عبارت پرانتزگونه)
۱۲:۹-۱۴	مؤخره(ها)

کرنشاو در کنار برنوشت و مؤخره‌ها (جامعه ۱۲:۹-۱۱ و ۱۲-۱۴) از آیات زیر به‌عنوان یادداشت‌های ویراستاری یاد می‌کند: جامعه ۲:۲۶الف؛ ۳:۱۷الف؛ ۸:۱۲-۱۳؛ ۱۱:۹ب؛ و احتمالاً ۵:۱۹ و ۷:۲۶ب.

1. The Superscription

کندوکاو بیشتر: ساختار کتاب جامعه

جامعه ۶:۱۰-۱۱:۶ را بخوانید و تحلیل رایت از این بخش از کتاب را با تحلیل کرنشاو مقایسه کنید. کدامیک از نظر شما متقاعدکننده‌تر است؟

یک بررسی اجمالی

تقسیماتی که در زیر مورد استفاده قرار گرفته‌اند، نه به‌طور کامل بلکه تقریباً مشابه تقسیم‌بندی پیشنهادی کرنشاو هستند.

جامعه ۱:۱-۳

«برنوشت» (آیهٔ ۱) مورد بحث در ابتدای فصل و «شعار» (آیهٔ ۲) و «مضمون» (آیهٔ ۳) کتاب را با جزئیات بیشتر توضیح خواهیم داد.

جامعه ۱:۴-۱۱

این قطعه که به نثر مسجع سروده شده، به زمین، خورشید، باد و آبها اشاره می‌کند. شاید در اینجا شاهد بازتابی از چهار «عنصر» کیهانی طبق اندیشهٔ یونانی باشیم: خاک، آتش، هوا و آب. با این‌حال، موضوع بحث کُوهِلِت ساختار کیهان نیست، بلکه منظورش پوچ و بی‌معنی بودن آن است. به‌جز گذر زمان، هیچ چیز دیگری تغییر نمی‌کند، و انسان توانایی آن را ندارد که تغییر یا تحولی واقعی ایجاد کند. هر تحول و پیشرفت ظاهری صرفاً نتیجهٔ فراموش‌شدنِ گذشته است.

جامعه ۱:۱۲-۲:۲۶

کُوهِلِت در این «عهد ملوکانه» نقش سلیمان پادشاه را به خود می‌گیرد (۱:۱۲)

تا سرچشمه‌های محتملِ مفهوم زندگی را مورد کاوش قرار دهد. او طبق شیوهٔ مرسومش، کار را با شمه‌ای از «تجربیات» و نتیجه‌گیری‌هایش آغاز می‌کند (۱:۱۳–۱۸) و بعد به توصیف جزئیات مطلب می‌پردازد. او به ترتیب موضوع لذات جسمانی و دارایی‌های مادی (۱:۲–۱۱)، حکمت (۱۲:۲–۱۷) و کار سازنده (۱۸:۲–۲۳) را دنبال می‌کند. سپس چنین نتیجه می‌گیرد که تک تک اینها «بطالت» محض‌اند. تنها چیزی که باقی می‌ماند، کام گرفتن از مواهب نیکویی است که خدا در اختیار بشر قرار داده، لیکن، همین کام‌گیری هم می‌تواند زودگذر و نابسنده باشد.

جامعه ۱:۳-۱۵

در خاور نزدیک باستان شناخت «زمان مناسب» برای امور، یکی از نشانه‌های حکمت به‌شمار می‌رفت. سرودهٔ مندرج در آیات ۱–۸ تصریح می‌کند که برای هر چیز «زمانی مناسب» وجود دارد. کوُهِلِت طی تأملاتی که حاصلش را در آیات بعدی نگاشته، ادعا می‌کند که تعیین این زمان مناسب در دستان خداست و شناخت اهداف و مقاصد خدا ورای درک آدمی است. از این‌رو، انسان بر رویدادها هیچ تسلطی ندارد. تنها کاری که از انسان برمی‌آید این است که از مواهبی که خدا در اختیارش قرار داده، لذت ببرد.

جامعه ۱۶:۳-۳:۴

مضمون این بخش بی‌عدالتی است که ابتدا به‌طور کلی بدان پرداخته (۱۶:۳–۲۲)، و بعد برایش نمونه‌ای مشخص ذکر کرده است (۱:۴–۳). ایدهٔ تقاص الاهی نمی‌تواند کوُهِلِت را در رویارویی با بی‌عدالتی حاکم بر جهان، تسلی دهد، زیرا چنان که پیداست انسان‌ها و جانوران در سرنوشتی واحد با هم مشترکند: مرگ. تنها لذت‌جویی- آن‌هم در صورت امکان- است که می‌تواند قدری وی را دلداری دهد.

جامعه ۴:۴-۱۶

در اینجا کوُهِلِت اعلام می‌کند که سه میلی که غالباً انگیزهٔ مردم به‌شمار می‌آیند، «بطالت» هستند. میل به موفقیت که به رقابت با دیگران می‌انجامد (آیه‌های ۴–۶)؛ میل به ثروت (آیه‌های ۷–۸) و میل به قدرت سیاسی و شهرت (۱۳:۴–۱۶). روشن نیست که بخش مربوط به ارزش و اهمیت داشتنِ همنشین (آیه‌های ۹–۱۲) چه ربطی به زمینهٔ متن پیدا می‌کنند. شاید تنها حلقهٔ ارتباطی آنها "تکیه کلام" «دومی/ دیگری» در آیه‌های ۸ و ۱۰ و ۱۵ باشد (این موضوع در ترجمه‌های انگلیسی روشن نیست).

جامعه ۱:۵-۷

این بخش شامل گفتارهایی است که به شعائر مذهبی مربوط می‌شوند. آنها مشخصاً به موضوعات قربانی (آیهٔ ۱)، دعا (آیه‌های ۲–۳) و نذرها (آیه‌های ۴–۷) می‌پردازند. برآیند این گفتارها توصیهٔ اعتدال در پرهیزگاری، به‌جای شور و هیجان افراطی است که می‌تواند به سخنان بی‌پروا بینجامد.

جامعه ۸:۵-۹

این بخش کوتاه توضیحی کنایی در باب ظلم و ستم است؛ ستمی که به‌خاطر دغدغهٔ

صاحب‌منصبان دولتی برای حفظ شغل‌شان، به‌جای دغدغهٔ برقراری عدالت، بروز پیدا می‌کند. معنی آیهٔ ۹ گنگ است- ترجمه‌های انگلیسی مختلف را با هم مقایسه کنید.

جامعه ۵:۱۰-۶:۹

چیزی که از این آیات بخشی واحد می‌سازد، مضمون ثروت است. کوُهِلِت به‌واسطهٔ تعمق بر زندگی، امثال و قصه‌ها، استدلال می‌کند که کسب و بهره‌گیری از ثروت کاری پوچ و باطل است. کوُهِلِت در میانهٔ بخش مزبور یک‌بار دیگر توضیح می‌دهد که لذت بردن از چیزهای نیکویی که خدا در اختیار بشر قرار می‌دهد، قدری اوضاع را بهتر می‌سازد.

جامعه ۶:۱۰-۱۲

کوُهِلِت یکی از مضامین اصلی خود را تکرار می‌کند. رویدادها از پیش تعیین شده‌اند و انسان را توان دست بردن در آنها نیست. از آنجایی که بشر نمی‌تواند پیشاپیش از نتایج رویدادها آگاه شود، پس مفهوم آنها بر وی پوشیده می‌ماند.

جامعه ۷:۱-۱۴

چیزی که این مجموعه گفتارها را به بخشی واحد تبدیل می‌کند، تکرار واژه‌هاست، نه منطق حاکم بر متن. در زبان عبری، شش مورد از این گفتارها با واژهٔ *tov* (خوب/ بهتر، آیه‌های ۱ و ۲ و ۳ و ۵ و ۸ و ۱۱) و در یک مورد با واژهٔ **دیگر** (یا دوم، آیهٔ ۱۴) آغاز می‌شوند. در آیه‌های این بخش، واژهٔ مزبور ۱۱ بار تکرار شده است. واژه‌های مشترکِ دیگر عبارتند از «حکیم/ حکمت» (شش بار)، «دل» (پنج بار) و «احمق» (چهار بار). همچنین در متن عبری قدری بازی با کلمات صورت گرفته که به متن ظاهری یکدست بخشیده است. این بخش با نصیحتی پایان می‌یابد که اکنون دیگر به شاخصهٔ کتاب تبدیل شده است: لذت بردن از زندگی در حد توان، چراکه معنی واقعی رویدادها بر آدمیان پوشیده است.

جامعه ۷:۱۵-۲۴

یک‌بار دیگر کوُهِلِت مخاطبانش را به میانه‌روی توصیه می‌کند. وی هم در مورد افراط در شرارت و حماقت هشدار می‌دهد و هم دربارهٔ افراط در حکمت و پارسایی. این هشدار بر مشاهداتِ خود وی از زندگی مبتنی است. کوُهِلِت به شخصی «که از خدا می‌ترسد» سفارش می‌کند که از افراط و تفریط بپرهیزد، و راه اعتدال در پیش گیرد (آیهٔ ۱۸). کلمات «این همه» در آغاز آیه‌های ۲۳-۲۴ می‌توانند بر آنچه که در گذشته پیش آمده، یا آنچه که قرار است در آینده پیش بیاید، دلات کنند. شاید او آگاهانه خواسته به تأملاتش «نقبی» بزند و بر دست‌نیافتنی‌بودنِ حکمتِ راستین تأکید کند.

جامعه ۷:۲۵-۲۹

این آیات را سه واژه در کنار همدیگر نگاه داشته‌اند: «جستن»، «یافتن» و «خلاصه همه چیز». کوُهِلِت در این قسمت دیدگاه کلی خود را در مورد بشریت بیان می‌کند. در مورد این دیدگاه تفاسیر گوناگونی ارائه شده است- برای مطالعهٔ آنها به جدول «تفسیر جامعه ۷:۲۵-۲۹» نگاه کنید.

کندوکاو بیشتر: تفسیر جامعه ۷:۲۵-۲۹

بسیاری از مفسران استنباط می‌کنند که منظور کوُهِلِت از گفتن اینکه زن از مرگ هم تلخ‌تر است (آیهٔ ۲۶) و هیچ زنی را شایسته نیافته یا ندرتاً به مردی شایسته برخورده (آیهٔ ۲۸)، دقیقاً همان چیزی است که از ظاهر کلام برمی‌آید. همچنین، با وجودی که خدا همهٔ انسان‌ها را «راست/ درست» آفریده، اما ایشان به بیراهه رفته‌اند (آیهٔ ۲۹).

سایر مفسران استدلال می‌کنند که در آیهٔ ۲۶ کوُهِلِت از **همهٔ** زنان حرف نمی‌زند، بلکه منظورش نوع خاصی از زن است، مثلاً زن زناکار یا روسپی که در نقطهٔ مقابل زن شایسته در کتاب امثال قرار دارد. ترجمهٔ *Living Bible* با برگردان آیه به شکل «زن روسپی از مرگ هم تلخ‌تر است»، بر این امر تصریح دارد. سپس عده‌ای دنبال این استدلال را گرفته و چنین ادعا کرده‌اند که در آیهٔ ۲۸ب کوُهِلِت مَثَلی مشهور را نقل می‌کند، یعنی مطلبی که وی صحتش را رد می‌نماید. آنچه که وی در آیهٔ ۲۸الف «نیافته»، به همین موضوع دلالت می‌کند. هواداران این تفسیر، برای تقویت استدلال خود بر مبنای آیات ۲۷-۲۸، عبارتی را که در آیهٔ ۲۹ آمده شاهد می‌آورند که در آن کوُهِلِت هیچ فرقی میان زن و مرد قائل نشده است.

تفسیر اول از سوی لانگمن (۱۹۹۸، صص ۲۰۱-۲۰۷) و تفسیر دوم توسط مورفی (۱۹۹۲، صص ۷۵-۷۸) ارائه شده است. استدلال‌های ایشان را بخوانید و نتیجه‌گیری خودتان را اعلام کنید.

جامعه ۸:۱-۹

اکنون کوُهِلِت در باب شیوهٔ رفتار در پیشگاه پادشاه، پندهایی می‌دهد. این نشان می‌دهد که دستِ‌کم شماری از «شاگردان» وی از جملهٔ جوانان درباری بوده‌اند، یا احتمال داشته که در آینده به دربار راه بیابند. او هم مانند سایر حکیمان، بدیشان اندرز می‌دهد که خویشتن را با دنیا سازگار نمایند. دیدگاه خاص وی از زندگی در آیه‌های ۶ب-۹، آنجایی که می‌گوید هیچ‌کس توان یا دانش آن را ندارد که در هر موقعیتی درست عمل کند، پدیدار می‌شود.

جامعه ۸:۱۰-۱۷

کوُهِلِت دوباره سراغ موضوع پاداش و کیفر می‌رود و آن را مورد ملاحظه قرار می‌دهد. وی دیدگاه ارتودکس را نقل می‌کند (آیه‌های ۱۲-۱۳) ولی آن را با مشاهدات خودش احاطه می‌سازد تا نشان دهد که واقعیت، در بهترین حالتش زیادی آسان گرفته شده است. شریران گاه به کیفر اعمال‌شان می‌رسند، اما این امر غالباً با تأخیری طولانی همراه است. این امر بدکاران را به انجام کارهای بد بیشتر تشویق می‌کند. اغلب مواقع هم چنین به‌نظر می‌رسد که همه با پارسایان و شریران یکسان برخورد می‌کنند. وی یک‌بار دیگر به مخاطبانش توصیه می‌کند که از آنچه زندگی در اختیارشان قرار داده، لذت ببرند. درک عدالت خدا ناممکن است، چونکه انسان قادر به فهم کارهایی که خدا در دنیا انجام می‌دهد، نیست.

در موردش بیندیشید
پاداش و کیفر
دانیال ۱:۱۲-۳ تنها متنِ کتاب‌مقدس عبری است که در آن باور به رستاخیز مردگان، صراحتاً بیان شده، و در پی آن نگارنده موضوع پاداش پارسایان و کیفر شریران را پیش می‌کشد. این تا چه اندازه می‌تواند پاسخی قانع‌کننده به اظهارات کوُهِلِت در جامعه ۸:۱۰-۱۷ به‌شمار آید؟

جامعه ۱:۹-۱۰

این بخش از جملهٔ بدبینانه‌ترین عبارات در کل کتاب محسوب می‌شود، هرچند ایده‌های بازگو شده در آن پیش‌تر هم در همین کتاب بیان شده بودند. به گفتهٔ کوُهِلِت، مرگ سراغ همه می‌آید و پایانی قطعی است. نه پارسایان را گریزی از مرگ است و نه بدکاران را. با این‌حال، مرگ از زندگی بدتر است. بنابراین، وی به شاگردانش دستور می‌دهد که تا زمانی که توان دارند، به هر طریقی که می‌توانند و با همهٔ نیرویی که در اختیارشان هست، از زندگی لذت ببرند.

جامعه ۱۱:۹-۱۲

نکتهٔ مطرح‌شده در این آیه‌ها آن است که موفقیت به هیچ وجه امری مسلم و قطعی نیست. انسان‌ها همیشه تابع زمان و بخت هستند، و این دو ممکن است مصیبتی غیرمنتظره به همراه بیاورند.

جامعه ۱۳:۹-۱۶

کوُهِلِت بار دیگر برای نشان دادن محدودیت‌های حکمت، به حکایتی کوتاه اشاره می‌کند. مشورت مردی حکیم در کوتاه‌مدت اثرات مثبت دارد. با وجود این، چون مرد حکیم از ثروت مادی و موقعیت اجتماعی بی‌بهره است، خودش و کارهایش خیلی زود به باد فراموشی سپرده می‌شوند. این بخش زمینه را برای مجموعه‌ای از مَثَل‌های مربوط به حکمت و حماقت، که قرار است در پی بیایند، مهیا می‌سازد.

جامعه ۱۷:۹-۱۵:۱۰

این مجموعه مَثَل‌ها به‌صورت درهم و بی‌نظم کنار یکدیگر قرار گرفته‌اند و موضوع همگی‌شان حکمت و حماقت است. در میان آنها حکایتی مصور گنجانده شده است (۵:۱۰-۷). گویا عبارت مندرج در ۱:۱۰ب چکیده‌ای از موضوع کلی ۱۷:۹-۴:۱۰ است، که می‌گوید اندکی از یک چیز بد (حماقت) می‌تواند انبوهی از یک چیز خوب (حکمت) را تباه سازد. حکایت مزبور همین مضمون را با نشان دادن احمقی که بر منصبی بالا گماشته شده و انتصابش می‌تواند به انقلابی اجتماعی منجر گردد، به تصویر می‌کشد. اگر میان این آیات و ۸:۱۰-۱۱ رشتهٔ مشترکی وجود داشته باشد- که مفسران بر سر این موضوع اختلاف‌نظر دارند- آنگاه به‌نظر می‌رسد که بحث نامنصفانه بودن زندگی به‌واسطهٔ رویدادهای پیش‌بینی‌ناپذیر در میان است. مَثَل‌های مندرج در ۱۲:۱۰-۱۵ احمق‌ها، و به‌ویژه شیوه‌ای را که برای (سوء) استفاده از کلمات به‌کار می‌گیرند، رد می‌کند. در اینجا، همانند جاهای دیگر می‌توانیم ببینیم که کوُهِلِت، به‌رغم دقت و وسواسی که در مورد محدودیت‌های حکمت بشری به

خرج می‌دهد، به‌خاطر برتری نسبی حکمت بر حماقت، برای حکمت ارزش قائل است.

جامعه ۱۰:۱۶-۲۰

این مَثَل‌ها هم به‌صورت درهم و بی‌نظم کنار همدیگر چیده شده‌اند و آنچه که آنها را به یکدیگر مرتبط می‌سازد، موضوع نظم در جامعه است. پادشاه باید نگاهبان نظم باشد (آیه‌های ۱۶-۱۷)، اما مقولهٔ نظم به رفتار شهروندان هم بستگی دارد. کوُهِلِت سختکوشی (آیهٔ ۱۸)، لذت بردن از زندگی (آیهٔ ۱۹) و احترام گذاشتن به صاحبان قدرت (آیهٔ ۲۰) را تجویز می‌کند.

جامعه ۱۱:۱-۶

زندگی طبق جامعه ۱۱:۳ آمیزه‌ای است از ناگزیرها (آیهٔ ۳الف) و اتفاقات (آیهٔ ۳ب). آنچه که در پس همهٔ اینها مخفی است، کارهای خداست (آیهٔ ۵). با توجه به این ملاحظات، همواره این وسوسه برای ما وجود دارد که در دام جبرگرایی و انفعال بیفتیم (آیهٔ ۴). با این‌حال، بخش مورد بحث با توصیهٔ کوُهِلِت مبنی بر ادامه دادن به زندگی و خطر کردن و درگیر امور زندگی شدن، ولی در عین‌حال برای وقوع مصیبت آماده بودن (آیهٔ ۲)، آغاز می‌شود و پایان می‌پذیرد (آیه‌های ۱ و ۶).

جامعه ۱۱:۷-۱۲:۷

مضمون این بخش جوانی، پیری و مرگ است. کوُهِلِت می‌گوید که جوانی هنگام لذت بردن از زندگی است، پیش از آنکه قوای جسمانی و ذهنی انسان رو به ضعف بگذارند (۱۲:۱). هرچند، وی به جوانان نصیحت می‌کند که موقع لذت بردن از زندگی به یاد داشته باشند که مرگ امری اجتناب‌ناپذیر است (۱۱:۸ب)، انسان‌ها به خدا پاسخگو هستند (۱۱:۹پ)، و جوانی گذرا است (۱۱:۱۰، در اینجا هِوِل *[hevel]* احتمالاً به معنای زودگذر است). جملگی مفسران اتفاق‌نظر دارند که ۱۲:۲-۵ ضعیف شدن قوای جسمانی و ذهنی انسان در اثر کهولت سن را به تصویر می‌کشد، با این‌حال ایشان در درک جزئیات آیات مزبور اختلاف‌نظر دارند- به پنلِ «خانهٔ قدیمی جامعه ۱۲:۲-۶» نگاه کنید. تصویرپردازی آیهٔ ۶ تداعی‌کننده مرگ است، اما جزئیات این آیه چندان روشن نیست. شاید منظور از «قدح» روغندانِ چراغ باشد (همین واژه در زکریا ۴:۲-۳ با مفهوم روغندانِ چراغ به‌کار رفته است) که در آن روغن می‌ریختند و فتیله‌ای می‌گذاشتند و ظرف را با رشته‌ای آویزان می‌کردند. بدین‌ترتیب گسسته‌شدنِ رشته باعث سقوط قدح و شکستن آن و خاموش شدن چراغ می‌شد. منظور از «چرخ» هم احتمالاً قرقره‌ای است که از آن برای بالا کشیدن «سبو» از چاه یا آب‌انبار استفاده می‌کردند. شکستن هر دو، دسترسی به آب را- که غالباً نماد زندگی است- ناممکن می‌ساخت.

جامعه ۱۲:۸

عده‌ای از مفسران این آیه را جمع‌بندی نهایی از بخش پیشین می‌دانند، اما آیهٔ مزبور در حکم نتیجه‌گیری همهٔ سخنان کوُهِلِت هم به حساب می‌آید، چراکه «شعار» به‌کار رفته در ۱:۲ در آن تکرار شده و به‌نوعی متن میان این دو آیه، درون یک پرانتز جای داده شده است.

کندوکاو بیشتر: خانهٔ قدیمی جامعه ۱۲:۲-۶

مفسران در مورد توصیفی که از این خانه شده، سه رویکرد اصلی در پیش گرفته‌اند.

۱- گروهی استدلال می‌کنند که این آیات را باید تحت‌اللفظی تلقی کرد، چراکه توصیف‌کنندهٔ رویدادهای حول و حوش مراسم کفن و دفن هستند.

۲- عده‌ای دیگر آیات مزبور را تصویرگر خانه و خانواده‌ای می‌بینند که در شرف رویارویی با توفانی ویرانگر قرار دارند. بنابراین از آنها چنین استنباط می‌کنند که خانه استعاره‌ای برای بدن آدمی است که با سالخوردگی قوای جسمانی‌اش را از دست می‌دهد.

۳- از زمان نگارش تارگوم به بعد، گروهی بوده‌اند که این آیات را تمثیلی از پیری قلمداد کرده‌اند و میان جنبه‌های این تصویرپردازی و اعضای به‌خصوصی از بدن آدمی، ارتباطی یافته‌اند.

یکی از نقاط ضعف رویکرد تحت‌اللفظی این است که ظاهراً به اندازهٔ کافی تصویرپردازی توفان در آیهٔ ۲ را به حساب نیاورده است. رویکرد استعاری هم به‌خاطر آنکه از قرار معلوم اشارات تمثیلی آشکار در متن، همچون دندان‌ها و چشمان در آیهٔ ۳ب را به حساب نیاورده، مورد انتقاد قرار گرفته است. اشکال رویکرد تمثیلی این است که با وجود محتمل بودن ارتباط‌های یافت‌شده (مانند آنچه در آیهٔ ۳ب بدانها اشاره کردیم)، مواردی هم هست که به زور بر متن تحمیل شده‌اند. برای مثال خیلی‌ها با یکی دانستنِ «محافظان خانه» با «پهلوانان» در آیهٔ ۳الف مخالفند.

برای مطالعهٔ مباحث سودمند پیرامون این پاراگراف، به مقالات سویر (Sawyer) و فاکس مراجعه کنید، و سپس خودتان تصمیم بگیرید که به‌نظر شما این آیات را باید چطور تفسیر کرد.

جامعه ۱۲:۹-۱۴

مؤخره حاوی اطلاعاتی دربارهٔ خود کوُهِلِت (آیه‌های ۹-۱۰)، ارزیابی مختصری از کار وی (آیه‌های ۱۱-۱۲) و آخرین نصیحت وی به خواننده است: «از خدا بترس و فرامین او را نگاه دار» (آیه‌های ۱۳-۱۴). پیرامون اهمیتی که این مؤخره برای «تفسیر کاننی» کتاب جامعه دارد، بعداً بحث خواهیم کرد.

فرم‌های ادبی

چنانکه دیدیم، در زبان عبری گاه به‌سختی می‌توان میان نظم و نثر تمایز قایل شد. مقایسهٔ ترجمه‌های گوناگون انگلیسی نشان می‌دهد که مترجمان همیشه بر سر این موضوع که جامعه به نظم نوشته شده یا به نثر، اتفاق‌نظر ندارند. بعضی از قسمت‌ها، همچون ۱:۷-۱۲ کاملاً پیداست که از همان فرم منظوم به‌کاررفته در کتاب امثال تبعیت کرده‌اند. دیگر قسمت‌ها تا حدودی خصوصیات شعری دارند. این خصوصیات در شماری از آنها (مانند ۴:۱-۱۱) بیشتر و در تعدادی (مانند ۱۲:۲-۷) کمتر به چشم می‌آید. در نهایت بخش‌هایی هستند که کمتر کسی با منثور بودن‌شان مشکل دارد (برای نمونه، ۴:۱۳-۱۶؛ ۶:۱-۶).

یکـــی از بارزترین ویژگی‌هـــای کتاب جامعـــه، تنوع مطالبی اســـت کـــه بدان‌ها پرداخته اســـت. مَثَل‌هـــای تک‌جمله‌ای در دو مجموعـــه (۱:۷–۱۲؛ ۱:۱۰–۲۰) و تعـــدادی مَثَل‌هـــای پراکندهٔ دیگـــر در این کتاب جای داده شـــده‌اند. اینها دربرگیرندهٔ مَثَل‌هایی از جنـــس جمله‌های به‌کاررفته در کتاب امثال هم می‌شـــوند: متضـــاد (۴:۷)، مترادف (۱۰:۱۸) و پیشرونده (۱۰:۳). گویا کوُهِلِت از مَثَل‌های "به از" خوشش می‌آمده (۴:۱–۱۶؛ ۶:۹؛ ۷:۱–۱۰؛ ۹:۱۷). همچنین از فرم دیگری از گفتارهای به‌کاررفته در کتاب امثال ســـود جسته اســـت: پند و اندرز. این فرم شـــامل فرمان یا توصیه‌ای می‌شود که با انگیزه‌ای برای پیروی از آن فرمان یا توصیه همراه است (مثلاً، ۵:۲ و ۴؛ ۷:۹؛ ۹:۷). گه‌گاه کوُهِلِت عبارت انگیزشـــی خود را شرح و بســـط می‌دهد و از آن نکتـــه‌ای برای تعمق بیشتر بیرون می‌کشد (مانند ۸:۲ به بعد).

کوُهِلِـــت بـــرای بیان مقصـــود خود از «قصه‌های اخلاقی»- حکایت‌هایی که بنا بر ادعای وی مبتنی بر تجربیات و مشـــاهدات شخصی خودش هستند- استفاده می‌کند و از آنها نکته‌ای اخلاقی اســـتخراج می‌نماید. نمونه‌های سرراســـت این قصه‌های اخلاقی عبارتنـــد از ۴:۱۳–۱۶ و ۹:۱۳–۱۶. «عهـــد ملوکانـــهٔ» منـــدرج در ۱:۱۲–۲۶ قـــدری پیچیده‌تر اســـت، زیرا نه بر یک نکتهٔ ســـادهٔ اخلاقـــی، که بـــر مجموعـــه‌ای از تأملات نگارنده بر مفهوم زندگی اســـتوار است. در چند مورد، کوُهِلِت تأملات خود را در باب آنچه مشـــاهده کرده (۷:۱۵–۱۸) یا در باب جنبـــه‌ای از زندگـــی (۹:۱–۱۰)، ثبت کرده است.

قبلاً به دو قطعهٔ منظوم یا شبه-منظوم در ۴:۱–۱۱ و ۱۲:۱–۷ اشاره کردیم. مفسران در مورد اینکه آیا باید تصویرپردازی ارائه‌شده در ۱۲:۱–۷ را تحت‌اللفظـــی (توصیـــف فرسوده شدن خانهٔ قدیمی) یا تمثیلی (اینکه «خانـــه» را تمثیلـــی از بدن انســـان در نظر بگیریم) تلقی کنیـــم، اختلاف عقیده دارند. آنانی که برداشتی تحت‌اللفظی از متن دارند، این آیات را مَثَلی دربارهٔ لزوم پیروی انســـان از موازین اخلاقی می‌دانند.

ژانر ادبی

آیـــا می‌توان کتـــاب جامعـــه را در ژانر شناخته‌شـــدهٔ به‌خصوصی از ادبیات خاور نزدیک باســـتان جای داد؟ در این‌باره هیچ اجمـــاع نظر کلـــی‌ای وجود نـــدارد، ولی پژوهشـــگران میـــان کوُهِلِـــت و متن‌ها یا مجموعه متون مختلف خاور نزدیک باستان مشـــابهت‌هایی یافته‌اند. ما بـــه اختصار این مشابهت‌ها را بررسی خواهیم کرد.

در مـــورد «اندرزنامه‌هـــا»ی مصری، در فصل مربوط به کتاب امثال بحث کردیم. در شـــمار اندکی از آنها (برای نمونه، *اندرزنامه مریکاره*[1] و *اندرزنامه آمنمهت*[2]) مطالب در قالب اول‌شخص و از زبان فرمانروایانی که در گذشته‌ای دور می‌زیسته‌اند، ادا شده‌اند و حاوی پندهایی مبتنی بر تأملات ایشـــان بر مفهوم زندگی هستند. این کیفیت، متن‌های مزبور را شـــبیه «خطابهٔ سلیمانیِ» مندرج در کتاب جامعه می‌سازد.

ژانر مصری دیگری که گه‌گاه مردم بدان متوسل می‌شوند، «ســـرودهای چنگ‌نواز»

1. The Instruction of Merikare; 2 The Instruction of Amenemhet

است. اینها سرودهایی هستند که برای سرگرم کردن میهمانان در جشن‌ها سروده شده‌اند. سرودهای مزبور سعی دارند باور به زندگی پس از مرگ را زیر سؤال ببرند و بر لذت بردن از زندگی در زمان حال و دم را غنیمت شمردن پافشاری کنند. مشخصاً نمونهٔ بارز آن متنی است که زمان نگارشش به حدود ۲۱۰۰ پ. م. بازمی‌گردد، و در یکی از آرامگاه‌های سلطنتی پیدا شده است. این متن هم در قالب اول‌شخص نوشته شده و به زندگی پس از مرگ به دیدهٔ تردید می‌نگرد، و بر پاسداشت زندگی کنونی و دانستن قدر لحظات زندگی تأکید دارد. شباهت‌های این متن با کتاب جامعه بیشتر مربوط به محتوای آن است، تا فرم مشترکش.

سرود چنگ‌نواز از آرامگاه شاه اینتف[۱]

او شادمان است. این شاهزادهٔ نیکو! مرگ تقدیری مهربان است.
از هنگامهٔ نیاکان، نسلی جای خود را به نسلی دیگر می‌دهد.
خدایان که از پیش در آرامگاه‌های خود غنوده بودند،
نجیب‌زادگان خوشبخت هم در مقابر خویش آرمیده‌اند.
[با این‌حال] آنانی که مقبره‌ها را برپا کردند، جای‌شان خالی است، ایشان را چه شد؟
من سخنان ایمهوتپ[۲] و هاردِدف[۳] را شنیده‌ام که گفتارشان زبانزد همگان است. ایشان اکنون کجایند؟
دیوارهای‌شان آوار شده، جای‌شان خالی است، گویی هرگز نبوده‌اند!
هیچ‌کس از آنجا بازنگشته، تا از حال‌شان خبر دهد، از نیازهای‌شان بگوید، و دل‌های‌مان را آرامی بخشد.
تا روزی که خودمان به سرایی که ایشان رفته‌اند، نقل مکان کنیم!
پس در دل خود شادمان باش!
فراموشی به سود توست، تا زنده‌ای از پی دل خود روانه شو!
بر سرت مُر[۴] بگذار، جامهٔ کتان نفیس بر تن کن، سرت را با روغنی که شایستهٔ خدایان است، تدهین نما.
بر شادمانی‌ات بیفزا، مگذار دلت افسرده شود!
از پی دلت و خوشحالی‌ات برو، روی زمین آنچه دلت به تو فرمان می‌دهد بکن!
وقتی که هنگام مویه و شیون [اطرافیان]ت فرا رسد،
آن دلخسته [اوزیریس] صدای شیون‌شان را نخواهد شنید، زاری و شیون هیچ‌کس را از مغاک نمی‌رهاند!
بندگردان: تعطیل کنید، از آن خسته نشوید!
آنک، هیچ‌کس مجاز نیست دارایی‌اش را با خود ببرد،
آنک، هیچ‌کس از جایی که رفته بازنخواهد گشت!
برگردان از میریام لیکتهایم[۵] در کتاب هالو و جوانک[۶] (۱۹۹۷، صص ۴۸-۴۹).

1. King Intef; 2. Imhotep; 3. Hardedef

۴. Myrrh– مُر، نوعی صمغ سقزی که از گیاهی از تیرهٔ بلسان به‌دست می‌آید و در گذشته از آن به‌عنوان عطر، بخور و دارو استفاده می‌کردند – م.

5. Miriam Lichtheim; 6. Hallo and Younger

در موردش بیندیشید
جامعه و سرود چنگ‌نواز

سرود چنگ‌نواز از آرامگاه شاه اینتف و پس از آن جامعه ۴:۱ و ۱۱؛ ۲۲:۳؛ ۹:۱۱-۱۰ را بخوانید. شباهت‌ها تا چه اندازه برای‌تان تکان‌دهنده (یا برعکس، پیش‌پاافتاده) هستند؟ آیا این دو به‌راستی چشم‌اندازی مشابه به مقولهٔ زندگی و مرگ دارند؟

از دورهٔ پادشاهی کهن (حدود ۲۶۸۶ تا ۲۱۸۱ پ. م.) تا دورهٔ هلنیستی (یعنی دودمان یونانی‌تبار پتولمی [بطلمیوس] در مصر)، رسم مصریان این بود که زندگینامهٔ فراعنه را بر دیوارهای آرامگاه‌شان کنده‌کاری کنند. این زندگینامه‌ها در قالب اول‌شخص و از زبان کسی که درگذشته و پس از مرگ لب به سخن گشوده، نوشته می‌شدند. آنها به‌طور معمول دربرگیرندهٔ سه ویژگی بودند: روایتی خود-زندگینامه‌ای، پندهای اخلاقی، و توصیه‌هایی برای بازدیدکنندگان آرامگاه. این توصیه‌ها اغلب بازدیدکنندگان را ترغیب می‌کردند که در اخلاقیات خود تعمق و بازنگری کنند و نیز از زندگی لذت ببرند. از دوران پادشاهی نو (۱۵۵۰-۱۰۶۹ پ. م.) به بعد، در برخی از این زندگینامه‌ها کم کم لحنی بدبینانه پدیدار می‌شود. این بدبینی شامل تردید در مورد تأثیر آیین‌های دینیِ کفن و دفن، نگرانی پیرامون مرگ و وضعیت مردگان، و تأکید فزاینده بر سلطه‌جویی و آزادی عمل خدایان می‌شود، و حتی کار به جایی می‌رسد که اجرای عدالت کیفری هم زیر سؤال می‌رود. شباهت‌های این خود-زندگینامه‌های متأخر با کتاب جامعه، آشکارند.

گفتگوی بدبینانه یکی از متون میان‌رودانی است که زمان نگارشش را حدود ۱۲۰۰ پ. م. برآورد کرده‌اند. این نوشته دیالوگی است میان مردی نجیب‌زاده و برده‌ای فرزانه، که هر دو در قالب اول‌شخص سخن می‌گویند. نجیب‌زاده اعلام می‌کند که قصد دارد دست به یک سلسله اقدامات بزند، و برده هم با پاسخ‌های مَثَل‌گونه‌اش از وی پشتیبانی می‌کند. سپس نجیب‌زاده بی‌مقدمه تغییر عقیده می‌دهد، که در نتیجه باز برده از تصمیم وی پشتیبانی می‌کند و در مورد پیامدهای فاجعه‌بار احتمالی اقداماتی که نجیب‌زاده در آغاز قصد انجام‌شان را داشت، مَثَل‌هایی می‌آورد. در پایان بردهٔ فرزانه چنین نتیجه می‌گیرد که واقعیت معنی ندارد و تنها واکنش درست به آن، خودکشی است. شباهت‌های این متن به کتاب جامعه- از لحاظ فرم ادبی- عبارتند از کاربرد گفتار اول‌شخص و استفاده از سخنان حکیمانه برای پشتیبانی از مواضع مخالف.

لانگمن به گروهی از متن‌های میان‌رودانی که وی نام «خود-زندگینامه‌های افسانه‌ای اکدی»[1] را بر آنها نهاده، استناد کرده است. اینها ساختاری سه‌بخشی دارند. بخش نخست یک پیشگفتار در قالب اول‌شخص است که در آن گوینده- که زمانی دراز از مرگش گذشته- خود را معرفی می‌کند. بخش دوم روایتی از دستاوردهای شخصی و استثنایی فرمانروا است. اما خصوصیات بخش سوم در متن‌های گوناگون با هم فرق دارد. در سه مورد، این بخش دربرگیرندهٔ توصیه‌های

1. 'Fictional Akkadian Autobiographies'

حکیمانــه و اندرزهایی در باب شــیوهٔ رفتار کردن اســت. لانگمن این ســه متن متأخر را شبیه ساختار بدنهٔ اصلی کتاب جامعه می‌بیند: پیشگفتار خود-زندگینامه‌ای (۱۲:۱)، روایت خود-زندگینامه‌ای (۱۳:۱-۹:۶)، و توصیه‌های حکیمانه (۶:۱۰-۷:۱۲). وی تأکید دارد که این شباهت صرفاً در فرم است، نه محتوا. به‌سختی می‌تــوان دریافــت کــه چــرا وی روایت خود-زندگینامه‌ای را به فراتر از ۲۶:۲ بســط می‌دهد، یــا اینکه چــرا در ۹:۶ بــدان پایان می‌بخشــد. زیرا بعد از این آیه هم چند مورد اشارات خود-زندگینامه‌ای وجود دارد.

یکــی از نتایجی که می‌توان از بررســی مزبور گرفت، این است که «خود-زندگینامهٔ افســانه‌ای شــاهانه» کــه در قالــب گفتار اول‌شــخص ارائه می‌شــده، یکی از صنایع ادبی متداول در خاور نزدیک باســتان بوده است. روشن نیست که آیا می‌توان جامعه را در یکی از این ژانرها جای داد یا نه، هرچند ژانر «خود-زندگینامه‌های افسانه‌ای اکدی» گزینه‌ای محتمل به‌نظر می‌رسد.

عوامل تأثیرگذار بر کتاب جامعه

محققان غالباً کوشیده‌اند تفاوت‌های میان کتاب جامعه با سایر کتاب‌های کتاب‌مقدس عبــری را با القای تأثیر اندیشــه‌های بیگانه در افــکار کوُهِلِت توجیه کننــد. به‌ویژه در ســدهٔ نوزدهم- هرچند گــه‌گاه امروزه هم شاهدیم- محققان مدعی بودند که شواهدی دال بر وابستگی کوُهِلِت به طیف گسترده‌ای از فلسفه‌های یونانی، و از جملهٔ آنها فلسفهٔ ارســطویی، فلســفهٔ رواقــی و اپیکوری و حتی نویســندگان یونانی متقدم‌تر یافته‌اند. این واقعیت که شــباهت‌های مطرح‌شــده در اندیشــه و گاه در عبارت‌پردازی، از دو دورهٔ کامــلاً متفاوت سرچشــمه گرفته‌اند، باعث شده که نویسندگان زیادی کلیّت این نظریه را با تردید نگاه کنند. یکی از محققان مجبور شــده بود این حدس را مطرح سازد که کوُهِلِت در اســکندریه می‌زیسته و یکی از مراجعان پروپا قــرص کتابخانهٔ عظیم آن بوده! پیش‌تر دیدیم که بعید اســت کوُهِلِت کتابش را در اســکندریه نوشــته باشد. اگر کوُهِلِت- چنان که از قراین پیداست- کتاب جامعه را در اورشلیم و در سدهٔ سوم پ. م. نوشته باشد، بعید به‌نظر می‌رسد که آشنایی زیادی با طیف گســترده‌ای از نویسندگان و اندیشمندان یونانی داشته بوده باشد. آن دسته از محققــان معاصر (همچــون ویتلی[1]) که تأثیر قدرتمند اندیشهٔ یونانی را امری بدیهی دانسته‌اند، تاریخ نگارش کتاب را میانهٔ سدهٔ دوم پ. م. بــرآورد کرده‌اند. پژوهشــگران امروزی‌تر قبــول دارند که رگه‌هایی از نفوذ اندیشــهٔ یونانی در کتــاب جامعه حضور دارد، ولی این را نتیجهٔ تأثیرپذیری کوُهِلِت از نفوذ کلیِ فرهنــگ هلنی قلمداد می‌کنند. شاید وی به‌عنوان یک آموزگار و روشنفکر، از اکثر همقطاران یهودی‌اش در اورشــلیم آزاداندیش‌تربوده است.

نیــز عــده‌ای این نظریــه را پیشــنهاد کرده‌اند کــه کوُهِلِت به‌شــدت تحت تأثیر اندیشه‌های مصری بوده است. میان اندیشه و عبارت‌پردازی وی با ادبیات مصریِ تقریباً همهٔ ادوار تاریخی شباهت‌هایی مطرح شده است. ویتلی یکی از محققانی است که نشان داده اکثر شباهت‌های پیشنهادی، نادرست و غیردقیق هســتند و آنها را می‌توان در دیگر

1. Whitley

آثار ادبی خاور نزدیک باستان نیز یافت. گذشته از این، بعید است که کوُهِلِت توانسته باشد در زبان مصری محاوره‌ای زمانهٔ خودش خبره شده باشد، چه رسد به اینکه اَشکال گوناگون زبان‌های پیشین مصری و خط دشوار هیروگلیف را که کتیبه‌ها بدان نوشته شده بود، بیاموزد. البته در سراسر تاریخ اسرائیل تماس فرهنگی با مصر وجود داشته، و از این‌رو کوُهِلِت هم آشنایی کلی با اندیشهٔ مصری داشته است.

در پی انتشار نسخهٔ بابلی کهن ***حماسهٔ گیلگمش*** در سال ۱۹۰۲، این گمان در سطحی وسیع شایع شد که جامعه ۹:۷-۹ مستقیماً از یکی از عبارات این حماسه اقتباس شده است (نسخهٔ بابلی کهن، لوحهٔ X iii، سطرهای ۶-۱۴). اکنون اکثر محققان بر این گمانند که در مورد شباهت‌های مزبور بیش از اندازه اغراق شده (براون موردی استثنایی است) و این شباهت‌ها نسبت به شباهت‌های دیگر کتاب جامعه با متون مختلف مصری و یونانی و میان‌رودانی، که به ایده‌هایی مشترک پرداخته‌اند، هیچ برتری خاصی ندارند.

نتیجه‌گیری کلی‌ای که می‌توان از بحث تأثیر اندیشهٔ بیگانه کرد، این است که از قرار معلوم کوُهِلِت با «موضوعات بزرگ» زندگی دست به گریبان بوده، و این موضوعات چیزهایی هستند که هر فرد اندیشمندی از همهٔ فرهنگ‌ها را به خود مشغول می‌دارند. وانگهی، وی در روزگاری می‌زیست و دست به نگارش کتابش زد که فرهنگ هلنی، همهٔ فرهنگ‌های مستقل و پیشین دنیای شرق مدیترانه را دعوت به همگرایی می‌کرد. در نتیجه، هیچ تعجبی ندارد اگر میان جامعه و طیف گسترده‌ای از متون ادبی شباهت‌هایی پیدا کنیم.

اقتباس از حماسهٔ گیلگمش، نسخهٔ بابلی کهن

هنگامی که خدایان آدمی را آفریدند
مرگ را هم برای وی مقدر ساختند،
و زندگی جاودانی را در دستان خودشان نگاه داشتند.
پس ای گیلگمش، شکمت را سیر کن،
روز و شب از هر طریقی که می‌توانی لذت ببر.
هر روز برای لذت‌ها تدارک ببین،
روز و شب، برقص و بازی کن،
جامه‌های تازه بپوش،
سرت را بشوی، در آب شستشو کن،
قدر کودکی که دستت را گرفته بدان،
بگذار زنت از آغوش تو متلذذ شود.
این کاری است... [لوحه آسیب دیده]

لوحهٔ X، سطرهای ۳-۱۴، برگردان توسط ستفنی دالی[1] (۱۹۹۱، ص ۱۵۰).

کوُهِلِت: بدبین، شک‌گرا یا "واعظ شادمانی"؟

بی‌تردید، مشهورترین آیه در کتاب جامعه، ۱:۲ است که ترجمهٔ سنتی‌اش چنین می‌باشد: «باطل اباطیل، جامعه [واعظ] می‌گوید باطل اباطیل! همه چیز باطل است.» همین سخنان در ۱۲:۸ نیز تکرار شده، و در سراسر نیمهٔ نخست کتاب به عباراتی از این دست برمی‌خوریم: «همه چیز باطل است و در پی باد دویدن» (۱:۱۴؛ ۲:۱۱ و ۱۷)، یا نمونه مشابه‌اش «این نیز بطالت است و در پی باد دویدن» (۲:۲۶؛ ۴:۴ و ۱۶؛ ۶:۹)، کاملاً

1. Stephanie Dalley

پیداست که مسئلهٔ اصلی در درک الاهیات کوُهِلِت، درک منظور وی از اصطلاح «بطالت» است. بدبختانه، واژهٔ عبری‌ای که وی به‌کار برده *(hevel)* طیف گسترده‌ای از معانی احتمالی را دربرمی‌گیرد. متداول‌ترین آنها که در رابطه با کوُهِلِت بدانها استناد شده، از این قرارند:

- «بطالت» در مفهوم بی‌معنی بودن، پوچی؛
- «بیهودگی» در مفهوم چیزی بی‌دلیل یا بی‌منطق؛
- «پوچی» در مفهوم آنچه که دور از فهم و اسرارآمیز است؛
- «گذرا بودن»، چیزی که دوام ندارد و به سرعت می‌گذرد.

بلافاصله در پی "شعار" کتاب در ۲:۱، با "مضمون" آن در ۳:۱ مواجه می‌شویم: «انسان را از تمام محنتی که زیر آفتاب می‌کشد، چه سود؟» کلمهٔ کلیدی در اینجا، واژهٔ عبری *yitron* است که "سود" ترجمه شده. لازم است که این دو آیه را در پرتو یکدیگر تفسیر کنیم. هر دو آیه به شیوهٔ خاص خودشان دیدگاهی «جهان‌شمول» دارند. تکرار «باطل اباطیل» در ۲:۱ یکی از روش‌های بیان اغراق‌آمیز یک کیفیت محسوب می‌شود: یعنی «بطالت کامل/ محض» و در دنباله‌اش هم می‌گوید: «همه چیز باطل است»، تا حسابی محکم‌کاری کرده و چیزی را از قلم نینداخته باشد. عبارات «تمام محنت» و «زیر آفتاب» که در ۳:۱ آمده‌اند، همین مفهوم فراگیر را القا می‌کنند.

تفاسیری که کرنشاو و پردو از این آیات ارائه داده‌اند، دو سوی یک طیف را تشکیل می‌دهند. کرنشاو ***هِوِل*** را به مفهوم «پوچی» یا «بیهودگی» می‌گیرد و معتقد است که ارزیابی کوُهِلِت از زندگی، در ۲:۱ کاملاً منفی بوده است. وی ***یترون*** را هم «مزیت» ترجمه کرده و بدین‌ترتیب برداشتش از ۳:۱ - با توجه به آیهٔ ۲- این است که به‌زعم کوُهِلِت، انسان با زحمت و محنت خود هیچ چیز نمی‌تواند به‌دست آوَرَد. جمع‌بندی کرنشاو این است که جامعه چشم‌اندازی بسیار بدبینانه به زندگی ارائه کرده است.

پردو خاطرنشان می‌سازد که معنی تحت‌اللفظی ***هِوِل*** «دم/ نفس» است، که به تعبیری استعاری از گذرا بودن دلالت دارد. بنا بر استنباط وی مفهوم ضمنی این واژه بارها در گفتار کوُهِلِت به‌کار رفته است. برای مثال، وی ۱۲:۶ را چنین ترجمه می‌کند: «زیرا کیست که بداند انسان را در چند روز عمر کوتاهش [هِوِل]، چه چیز نیکوست، زیرا او [خدا] این چند صباح را همچون سایه‌ای ساخته است» (ر.ک. ۱۹:۳؛ ۱۵:۷؛ ۹:۹؛ ۸:۱۱). سپس پردو به این نکته اشاره می‌کند که در آیهٔ ۱۴:۱، فعلی که «تکاپو کردن/ دویدن از پی» ترجمه شده، و موارد مشابه‌اش، بسته به ریشه‌ای که از آن مشتق شده، می‌تواند «چریدن» یا «میل داشتن» هم معنی شود. وی آن را «میل داشتن» ترجمه کرده است. واژه‌ای که برای «باد» به‌کار برده شده، اغلب به معنای «روح»- و از جمله نیروی حیات‌بخشی که در درون همهٔ موجودات زنده قرار دارد- مورد استفاده قرار می‌گیرد. بدین‌ترتیب، وی کل عبارت را چنین ترجمه می‌کند: «همه چیز همچون دمی کوتاه و میلی به حفظ روح حیات‌بخش زندگی، در گذر است.» پردو برگردان معمول ***یترون*** به‌عنوان «سود» را زیر

سؤال می‌برد. معنی این واژه چندان روشن نیست، چراکه تنها در کتاب جامعه به‌کار برده شده است (۳:۱؛ ۱۱:۲ و ۱۳؛ ۹:۳؛ ۸:۵ و ۱۵؛ ۱۲:۷؛ ۱۰:۱۰ و ۱۱). پردو برای معنی «تحمل، تداوم» دلیل و برهان می‌آورد و ۳:۱الف را چنین ترجمه می‌کند: «چه چیزی باعث می‌شود که انسان طی زندگی به تحمل مشقت ادامه دهد؟» از این‌رو، وی چنین نتیجه می‌گیرد که کوُهِلِت بیش از آنکه زندگی و فعالیت‌های آن را پوچ و بی‌معنا بداند، پیش از هر چیز برای کوتاه بودن آن مرثیه‌سرایی می‌کند.

این دو برداشت متفاوت از جامعه ۲:۱-۳ به استنباط‌هایی متفاوت از هفت عبارتی که در سراسر کتاب پراکنده‌اند و از لذت بردن از زندگی هواداری می‌کنند، می‌انجامد. کرنشاو آنها را تشویق خوانندگان به لذت بردن به‌جای تلاش‌های بیهوده برای خلاصی از بیهودگی زندگی، تلقی می‌کند. بر مبنای استنباط پردو، به این عبارات می‌توان با دیدی مثبت‌تر نگریست. وایبری (۱۹۸۲) خاطرنشان می‌سازد که عبارات مزبور مجموعه‌ای تشکیل می‌دهند که در آنها شاهد تأکیدی استوار و فزاینده هستیم و اینکه آخرین مورد آنها (۹:۱۱-۷:۱۲) از موقعیتی کلیدی در انتهای کتاب برخوردار است. خصیصهٔ مشترک در همهٔ این عبارات، این گفته است که همهٔ لذت‌ها موهبتی از جانب خداست. توصیه به پذیرش لذت بردن از زندگی، به‌عنوان موهبتی الاهی، را می‌توان تأیید ضمنی این واقعیت تلقی نمود که زندگی هرچند کوتاه، اما سرشار از ویژگی‌های مثبت است، زیرا خدا مخلوقاتش را به حال خود رها نکرده تا در سرخوردگی محض زندگی کنند.

کندوکاو بیشتر:

معنی *هِوِل* در کتاب جامعه

محققان زیر در مورد معانی مختلف ***هِوِل*** *[hevel]* در کتاب جامعه بحث کرده‌اند. گفته‌های ایشان را بخوانید و خودتان تصمیم بگیرید که به‌نظر شما کدامیک متقاعدکننده‌تر است.

فاکس (۱۹۹۹، صص ۲۷-۴۲) برای معنی «پوچ و بیهوده» دلیل می‌آورد.

لانگمن (۱۹۹۸، صص ۶۱-۶۵) آن را «بی‌معنی بودن» معنا می‌کند.

پردو (۱۹۹۴، صص ۲۰۶-۲۰۸) برای معنی «گذرا بودن» اقامهٔ دلیل و برهان می‌کند.

مضامین الاهیاتی

از آنجایی که پژوهشگران بیشتر متمایل به تأکید بر تفاوت‌های میان کتاب جامعه و دیگر قسمت‌های کتاب‌مقدس عبری بوده‌اند، و برای شیوهٔ تفکر کوُهِلِت به‌دنبال تأثیر اندیشهٔ «بیگانه» گشته‌اند، این واقعیت که میان اندیشهٔ کوُهِلِت و اندیشهٔ مکتوم در سایر بخش‌های کتاب‌مقدس تداومی درخور ملاحظه وجود دارد، اغلب نادیده گرفته شده است. جامعه نیز همچون دیگر آثار ادبی حکیمانهٔ کتاب‌مقدسی، به روایات مربوط به تاریخ نجات قوم اسرائیل یا عهد این قوم با یهوه، هیچ اشاره‌ای نمی‌کند. در مورد کوُهِلِت باید گفت که این امر قابل درک است، زیرا دغدغهٔ وی پیرامون شیوهٔ

ادراک آدمی از زندگی بر پایهٔ تجربیات شخصی افراد بشر– اعم از مرد و زن– مبتنی است. با این‌حال، شاهد تداوم‌ی استوار میان جامعه و سایر کتاب‌های کتاب‌مقدس هستیم، که نشان می‌دهد نویسنده‌اش بسیاری از باورهای سنتی کتاب‌مقدسی را بدیهی و مسلم می‌انگارد. کُوهِلِت به جاهایی اشاره می‌کند که از قرار معلوم قبلاً در ادبیات عبرانی پیش از وی از آنها یاد شده است. وی در ایمان راسخ به خدایی یگانه، آفرینندهٔ همه چیز (۱۱:۳)، که متعال است (۲:۵) و بر همه چیز تسلط دارد (۱۴:۳؛ ۵:۶)، با سایر همکیشان یهودی‌اش وجه اشتراک دارد. هم انسان و هم جانوران از خاک آفریده شدند (۲۰:۳) و همه به نفس زنده‌اند (۱۹:۳). جهان نیکو آفریده شد (۱۱:۳). با وجود این، سرشت آدمی به‌واسطهٔ خطای خودش دستخوش فساد گردیده (۲۹:۷؛ ۹:۸). در نتیجه جهان اکنون از شرارت، سختی، نومیدی و بی‌عدالتی آکنده است (۱۱:۲؛ ۱۶:۳؛ ۱:۴ و ۳). انسان‌ها مانند جانوران محکوم به مرگ و بازگشت به خاکند (۱۹:۳–۲۰؛ ۷:۱۲). در فراسوی مرگ، قلمرو تیره و تار شئول (Sheol= هاویه– م.) قرار دارد. ولی زندگی، مادامی که ادامه دارد موهبتی از جانب خداست و باید به‌طور کامل از آن لذت برد، چونکه این خواست خودِ خداست (۲۴:۲؛ ۱۳:۳؛ ۱۹:۵؛ ۷:۹–۱۰؛ ۷:۱۱–۱۰). کُوهِلِت پرستش خدا توسط انسان را امری مسلم می‌داند (۱:۵).

کتاب جامعه و ادبیات عبری

پیدایش ۳–۱۹	تو خاک هستی و به خاک باز خواهی گشت.
جامعه ۱۲:۷	و خاک به زمینی که بر آن بود بازگردد.
تثنیه ۲:۴	بر کلامی که به شما امر می‌فرمایم، نه چیزی بیفزایید و نه چیزی از آن کم کنید.
تثنیه ۳۲:۱۲	هرآنچه را که من به شما فرمان می‌دهم، به دقت به جای آورید. چیزی بر آن میفزایید و چیزی از آن کم نکنید.
جامعه ۱۴:۳	و دریافتم که هرآنچه خدا می‌کند، تا ابد پایدار است و چیزی نتوان بر آن افزود یا از آن کاست.
تثنیه ۲۳:۲۱–۲۲	اگر نذری برای یهوه خدایت می‌کنی، در ادای آن تأخیر مکن، زیرا یهوه خدایت به یقین آن را از تو مطالبه خواهد کرد، و تقصیرکار خواهی بود. اما اگر از نذر کردن ابا کنی، تقصیرکار نخواهی بود.
جامعه ۵:۴–۵	چون برای خدا نذر می‌کنی، در ادای آن تأخیر مکن، زیرا احمقان مایه خرسندی او نیستند. پس نذر خویش را ادا کن، بهتر است نذر نکنی، تا اینکه نذر کنی اما ادا ننمایی.
اول سموئیل ۲۲:۱۵	اینک اطاعت از قربانی‌ها نیکوتر است.
جامعه ۱:۵	نزدیک آمدن برای شنیدن بهتر است از تقدیم قربانی احمقان.
اول پادشاهان ۴۶:۸	زیرا انسانی نیست که گناه نکند.
جامعه ۲۰:۷	به راستی که بر زمین، پارسایی نیست که نیکویی کند و هرگز گناه نورزد.

جامعه تنها کتاب کتاب‌مقدس نیست که با سایر بخش‌های کتاب‌مقدس عبری در تنش و کشاکش قرار دارد. اکنون نسبت به گذشته عدهٔ بیشتری پذیرفته‌اند که در کتاب‌مقدس عبری با کثرت و تنوع اندیشه سروکار داریم. برای نمونه، در پیدایش، ایوب، مزامیر و ارمیا عباراتی وجود دارد که با اصطلاحاتی نه‌چندان بی‌شباهت به اصطلاحات کتاب جامعه، عدالت خدا را در برخورد با آدمی، زیر سؤال می‌برند. شاید گفتار کُوهِلِت نسبت به سایرین تندتر و افراطی‌تر باشد، اما باز وی در چارچوب سنت عبرانی قرار دارد، و در جستار و پرسشگری‌اش از همین چارچوب تبعیت می‌کند.

خدا

در کتاب‌مقدس عبری به‌طور کلی برای درک خدا تنشی احساس می‌شود. خدا از یک سو فرابود است، به‌کلی از انسان‌ها جداست، و راه‌ها و افکارش ورای درک آدمی است. از سوی دیگر، همین خدا با قوم اسرائیل وارد رابطه‌ای مبتنی بر عهد می‌شود، به‌واسطهٔ انبیا خود را می‌شناساند، می‌توان در هنگام پرستش با او ملاقات کرد و طالب رابطه‌ای عاشقانه با قومش است. آنچه در کتاب جامعه مورد تأکید قرار می‌گیرد، فراباشندگی و دگرباشندگیِ خداست. «خدا در آسمان است و تو بر زمینی» (۲:۵). انسان‌ها نمی‌توانند «آغاز و انجام کار خدا را دریابند» (۱۱:۳؛ همچنین نگاه کنید به ۱۶:۸–۱۷؛ ۵:۱۱). برداشت کلی از جامعه ۱۰:۶ این است که این آیه گفتاری است در باب ناتوانی بشر در تغییر آنچه خدا مقدر فرموده.

مفسران اغلب توضیح ۱۱:۹ را که می‌گوید: «در همگی دست زمان و بخت در کار است»، دلالت بر اعتقادی مشابه با آموزهٔ یونانیِ سرنوشت (منتها از نوع فاقد شخصیت آن)[1] که کنترل زندگی همهٔ انسان‌ها را در دست داشت، می‌دانند. با این‌همه، واژه‌ای که در اینجا به‌صورت «بخت» برگردان شده، یکی از واژه‌های مهجور در زبان عبری است که بیشتر معنی «رویداد» می‌دهد (همچنان که در ترجمهٔ هزارهٔ نو هم «حادثه» ترجمه شده است- م.). از آنجایی که در کتاب جامعه، «زمان» روی دادن هر اتفاقی تحت تسلط خدا است، احتمالاً باید ترجمهٔ «رویداد/ حادثه» درست‌تر باشد. هیچ پشتوانه‌ای وجود ندارد که بر اساس آن ۱۱:۹ را دلیلی بر اعتقاد به تقدیر فاقد شخصیت و مستقل از خدا، یا حتی باور به اینکه خدا اصولاً نیرویی فاقد شخصیت است، بدانیم.

آن جنبه از زندگی که ظاهراً برای کُوهِلِت مشکل‌ساز شده، و ناشی از ناتوانی بشر در درک طریق‌های خدا است، سرنوشت شریران و پارسایان است. کُوهِلِت به بی‌عدالتی و ستم خوب توجه دارد (۱۶:۳؛ ۱:۴–۳). آیا خدا هیچ اهمیتی به این موضوع می‌دهد؟ آیا برای رفع آن دست به اقدامی می‌زند؟ عبارت مندرج در ۲:۹ که می‌گوید: «همه چیز برای همگان یکسان است، زیرا که بر پارسایان و شریران یک چیز رخ می‌دهد»، بیش از آنکه به تجربیات انسان‌ها

۱. در اساطیر یونانی سرنوشت در وجود سه شخصیت (سه خواهر) که مویرای Moirai نامیده می‌شدند، تجلی یافته بود. این سه خواهر آتروپوس (گریزناپذیر)، لاخسیس (قرعه) و کلوتو (بافنده) نام داشتند و تقدیر انسان‌ها و همهٔ موجودات زنده از لحظهٔ تولد تا مرگ توسط ایشان رقم می‌خورد- م.

در زندگی اشــاره داشته باشــد، روی مسئلهٔ مرگ انگشــت می‌گذارد. با این‌حال، ۱۵:۷ و ۱۴:۸ هر دو تصریح می‌کنند که ممکن است پارسایان متحمل سرنوشتی شوند که شریران سزاوارش هســتند، و برعکس. هرچند این آیــات نمی‌گویند که همیشــه اوضاع بر این منوال اســت، اما این باور را تداعی می‌کنند که در زندگی نمی‌توان شاهد اجرای عدالت الاهی بود. عباراتی کــه با این عبارات کتاب جامعه تنش ایجاد می‌کنند، آنهایی هستند که می‌گویند خدا پارســایان را از شریران متمایز می‌ســازد و به هر یک مطابق آنچه سزاوارند، پاداش یــا کیفر می‌دهــد. بارزترین نمونه‌ها ۱۶:۳-۱۷ و ۱۰:۸-۱۳ هســتند. بــا توجه به درک کوُهِلِت از شئول (۱۰:۹)، این اقدام خدا می‌باید در همین زندگی اتفاق بیفتد. حالا باید با این تنش چه کنیم؟ در گذشته تنش مزبور را این‌گونه توجیه می‌کردند که آن نتیجهٔ مداخلهٔ ویراســتار "راســتدین/ ارتودکس" در کتاب بوده، «راه‌حلی» که امروزه دیگر کمتر کســی حاضر به قبول آن است. برخی از محققان بر این گمانند که این عبارات دربرگیرندهٔ دیدگاه "ارتودکس" هستند، و کوُهِلِت قصد دارد پس از بازگو کردن آنها، تکذیب‌شان کند. با وجود این، آنچه در پی عبارات مزبور می‌آید، بیش از آنکه «تکذیب‌کننده» باشد، بر اساس تجربه آنچه را که قطعی انگاشته می‌شود زیر سؤال می‌برد. شــاید آنچه در کتاب جامعه بازتاب پیدا کرده، متأثر از تنش موجود در افکار خود کوُهِلِت باشد.

کوُهِلِــت در چند عبــارت (۱۴:۳؛ ۷:۵؛ ۱۸:۷؛ ۱۲:۸-۱۳) از «تــرس خدا» ســخن می‌گویــد. در ۱۲:۸-۱۳ آنانی کــه از خدا می‌ترســند، در برابر گناهــکاران و بدکاران قرار می‌گیرند. در ۱۴:۳ ترس از خدا واکنشی است ناشــی از اقرار به آفریدگار بودنِ خدا و ناتوانی بشر در شناخت مقاصد او. عبری بخــش اول آیه ۷:۵ بســیار مبهم اســت، و معلوم نیست که آیا باید این آیه را جمع‌بندی ۱:۵-۶ تلقی کرد یــا اینکه هیچ ربطی به آن ندارد. اگر جمع‌بندی آیات پیشین باشد، پس ترس خدا بایــد به دم‌نزدن از طریق‌هایی که ممکن است خشم خدا را برانگیزد، مربوط باشد. در تفسیر ۱۵:۷-۱۸ پاره‌ای اشکالات وجــود دارد، اما در اینجــا هم ترس از خدا به اجتناب از رفتارهایی که منجر به نابودی خود انسان می‌شوند، ربط پیدا می‌کند. پس در ســه عبارت از چهار عبارت یادشــده، ترس از خدا انگیزه‌ای رفتاری است. چیزی که روشــن نیســت اینکه آیا ترس از خدا در درجهٔ اول ناشــی از محبت به خداست (چنانکه در تثنیه ۱۲:۱۰-۱۳ آمده)، یا خوف از او. در این‌بــاره محققان بر اســاس درک کلی‌شان از دیدگاه کوُهِلِت نسبت به خدا، به جمع‌بندی‌های متفاوتی رسیده‌اند.

در موردش بیندیشید
معنا و بی‌معنایی در زندگی

فاکس (۱۹۹۹، صــص ۱۳۸-۱۴۱) با نقل‌قــول از ویکتور فرانکل[۱] ادعا می‌کند

۱. Victor Frankl – ویکتــور امیــل فرانــکل (زادهٔ ۲۶ مارس ۱۹۰۵ – درگذشــتهٔ ۲ سپتامبر ۱۹۹۷) روان‌پزشک و عصب‌شــناس اتریشــی و پدیدآورنــدهٔ معنادرمانی (لوگوتراپــی) بــود. معروف‌ترین کتاب او، انســان در جستجوی معنا، روایت تجربیات او در دوران فاجعه‌باری است که به‌عنوان یک یهودی در اردوگاه‌های کار اجباری آلمان نازی حضور داشت و در خلال آن، به اهمیت معنای زندگی برای انسان در سخت‌ترین شرایط می‌پردازد- م.

که به سه روش می‌توان به زندگی معنا بخشید:

۱- به‌واسطهٔ چیزهایی که با کارهای خلاقانهٔ خودمان به زندگی می‌دهیم.
۲- با آنچه که در چارچوب تجربیات‌مان از زندگی می‌گیریم.
۳- از طریق پاسخ به آنچه که نمی‌توانیم تغییرش دهیم.

از نگاه فاکس، کوُهِلِت در جستجوی معنا از طریق روش‌های دوم و سوم است، و روش اول را نادیده می‌گیرد.

فاکس همچنین ادعا می‌کند که از نظر کوُهِلِت معنادار‌بودن مستلزم آن است که عمل یا کیفیتی، پیامدی مناسب به بار آورد. پیامدی می‌تواند مناسب باشد که:

۱- فوری باشد (۸:۱۰-۱۱)؛
۲- در مورد فردی که دست به عملی زده یا تجلی‌بخش کیفیتی است، کاربرد پیدا کند (۲:۱۶-۱۸)؛
۳- برای همگان قابل مشاهده باشد (۸:۱۱)؛
۴- به‌طور پیوسته اتفاق بیفتد (۶:۱-۲؛ ۸:۱۴)؛
۵- با گذر زمان از بین نرود (۴:۱۵-۱۶).

تا چه اندازه با این برداشت از مقولهٔ «معنا» موافق هستید؟ این برداشت چه درکی از خدا را تداعی می‌کند؟ این برداشت تا چه اندازه با درک کامل کتاب‌مقدسی از خدا، سازگاری دارد؟

رابطهٔ خدا با انسان‌ها

تأکید کوُهِلِت بر فرابودگی خدا شاید به‌طور ضمنی این را تداعی کند که خدا هیچ ارتباط مستقیمی با انسان‌ها ندارد. با این‌حال، وی گه‌گاه از خدایی حرف می‌زند که با انسان‌ها رابطه دارد، و در اکثر موارد این کار را از طریق بیان چیزهایی که خدا به انسان «می‌بخشد»، انجام می‌دهد. خدا بدیشان موهبت زندگی را می‌بخشد (۵:۱۸؛ ۸:۱۵؛ ۹:۹)، هرچند که در نهایت آن را بازپس‌می‌گیرد (۱۲:۷). او به کسانی که از آنها خشنود است حکمت، دانش و شادمانی می‌بخشد، در حالی که به گناهکاران «مشغلهٔ گرد آوردن و اندوختن [می‌دهد] تا آن را به کسی بدهد که خدا از او خشنود است» (۲:۲۶). او به بعضی ثروت و اموال و توان لذت بردن از آنها را می‌بخشد (۵:۱۹)، اما به دیگران ثروت و اموال و افتخار می‌دهد، بدون اینکه توان بهره‌مندی از آنها را بدیشان بدهد (۶:۲). او مفهوم اسرارآمیز *olam'* ("ابدیت"، "مفهوم ازل و ابد"، "ناشناخته") را در دل انسان‌ها نهاده، تا نتوانند به اهداف خدا پی ببرند (۳:۱۱). معنی ۱:۱۳ روشن نیست. مفسران اختلاف‌نظر دارند بر سر اینکه آیا منظور کوُهِلِت از «کاری ناخوشایند به بنی‌آدم سپرده تا بدان مشغول باشند»، زیستن در این دنیا بوده، یا فقط بر وظیفه‌ای که در قسمت اول آیه بدان اشاره شده، یعنی «تحقیق و تفحص حکیمانه بر هرآنچه که زیر آسمان کرده می‌شود» دلالت دارد.

اشاراتی که به خدا، به‌عنوان بخشندهٔ همهٔ این عطایا می‌شود، قطعاً برتری او و وابستگی انسان به خدا را مورد تأکید قرار می‌دهند. با این‌حال، شاید این نکته حائز اهمیت باشد که اشاراتی که به خدای بخشندهٔ مواهب می‌شود، عمدتاً در عباراتی جای دارند که لذت بردن از زندگی را توصیه می‌کنند. شاید

این نشانگر آن باشد که درک کوُهِلِت از خدا این بوده که او علاقه‌ای شخصی و مثبت به سعادت بشر دارد.

حکمت

به گفته کوُهِلِت، حکمت یکی از چیزهایی است که خدا به آدمی بخشیده است (۲۶:۲). با وجود این، از دیدگاه کوُهِلِت، خدا عمداً انسان‌ها را نسبت به آنچه که برای شناخت نیاز دارند تا به زندگی موفق دست پیدا کنند، در نادانی نگاه داشته است (۱۱:۳؛ ۱۶:۸-۱۷). در کتاب امثال نیز محدودیت‌های حکمت بشری مورد اذعان قرار گرفته است (۲۴:۲۰؛ ۳۰:۲۱؛ ۱:۲۷). با این‌همه، در آنجا حکمت کماکان کلید دستیابی به زندگی موفق قلمداد شده است، چنانکه نویسندهٔ امثال حتی آن را با درخت حیات مقایسه کرده است (امثال ۱۸:۳). در حکمت خاور نزدیک باستان، یکی از کلیدهای اصلی زندگی موفق، دانستن زمان مناسب برای انجام کارها به‌شمار می‌رفت. امثال از ارزش دانستن اینکه چه زمانی باید لب به سخن گشود و چه زمانی باید خاموش ماند (۳:۱۳؛ ۲۳:۱۵)، و دانستن اینکه چه زمانی باید دست به‌کاری زد و چه زمانی نباید هیچ اقدامی کرد (۱۵:۱۳؛ ۱۷:۱۴) حرف می‌زند. کوُهِلِت می‌گوید که دقیقاً همین دانش است که خدا از انسان‌ها مخفی کرده (جامعه ۱:۳-۱۱). با وجود این، به‌رغم محدودیت‌های حکمت بشری، کوُهِلِت آن را تا اندازه‌ای حائز ارزش عملی می‌داند (۱۳:۲-۱۴؛ ۱۱:۷-۱۲؛ ۱۶:۹-۱۸؛ ۱۲:۱۰). از نظر وی حکمت از جهالت سودمندتر است (۱۳:۲؛ ۵:۷-۷؛ ۱:۱۰-۳).

تأکید کوُهِلِت بر فرابودگی و برتری خدا به جایی منتهی می‌شود که دیدگاهی کاملاً جبرگرایانه[1] به زندگی پیدا می‌کند.

> و دریافتم که هرآنچه خدا می‌کند، تا به ابد پایدار است و چیزی نتوان بر آن افزود یا از آن کاست. خدا آن را به عمل می‌آورد تا آدمیان از او بترسند.
> آنچه از پیش بوده، هم اکنون نیز هست و آنچه خواهد بود، از پیش بوده است. (۱۴:۳-۱۵)

با در نظر گرفتن چنین دیدگاهی، تا اندازه‌ای عجیب به‌نظر می‌رسد که کتاب جامعه حاوی توصیه‌هایی است، چراکه توصیه‌های مزبور این را در ذهن خواننده تداعی می‌کنند که آدمی از طریق رفتارش، توان ایجاد تغییر در روند رویدادها را دارد. چنان که پیداست، وی حتی می‌تواند بر خدا هم تأثیرگذار باشد (۱:۵-۶؛ ۱۶:۷-۱۷)! این عدم انسجام حاکی از آنست که کوُهِلِت با تنش دیرینهٔ میان جبرگرایی و ارادهٔ آزاد، دست به گریبان بوده است. هرچند به‌نظر می‌رسد که کوُهِلِت میان جبر و اختیار مردد است، ولی بیشتر به‌سوی جبرگرایی گرایش دارد.

---

۱. Deterministic- جبرگرایی یا تعیین‌گرایی (Determinism) نظریه‌ای فلسفی است که طبق آن هر رویدادی از جمله رفتارها و کنش‌های انسان، به‌صورت عِلّی (علت و معلول) به دست زنجیرهٔ پیوسته‌ای از رخدادهای پیشین به‌طور کامل تعیین شده است. به‌عبارت دیگر بر اساس جبرگرایی، نظام جهان دارای نظمی علی و جبری است که سرانجام تنها به یک نتیجهٔ واحد منتهی خواهد شد. جبرگرایی، برخلاف سرنوشت‌گرایی یا Fatalism، معمولاً در مقابل ارادهٔ آزاد قرار ندارد. ویکی‌پدیای فارسی

مرگ

عامل اصلـــی در نتیجه‌گیـــری کوُهِلِت پیرامـــون اینکه «همه چیـــز جملگی بطالت اســـت»، مشـــغولیت ذهنـــی او در مـــورد فناپذیری انسان اســـت. همین امر است که باعث می‌شـــود وی در «عهد ملوکانه» چنین نتیجه‌گیری کند که لذت، دارایی، شـــهرت، حکمت و ثروت- چه با هم چه جدا از هم- هیچ‌یک نمی‌توانند منبع مناســـبی برای معنا بخشیدن به زندگی باشند.

ناگزیر بودن مرگ بدین معناست که:

رفتـــن به خانهٔ ماتم به از رفتن به خانهٔ جشن؛
زیرا مرگ است فرجام همهٔ انسان‌ها. (۲:۷)

در مواجهه با مـــرگ، فرق میان حکیم و نادان رنگ می‌بازد:

شخص حکیم چشمها در سر دارد، اما نادان در تاریکی گام می‌زند.
با این حال در نظر آوردم که هر دو را یک سرنوشت خواهد بود. (۱۴:۲)

انســـان نمی‌تواند هنگام مرگ اموالش را با خود برد. دارایی‌ها و ثروتش برای دیگران برجای می‌مانند و احتمالاً توســـط ایشـــان حیف و میل می‌شـــوند (۱۸:۲-۱۹). پس از مرگ، شهرت انسان هم با گذر زمان به دست فراموشی سپرده می‌شود (۱۶:۲).

دو عامـــل اصلـــی وجود دارنـــد که به ارزیابـــی کوُهِلِت از اهمیـــت مرگ، رنگ و لعاب می‌بخشند. اولی برداشت وی از مرگ، به‌عنوان پایان داستان است (۴:۹-۶ و ۱۰). دومی هم این اســـت که وی به فرد، صرفاً از جنبهٔ مزیت (یـــا فقدان مزیت) نگاه می‌کند. برای مثال، او هرگز مزیت احتمالی جماعتی متشکل از حکما و خردمندان را که می‌توانند حکمت‌شـــان را به نســـل‌های بعدی منتقل کنند- یعنی دقیقاً همان کاری که خود کتاب جامعه انجام می‌دهد- در اندیشهٔ خود لحاظ نمی‌کند.

کوُهِلِت نه از دست مرگ عصبانی است، و نه نتیجه‌گیری‌اش در مورد «بطالت» زندگی باعث می‌شود به دفاع از خودکشی بپردازد. به‌جای اینها، وی می‌گوید که باید قدر زندگی را- مادامی که ادامه دارد- دانست. کوُهِلِت دلایل خـــود را در ۴:۹-۶ عنـــوان می‌کند: مردگان امیـــدی ندارند، آنان هیچ نمی‌دانند، و «دیگر تـــا به ابد در هرآنچه زیر آفتاب رخ می‌دهد سهمی نخواهند داشت». حال آنکه زندگان همهٔ اینهـــا را دارند و از این‌رو باید قدرشـــان را بدانند. بهتر است زنده باشی تا مرده. دو پاراگراف وجود دارد که دو دیدگاه مخالف را بیان می‌کننـــد (۱:۴-۳؛ ۱:۶-۶). با وجود این، به موارد اســـتثنایی هم اشاره می‌کنند. هر دو روی موقعیت‌هایی انگشت می‌گذارند که مردم همهٔ امیدشان را از دست داده‌اند: کارگرانی که تمام عمر متحمل ظلم و ستم می‌شوند (۱:۴-۳) و آنانی که (به هر دلیلی) نمی‌توانند از مواهب الاهی بهره‌مند شوند. موقعیت ایشـــان، خود به‌منزلهٔ مردهٔ متحرک بودن اســـت، پس در واقع، مردن را به زنده بودن ترجیح می‌دهند. این استثنائات مانع از نتیجه‌گیری کلی کوُهِلِت نمی‌شـــوند که می‌گوید:

نور شیرین است و دیدن آفتاب برای دیدگان لذتبخش.

اگر آدمی سالیان دراز زیست کند،
بگذار در همهٔ آنها شادی نماید.
(۷:۱۱–۸)

کتاب جامعه و کانن کتاب‌مقدس

شماری از رابی‌های متقدم در مورد پذیرش کتاب جامعه در کانن کتاب‌مقدس، تردید داشتند. این نکته شایان ذکر است که تردید مزبور به‌خاطر این نبود که *آیا* باید این کتاب را در ردیف کتاب‌های کاننی پذیرفت یا نه. بحث بر سر *چرایی* حضور کتاب جامعه در مجموعه کتاب‌های کاننی کتاب‌مقدس بود. به‌عبارت دیگر، قضیه با این پیش‌فرض آغاز شد که جامعه یکی از کتاب‌های کاننی بوده است.

اشکالات وارده عمدتاً از سه نوع بودند. نخست اینکه، در این کتاب تناقضاتی درونی وجود داشت، که قبلاً بدان‌ها اشاره و پیرامون‌شان بحث کردیم. دوم، میان کتاب جامعه و سایر کتاب‌های کتاب‌مقدس و به‌ویژه تورات هم تناقضاتی ظاهری به چشم می‌خورد. یکی از نمونه‌های این تناقض، توصیهٔ «در راه‌های دلت بر وفق هرآنچه می‌بینی گام بردار» (۹:۱۱) است. به‌نظر می‌رسد که توصیهٔ مزبور، ناقض اعداد ۳۹:۱۵ است که در آن به بنی‌اسرائیل گفته شده احکام خداوند را به یاد آورند و «از پی شهوات دل‌ها و چشمان خود نروند.» و سرانجام اینکه، عده‌ای پافشاری کتاب بر بطالت همه چیز را به مثابه اهانت به آفریده‌های خدا تلقی می‌کردند. نیز، گروهی تأکید جامعه بر خوردن و نوشیدن و بهره بردن از لذت‌های زودگذر (مثلاً، جامعه ۷:۹–۱۰) را به فلسفهٔ اپیکوری[۱] یونانی نزدیکتر می‌دیدند، تا به اندیشهٔ یهودی. گویا چیزی که باعث عقب‌نشستن همهٔ این مخالفت‌ها شد، انتساب این کتاب به سلیمان و نتیجه‌گیری ارتودکس (یعنی «راست‌دینانه» یا مبتنی بر اصول اعتقادی درست- م.) آن (۱۳:۱۲–۱۴) بود. نیز چنانکه تارگوم هم نشان می‌دهد، در این کتاب به اندازه کافی احساسات راست‌دینانه وجود دارد که بتوان آن را به‌گونه‌ای که مورد قبول یهودیت ارتودکس باشد، تفسیر کرد.

در کتاب‌مقدس عبری، کتاب جامعه مشتمل بر پنج مگیلوت[۲] است. پیرامون اینها در فصل ۷، و هنگام بررسی جایگاه کتاب غزل‌ها در کانن کتاب‌مقدس عبری، به‌طور اجمالی بحث خواهیم کرد.

کتاب جامعه به‌طور مشخص و بارز موضوع «تفسیر کاننی» کتاب‌های کتاب‌مقدسی را برانگیخته و بروارد چایلدز[۳] یکی از مدافعان آن است. چایلدز استدلال کرده که برای آن دسته از یهودیان و مسیحیانی که کتاب‌مقدس را به‌عنوان کلام مقدس خدا پذیرفته‌اند، فرم کاننی نهایی (یعنی کتاب‌مقدسی که امروزه در دست داریم- م.) باید نسخهٔ معتبر تلقی شود. این امر در مورد کتاب جامعه بدین معناست که پیام کتاب را باید نهایتاً با توجه به چارچوب ویراستاری‌ای که سخنان کوُهِلِت حکیم را دربرگرفته، تفسیر کرد.

---

۱. Epicureanism – مکتب لذت‌گرایی، که آن را منسوب به اپیکورس، فیلسوف یونانی (۳۴۱–۲۷۰ پ. م) می‌دانند- م.
2. Megilloth; 3. Brevard Childs

در موردش بیندیشید
کتاب جامعه و کانن کتاب‌مقدس

اغلب تصریح می‌شود (هرچند این تصریح عاری از ادلهٔ کافی است) که جامعه را بدین‌خاطر در زمرهٔ کتاب‌های کاننی کتاب‌مقدس پذیرفتند که باور داشتند به دست سلیمان نوشته شده است. اما چنانکه دیدیم، اکنون دیگر اکثر محققان چنین تصوری ندارند و نگارندهٔ این کتاب را سلیمان نمی‌دانند. آیا تعبیر ضمنی این باور آن است که باید کاننی بودن کتاب جامعه را زیر سؤال ببریم؟ در حین اندیشیدن پیرامون این موضوع، شاید بد نباشد به نکات زیر هم توجه کنید.

۱- هویت نگارندگان چندین کتاب دیگر کتاب‌مقدس نامعلوم است، پس تردید در هویت نگارنده لزوماً به معنای «سلب صلاحیت کاننی» آن کتاب نیست.

۲- در جامعه صراحتاً ادعا نشده که این کتاب به دست سلیمان نوشته شده است، بلکه بنا بر سنت و با توجه به ۱:۱ آن را به سلیمان منسوب نموده‌اند. محققان امروزی چنین استدلال می‌کنند که استنتاج مزبور ناشی از یک سوءتفاهم بوده و نگارنده در اینجا صرفاً از ترفندی ادبی استفاده کرده است.

۳- انتساب کتاب به سلیمان به‌طور کامل هم بی‌راه نیست. شواهدی در آن وجود دارد که روایت انتساب ادبیات حکیمانهٔ اسرائیل به سلیمان را تأیید می‌کنند.

۴- تأیید کاننی بودن شماری از کتاب‌های کتاب‌مقدس، واکنش ایمانی جماعت ایمانداری است که معتقدند این کتاب‌ها مایهٔ رشد و تقویت ایمان‌شان می‌شود.

بنا بر استدلال چایلدز، پذیرش کتاب جامعه در کانن کتاب‌مقدس با توسل به ترفند «عهد سلیمانی»، این "تعبیر هرمنوتیکی" را به‌وجود آورده که دیدگاه‌های کوُهِلِت مورد پذیرش هستند و در مجموعه آثار ادبی حکیمانهٔ اسرائیل، نقشی انتقادی بر عهده دارند. با این‌حال، چارچوب ارائه‌شده، و به ویژه‌مؤخرهٔ کتاب بدین معناست که پیام کوُهِلِت را باید بر اساس «قاعدهٔ ایمان»- که دامنه‌ای حتی گسترده‌تر از مجموعه آثار حکمتی را دربرمی‌گیرد- شنید و تفسیر کرد: منظور نگارنده از «خداترسی» را باید همان‌طوری فهمید که در کل کتاب‌مقدس عبری از آن استنباط شده است (۱۳:۱۲). نیز با قرار دادن آن در زمینهٔ متن داوری آخرشناختی (۱۴:۱۲)، متوجه می‌شویم که پیام کوُهِلِت- که خودش فاقد چنین دیدگاه آخرشناسانه‌ای است- محدود می‌شود و لزوم تفسیری تازه‌تر و بر اساس درکی جدیدتر و کامل‌تر از حکمت الاهی، رخ می‌نماید.

لانگمن برای چنین قرائت «کاننی» از کتاب جامعه، بر پایهٔ مؤخرهٔ کتاب مذکور، مثالی دیگر می‌آورد. وی ۸:۱۲ را خلاصهٔ نظر ویراستار بر پیام کوُهِلِت تلقی می‌کند. بدین ترتیب ۱۲:۹-۱۰ اذعان به‌کارایی و بی‌غل‌وغش بودن تلاش‌های کوُهِلِت محسوب می‌شوند. وی آیات بعدی (۱۲:۱۱-۱۲) را هشداری بر ضد جمع‌بندی‌های بعدی کوُهِلِت می‌داند، زیرا

ممکن است تأثیری مخرب داشته باشند. در اینجا لانگمن به پیروی از فاکس و برخلاف اکثر مفسـران دیگر، قرائتی منفی از ۱۱:۱۲ ارائه می‌کند. حالا آمـوزگار حکمت جای خود را به «شـبان» می‌دهد. بنا بر اسـتدلال لانگمن «سُـک‌ها» و «میخ‌هـا» ابزارهایی دردنـاک و حتی خطرناکند. اگر ویراسـتار قصد داشت با حسی مثبت از تعالیم کوُهِلِت یاد کند، به «عصا» و «چوبدستی» شبان اشاره می‌کـرد. بنابرایـن وی می‌خواهد در مورد ماهیـت خطرناک رویکرد شـک‌گرایانه و بدبینانهٔ کوُهِلِت هشدار دهد. سپس ویراستار بـه شـاگرد توصیه می‌کنـد کـه از تعالیم ارتودکس پیروی نمایـد: «از خدا بترس و فرامین او را نگاه دار، چراکه انسـان‌بودن به تمامی همین است. زیرا خدا هر عمل و هر امـر مخفی را، چه نیک و چه بد، به محاکمه خواهـد آورد» (۱۲:۱۳-۱۴). در نتیجـه، لانگمن نقش جامعـه در کانن کتاب‌مقدس را به‌مثابـه نمونـه‌ای از خطـرات حکمت شـکاکانه و نظری می‌بیند. وی این کتاب را مشابه خطابه‌های دوستان ایوب می‌داند، که در ایوب ۷:۴۲ به ما گفته شـده سخنان‌شان تصویری غلط‌انداز از خدا ارائه کرده است.

در موردش بیندیشید

«تفسیر کانَنی» کتاب جامعه

آیا ضرورت دارد که میان «تفسیرهای کاننـی» چایلـدز و لانگمن، دسـت به انتخاب بزنیم، یا اینکه تفسیرهای این دو مکمل یکدیگرند؟

خواندنی‌های بیشتر

مواردی که با * علامت‌گذاری شده‌اند، مرجـع دسـت‌اول به‌شـمار می‌آیند، حال آنکه مأخذهای دیگـر یا پیچیده‌ترند و یا به موضوعات خاصی مربوط می‌شوند.

تفسیرها

کرنشاو کتاب جامعه را اثر فردی شکاک و بدبیـن می‌بیند، حال آنکه وایبری کوُهِلِت را انسانی واقع‌گرا می‌داند، که به‌رغم اذعانش به مشـکلات زندگـی، معتقد اسـت خدا می‌خواهد آفریدگانش از زندگی لذت ببرند. ایتن هم کـه از موضعـی محافظه‌کارانه‌تر تفسـیر کرده، کوُهِلِت را «واعظ شادمانی» معرفـی می‌کنـد. کتاب گوردیـس در این زمینه اثری کلاسیک اسـت. با اینکه بخش تفسیر این کتاب حاکی از تسلط وی بر زبان عبری است، اما مقالاتی که در معرفی کتاب آورده، چکیده‌هایـی ارزشـمند از کارهای پژوهشی‌ای ارائه می‌دهد که تا زمان نگارش اولیهٔ کتاب در سال ۱۹۵۱، انجام گرفته‌اند.

G. A. Barton *The Book of Ecclesiastes.* ICC. Edinburgh: T. & T. Clark, 1908.
W. P. Brown *Ecclesiastes.* Interpretation. Louisville, KY: John Knox Press, 2000.
* J. L. Crenshaw *Ecclesiastes.* OTL. London: SCM, 1988.
R. Davidson *Ecclesiastes and Song of Solomon.* DSB. Edinburgh: St Andrews Press, 1986.
* M. A. Eaton *Ecclesiastes.* TOTC. Leicester: IVP, 1983.
M. V. Fox *A Time to Tear Down and A Time to Build Up.* Grand Rapids, MI: Eerdmans, 1999.
* R. Gordis *Koheleth: The Man and His World.* New York, NY: Schocken Books, 1968.
H. W. Hertzberg *Der Prediger.* Gˇtersloh: Gerd Mohn, 1963.
J. A. Loader *Ecclesiastes: A Practical Commentary.* Grand Rapids, MI:

R. Gordis 'Was Koheleth a Phoenician?', *JBL* 74 (1955), 103^114.
W. W. Hallo and K. L. Younger Jnr *The Context of Scripture*, vol. 1. Leiden: Brill, 1997.
W. G. Lambert 'Some New Babylonian Wisdom Literature', in J. Day, R. P. Gordon and H. G. M. Williamson *Wisdom in Ancient Israel*. Cambridge: CUP, 1995; pp. 30^42.
J. Loader *Polar Structures in the Book of Qohelet*. BZAW 152. Berlin: W. de Gruyter, 1979.
R. E. Murphy *Wisdom Literature*. FOTL 13. Grand Rapids, MI: Eerdmans, 1981.
R. E. Murphy *The Tree of Life*. Grand Rapids, MI: Eerdmanns, 1996 (2nd edn).
L. G. Perdue *Wisdom and Creation: The Theology of Wisdom Literature*. Nashville, TN: Abingdon, 1994.
F. Rousseau 'Structure de Qohe¤ let i^4^11 et plan du livre', *VT* 31 (1981), 200^217.
J. F. A. Sawyer 'The Ruined House in Ecclesiastes 12: A Reconstruction of the Original Parable', *JBL* 94 (1974), 519^531.
A. Schoors *The Preacher Sought to Find Pleasing Words*, part 1. Leuven: Department Orientalistiek/Uitgeverij Peeters, 1992.
C. C. Torrey 'The Question of the Original Language of Qoheleth', *JQR* 39 (1948/9), 151^160.
C. F. Whitley *Koheleth: His Language and Thought*. BZAW 148. Berlin: W. de Gruyter, 1979.
R. N. Whybray 'The Identi¢cation and Use of Quotations in Ecclesiastes', VTSup 32 (1981), 435^451.
R. N. Whybray 'Qoheleth, Preacher of Joy', *JSOT* 23 (1982), 87^98.
* R. N. Whybray *Ecclesiastes*. OT Guides. Sheeld: JSOT Press, 1989.
A. D. G. Wright 'The Riddle of the Sphinx: The Structure of the Book of Qoheleth', *CBQ* 30 (1968), 313^314.
A. D. G. Wright 'The Riddle of the Sphinx Revisited: Numerical Patterns in the Book of Qoheleth', *CBQ* 42 (1980), 35^51.
A. D. G. Wright 'Additional Numerical Patterns in Qoheleth', *CBQ* 45 (1983), 32^43.

Eerdmans, 1986.
T. Longman III *The Book of Ecclesiastes*. NICOT. Grand Rapids, MI: Eerdmans, 1998.
R. E. Murphy *Ecclesiastes*. WBC. Dallas, TX: Word, 1992.
G. Ogden *Ecclesiastes*. Sheeld: JSOT Press, 1987.
C. L. Seow *Ecclesiastes*. AB. New York, NY: Doubleday, 1997.
* R. N. Whybray *Ecclesiastes*. NCB. London: Marshall, Morgan & Scott, 1989.

سایر کتاب‌ها و مقالات

E. F. F. Bishop 'A Pessimist in Palestine', *PEQ* 100 (1968), 33^41.
B. S. Childs *Introduction to the Old Testament as Scripture*. London: SCM, 1979.
* J. L. Crenshaw *Old Testament Wisdom: An Introduction*. Louisville, KY: Westminster John Knox Press, 1998 (rev. edn).
M. J. Dahood 'Canaanite-Phoenician In£uence in Qoheleth', *Biblica* 33 (1952), 30^52, 191^221.
S. Dalley *Myths from Mesopotamia: Creation, the Flood, Gilgamesh, and Others*. Oxford: OUP, 1991.
J. Day, R. P. Gordon and H. G. M. Williamson *Wisdom in Ancient Israel*. Cambridge: CUP, 1995.
S. Fischer 'Qohelet and "Heretic" Harpers' Songs', *JSOT* 98 (2002), 105^121.
M. V. Fox 'Aging and Death in Qohelet 12', *JSOT* 42 (1998), 55^77.
M. V. Fox *Qohelet and His Contradictions*. Sheeld: Almond Press, 1989.
D. C. Fredericks *Qoheleth's Language: Re-evaluating its Nature and Date*. Lewiston, NY: Edwin Mellen, 1988.
H. L. Ginsberg *Studies in Koheleth*. New York, NY: Jewish Theological Seminary of America, 1950.
H. L. Ginsberg 'The Structure and Contents of the Book of Koheleth', VTSup 3, 1955, 138^149.
R. Gordis 'The Original Language of Qohelet', *JQR* 37 (1946/7), 67^84.
R. Gordis 'Koheleth ^ Hebrew or Aramaic?', *JBL* 71 (1952), 93^109.

فصل ۷

غزل غزل‌ها

نگارنده

نخستین آیهٔ غزل غزل‌ها که به‌روشنی «عنوان» این کتاب محسوب می‌شود، پاره‌ای موضوعات کلی را برانگیخته، که خود کتاب بدان‌ها دامن می‌زند. ترجمهٔ تحت‌اللفظی عنوان مزبور چنین است: «غزل غزل‌هایی که از آن سلیمان است». ساختار «غزل غزل‌ها» شیوه‌ای عبری برای بیان مفهوم صفت عالی است. درست همان‌طور که «قدس الاقداس» به معنای «مقدس‌ترین مکان» است، «غزل غزل‌ها» هم «ناب‌ترین غزل‌ها» معنی می‌دهد. ولی آیا معنای دیگری هم می‌تواند داشته باشد؟ آیا می‌خواهد نشان دهد که غزل مزبور از چندین غزل تشکیل شده است؟ چنانکه خواهیم دید، محققان بر سر این موضوع که آیا این کتاب از یک غزل واحد تشکیل شده، یا گلچینی از غزل‌های متعدد و در اصل مستقل است، اختلاف‌نظر دارند.

واژهٔ «از آن» در ترجمهٔ تحت‌اللفظی عنوان کتاب، همان حرف ربط عبری l^e است، که بسته به متن می‌تواند معانی گوناگونی داشته باشد. این حرف ربط می‌تواند نشان‌دهندهٔ موارد زیر باشد:

- هویت نگارنده: *به‌وسیلهٔ سلیمان*؛
- اهدا شدن: *به سلیمان*، *برای سلیمان*؛
- موضوع اصلی: *دربارهٔ سلیمان*؛
- وابستگی: *مطابق سنت ادبی سلیمان*.

بنا بر سنت، همگان از «عنوان» معنای اول را برداشت کرده‌اند، و بدین‌ترتیب نگارش کتاب را به سلیمان نسبت داده‌اند. این یکی از دلایلی است که در ترجمهٔ (یونانی) LXX کتاب‌مقدس عبری، غزل غزل‌ها به همراه امثال و جامعه (کوُهِلِت) در یک گروه جای گرفته، چراکه دو کتاب دیگر هم با سلیمان مرتبط هستند، و همین ترتیب بندی در عهد عتیق انگلیسی نیز حفظ شده است. در کتاب‌مقدس عبری، غزل غزل‌ها در انتهای بخش سوم، یعنی نوشته‌ها و بعد از مزامیر، امثال و ایوب جای گرفته است. این اولین

طومار از پنج طومار به‌شمار می‌آید. پنج طومار، کتاب‌های کوتاهی هستند که هر یک با یکی از اعیاد بزرگ یهودی ارتباط دارند. ترتیب کتاب‌ها طبق ترتیب گاهشماری اعیاد تعیین شده است. آنها عبارتند از:

- *غزل غزل‌ها*، این کتاب را به‌خاطر اشاراتش به موسم بهار، در عید پسخ می‌خواندند؛
- *روت*، این کتاب را به‌خاطر زمینهٔ داستان که در فصل درو محصول روی می‌دهد، هنگام عید هفته‌ها (پنتیکاست) می‌خواندند؛
- *مراثی*، این کتاب را در نهمین روز از ماه اب[1] و موقع سوگواری برای ویرانی معبد می‌خواندند؛
- *جامعه*، این کتاب را که یادآور تجربهٔ سرگردانی قوم اسرائیل در بیابان بود، در موسم عید خیمه‌ها می‌خواندند؛
- *استر*، این کتاب را هنگام عید پوریم، که خاستگاهش در داستان ذکر شده، می‌خواندند.

ارتباط کتاب غزل غزل‌ها با عید پسخ برای اولین بار در سدهٔ هشتم میلادی تصدیق شد. اشاراتی که از قدیم در تلمود وجود داشت، این کتاب را همراه با امثال و جامعه در ردیف دست‌نوشته‌های اندکی متأخرتر کتاب‌مقدس عبری جای داده‌اند.

در منابع رابی‌ها، و ضمن مباحث مربوط به یامنیا (یبنه)[2] که در اواخر سدهٔ اول میلادی انجام گرفت، در خصوص قرار گرفتن غزل غزل‌ها در کانن عبری کتاب‌مقدس، دلایلی ذکر شده است. از قرار معلوم بحث بر سر این بوده که کدام کتاب‌ها شایستگی آن را دارند که در کانن کتاب‌مقدس باقی بمانند، نه اینکه چه کتاب‌هایی را باید بدان افزود. عده‌ای از رابی‌ها نگران آن بودند که آیاتی از کتاب غزل غزل‌ها به میهمانخانه‌ها (میخانه‌ها؟) راه پیدا کرده بودند. روایات سنتی مبنی بر نگارش این کتاب توسط سلیمان، با تفسیرهای تمثیلی که از کتاب ارائه شده بود (و بعداً در موردش بحث خواهیم کرد)، دست به دست هم دادند تا غزل غزل‌ها در کانن کتاب‌مقدس عبری باقی بماند.

برای قبول نگارش کتاب توسط سلیمان، می‌توان به شرحی که در اول پادشاهان ۲۹:۴-۳۴، در باب حکمت سلیمان آمده استناد نمود که می‌گوید:

> حکمت سلیمان از حکمت تمامی مردم مشرق‌زمین و از تمامی حکمت مصر برتر بود. ... سلیمان سه هزار مَثَل گفت، و شمار سروده‌هایش یکهزار و پنج بود. (اول پادشاهان ۳۰:۴ و ۳۲)

غزلسرایی را دستِ‌کم از دو جهت می‌توان فعالیتی در زمینهٔ «حکمت» به‌شمار آورد. اول آنکه، موضوعات این غزل‌ها مفاهیم حکیمانه- از قبیل موضوعاتی چون «کنار آمدن با زندگی»- هستند، و این شاید همان کاری باشد که اشعار عاشقانه‌ای نظیر غزل غزل‌ها انجام می‌دهند. مورفی

---

۱. Ab – یا "آو" برابر با مرداد ماه است- م.

۲. Jamnia (Yabneh)– شورایی بود که در اواخر سدهٔ نخست میلادی در یبنه (در سرزمین مقدس، اسرائیل) تشکیل شد و هدفش نهایی کردن کانن کتاب‌مقدس عبری بود- م.

خاطرنشان می‌سازد که غزل غزل‌ها یکی از چهار چیزی را که به قول دانای کتاب امثال «بس شگفت» هستند، سرلوحه قرار داده است: «راه مرد با دختر جوان». دوم اینکه یک غزلسرای چیره‌دست را می‌توان به‌نوعی «حکیم» به حساب آورد، زیرا به صنعتگران ماهری که روی ساخت‌وساز خیمهٔ اجتماع کار می‌کردند، همین عنوان داده شده است (خروج ۳۵:۳۰-۳۵؛ نگاه کنید به ارمیا ۱۷:۹؛ واژه‌ای که در ترجمهٔ NRSV "مهارت" ترجمه شده، در عبری برای "حکمت" به‌کار رفته است). از آنجایی که سلیمان به‌خاطر عشقش به زنان زبانزد بود، چندان هم دور از ذهن نیست که در میان سروده‌هایش، چندتایی هم غزل عاشقانه سراییده باشد. این نکته نیز شایان توجه است که در گفتگوهایی که میان زن با «دختران اورشلیم» رد و بدل می‌شود، عنصر پند و اندرز نیز نهفته است (غزل غزل‌ها ۲:۷؛ ۳:۵؛ ۸:۴). مونرو اظهار می‌کند که در جایی که امثال باب‌های ۱-۹ به مردان جوان هشدار می‌دهد فریب زنان بیگانه را نخورند، غزل غزل‌ها تلویحاً به زنان جوان هشدار می‌دهد که مراقب واکنشی که به جذابیت مردان جوان ابراز می‌کنند، باشند.

در موردش بیندیشید

کنار آمدن با زندگی

«پند و اندرزی» را که امثال باب‌های ۵ و ۷ در مورد رفتار جنسی به مردان جوان می‌دهند، بخوانید و آنها را با غزل غزل‌ها و «پند و اندرزش» به زنان جوان در مورد موضوعات جنسی، مقایسه کنید. با در نظر گرفتن تفاوتی که در فرم این

دو کتاب وجود دارد، آیا با دیدگاه مونرو (که در متن اصلی کتاب بدان اشاره شد) موافق هستید که غزل غزل‌ها را می‌توان به‌درستی اندرزی «تلویحی» به زنان جوان، دربارهٔ واکنش به جذابیت‌های مردان جوان دانست؟

آیا نگارندهٔ این کتاب سلیمان بوده؟

گذشته از ابهامی که در معنای حرف ربط *l^e* وجود دارد، محققان امروزی دلایل دیگری هم در عنوان و بدنهٔ اصلی کتاب دیده‌اند که باعث شده انتساب غزل غزل‌ها به سلیمان را زیر سؤال ببرند. یکی از این دلایل آنست که واژهٔ عبریِ «که» در عنوان کتاب *^{a}sher'* است، حال آنکه در باقی قسمت‌های کتاب همواره از پیشوند *she-* استفاده شده. بنابراین، برخی از محققان استدلال کرده‌اند که این نشان می‌دهد که «عنوان» بعدها توسط شخص دیگری که احتمالاً نگارش کتاب را به سلیمان نسبت داده، یا حرف ربط *l^e* را به یکی از معانی دیگرش به‌کار برده، به متن افزوده شده است. دلیل دیگری که برای زیر سؤال بردن نگارش غزل غزل‌ها توسط سلیمان مطرح می‌شود، نقش کوچکی است که وی در این کتاب ایفا می‌کند. تنها در سه عبارت صراحتاً از سلیمان نام برده شده، و در همهٔ آنها پیداست که او مفعولِ شعر است، نه نگارندهٔ آن.

- ۱:۵ «پرده‌های سلیمان» را به‌عنوان مثال برای چیزی که سیاهرنگ است، به‌کار می‌برد. گروهی از پژوهشگران استدلال می‌کنند که در اینجا متن عبری نه به سلیمان، که به یکی از

قبایل عرب در جنـــوب، یعنی قبیله شلمه[1] دلالت دارد (همان‌طور که در ترجمهٔ NEB هم آمـــده)، زیرا این با اشـــاره‌ای که به «خیمه‌های قیدار» – یکی از قبایل عرب شـــمالی – شده، توازی بهتری ایجاد می‌کند.

- ۶:۳-۱۱ از عروســـی باشـــکوه ســـلیمان ســـخن می‌گوید، زیرا این شـــکوه بازتاب‌دهندهٔ تجلیلی است که از نهاد زناشـــویی می‌شـــود. این پاراگراف حرفـــی از این نمی‌زند که ســـلیمان با زن ناطق در غزل غزل‌ها ازدواج کرده است.
- ۱۱:۸-۱۲ سلیمان را به ریشخند می‌گیرد، چون تلاش می‌کند عشـــق زن را بـــا پول بخرد. بعید اســـت که ســـلیمان چنین چیـــزی را در مورد خودش نوشته باشد.

لیکن نباید آن جاهایی را که زن شخصیت کتاب معشـــوق خود را «پادشاه» می‌خواند (۴:۱ و ۱۲)، تحت‌اللفظی تلقی کنیم، زیرا او در جای دیگر معشوقش را در کسوت شبان ترسیم کرده اســـت (۷:۱). به همین ترتیب، ۵:۷ تنها می‌گوید که زن از زیبایی کافی برای شرفیابی به حضور پادشاه برخوردار است، نه چیزی بیش از آن.

اکثر محققان امروزی معتقدند که شواهد و مدارک مربوط به انتســـاب سنتی کتاب به ســـلیمان، ضعیفند و سایر شواهد مانند زبان و ســـاختار، بر خـــلاف آن گواهی می‌دهند (نگاه کنید بـــه ص ۲۴۳). اگر ســـلیمان نویســـندهٔ این کتاب نبود، پس که بود؟ یکی از مکاتب فکری این نظریه را مطرح ساخته که نویســـنده زن بوده اســـت. محققان این مکتب خاطرنشان می‌کنند که صدای زن در سراسر کتاب طنین‌انداز است. برنر[2] متوجه شـــده که از ۱۱۷ آیهٔ این کتـــاب، در ۵/ ۶۱ آیه زن گویندهٔ سخنان است. از این گذشته، به‌خاطر حضور «همســـرایان»[3] مؤنث، زنان شـــخصیت‌های عمـــدهٔ کتاب را تشـــکیل می‌دهند. البتـــه در اینجا بحث کمیت مطرح نیســـت، بلکه موضوع محتوا در میان است. این واقعیتی انکارناپذیر اســـت که اغلب زن در رابطه‌اش با مرد ابتکار عمل را در دســـت می‌گیرد و از آزادی اجتماعی قابل ملاحظه‌ای برخوردار است. نیز هیچ اشاره‌ای به تبعیض علیه زنان، صرفاً بر مبنای جنسیت، به چشم نمی‌خورد. جالب اینجاســـت که به مادران اشاره می‌شـــود (۴:۳ و ۱۱؛ ۹:۶؛ ۱:۸)، اما از پدران سخنی به میان نمی‌آید. بنا بر استدلال بکنکامپ[4] و ون دایک[5] غزل غزل‌ها بخشی از روایتـــی مفصل‌تـــر از غزل‌هایی بوده که زنان در اسرائیل باســـتان می‌خواندند (نگاه کنید به داوران ۵؛ اول ســـموئیل ۱۸:۶-۷؛ دوم ســـموئیل ۱:۲۰ و ۲۴؛ ارمیا ۱۷:۹و۲۰؛ حزقیال ۱۶:۳۲).

کندوکاو بیشتر: هویت نگارندهٔ غزل غزل‌ها

نـــکات مربوط بـــه هویت نویســـندهٔ احتمالـــی کتاب غزل غزل‌هـــا در بخش «هویـــت نگارنـــده» را خلاصه‌نویســـی کنید. می‌توانید با مراجعه به پیشـــگفتار چند کتاب تفســـیر یا کتاب‌های معرفی عهدِعتیق، به تحقیق خود غنای بیشـــتری

1. Shalmah

2. Brenner; 3. Chorus; 4. Bekkenkamp; 5. Van Dijk

ببخشید. با توجه به شواهد و استدلال‌های پیش روی‌تان، به چه نتیجه‌ای می‌رسید؟

متن و زبان

متن

متن عبری غزل غزل‌ها به‌خوبی حفظ شده است. چهار دست‌نوشته از این کتاب در قمران پیدا شده‌اند (6QCant, 4QCant[a, b, c])، و همگی مابین ۳۰ پ. م. و ۷۰ م. تاریخ‌گذاری شده‌اند. از این میان 4QCanta و 4QCantb دربرگیرندهٔ قسمت‌های عمده‌ای از متن می‌باشند. آنها در کل چیزی را که اکنون از متن سنتی عبری، یعنی متن مازورتی (MT) به‌جای مانده، تأیید می‌کنند. ترجمهٔ هفتاد (LXX) برگردانی کاملاً تحت‌اللفظی از متن به زبان یونانی و نزدیک به MT است، که در حدود ۱۰۰ پ. م. انجام شد. ترجمه‌های وولگات (لاتین) و پشیتا (سریانی) تنها در چند مورد با MT تفاوت دارند. ترگوم آرامی بیش از آنکه ترجمه باشد، تفسیری مبتنی بر وعظ از این کتاب است.

واژگان

یکی از اشکالات عمده در ترجمهٔ غزل غزل‌ها، وجود این واقعیت است که در ۱۱۷ آیهٔ آن مجموعا ۴۷ واژه هست (برخی از آنها تنها یک‌بار آمده‌اند) که در هیچ جای دیگر کتاب‌مقدس عبری به‌کار برده نشده‌اند. این امر تشخیص معنای دقیق آنها را دشوار ساخته است. گاه از روی ترجمه‌های قدیمی‌تر یا داده‌های هم‌ریشهٔ زبان‌های سامی می‌توان برای معنی کردن این واژه‌ها، به سرنخ‌های سودمندی دست پیدا کرد. ۵۱ واژهٔ دیگر هم هست که در کل کتاب‌مقدس عبری تنها پنج‌بار یا کمتر به‌کار رفته‌اند.

زبان و تاریخ نگارش غزل غزل‌ها

زبان غزل غزل‌ها از چند ویژگی خاص برخوردار است، که در تلاش برای تعیین تاریخ نگارش آن، می‌توان به این ویژگی‌ها متوسل شد. کاربرد پیشوند *she*- نشان‌دهندهٔ تأخر زمانی این کتاب است، زیرا این پیشوند در عبری کتاب‌مقدسی متأخر و عبری میشنایی یافت می‌شود. با وجود این، *she*- در «سرود دبوره» (داوران ۵) هم که عموماً آن را در زمرهٔ شعرهای متقدم عبری می‌شناسند، به‌کار رفته است. بر اساس مدارک به‌دست‌آمده از ادبیات اوگاریتی، گروهی چنین استدلال کرده‌اند که کاربرد *she*- نشان‌دهندهٔ گویش اسرائیلی شمالیِ پیشا-تبعیدی است، که بیش از عبریِ پسا-تبعیدی تحت تأثیر زبان فینیقی بوده است. شواهدی این گمان را تقویت می‌بخشند، و بر این واقعیت استوارند که در کتاب عباراتی وجود دارد که نشان می‌دهد نگارنده شناخت خوبی از اقلیم شمالی اسرائیل داشته است. پژوهشگران تلفظ نامتعارف برخی از واژه‌ها را غالباً نتیجهٔ نفوذ زبان آرامی دانسته، و از این‌رو بر تأخر نسبی آن صحه گذاشته‌اند. از دیگر سو، چند واژهٔ مهجور هست که معنای آنها با توجه به کاربردشان در ادبیات اوگاریتی- که به زمانی کهن‌تر تعلق دارند- روشن شده است. پس شاید یک‌بار دیگر بتوان وجود وام‌واژه‌های آرامی را نتیجهٔ نفوذ زبان آرامی در خطهٔ شمالی اسرائیل، در دورهٔ پیش از تبعید دانست. دو وام‌واژهٔ به‌ظاهر

بیگانه وجود دارند که اغلب به‌عنوان مدرکی بر تأخر زمان نگارش این کتاب، بدان‌ها استناد می‌شود. هواداران نظریه متأخر بودن غزل غزل‌ها مدعی هستند که *appiryon*' (۹:۳، "تخت روان"؛ که در NRSV "کجاوه" ترجمه شده) واژه‌ای وام‌گرفته از زبان یونانی است، بنابراین بر زمان نگارش کتاب در سدهٔ سوم پ. م. دلالت می‌کند. با این‌حال، مورفی بر این باور است که واژهٔ مزبور از پارسی باستان یا سانسکریت وام گرفته شده. واژهٔ دیگر، *pardes* (۱۳:۴، "بوستان"؛ که در NRSV "کانال" ترجمه شده) است که به احتمال زیاد وام‌واژه‌ای پارسی است و در نحمیا ۹:۲ (که بی‌تردید متعلق به دورهٔ پسا-تبعید است) و جامعه ۵:۲ (که عموم محققان آن را نوشته‌ای پسا-تبعیدی می‌دانند) هم به‌کار رفته است.

پژوهشگران در روبه‌رویی با ملغمه‌ای از داده‌ها و نشانه‌هایی که هم بر دیرینگی و هم بر بداعت زبان غزل غزل‌ها دلالت می‌کنند، به نتایج متضادی رسیده‌اند. برنر استدلال می‌کند که سرایندگان برای شعر سرودن اغلب به کهنه‌گرایی متوسل می‌شوند و باید ویژگی‌های حاکی از تأخر زبانی کتاب را جدی‌تر گرفت، خصوصاً اگر این ویژگی‌ها نمودی گسترده داشته باشند، چنان که به عقیدهٔ وی ویژگی مزبور شامل کاربرد وام‌واژه‌های آرامی در این کتاب نیز می‌شود. برنر دریافته که احتمال استفاده از گویش اسرائیلی شمالی در نگارش کتاب، عاملی پیچیده است و بر دشواری تعیین قدمت غزل غزل‌ها می‌افزاید. با وجود این، او هنوز زمان نگارش کتاب را تاریخی مابین سده‌های پنجم تا سوم پ. م. می‌داند. از سوی دیگر، گوردیس استدلال می‌کند که غزل‌هایی که شکل منظم و مرتب دارند، به احتمال زیاد به‌لحاظ زمانی به‌روز شده‌اند تا واژه‌ها و عبارت‌های تازه‌تر جای کلمات و عبارات کهنه و مهجور را بگیرند. به اعتقاد وی، کتاب غزل غزل‌ها در شکل و فرم کنونی‌اش در سدهٔ پنجم پ. م. نوشته شده، اما دربرگیرندهٔ مطالبی است که قدمت‌شان به سدهٔ دهم برمی‌گردد.

تاریخ نگارش غزل غزل‌ها

چنانکه دیدیم، استناد به زبان کتاب، اصلی‌ترین مبنا برای تعیین تاریخ نگارش آن است، که در این مورد نتیجه‌گیری‌های بسیار متفاوتی وجود دارد. از این‌رو برخی از محققان در تلاش برای تاریخگذاری کتاب غزل غزل‌ها، سراغ مدرکی دیگر رفته‌اند.

بنا بر استدلال‌های سیگال[1] این کتاب در زمان سلیمان نوشته شده، هرچند وی سلیمان را نویسندهٔ کتاب نمی‌داند. از نظر او، اشاراتی که کتاب به رخت‌ها، عطرها و زیورآلات زنانه می‌کند، بازتاب دورهٔ تجمل و وفور نعمت است. همچنین وی روی اشاره‌ای که به برج داوود با سپرهای بسیارش می‌شود (غزل ۴:۴) انگشت می‌گذارد و می‌گوید که اینها همان سپرهای زرکوب سلیمان بودند (اول پادشاهان ۱۰:۱۶-۱۷) که بعدها شیشق آنها را به یغما برد (اول پادشاهان ۲۶:۱۴). از آنجایی که سلیمان با شاهزاده خانمی مصری ازدواج کرده بود، سیگال بر این گمان است که اشاره‌ای که به اسبان و ارابه‌های فرعون شده (غزل ۹:۱)، با دورهٔ فرمانروایی سلیمان تطبیق پیدا می‌کند. به نظر وی این واقعیت که در غزل غزل‌ها به گسترهٔ جغرافیایی پهناوری

1. Segal

از لبنان در شمال تا عین جدی در جنوب اشاره شده، دلیل دیگری است بر نگارش آن در دوره‌ای که هنوز امپراتوری داوود با مرگ سلیمان به دو کشور تجزیه نشده بود. نقطهٔ ضعف نظریهٔ سیگال این است که اشعار را بسیار تحت‌اللفظی تفسیر کرده است. برای مثال، وی منظور ۱:۱۶-۱۷ را آن می‌داند که زن در خانه‌ای گرانبها و ساخته از چوب صنوبر زندگی می‌کرده است. با این‌همه، اکثر مفسران آیات مزبور را اشاره به دره‌ای سرسبز در میان جنگل صنوبر تعبیر کرده‌اند. همچنین، اشاراتی که به ادویه و عطرهای گوناگون شده، ممکن است همگی استعاری باشند (مثلاً ۱:۱۲-۱۴). این واقعیت که زن از زیورآلات استفاده می‌کرده، لزوما بدین معنا نیست که فرد ثروتمندی بوده و جواهراتش گرانقیمت بوده‌اند.

رابین[1] استدلال کرده که غزل غزل‌ها و شعر عاشقانهٔ تاملی[2] دارای ویژگی‌های مشترکی هستند، که حاکی از ارتباط میان این دو اثر است. وی این بحث را مطرح می‌کند که امکان تماس فرهنگی میان هند و اسرائیل بیش از هر زمانی در دورهٔ فرمانروایی سلیمان بوده است، یعنی هنگامی که اسرائیل با جنوب عربستان درگیر مراودات بازرگانی بوده و از آنجا ادویه وارد می‌کرده است. وی برای اثبات این ارتباط به فهرستی از ادویه‌جات کمیاب و گرانبهایی که در ۴:۱۲-۱۴ بدان‌ها اشاره شده، استناد می‌کند. به‌زعم رابین، فهرست نامبرده شبیه فهرست کالاهایی است که با کاروان‌های تجاری از جنوب عربستان به اسرائیل آورده می‌شدند. او اشاره به کاروان‌های حامل ادویه را در جاهای دیگری از کتاب غزل غزل‌ها هم مشاهده می‌کند. به گمان وی، «ستونی از دود» مذکور در ۳:۶ گرد و غبار ناشی از حرکت کاروان است. با اینکه بیشتر مفسران ۱:۷-۸ را اشاره‌ای به زندگی سادهٔ شبانی می‌دانند، رابین می‌پندارد که این هم به کاروانی از شتران اشاره می‌کند. این اشارات فرضی به کاروان‌های ادویه، قدری تحمیلی به‌نظر می‌رسند. شاید حق با رابین باشد که می‌گوید میان غزل غزل‌ها و شعر تاملی پیوندهای فرهنگی وجود دارد (در این‌باره در ص ۲۵۰ بیشتر بحث خواهیم کرد)، اما همان‌طور که برنر خاطرنشان می‌سازد، به‌جز دوران فرمانروایی سلیمان، مواقع دیگری هم بوده که احتمال تماس میان هند و فلسطین وجود داشته، برای مثال دورهٔ فرمانروایی نو-بابلیان[3] و ایرانیان.

گوردیس غزل غزل‌ها را مجموعه‌ای از شعرهای جداگانه می‌داند که اکثرشان تاریخ مشخصی ندارند، زیرا فاقد هرگونه اشارهٔ تاریخی هستند. با این‌حال، این واقعیت که اکثر مکان‌هایی که در این کتاب بدان‌ها اشاره شده، در شمال و شرق فلسطین قرار دارند، این گمان را برای وی پیش آورده که تاریخ تعدادی از این شعرها به پیش از سقوط پادشاهی شمالی اسرائیل به‌دست آشوریان در سال ۷۲۲ پ. م. بازمی‌گردد. گوردیس همچنین استدلال می‌کند که اشاره به ترصه (۴:۶) بدین معناست که پیشینهٔ شعری که این نام در آن برده شده، باید متعلق به زمانی

1. Rabin; 2. Tamil Love Poetry

۳. Neo-Babylonian Period- دوره‌ای که به کلدانی هم معروف است و پس از سقوط امپراتوری آشور، از ۶۲۶ تا ۵۳۹ پ. م. و فتح بابل به دست کورش بزرگ، بر میان‌رودان و سرزمین‌های همجوارش حاکم بوده است - م.

باشد که این شهر هنوز پایتخت اسرائیل بوده، یعنی پیش از آنکه عمری پایتختش را در حدود سال ۸۷۶ پ. م. به سامره منتقل کند. به عقیدهٔ او، استفاده از وام‌واژهٔ پارسیِ *pardes* (۱۳:۴) بدین معناست که تاریخ شعر مورد بحث را نمی‌توان زودتر از سدهٔ ششم پ. م. دانست.

این بررسی اجمالی نشان می‌دهد که اطلاعات ما در مورد تاریخ نگارش کتاب غزل غزل‌ها به اندازهٔ آگاهی‌مان از هویت نگارنده‌اش، اندک است و در مورد هیچ‌یک نمی‌توان با اطمینان سخن گفت. از این گذشته، منظور از «تاریخ نگارش کتاب» بستگی به این دارد که کتاب را اثری یکدست بینگاریم که توسط یک نویسنده نگاشته شده، یا گلچینی از اشعار که به‌وسیلهٔ ویراستاری گردآوری شده است. اگر آخری منظور نظر باشد، احتمالاً تک تک اشعار برای خود تاریخی متفاوت دارند.

کندوکاو بیشتر: تاریخ نگارش غزل غزل‌ها

نکات احتمالی مندرج در بخش «متن و زبان» و «تاریخ نگارش غزل غزل‌ها» را که برای تاریخگذاری غزل غزل‌ها پیشنهاد شده‌اند، خلاصه کنید. شاید بد نباشد که با مراجعه به بخش پیشگفتار چند کتاب تفسیر یا کتاب‌هایی که در زمینهٔ معرفی عهدجدید نوشته شده‌اند، به کارتان غنای بیشتری ببخشید. با توجه به مدارک و استدلال‌های ارائه شده، نتیجه‌گیریِ شما چیست؟

غزل غزل‌ها، شعری عاشقانه

از آنجایی که عشق مقوله‌ای جهان‌شمول و حسی است که همهٔ انسان‌ها تجربه می‌کنند، پس جای شگفتی نیست که محققان روی شباهت‌های میان غزل غزل‌ها و شعرهای عاشقانه از سایر فرهنگ‌ها انگشت بگذارند. از آنجایی که شباهت‌های یادشده در مضمون‌هایی- از قبیل توصیف ظاهری معشوق، اشتیاق برای بودن در کنار محبوب، غلبه بر موانعِ وصال- نهفته‌اند که اشعار به آنها پرداخته‌اند، می‌توان نتیجه گرفت که عشق تجربه‌ای است جهان‌شمول که همهٔ انسان‌ها آن را ابراز و احساس می‌کنند. خیال‌پردازی شاعرانه غالباً از فرهنگ شاعر و محیط مادی پیرامون وی نشأت می‌گیرد. از این‌رو برخوردن به اشعار عاشقانهٔ سایر فرهنگ‌های خاور نزدیک باستان- مصر، اوگاریت و میان‌رودان- که بیشترین شباهت را به کتاب غزل غزل‌ها دارند، چندان دور از انتظار نیست. بنابراین، شباهت در مضمون و تصویرپردازی لزوماً نشان‌دهندهٔ آن نیست که شعر عبرانی تحت تأثیر اشعار عاشقانهٔ سایر فرهنگ‌ها بوده است. با این‌همه، مقایسهٔ این آثار می‌تواند به درک ما از غزل غزل‌ها یاری برساند. احتمال وجود تأثیر بیرونی زمانی بیشتر می‌شود که شباهت‌های میان دو اثر، در زمینهٔ فنون ادبی و فرم‌های ادبی باشد. چنانکه خواهیم دید، تنها چند نمونهٔ جالب در این زمینه یافت می‌شود.

شعر عاشقانهٔ سومری

وستنهولتس[1] اشعار عاشقانهٔ سومری را به سه گروه تقسیم بندی می‌کند:

1. Westenholz

- اشعاری که در آنها خدایان نقش عاشق و معشوق را بر عهده دارند.
- اشعاری که در آنها پادشاهان سومری به‌خاطر وصال یار، یا یکی شدن با الاههٔ اینانا[1] مورد ستایش قرار می‌گیرند.
- اشعاری که در آنها عشاق نه خدایان هستند نه شاهان، بلکه افرادی عادی.

در میان شعرهای برشمرده، اگرچه شباهت‌هایی در مضامین و تصویرپردازی به چشم می‌خورد، اما هیچ اثری نیست که به غزل غزل‌ها شباهت کامل داشته باشد. یکی از متن‌های سومری به وصف آماده شدن اینانا برای ازدواج با دوموزی[2] اختصاص یافته است.

اینانا به فرمان مادرش، استحمام کرده،
تنش را با روغن اعلا تدهین نمود،
اندام خود را در جامه‌ای نفیس (pala) پوشاند،
به همراه ... جهیزیه‌اش راهی شد،
گردنبندی از لاجورد بر گردن، و مُهر بر دست.
ملکهٔ خدایان با اشتیاق به انتظار ایستاد،
دوموزی با فشاری در را گشود،
همچون مهتاب به درون خانه پیش آمد،
حسودانه به وی خیره گشت،
در برش گرفت و بوسیدش.

برگردان از اس. ان. کریمر[3] (۱۹۶۹، ص ۷۷)

در موردش بیندیشید
شعر عاشقانه

در فرهنگ خودتان به دنبال چند شعر عاشقانه بگردید و آنها را بخوانید. در زیر به دو نمونه از اشعار عاشقانه در فرهنگ بریتانیایی اشاره می‌کنیم. اولی شعری اسکاتلندی است و دومی انگلیسی.

آه محبوب من به سرخی گل سرخی است
غنچه‌ای که به تازگی در تابستان شکفته!
آه محبوب من نغمهٔ خوش‌آهنگی است
که از سازی خوش‌کوک نواخته شده!

چه فریبنده‌ای تو، دلبرک زیبای من،
عمیقاً به عشقت گرفتارم؛
عزیزم به عشقت پایبند خواهم ماند،
تا زمانی که دریاها خشک شوند-

عزیزم تا زمانی که دریاها خشک شوند،
و کوه‌ها از تف خورشید آب گردند؛
به عشقت پایبند خواهم ماند، عزیزم،
تا زمانی که نفسی از عمرم باقی است.

به تو بدرود می‌گویم، تنها محبوبم!
و اکنون زمان بدرود است!

۱. Inanna- الاههٔ عشق و باروری و جنگاوری سومری که برابر اکدی‌اش ایشتار و همتای فینیقی‌اش عشتاروت بود- م.

۲. Dumuzi- یا تموز، از خدایان سومری و خدای گیاهان و خوراکی‌ها بود- م.

3. S. N. Kramer

و عشق من، دوباره بازخواهم گشت،
حتی اگر هزاران فرسنگ از تو دور
باشم.
رابرت برنز (۱۷۵۹-۱۷۹۶)

آیا می‌توان تو را با روزی تابستانی
قیاس کرد؟
تو دوست داشتنی‌تر و مطبوع‌تر از آنی:
بادهای خروشان شکوفه‌های نازنین
بهاری را می‌لرزانند،
و تابستان مجالی بس کوتاه است:
گاه چشم رخشان آسمان بسیار توفنده
است،
و اغلب در انوار زرین خود محو
می‌شود؛
هر زیبارویی کم کم به زشتی می‌گراید،
از بد حادثه، یا جور زمان و طبیعت
غدار.
ولی تو آن تابستان جاودانی که هرگز
محو نخواهی شد،
و هرگز زیبایی و جذبه‌ات را از دست
نخواهی داد؛
مرگ در برابر تو لب از رجزخوانی
فرومی‌بندد،
تو در لابلای این ابیات جاودانه شده‌ای.
مادامی که انسان نفس می‌کشد و
چشمانش سوی دیدن دارند،
این اشعار زنده‌اند و به تو زندگی
خواهند بخشید.
ویلیام شکسپیر (۱۵۶۴-۱۶۱۶)

شاید شعر سومری بالا تا اندازه‌ای به درک غزل غزل‌ها ۲:۵-۸ کمک کند، آنجا که عاشق وارد می‌شود، زن را چشم‌انتظار خود می‌یابد. شاید این تصویرگر اشتیاق نومیدانهٔ عشاق برای لحظهٔ وصل باشد. احتمالاً نزدیکترین اثر به غزل غزل‌ها، متنی است که در واقع اصلاً شعری عاشقانه نیست. نام این اثر ***پیغام لودینگیرا به مادرش***[1] است (این عنوان از نسخه‌ای که حدوداً به ۱۸۰۰-۱۶۰۰ پ. م. تعلق دارد، شناسایی شده). متن یادشده حاوی توصیفی از مادر است، تا پیام‌آور بتواند او را بشناسد.

مادر من در آسمان‌ها می‌درخشد،
ماده‌گوزنی را می‌ماند در کوهستان،
ستارهٔ بامدادی است که در نیمروز
طلوع کرده،
عقیقی گرانبها، زبرجدی است از
مارهاسی[2]
تحفه‌ای برای دختر پادشاه، بس
مسحور کننده،
مُهری از جنس سنگ نیر (nir)،
زیوری همچو خورشید،
النگویی از جنس قلع، انگشتری از
آنتاسورا (antasura)،
تکه نقره‌ای رخشان

تندیسی مرمرین که بر پایه‌ای
لاجوردین نهاده شده،
ترکه‌ای زنده از جنس عاج، که
اندام‌هایش از افسون آکنده‌آند.

برگردان از جی. اس. کوپر[3] (۱۹۷۱، ص ۱۶۰)

---

1. Message of Ludingirra to his Mother; 2. Marhasi; 3. J. S. Cooper

میـــان توصیف لودینگیـــرا از مادرش و توصیفی که شـــخصیت مـــرد غزل غزل‌ها در ۵:۱۰–۱۶ ارائـــه می‌دهد، شـــباهت‌هایی وجود دارد. در هر دو مورد انســـان‌ها به‌سان تندیس‌هایی کـــه با جواهرات تزیین‌شـــان کرده‌اند، توصیف شده‌اند.

شعر عاشقانهٔ اکدی

دربارهٔ شـــعر عاشـــقانهٔ اکدی (بابلی یا آشوری) اطلاع بسیار اندکی در دست هست، و شـــباهت‌ها میان این آثـــار با غزل غزل‌ها خیلی محدودند.

شعر عاشقانهٔ اوگاریتی

حتی بـــا وجـــودی که در نوشـــته‌های اوگاریتـــی توصیفاتی از رفتارهای جنســـی برخی از شخصیت‌ها شـــده، اما هیچ‌یک از متن‌های به‌دســـت‌آمده حاوی مطلبی نیست که بتوان با قطعیت آن را شعر عاشقانه نامید. در یکی از متن‌های اوگاریتی که دربارهٔ شاه کیرتو[1] است، پاراگرافی وجود دارد که در آن پادشاه، شاهزاده خانم هوریا[2] را برای پدرش (منظـــور پـــدر دختر اســـت- م.) توصیف می‌کنـــد، و اصطلاحاتی که بـــه‌کار می‌برد، یادآور غزل غزل‌هاست.

بهترین دختر از میان نخســـت‌زادگان
دودمان تو؛
او کـــه نیکویی‌اش به خوبـــی آناتو[3]
می‌ماند،
او که زیبایی‌اش با قشـــنگی آتهیراتو[4]
کُوسِ برابری می‌زند؛
مردمک چشمانش از لاجورد اعلاست،
او که چشـــمانش جام‌هایی مرمرین
هستند،
که با یاقوت سرخ احاطه شده‌اند ...

برگردان از دی. پاردی در هالو و یانگر[5] (۱۹۹۷، ص ۳۳۵)

شعر عاشقانهٔ مصری

از اواخر دههٔ ۱۹۲۰ معلوم شده که میان غزل غزل‌ها و شـــعرهای عاشـــقانهٔ مصری متعلـــق بـــه حـــدود ۱۳۰۰–۱۱۵۰ پ. م. شـــباهت‌هایی وجود دارد. این شعرها چهار مجموعه اشعار را تشکیل می‌دهند: پاپیروس چستر بیتـــیِ[5] پاپیـــروس هریـــسِ ۵۰۰، پاپیروس تورین، و شعرهای عاشقانهٔ قاهره. با وجودی که در این شعرها جسته‌گریخته به خدایان اشاره شده، اما نکته‌ای در آنها نیست که حاکی از این باشد که برای مقصودی غیر از سرگرمی دنیوی سروده شده باشند. میان شـــعرهای عاشـــقانهٔ مصری و غزل غزل‌ها مشـــابهت‌های قابل‌ملاحظـــه‌ای به چشـــم می‌خورد (نگاه کنید به جدول «شـــعرهای عاشقانهٔ مصری» در صفحه ۲۴۵).

- در هـــر دو متـــن، از زن با عنوان «خواهر» معشـــوقش یاد شده است. در شعرهای مصری، معشوق (یعنی مرد) با عنوان «برادر» معرفی شـــده، در صورتی که در غزل غزل‌ها چنین نیست.
- در شـــعرهای مصری، عشـــاق نمونه‌هایی افســـانه‌ای از شـــاهان، خادمان و شبانان معرفی شده‌اند- یا خودشـــان را چنین معرفی می‌کنند.

1. King Kirtu; 2. Princess Hurriya; 3. Anatu; 4. Athiratu

5. D. Pardee in Hallo and Younger

اشعار عاشقانهٔ مصری

من از آن توام چونان گل‌ها و انواع
گیاهان معطری که در
مرغزار کاشته شده‌اند.
نهری که در آن است، دلپذیر
که با دستانت از آن آب برمی‌کشی،
هنگامی که ما در موسم باد شمالی خویشتن را در آن خنک می‌کنیم:
مکانی دوست داشتنی برای قدم زدن،
دستانت در دستم!
تنم خشنود، و دلم شادمان
وقتی با هم گام برمی‌داریم.
شنیدن صدایت [برایم] همچون شراب انار است؛
در هر نگاه می‌توانم رویت را ببینم،
این برایم از خوردن و نوشیدن بهتر است.

شمارهٔ ۱۸ در پاپیروس هریس ۵۰۰

خواهرم دردانه است و همتایی ندارد: مهربان‌تر از هر زن دیگری.
او را بنگر که چونان سوتیس در سرآغاز سالی نیکو برمی‌خیزد:
رخشان، گرانبها، با پوستی سپید، چشمانی دوست داشتنی هنگامی که می‌نگرد.
وقت سخن گفتن لبانش شیرینند: هرگز زیاده گویی نمی‌کند.
گردنش بلند، پستانش سپید، زلفش لاجورد اصل.
بازوانش از زر ممتازتر، انگشتانش بسان نیلوفر آبی،
باسنش پر [؟]، کمرش باریک، رانهایش بر زیبایی‌های او می‌افزایند.
به زیبایی بر زمین گام برمی‌دارد، او دلم را ربوده و از آن خود کرده است.
مردان با دیدن وی سرهایشان را به سویش برمی‌گردانند.
خوشبخت کسی که او را در آغوش بگیرد- او سرآمد همه عاشقان خواهد بود.
چون از دور پدیدار می‌شود- بی‌همتاست.

شماره ۳۱ در پاپیروس چستر بیتی ۱

برگردان‌ها توسط ام. وی. فاکس در هالو و یانگر (۱۹۹۷، صص ۱۲۵-۱۳۰) انجام گرفته‌اند.

در غزل غزل‌ها عاشق نقش پادشاه، شبان و باغبان می‌گیرد.

- در سروده‌های عاشقانهٔ مصری و عبرانی تعارفات مبالغه‌آمیز مشابهی به چشم می‌خورد: «زیباترین جوانان»/ «دلرباترین زنان» (غزل ۸:۱)؛ «کامل‌تر از دنیا»/ «گل بی‌خارم» (غزل ۲:۵)؛ «همچون سوتیس [ونوس] که در آغاز سالی نیکو برمی‌خیزد»/ «[او] چونان شفق سرخ می‌نماید، به زیبایی ماه، به درخشندگی خورشید.» (غزل ۶:۱۰)

• سرایندگان در توصیفاتی که در سروده‌های مصری و عبرانی از معشوق کرده‌اند، از مقایسه‌های مشابهی کمک گرفته‌اند: «بازوانش از زر ممتازتر است»/ «سرش از طلای ناب» (غزل ۱۱:۵)؛ «دهان دلبر من غنچهٔ نیلوفر آبی است»/ «لبانش همچو سوسن‌ها، مُر از آنها چکان» (غزل ۱۳:۵)؛ «پستان‌هایش سیب‌های مهرگیاهند»/ «سینه‌هایت همچون دو بچه آهوست» (غزل ۳:۷)

تفاوت بارز میان شعرهای مصری و غزل غزل‌ها این است که در غزل غزل‌ها دیالوگی واقعی میان عاشق و معشوق وجود دارد، حال آنکه در شعرهای مصری تک‌گویی در جریان است و گوینده با دل خویش سخن می‌گوید. در شعرهای مصری حتی وقتی که عاشق مؤنث جای خود را به عاشق مذکر می‌دهد، عشاق نه با طرف مقابل، که با خودشان حرف می‌زنند. مرد همواره زن را «او» خطاب می‌کند. با وجودی که زن گهگاه مرد را «تو» خطاب می‌کند، ولی هرگز نشانه‌ای دال بر اینکه مرد در آنجا حضور جسمانی دارد، به چشم نمی‌خورد و هرگز پاسخ مستقیمی از جانب مرد دریافت نمی‌کند.

احتمالا می‌توان شباهت‌های میان غزل غزل‌ها و شعرهای عاشقانهٔ مصری را با نفوذ سیاسی و فرهنگی مصر بر سوریه و فلسطین، به ویژه در اواخر عصر برنز، توجیه کرد. احتمالا در نتیجهٔ همین نفوذ سیاسی-فرهنگی، نویسنده (یا نویسندگان) غزل غزل‌ها با سنت شعرهای عاشقانهٔ مصری آشنا بوده‌اند.

شعر عاشقانهٔ تامیلی

رابین به شباهت‌هایی میان شعر عاشقانهٔ تامیلی و غزل غزل‌ها اشاره می‌کند، که این شباهت‌ها برای وی حاکی از آنند که شعر عبری تحت تأثیر شعر هندی قرار داشته است. وی شباهت‌های مزبور را در سه حیطهٔ اصلی ردیابی کرده است.

- زن شخصیت اصلی و راوی غزل غزل‌ها است.
- نقش طبیعت در تشبیهات شاعرانه و اشاره به پدیده‌های رشد و نوزایی به‌عنوان پس‌زمینهٔ رابطهٔ عشاق.
- نکتهٔ غالب سخنان زن که بیش از اشتیاق، بیانگر حسرت اوست.

وی چنین استدلال می‌کند که این ویژگی‌ها غزل غزل‌ها را از سایر شعرهای عاشقانهٔ خاور نزدیک باستان متمایز می‌سازند، و این واقعیت که شعرهای مزبور در همین ویژگی‌ها با شعرهای تامیلی مشترکند، نشان می‌دهد که ادبیات عبرانی تحت تأثیر ادبیات هندی بوده است. وی برای تقویت نظریهٔ خود به این دلیل استناد می‌کند که نام شش گیاه خوشبویی که در غزل غزل‌ها از آنها یاد شده، احتمالاً خاستگاهی هندی دارند. با این‌حال، برنر استدلال کرده که دستِ‌کم برخی از این نام‌ها یا از زبان‌های اکدی یا پارسی به عبری راه پیدا کرده‌اند. اگر نظریهٔ رابین را بپذیریم، در نهایت توضیح می‌دهد که چرا اندک ویژگی‌های شاعرانهٔ غزل غزل‌ها در دیگر شعرهای عاشقانهٔ خاور نزدیک باستان یافت نمی‌شوند. تاکنون غزل غزل‌ها نزدیکترین

پیوند را با شعرهای عاشقانهٔ مصری دارد.

فرم‌های ادبی و تصویرپردازی

هورست[1] (که اثرش را پوپ به‌طرزی سودمند خلاصه کرده)، در زمینهٔ بررسی نقد فرم غزل غزل‌ها به هشت فرم شاعرانهٔ متفاوت برخورده است.

۱. غزل ستایش، مانند ۹:۱-۱۱؛ ۹:۴-۱۱؛ ۶:۷-۹.
۲. مقایسات و تمثیلات، مانند ۱۳:۱-۱۴؛ ۱۲:۴-۱۵؛ ۲:۶-۳.
۳. غزل وصفی، مانند ۱:۴-۷؛ ۱۰:۵-۱۶؛ ۱:۷-۶.
۴. توصیف خود، ۵:۱-۶؛ ۸:۸-۱۰.
۵. غزل خودستایانه، ۸:۶-۹؛ ۱۱:۸-۱۲؛.
۶. بذله‌گویی، ۷:۱-۸.
۷. توصیفی از یک تجربه، ۱:۳-۴؛ ۲:۵-۷؛ ۱۱:۶-۱۲.
۸. غزل‌های تمناگونه، مانند ۲:۱-۴؛ ۱۴:۲.

برخی از مفسران (همچون لانگمن و مورفی) از تفکیک فرم‌های یادشده توسط هورست استقبال کرده‌اند و آنها را پذیرفته‌اند، هرچند این پذیرش با دخل و تصرف‌هایی همراه بوده است.

موردی که به‌طور خاص در میان فرم‌های تعریف شده از سوی هورست خودنمایی می‌کند، غزل وصفی است. اغلب از آن با عنوان فرم ***وصف*** (*wasf*- اصطلاحی عربی که به معنای «توصیف» است) یاد می‌شود، زیرا پژوهشگران اولین‌بار ضمن بررسی شعر عربی بدان برخوردند. این نوع شعر با بهره‌گیری از مجموعه‌ای از تصویرپردازی‌های مبالغه‌آمیز و شهوانی، به توصیف اندام معشوق می‌پردازد. این توصیفات- چنان که در ۱:۴-۷ (توصیف زن) و ۱:۵-۱۶ (توصیف مرد) هم شاهد هستیم- معمولاً از سر شروع می‌شوند و به پا ختم می‌گردند. توصیف به‌کاررفته در ۱۳:۶-۶:۷ موردی غیرمعمول است و از پا آغاز شده، به سر منتهی می‌شود. شاید این روال غیرمعمول بدین‌خاطر باشد که زن در حال رقصیدن توصیف شده، و هنگام رقص، پای اوست که پیش از هر جای دیگرش توجه را به خود جلب می‌کند.

در موردش بیندیشید
نمونه‌ای از وصف در زبان انگلیسی

شعر زیر اثری است از تامس لاج[2] (۱۵۵۶-۱۶۲۵) که ظاهراً وصف است.

موهایش چه رها باشند و چه دو رشتهٔ بافته،
به شفافی بالاترین نقطهٔ گنبد گردون است،
آنجایی که همواره با شکوهی شاهانه می‌درخشد:
ای وای، روزالین دلربا!
چشمانش یاقوت کبودی است نشانده در برف،
و من از اندیشیدن بدان‌ها بر خود می‌لرزم
ای وای، اگر او مال من شود!

1. Horst

2. Thomas Lodge

گونه‌هایش بسان ابری سرخ فام است
که روی سپیده دم را زیبا کرده،
یا بسان هالهٔ سرخ و سیمگونی است
که به لبخند فیبوس[1] ظرافت بخشیده؛
ای وای، روزالین دلربا!
لبانش دو رز تازه غنچه کرده
که در کنارش زنبق‌های همسایه صف
کشیده‌اند،
که وی در میانشان محبوس گشته،
آماده برای اغوا کردن خدایان:
ای وای، اگر او مال من شود!
گردنش برجی استوار
که خود عشق در پایش زندانی شده،
هر ساعت در کمین نگاهش
با آن چشمان آسمانی و مقدس:
ای وای، روزالین دلربا!
نوک پستان‌هایش مراکز شادمانی،
پستان‌هایش گوی‌هایی از جنس آسمان،
آنجا که طبیعت شبنم نور را سرشت
تا با آن کمال را بپروراند:
ای وای، اگر او مال من شود!

تنش از هر سو
با مروارید شرقی، با یاقوت سرخ،
با مرمر سپید، با یاقوت کبود آزین شده،
هنوز، لمسش با لطافت و دیدارش با
شیرینی همراه است:
ای وای، روزالین دلربا!
خود طبیعت ترکیبش را می‌ستاید؛
خدایان در حسرت دیدارش دل
خسته‌اند؛

و عشق آتش آسمانی خود را رها کرده
و خود را در فروغ چشمانش کورسویی
بیش نمی‌بیند:
ای وای، اگر او مال من شود!

با این حال، به درگاه موز[2]ها و نیمف[3]ها
از فراق روزالین دلربا فغان سر می‌دهم،
چراکه از او دلرباتر، دلربایی نیست،
و از فضایل او فضیلتی آسمانی‌تر نیست:
ای وای، روزالین دلربا؛
ای وای، قلبم! خدا کند که او مال من
شود!

آیا به نظر شما این فرم و تصویرپردازی که شاعر به‌کار برده، برداشتی آگاهانه از غزل غزل‌ها بوده است؟ اگر چنین است، وی چگونه این فرم را با فرهنگ خودش سازگاری بخشیده؟ خودتان هم می‌توانید در زمینهٔ وصف طبع‌آزمایی کنید!

فالک که روی جنبهٔ دیگری از نظریهٔ هورست کار کرده، شش نوع "ترانه"[4] را در غزل غزل‌ها مورد شناسایی قرار داده است.

۱. «منولوگ (تک‌گویی- م.) عاشقانه» که در قالب اول شخص و خطاب به/

---

۱. Phoebus– نام دیگر آپولو، یکی از خدایان اولمپ در اسطوره‌های یونانی. این نام در اشعار معمولاً کنایه‌ای است از خورشید- م.

۲. Muse– در اسطوره‌شناسی یونانی، موزها پری یا نیمه‌خدا بودند که کارشان الهام بخشیدن به ذوق و قریحهٔ شاعران و هنرمندان بود- م.

۳. Nymph – در اسطوره‌های یونانی، نیمف‌ها الاهه‌های کوچک طبیعت بودند و هر کدام با سرزمین یا مکانی رابطهٔ ویژه داشتند. آنان در هیبت دوشیزگانی باکره و جوان و آمادهٔ ازدواج توصیف می‌شدند و همواره خدایان را همراهی می‌کردند- م.

4. Lyrics

دربارهٔ معشـوق ادا شده است، و البته ممکن است معشوق مخاطب ضمنی یا صریح او باشـد، مانـنـد ۹:۱-۱۱؛ ۴:۲-۷؛ ۴:۱-۷.

۲. «دیالوگ عاشـقانه» که مکالمه‌ای است میان دو دلداده، مانند ۱۵:۱-۱۷؛ ۱۲:۴-۱:۵؛ ۱۳:۸-۱۴.

۳. منولوگی که در قالب اول‌شخص و توسـط یکی از عشاق، خطاب به دیگری بیان شده، ۱:۵-۶؛ ۱۱:۸-۱۲.

۴. منولوگـی از زبـان گوینـده‌ای ناشناس، خطاب به مخاطبی نامعلوم، ۱۵:۲؛ ۶:۳-۱۱؛ ۵:۸الف.

۵. دیالوگی میان کسـی که در قالب اول‌شخص سخن می‌گوید و گروهی از گویندگان، ۱:۷-۶؛ ۸:۸-۱۰.

۶. شعری مرکب، ۲:۵-۳:۶.

غزل غزل‌ها لبریز از تصویرپردازی‌های تحریک‌کننده اسـت. تصاویر غالب آنهایی هستند که از دنیای طبیعت اقتباس شده‌اند. مونرو طـی بررسـی روی تصویرپردازی به‌کار رفته در کتـاب غزل غزل‌ها، به چهار گروه عمده برخورده اسـت: تصویرپردازی برگرفته از دربار سـلطنتی، تصویرپردازی زندگی خانوادگی، تصویرپردازی طبیعت و تصاویری از مکان (که نشان‌دهندهٔ نزدیکی/ دوری عشـاق از یکدیگرند) و زمان (که به فصول، روز و شب اشاره می‌کنند). لانگمن بر این گمان است که گروه بااهمیت دیگری از تصاویر هم وجود دارد که مونرو نادیده‌اش گرفته: تصاویر نظامی. تصاویر غالباً حس و حالی شهوانی دارند، اما از آنجایی که تلویحی هستند، هیچ جای شگفتی نیست که مفسران بر سـر معنا و منظور دقیـق تصویرپردازی اختلاف‌نظر داشته باشند. این اختلاف‌نظرها به‌ویژه زمانی شـدت می‌یابـد که بخواهند اشاراتی را که به اندام‌های جنسی مرد یا زن شده، حُسن تعبیر نمایند. برای مثال:

- آیا ۱۴:۵ب به‌کل نیم‌تنهٔ مرد، حد فاصل دسـت‌ها و پاهایش، اشـاره می‌کند، یـا به‌طور ویـژه اندام‌های جنسی وی را هدف گرفته است؟
- آیا اشـاره‌ای که در ۲:۷ به «ناف» شده، حُسن تعبیری برای اندام‌های جنسی زنانه است؟
- آیا ۱۷:۲ب معشوق را به نوازش کـردن پسـتان‌های زن یـا آمیزش جنسـی دعوت می‌کند، یـا منظور دیگری در بین است؟

ارائهٔ تصاویری کنایه‌آمیز از این دست به خوانندگان، بخشی از ماهیت شعر را تشکیل می‌دهد و ایشـان را می‌خواند تا برداشت و تفسیری خیال‌انگیز از شعر داشته باشند.

کندوکاو بیشتر:

تصویرپردازی در غزل غزل‌ها

با مراجعه به چند کتاب تفسیر، بررسی کنید که آنها تصویرپردازی ارائه‌شـده در غزل غزل‌هـا ۱۷:۲ب؛ ۱۴:۵ب؛ و ۲:۷ را چگونه برداشت کرده‌اند. کدام برداشت از این آیات برای شما متقاعدکننده‌تر است؟

ساختار غزل غزل‌ها

در ارتبـاط بـا سـاختار غزل غزل‌ها، واگرایی و اختلاف عقیدهٔ گسترده‌ای وجود

ساختار کتاب غزل غزل‌ها

تحلیل اگزم

I (چارچوب)	۲:۱–۶:۲	با VI عبارتی پرانتزگونه تشکیل می‌دهد
II (A)	۷:۲–۵:۳	در عبارت‌بندی، تصویرپردازی و محتوا به IV شباهت دارد
III (B)	۶:۳–۱:۵	در عبارت‌بندی و محتوا به V شباهت دارد
IV (A′)	۲:۵–۳:۶	
V (B′)	۴:۶–۳:۸	
VI (چارچوب)		به «تاکستان»، «نگهبان(نان)» در ۶:۱؛ ۱۱:۸–۱۲ توجه کنید

تحلیل شی

A	۲:۱–۲:۲	شبیه است به	A′	۱:۵–۹:۷ (۱:۵–۱۰:۷ در کتاب‌مقدس عبری)
B	۳:۲–۱۷	شبیه است به	B′	۱۰:۷–۵:۸ (۱۱:۷–۵:۸ در کتاب‌مقدس عبری)
c	۱:۳–۱۶:۴	شبیه است به	c′	۶:۸–۱۴

تحلیل گوردیس

۱- ورود	۱:۱–۸	۷:۱–۸	
۲- مخاطب	۹:۱–۷:۲	۷:۲	
۳- ابراز عشق	۸:۲–۱۷		
۴- در شب	۱:۳–۵	۵:۳	
۵- موکب و ملازمان داماد	۶:۳–۱۱	۶:۳–۱۱	
۶- عروسی	۱:۴–۷		
۷- زفاف	۸:۴–۱:۵	۱:۵	
۸- ضربه‌ای بر در	۲:۵–۹	۸:۵–۹	
۹- معشوق گم شد و پیدا شد	۱۰:۵–۳:۶	۱:۶	
۱۰- یکی یکدانه	۴:۶–۱۲		
۱۱- رقص	۱۳:۶–۹:۷	۱۳:۶	(۱:۷–۱۰، ۱:۷ در کتاب‌مقدس عبری)
۱۲- شبی در روستا	۱۰:۷–۴:۸	۴:۸	(۱۱:۷–۴:۸، ۴:۸ در کتاب‌مقدس عبری)
۱۳- تمنای عشق	۵:۸–۱۰	۵:۸	
۱۴- ملکه	۱۱:۸–۱۴	۱۱:۸	

ستون دوم اشاراتی است که به کلمات «همسرایان» شده و گولدر از آنها به‌عنوان علایم اصلی آغاز و پایان هر شعر استفاده کرده است.

دارد. یکی از دلایل اصلی این اختلاف عقیده، به‌خاطر طبیعت این کتاب و تفسیر آن است. آنانی که کتاب را سروده‌ای یکپارچه می‌بینند که «روایتی شاعرانه» دارد و بازگوکنندهٔ حکایتی داستان‌گونه است، بیشتر مایلند برای این کتاب ساختاری قایل شوند که در آن «خط سیر داستانی» وجود دارد و شخصیت‌های داستان درگیر این خط سِیرند. در این صورت، تقسیم داستان به زیرواحدهای متعدد، بر مبنای «گفتارها»ی شخصیت‌ها انجام می‌گیرد. میان کسانی که در غزل غزل‌ها دو شخصیت

اصلی (یعنی عشاق) و چند صدای فرعی مشاهده می‌کنند، و آنانی که سه شخصیت اصلی (زن و دو مرد عاشق و رقیب) و چند صدای فرعی می‌بینند، اختلاف‌نظر جدی وجود دارد. پیرامون این رویکردها در مبحث تفاسیر ارائه‌شده از غزل غزل‌ها، بحث خواهیم کرد. یکی از مشکلات عملیِ این رویکردها این است که هرچند زبان عبری برای ضمائر و افعال دوم‌شخص و سوم‌شخص فرم‌های جنسیتیِ گوناگونی دارد، که معمولاً به خواننده کمک می‌کنند گویندهٔ مرد را از گویندهٔ زن بازشناسند، اما در این کتاب عباراتی هست که هویت و جنسیت گوینده در آنها معلوم نیست، برای مثال ۱:۲-۴ (که گویندگان مرتباً جای خود را به دیگری می‌دهند)؛ ۳:۶-۱۱؛ ۶:۱۳-۷:۵؛ ۸:۵.

از آنجایی که رویکرد «تحلیل دیالوگ» با اشکالاتی همراه است، و به دلیل عدم اتفاق‌نظر میان محققانی که این تحلیل را به‌کار برده‌اند، سایر محققان رویکرد «تحلیل ادبی» را پیش گرفته‌اند. آنان به‌دنبال صنایعی ادبی می‌گردند که ممکن است در بازشناسی اشعار متفاوت یا بخش‌های مجزایی از اشعار به آنها کمک کنند، نظیر: تغییر گوینده (که با عوض شدن جنسیت یا چندم‌شخص بودن ضمائر و افعال نشان داده شده)، تکرار بندگردان‌ها، عبارات پرانتزگونه (*inclusios* عبارات مشابهی که در ابتدا و انتهای یک بخش خودنمایی می‌کنند)، پدیدار شدن «همسرایان» و تشابهات میان بخش‌ها. این از لحاظ نظری باید رویکردی «عینی»تر باشد. با این‌حال، به همگرایی میان محققان در مورد ساختار کتاب، کمک چندانی نکرده است. این عدم همگرایی شاید بدین‌خاطر باشد که تحلیل ادبی مستلزم داوری‌های زیبایی‌شناختی است که هرگز به‌طور کامل عینی نیستند. دامنهٔ اختلاف‌نظرها چشمگیر و نشان‌دهندهٔ آن است که تصمیم‌گیری در مورد محدودیت‌های «واحدهای زیربنایی» غزل غزل‌ها چقدر دشوار می‌باشد. در اینجا به چند نمونه اشاره می‌کنیم: ۳۱ شعر (فالک)، ۳۰ شعر (مورفی)، ۲۹ شعر (گوردیس)، ۲۳ شعر (لانگمن)، ۱۴ شعر (گولدر)، ۶ شعر (اگزم[1])، ۶ شعر (شی[2] منتهی با موارد یادشده توسط اگزم فرق دارند!). برای جزئیات بیشتر پیرامون برخی از این مثال‌ها، به جدول «ساختار کتاب غزل غزل‌ها» نگاه کنید.

محققانی که از رویکرد تحلیل ادبی استفاده می‌کنند، در ارتباط با ماهیت کتاب هم نتیجه‌گیری‌های بسیار متفاوتی ارائه می‌دهند. فالک و گوردیس، هر دو غزل غزل‌ها را صرفاً گلچینی از ترانه‌های عاشقانه می‌دانند که طی دورهٔ زمانی قابل‌ملاحظه‌ای و به‌دست نویسندگان متعددی نوشته شده‌اند. اگر یکپارچگی و انسجامی هم در مضمون، سبک و تصویرپردازی به چشم می‌خورد، به‌خاطر قواعد شعر عبری است. اگزم به دلیل یکپارچگی ساختاری‌ای که در کتاب غزل غزل‌ها مشاهده می‌کند، و نیز به سبب فرهیختگی شاعرانه‌اش، چنین نتیجه می‌گیرد که این اثر حاصل کار یک نویسنده بوده است. گولدر هم بر این گمان است که تنها پای یک نگارنده در میان بوده، اما دلیل وی برای اخذ چنین نتیجه‌ای آن است که می‌پندارد کتاب روایتگر داستانی یکپارچه

1. Exum; 2. Shea

است، که با ورود شاهزاده خانم به دربار سلیمان آغاز می‌شود و با انتسابش به‌عنوان ملکهٔ محبوب پایان می‌پذیرد. او معتقد است که شعر مزبور در واقع رساله‌ای است در رد سیاست یهودی پسا-تبعیدیِ "منع ازدواج با زنان بیگانه"، چراکه در این کتاب سلیمان با زنی «سیه چرده» و از این‌رو بیگانه، که از زیبایی خیره‌کننده‌ای دارد ازدواج می‌کند و مهر و محبت زیادی به او ابراز می‌نماید. به‌نظر می‌رسد که تفسیر یادشده به‌زور بر متن تحمیل شده است.

یک بررسی اجمالی

در این بررسی فرض را بر این گذاشته‌ایم که کتاب غزل غزل‌ها گلچینی است از قطعات شعریِ مستقل. این تقسیم‌بندی‌ها مشابه تقسیم‌بندی‌های لانگمن هستند، منتهی قدری جرح و تعدیل در آنها صورت گرفته است.

غزل غزل‌ها ۱:۱

قبلاً در مورد این برنوشت (سرآغاز) به تفصیل بحث کرده‌ایم.

غزل غزل‌ها ۱:۲-۴

نخستین کلمات غزل غزل‌ها بیانگر اشتیاق زن نسبت به معشوقش است. یکی از شاخصه‌های غزل غزل‌ها که از همین آغاز پدیدار می‌شود، آن است که زن ابتکار عمل را در دست دارد.

غزل غزل‌ها ۱:۵-۶

این قطعه، سروده‌ای کوتاه است که در آن زن با کلماتی بعضاً متفاوت با سخنان دختران اورشلیم، به توصیف خود می‌پردازد. او نسبت به رنگ تیرهٔ پوستش حساس است. معنی آیهٔ ۶ب روشن نیست، اما با توجه به زمینهٔ متن شاید منظورش این باشد که به سبب بی‌توجهی به ظاهرش مورد خشم برادران خود قرار گرفته- زیرا ظاهر ناآراسته شانس او را برای ازدواج کم می‌کند.

غزل غزل‌ها ۱:۷-۸

زن مرد دلخواهش را در کسوت یک شبان مخاطب قرار می‌دهد، و می‌خواهد با او قرار ملاقات بگذارد.

غزل غزل‌ها ۱:۹-۱۱

مرد از زیبایی زن سخن می‌گوید، و آن را به زیبایی مادیانی تشبیه می‌کند. از آنجایی که در آیهٔ ۱۱ ضمایر از مفرد به جمع تبدیل می‌شوند، گه‌گاه آن را به «همسرایان» و دوستان نسبت می‌دهند، اما این آیه هم می‌تواند جزو گفته‌های مرد محسوب شود.

غزل غزل‌ها ۱:۱۲-۱۴

این گفتار که از زبان زن ادا شده، حول مضمون رایحه‌های مطبوع می‌گردد. واکنش زن به حضور معشوقش، که از او به‌عنوان پادشاه یاد می‌کند، با اصطلاحاتی که یادآور عطرهای خوشبو هستند، بیان می‌شود. سپس مرد را با رایحهٔ مُر و خوشه‌های حنا مقایسه می‌کند.

غزل غزل‌ها ۱:۱۵-۲:۳

اندازهٔ این قطعه شعر نامشخص است. برخی ۲:۱-۳ را با آیات بعدش در یک

بخش جای داده‌اند، و بعضی دیگر ۲:۱-۲ را واحدی مجزا تلقی کرده‌اند. اگر ۱۵:۱-۳:۲ را یک واحـد در نظر بگیریـم، این بخش می‌تواند یکجور سربه‌سـر گذاشتن عاشقانه محسـوب شود. تغییر جنسـیت گوینده در متن عبری آشـکار اسـت. توالی به ترتیب زیر است: مرد (۱۵:۱)، زن (۱۶:۱-۱۷)، زن (۱:۲)، مـرد (۲:۲)، زن (۳:۲). مضمونی که اجـزای این واحد را به هـم پیوند می‌دهد، تصویرپردازی طبیعت اسـت و اساسـاً با گیاهان ارتباط پیدا می‌کند.

غزل غزل‌ها ۴:۲-۷

اشاره‌ای که به سیب‌ها شده (آیهٔ ۵) شاید کلمهٔ کلیدی‌ای باشـد که آن را به آیهٔ ۳ ربط می‌دهد. زن در این سـروده مرد را در حالی توصیف می‌کنـد که وی را به «میخانه» برده و در آنجا در آغوش یکدیگر غنوده‌اند. فعل به‌کار رفته *(huq)* لزوماً نشـان‌دهندهٔ آمیزش جنسی نیست. آیات ۶ و ۷، هر دو بعدها در کتاب تکرار می‌شوند.

غزل غزل‌ها ۸:۲-۱۷

تصویرپـردازی آیـات ۸-۹الـف در آیهٔ ۱۷ب باز تکرار می‌شود، و نشان می‌دهد که این واحدی مجزاست. سروده با کلام زن آغاز می‌شـود که با هیجان ورود معشوقش را اعلان می‌کند، و این ورود را به جسـت و خیز غزال یا بچه‌آهو بر فراز کوهسـاران تشـبیه می‌نماید. مرد به محض ورودش به سـرای زن، از بالای دیوار سرک می‌کشد و می‌کوشد از میان پنجره دلدار خود را ببیند. زن تعریف می‌کند که چطور مرد او را صدا می‌زند و او را به میعـادگاه فرامی‌خواند، و اشـتیاق خود را برای دیدن و شنیدن صدای زن بیان می‌کند. پاسخ او در آیهٔ ۱۵ گیج‌کننده است، ولی شاید منظورش موانعی باشد که در مسـیر دیدار آن دو وجود دارند. سروده با اظهـار اشـتیاق زن برای مرد بـه پایان می‌رسد.

غزل غزل‌ها ۱:۳-۵

حال و هوای این سـروده بـا آنچه قبلاً خواندیم، تفـاوت زیـادی دارد. محتوایی بیشتر سورئال دارد، و حاکی از آن است که آرزوی زن برای وصال معشوق باعث شده دچار وهم و رؤیا شـود. این قطعه در حالی آغاز می‌شـود که زن شب‌هنگام در بسترش آرمیده است. ناگهان از خواب بیدار می‌شود و بی‌درنگ معشوقش را می‌جوید. زن ناتوان از یافتن او، در پـی‌اش روانهٔ کوی و برزن می‌شـود و به قراولان شبگرد برمی‌خورد و سراغ معشوق را از ایشان می‌گیرد. بلافاصله پس از مواجهـه با قراولان، مرد را می‌یابد و به خوابگاه مادرش بازمی‌گرداند. سـروده با تکرار همان سفارشـی که در ۷:۲ خطاب به دختران اورشلیم کرده بود- و از آنها خواسته بود که عشـق را تا سـیر نگشـته، زحمت مرسانند و بازمدارند- به پایان می‌رسد.

غزل غزل‌ها ۶:۳-۱۱

در این مورد اتفاق‌نظر کلی وجود دارد که این بخش واحدی مجزا است و به توصیف موکـب و ملازمان داماد می‌پردازد. بر سـر اینکـه آیا آیات مزبـور روایت‌گر رویدادی واقعی هستند، و موکب عروسی سلیمان را توصیف می‌کنند، یا شـاعر صرفاً خلاقیت به خرج داده و برای گرامیداشـت عشق و

ازدواج ایـــن تصویرپـــردازی را از روایات مربوط به ســبک زندگی پرتجملِ ســـلیمان اقتباس کرده، اختلاف‌نظر وجود دارد.

غزل غزل‌ها ۴:۱-۷

این ***وصف*** میان آیـــات ۱الف و ۷ و در عبارتی پرانتزگونه جای داده شده است و به توصیف سر و سینه‌های زن می‌پردازد و در دنباله‌اش عبارتی که اشتیاق مرد را نسبت به زن نشان می‌دهد (آیهٔ ۶).

غزل غزل‌ها ۴:۸-۱۵

اشـــاراتی که در آیـــات ۸ و ۱۵ به لبنان شـــده، احتمالاً توضیح می‌دهد که چرا این بخـــش واحدی جداگانه اســـت. مرد زن را دعوت می‌کند که با وی همراه شود (آیهٔ ۸) و ستایش و تمنای خود را نسبت به وی ابراز می‌کند (آیهٔ ۹). ســـپس بـــا اصطلاحاتی که بیانگر استعارهٔ باغی دلپذیرند، زیبایی وی را توصیف می‌کند.

غزل غزل‌ها ۴:۱۶-۵:۱

این قطعهٔ کوتاه را هم می‌توان سروده‌ای مستقل و هم نقطهٔ اوج سرودهٔ قبلی دانست. این قطعه با تصویرپردازی باغ و بوستان در واحد قبلی، پیوســـته اســـت. درخواست از بادها که بر بـــاغ بوزند و عطرش را در همه جا بپراکنند، شیوه‌ای است برای گفتن اینکه باغ اکنون در دسترس مرد قرار دارد، و حالا زن صراحتاً از وی دعوت می‌کند تا وارد باغ شـــده، از میوه‌هایش لذت ببرد. احتمالاً این دعوت به همخوابگی است. قابل درک است که مرد به این دعوت پاســـخ مثبت می‌دهد. وارد باغ می‌شـــود و از میوه‌هایش می‌خورد.

سپس «همسرایان» در ستایش یکی شدن این دو دلداده می‌سرایند. شـــاید این نکته حائز اهمیت باشـــد که این بخش کوتاه بر اساس شـــمارش سطرهای متن، درســـت در میانهٔ متـــن عبری جای گرفته اســـت (متن عبری غزل غزل‌هـــا، پیش و پـــس از قطعهٔ مزبور هرکدام مشتمل بر ۱۱۱ سطر می‌شود).

غزل غزل‌ها ۵:۲-۶:۳

از قرار معلوم این بخش روایتی یکدست و منســـجم را تشـــکیل داده است. خود این بخش دربرگیرندهٔ چند زیربخش متمایز نیز هست. در واحد اول (آیات ۲-۸) مرد به در خانـــهٔ زن می‌آید، اما زن از بازکردن در اکراه می‌ورزد (که شـــاید بتوان از آن اســـتنباطی دوگانه نمود، بدین‌ترتیب که مرد دارد از زن می‌خواهد که به آمیزش جنسی تن دردهد). زمانـــی زن نظرش عوض می‌شـــود که مرد دیگـــر رفته اســـت. زن به جســـتجوی مرد برمی‌آیـــد، ولی او را نمی‌یابد. به‌جای مرد به چند تن از قراولان شهر برمی‌خورد و آنها او را می‌زنند. پس دختران اورشلیم را به یاری می‌خواند تا معشوقش را پیدا کنند.

هنگامـــی که زنـــان دیگر مشـــخصات معشوق را از او می‌پرسند (آیهٔ ۹)، با وصف جوابشـــان را می‌دهد (آیه‌هـــای ۱۰-۱۶) و زیبایی جســـمانی مرد را می‌ستاید. این تنها وصف در کتاب غزل غزل‌ها اســـت که در آن زن به توصیف مـــرد می‌پردازد. توصیف وی از سر مرد آغاز شده تا توصیف پاهایش ادامه می‌یابد و نهایتاً با اشـــاره به شـــیرینی «دهـــان» وی، ختم می‌گردد. شـــاید منظور زن «شـــیرین‌زبانی» باشد (چنانکه در NRSV ترجمه شده)، یا شاید شیرینی بوسه‌های او

مد نظرش بوده (چنانکه NRSV در ترجمهٔ ۹:۷ آورده است). سرانجام زن در پاسخ به درخواست دختران اورشلیم (۱:۶)، بدیشان می‌گوید که کجا باید دنبال دلداده‌اش بگردند- در باغش (۲:۶). زن با اشاره به عشق و تعهد متقابلی که میان‌شان وجود دارد، به گفتار خود پایان می‌دهد (۳:۶).

غزل غزل‌ها ۶:۴-۱۰

این سروده با عبارت پرانتزگونهٔ «به شکوهمندی لشگریان بیرق‌دار» آغاز می‌شود و پایان می‌یابد. این *وصف* دیگری است که در آن مرد به توصیف زیبایی زن می‌پردازد، و قسمت‌هایی از تصویرپردازی به‌کار رفته در ۴:۱-۷ را تکرار می‌کند. دلدار او زیباتر از هر زن دیگری است (آیه‌های ۸-۹)، زیبایی‌اش مرد را افسون می‌کند (آیهٔ ۵)، به‌طوری که مرد از نگاه کردن بدان می‌ترسد، گویی دارد به لشگری بزرگ و آمادهٔ رزم می‌نگرد.

غزل غزل‌ها ۶:۱۱-۱۲

گویا این قسمت واحدی کوتاه و مستقل است. متأسفانه معنای آن در پرده‌ای از ابهام پوشیده شده، زیرا درک متن آیهٔ ۱۲ بسیار دشوار است. ظاهراً این آیه هیجان یا شهوت زن در هنگام دیدار معشوق را بیان می‌کند.

کندوکاو بیشتر: غزل غزل‌ها ۶:۱۲

برای درک دشواری‌های این آیه و نیز نحوهٔ تفسیر آن، به چند کتاب تفسیر مراجعه کنید.

غزل غزل‌ها ۶:۱۳-۷:۱۰

در مورد اندازهٔ دقیق این بخش اختلاف‌نظر وجود دارد. برخی ترجیح می‌دهند ۶:۱۳ و ۷:۱۰ را آیاتی جداگانه تلقی نمایند. با این‌حال، ۶:۱۳ می‌تواند مقدمه‌ای برای *وصفی* باشد که قرار است در آیات بعدی بیاید. «همسرایان» از شولمی[1] می‌خواهند مجال بدهد تا بر او بنگرند. زمانی که دختر سبب این درخواست را از ایشان جویا می‌شود، مرد با توصیف زیبایی وی، پاسخش را می‌دهد. همان‌طور که قبلاً هم اشاره کردیم، توصیف این قسمت غیرمعمول است، از این جهت که از پاهای زن شروع می‌شود و بالا می‌آید تا به سرش می‌رسد، ولی چنان که از ظاهر امر پیداست علت غیرمعمول بودن وصف مزبور آن است که زن در حال رقصیدن است (۶:۱۳ب). در نتیجه پاهای وی پیش از هر جای دیگری جلب توجه می‌کنند. وصف در آیهٔ ۷:۵ خاتمه می‌یابد. در ۷:۶-۹ مرد با بهره‌گیری از تصویرپردازی نخل خرما، به ستایش از زیبایی زن ادامه می‌دهد. در انتهای این بخش، زن از اشتیاقی که دو طرف به یکدیگر دارند سخن می‌گوید.

غزل غزل‌ها ۷:۱۱-۱۳

در این سروده زن از مرد دعوت می‌کند تا در موسم بهار با او به تاکستان رفته، بیدار شدن طبیعت از خواب زمستانی و زنده شدنش را ببیند. وی به‌وضوح از اشتیاقی که برای ابراز عشقش به مرد دارد، حرف می‌زند.

---

1. Shulammite

غزل غزل‌ها ۸:۱-۴

این سروده بیانگر تمنای زن برای معشوق و آرزو برای در آغوش کشیدن او است. معنای تلویحی ۸:۱ این است که در فرهنگ زن، برادر و خواهر می‌توانستند در ملأ عام به یکدیگر ابراز مهر کنند، ولی عشاق نمی‌توانستند. آیهٔ ۴ تکرار همان هشدار مربوط به ایجاد مزاحمت زودهنگام برای عشق است (۲:۷؛ ۳:۵).

غزل غزل‌ها ۸:۵-۷

این بخش با پرسشی از جانب «همسرایان» آغاز می‌شود (آیهٔ ۵الف). احتمالاً ایشان از دور زن و دلداده‌اش را می‌بینند که به آنها نزدیک می‌شوند. ظاهراً این پرسش از نوع پرسش‌های بلاغی[1] مربوط به «تنظیم صحنه» است. زمانی که زن پاسخ می‌دهد، به مرد اشاره می‌کند. وی اظهار می‌دارد که او را زیر درخت سیب برانگیخته است (آیهٔ ۵ب)، و سپس از مرد می‌خواهد که تنها به او وفادار باشد (آیهٔ ۶الف) و در ادامه از نیروی عشق سخن می‌گوید (آیه‌های ۶ب-۷). این سروده یکی از نیرومندترین سروده‌ها در کتاب غزل غزل‌ها به‌شمار می‌آید. با وجود اختصارش، سهم عمده‌ای در پیام کتاب دارد.

غزل غزل‌ها ۸:۸-۱۰

این سروده گفت‌وگویی است میان زن و برادرانش. این قسمت به همراه ۵:۱-۶ که در آن از برادران زن یاد شده، عبارتی پرانتزگونه را تشکیل می‌دهند. برادران تا زمان ازدواج خواهرشان، خود را مسئول محافظت از او می‌بینند. در نگاه ایشان، خواهرشان هنوز دختربچه‌ای نابالغ است. زن با برافروختگی جواب‌شان را می‌دهد و تصریح می‌کند که هم بالغ است و هم پاکدامن، و در نتیجه برای شوهرش «آرامی» ("خرسندی، سعادت") به ارمغان خواهد آورد.

غزل غزل‌ها ۸:۱۱-۱۲

این سروده‌ای رمزآمیز است. هویت گوینده‌اش معلوم نیست. شاید بهترین راه‌حل این باشد که آن را جزو سخنان زن بدانیم که می‌خواهد در برابر مردان سلطه‌جویی که همچون سلیمان می‌پندارند مالک و قیم زنان‌شان هستند، بر استقلال خود صحه بگذارد.

غزل غزل‌ها ۸:۱۳-۱۴

سرودهٔ کوتاه پایانی گفت‌وگویی است میان مرد و زن، که به بیان اشتیاق‌شان برای یکی شدن اختصاص یافته است. قدری عجیب به‌نظر می‌رسد که کتاب به‌جای آنکه با وصال عاشق و معشوق به پایان برسد، این‌گونه خاتمه پیدا کند. آیات پایانی عطفی است به آیات ۲:۹ و ۱۴ و ۱۷ و نیز ۸:۸-۱۰ و ۱۱-۱۲. شاید هدف نویسنده آن بوده که کتاب را با بازگشت به بن‌مایه‌های پیشین تمام کند.

تفسیر غزل غزل‌ها

غزل غزل‌ها یکی از کتاب‌های کتاب‌مقدس است که در موردش مطالب بسیاری نوشته شده. مورفی در بررسی تفسیری خود بر این کتاب، می‌گوید که در

---

1. Rhetorical Question

اواخر دورهٔ پدران کلیسا[1] و سده‌های میانی، مفسران مسیحی بیش از هر کتاب دیگر عهدعتیق در مورد غزل غزل‌ها نوشته‌اند. پوپ در کتاب تفسیر خود، شرحی مبسوط از بررسی تاریخچهٔ تفسیرهای یهودی و مسیحی از غزل غزل‌ها، ارائه می‌دهد. ما در اینجا تنها می‌توانیم به‌طور اجمالی به این موضوع بپردازیم. خوشبختانه تفاسیر عمده‌ای که بر این کتاب نوشته شده و مورد استقبال بوده، محدود است و این محدودیت بررسی کلی آنها را امکان‌پذیر می‌سازد.

تفسیرهای تمثیلی

شرح و تفسیرهایی که توسط رابی‌های متقدم پیرامون مباحث این کتاب به رشتهٔ نگارش درآمده، و به‌ویژه نوشته‌های رابی اکیبا[2] حاکی از آن است که در حدود ۱۰۰ میلادی رابی‌ها متمایل به تفسیر تمثیلی غزل غزل‌ها بوده‌اند. رابی اکیبا به‌شدت مخالف این عقیده بود که غزل غزل‌ها صرفاً برای سرگرمی در محافل دنیوی سروده شده است (و این نشان می‌دهد که برخی از یهودیان برداشتی تحت‌اللفظی از این مجموعه اشعار عاشقانه داشته‌اند). از اشارات انگشت‌شمار وی به آیات غزل غزل‌ها چنین برمی‌آید که رابی اکیبا این شعرها را تمثیلی از عشق خدا به اسرائیل تفسیر می‌کرده است.

تمثیل، قطعه نوشته‌ای است که در آن نویسنده از خوانندگانش انتظار دارد از معانی سطحی و ظاهری مطالب گذشته، در لایه‌ای ژرف‌تر به دنبال معانی نمادهای به‌کار رفته در متن بگردند. شاید مشهورترین اثر تمثیلی در ادبیات انگلیسی، *"سیاحت مسیحی"* جان بانیان[3] باشد. این داستان روایتگر سفر فردی مسیحی به مقصد شهر سماوی[4] است، و طی راه با موانع و مشکلاتی- از قبیل باتلاق افسردگی- و نیز دوستانی که یاری‌اش می‌کنند- همچون آقای مؤمن[5] - روبه‌رو می‌شود. آشکار است که این کتاب تمثیلی از زندگی مسیحی است. در کتاب‌مقدس عبری تمثیل‌هایی وجود دارد (برای مثال، داوران ۹:۷-۲۱؛ حزقیال ۱۷:۱-۲۱). از موارد مذکور به‌روشنی پیدا است که تمثیل هستند، و معنی‌شان هم آشکار است. اما در غزل غزل‌ها هیچ چیزی دال بر اینکه عمداً به زبان تمثیل نوشته شده، وجود ندارد. با این‌حال، «روش تمثیلی» که وسیله‌ای برای تفسیر است و خواننده با کمک آن در لایه‌ای ژرف‌تر به‌دنبال معنایی ورای معنای ظاهری متن می‌گردد، می‌تواند به نادیده گرفتن کامل منظور و مقصود نگارنده بینجامد. فیلسوفان یونانی بهره‌گیری از تفسیرهای تمثیلی، به‌عنوان ابزاری برای تفسیر اسطوره‌های کلاسیک پیرامون خدایان و قهرمانان یونانی را در حدود ۵۰۰ پ. م. آغاز کردند. هدف فیلسوفان از تفسیر تمثیلی این بود که اسطوره‌ها را برای روشنفکران زمانهٔ خودشان باورپذیرتر کنند. ایشان برای خدایان گوناگون و اعمال غالباً بوالهوسانهٔ آنها معانی

1. Patristic Period

۲. Rabbi Aqibq (Akiva)– رابی اکیبا بن یوسف (حدود ۵۰–۱۳۵ م.) از نویسندگان و مفسران معتبر و از جمله تنائیم (علما) یهود بود که در نگارش میشنا و هالاخا هم نقش داشته است. او را پدر یهودیتِ رابیان می‌دانند – م.

3. John Bunyan's Pilgrim's Progress;. 4. Celestial City; 5. Mr. Faithful

نمادین قایل می‌شدند. هم یهودیان (همچون فیلون اسکندرانی[1] ۲۰ پ. م.-۵۴ م.) و هم مسیحیان (مانند اوریجن[2] ۱۸۵-۲۵۴ م.) این شیوه را از یونانیان اقتباس کردند.

تارگوم غزل غزل‌ها (حدود ۸۰۰ م.) تفسیری تمثیلی از این کتاب ارائه نموده، سروده‌های عاشقانه را به حساب رابطهٔ خدا با قوم اسرائیل از هنگام خروج تا ویرانی معبد دوم و پس از آن، ظهور ماشیح[3] (مسیحای موعود- م.) می‌گذارد. برداشتی که از آیات آغازین این کتاب می‌شود، حال و هوای لازم برای این شیوه را فراهم می‌سازد. زن (قوم اسرائیل) از مرد (خدا) بوسه‌ای تمنا می‌کند، و اشتیاق خود را برای داشتن رابطه با او نشان می‌دهد (بوسیدن هم تمثیلی از اعطای شریعت [تورات] است). زن از مرد می‌خواهد که او را به خلوتگاه خودش (سرزمین موعود) ببرد. رویکردی دیگرکه از سوی رابی‌های دین‌پژوه ارائه شده - و از محبوبیت کمتری برخوردار است- این کتاب را تمثیلی از رابطهٔ خدا با روح افراد می‌بینند. تا سدهٔ نوزدهم فرم‌های گوناگونی از این دو رویکرد عمدهٔ تمثیلی، در محافل دین‌پژوهی یهودی نشو و نما پیدا کرد.

کلیسای مسیحی از دل جامعهٔ یهودی بیرون آمد، بنابراین، جای شگفتی نیست که با پژوهشگرانی مسیحی روبه‌رو شویم که دنباله‌رو همان رویکردهای عمدهٔ رابی‌های یهودی به غزل غزل‌ها بوده‌اند. با وجود این، محققان مسیحی طبیعتاً معنای رابطهٔ میان خدا و قوم اسرائیل را به رابطهٔ میان خدا و کلیسا، یا مسیح با روح افراد تغییر دادند. تلقی اوریجن از کتاب غزل غزل‌ها بسیار تأثیرگذار بود. وی علاوه بر وعظ‌های متعدد، تفسیری ده جلدی بر این کتاب نگاشت. اوریجن معنای ظاهری کتاب را نادیده نگرفت. از دیدگاه او، ظاهر کتاب «سرود ازدواج» بود که توسط سلیمان و برای یکی از زنانش نوشته شده بود، پس اوریجن شرحی هم بر صورت ظاهری کتاب غزل غزل‌ها نوشت. با این‌حال، علاقهٔ اصلی او به تفسیر کتاب در سطح تمثیلی و نشان دادن رابطهٔ مسیح با کلیسا بود. البته هرازگاه اشاراتی هم به رابطهٔ مسیح با روح افراد کرده است. طی سده‌های میانی، تفسیرهای مسیحی از غزل غزل‌ها عمدتاً اَشکال متفاوتی از تفسیری بودند که پیشتر اوریجن از این کتاب ارائه کرده بود. مفسران معدودی نیز زن مذکور در غزل غزل‌ها را با مریم باکره یکی می‌انگاشتند، و گاه همزمان او را نمایندهٔ کلیسا می‌دیدند، و در عین‌حال به تمثیل رابطهٔ مسیح-کلیسا هم پایبند بودند.

بنا بر عقیدهٔ بسیاری از محققان، بسیاری از تفسیرهای تمثیلی غزل غزل‌ها، چه در میان دین‌پژوهان یهودی چه مسیحی، تا حد زیادی تحت تأثیر فلسفهٔ افلاطونی است. افلاطون دو جهان مادی و غیرمادی را از هم کاملاً جدا می‌دانست، و بدن را «زندان» روح می‌نامید. در نتیجه، برای سرکوب کردن امیال جسمانی و به‌ویژه شهوت، ریاضت‌کشی را تجویز می‌کرد. تفسیر تمثیلی زمینه را برای گذر از این مرحله به مرحله‌ای فراتر فراهم ساخت و معنای آشکار غزل غزل‌ها را که آمیخته به امیال جنسی بود، به حاشیه راند. با این‌همه، نباید برای یافتن معنایی «روحانی» در کتاب، معنای ساده و روشنش را نادیده بگیریم و معنای روحانی را - که چندان

1. Philo of Alexandria; 2. Origen; 3. Messiah

هم آشــکار نیســت- بر متن تحمیل کنیم. مسیحیان شــیوهٔ تمثیلی را برای دیگر متون کتاب‌مقدســی، نظیر روایت‌های تاریخی و احــکام قضایی (تورات- م.) که پیداســت فاقد هرگونه معنای «روحانی» می‌باشند، نیز به‌کار برده‌اند.

اَشکال بارزی که رویکرد تمثیلی دارد این است که دست خوانندگان را باز می‌گذارد تا هر معنایی را که خوش دارند، از متن بیرون بکشــند. برای نمونه، به تفســیرهایی که از ۱۳:۱ «دلدادهٔ من مرا همچون بستهٔ مُر است، که تمام شــب در میان ســینه‌هایم می‌آرمد» ارائه شده، توجه کنید:

- برخی از مفســران یهودی در این آیه، اشاره به جلال شکینا (Shekinah– تخت رحمــت- م.) را دیده‌اند که میان دو کروبی مستقر روی صندوق عهد قرار می‌گرفت.
- مفسران مســیحی اغلب این آیه را دلالت بــر عهدعتیق و عهدجدید می‌داننــد که در میان‌شــان مسیح ایستاده است.
- استنباط سایر مفســران مسیحی این است که آیهٔ مزبور به ایمانداری اشــاره می‌کند که خاطرهٔ رویداد بر صلیب شدن مسیح را در دلش (یعنی «در میــان ســینه‌هایش») زنده نگه می‌دارد.

ذهنــی و نظری[1] بودن شــیوهٔ تفســیر تمثیلی به جایی منتهی شــد که اصلاحگران پروتســتان این شیوه را به‌عنوان روشی کلی برای تفسیر کلام خدا مردود دانستند. ایشان بر اهمیت مفهوم "ســاده" و "تحت‌اللفظی" متن تأکید نمودند. اینکــه همین رویکرد را تا چه اندازه در مورد غزل غزل‌ها هم به‌کار بردند، جای بحث دارد. لوتر تفســیر تمثیلی اوریجن از کتاب غزل غزل‌ها را رد کرد. او استدلال نمود که ســلیمان در اینجا از زبان شعر بهره می‌گیرد و رابطهٔ صمیمانهٔ خود را با خدا و نیز رابطهٔ خدا با اسرائیل را در طول دوران فرمانروایــی‌اش، بازگو می‌کند. وی به‌طرز بحث‌انگیزی به تفسیر خود، سمت و سوی تمثیلی-سیاسی می‌دهد. کالون دیدگاه کاستلیو[2] را به‌شــدت محکوم کرد. کاستلیو بر این عقیــده بود که کتــاب غزل غزل‌ها صرفاً شــعری عاشقانه اســت و اصلاً نباید در کانن کتاب‌مقدس جای داشــته باشد. در این مــورد که وی صرفاً مخالف حضور این کتاب در کانن کتاب‌مقدس بوده، یا اینکه به تفســیر تحت‌اللفظی آن هم اعتراض داشته، اختلاف‌نظر وجود دارد.

تفسیرهای ساده/تحت‌اللفظی

ناخرسندی از تفسیر تمثیلی غزل غزل‌ها در ســدهٔ هجدهم میان محققان بالا گرفت. شــاید این ناخرســندی تا اندازه‌ای ناشی از تحول فرهنگی عصر روشنگری بوده باشد. کم کم این باور قوت گرفت که تفســیر یک متن باید بر مبنای استدلال‌های منطقی استوار باشــد، نه خیال‌پردازی‌های مفسر یا سیطرهٔ ســنت. لوث که در این راه پیشــگام بود و کتابی در زمینهٔ ماهیت شــعر عبری نوشت،

1. Subjective

۲. Castellio – سباستین کاســتلیو (۱۵۱۵–۱۵۶۳) واعظ و الاهیدان فرانســوی و از نخســتین هــواداران اصلاح مسیحیت و مدارای دینی بود- م.

غزل غزل‌ها را سروده‌ای در بزرگداشت ازدواج سلیمان با دختر فرعون می‌پنداشت، اما در عین‌حال برداشت تمثیلی از آن را مجاز می‌دانست، هرچند معتقد بود که باید در این کار جانب احتیاط را نگاه داشت. با این‌حال، نقطهٔ عطف راستین در زمینهٔ رویکرد پژوهشگران به تفسیر ساده و تحت‌اللفظی، در سدهٔ نوزدهم به‌وجود آمد. عامل مهم در پیدایی این نقطهٔ عطف، کاوش‌های باستان‌شناسی در خاور نزدیک، و در نتیجه، افزایش دانش بشر پیرامون خاور نزدیک باستان بود. با کشف رمز شدن زبان‌های باستانی و خوانده شدن متون برجای‌مانده از دوران کتاب‌مقدسی و پیش از آن، رفته رفته زوایای تاریک گذشته روشن شدند و زمینهٔ لازم برای برداشت مفهوم "ساده" یا "تحت‌اللفظی" از غزل غزل‌ها فراهم گردید. اکنون دیگر تفسیر ساده/ تحت‌اللفظی متقاعد کننده‌تر از قرائت‌های تمثیلی به‌نظر می‌رسید. عامل دیگر، آشنایی روزافزون با آداب و رسوم خاور میانهٔ امروز بود. به‌طور خاصل مشاهدات یوت. گ. وتسشتاین[1] کنسول آلمان در سوریه از مراسم عروسی اعراب آن سرزمین، برای درک صحنه‌های غزل غزل‌ها راهگشا بود. او متوجه شد که میان ترانه‌هایی که در جشن عروسی می‌خواندند- به‌ویژه وصف- و غزل غزل‌ها شباهت‌هایی وجود دارد. همچنین بر سر عروس و داماد تاج گذاشته بودند، گویی پادشاه و ملکه‌اند، و عروس به اجرای نوعی «رقص شمشیر» می‌پرداخت، که برای وتسشتاین یادآور زن رقصندهٔ غزل غزل‌ها بود. وی مشاهدات خود را در سال ۱۹۷۳ منتشر ساخت، و بعدها دلیتچ[2] آنها را پیوست کتاب تفسیر خود نمود و در سال ۱۸۸۵ به چاپ رساند.

در سدهٔ نوزدهم تفسیر «ساده» (عینی) از غزل غزل‌ها، به مثابه شعری عاشقانه و دراماتیک، از مقبولیت عام برخوردار بود. در دو مورد از کتاب‌های تفسیر پرطرفدار آن زمان، این کتاب به‌عنوان نمایشنامه‌ای با دو یا سه شخصیت معرفی شده بود. دلیتچ هوادار تفسیر نمایشنامه‌ایِ دو شخصیتی بود. برای او شخصیت‌های اصلی داستان عبارت بودند از سلیمان و دختر شولمی. از نظر وی، دختر شولمی شخصیتی واقعی و تاریخی بود، دختری ساده و روستایی که زیبایی و فریبندگی‌اش سلیمان را مفتون ساخت و باعث شد که او از «چندهمسریِ لاقیدی» دست بشوید. پس تصمیم گرفت تا غزل غزل‌ها را در شش پرده، که هر پرده شامل دو صحنه می‌شد، تصنیف کند. دیگران- برای مثال، ایوالد[3]- در نمایشنامه سه شخصیت اصلی یافتند: سلیمان، دختر شولمی و عاشق روستایی. در این برداشت از داستان، زن در برابر پیشروی‌های پادشاه ایستادگی می‌کند و با وجودی که پادشاه او را با خود به کاخش آورده، به عاشق اولیهٔ خود وفادار می‌ماند و در نهایت پادشاه به دختر اجازه می‌دهد که به زادگاهش و نزد معشوق برگردد. درایور که بیشتر برداشت ایوالد را پسندیده، خلاصه‌ای از هر دو فرم نمایشی ارائه می‌دهد. منتقدان تفسیرهای دراماتیک خاطرنشان می‌سازند که چنین تفسیرهایی مستلزم در دست داشتن طرح کلیِ داستان است، حال آنکه در مورد غزل غزل‌ها پیداست که ما چنین طرح

1. J. G. Wezstein

2. Delitzsch; 2. Ewald

کاملی در اختیار نداریم. قرائت مزبور گاه به ساده‌لوحی نزدیک می‌شود، چنان که در برداشت سه شخصیتی، مفسر ۱۵:۱-۳:۲ را دیالوگی میان سلیمان و زن می‌داند، حال آنکه باید همهٔ توضیحات زن را سخنانی دانست که (۱۶:۱؛ ۱:۲؛ ۳:۲) خطاب به عاشق غایب روستایی‌اش بر زبان می‌آورد. از این گذشته، به‌کارگیری تصویرپردازی شبان برای عاشق روستایی و تصویرپردازی پادشاه برای سلیمان در نظریهٔ نمایشنامهٔ سه شخصیتی، تحمیلی به‌نظر می‌رسد. پس اشکال کار در «تحلیل گفت‌وگو» است که ما به هنگام پرداختن به موضوع هویت نگارندهٔ کتاب، بدان اشاره کردیم. پراکندگی نام «سلیمان» در این کتاب، نه با نگارنده بودنِ او تناسب دارد، نه با شخصیت اصلی داستان. به سبب فشار همین نقدهای وارد بر تفسیرهای نمایشی بود که پژوهشگران سدهٔ بیستم از این تفسیرها فاصله گرفتند، هرچند پرووان[1] از این قاعده مستثنی است.

کندوکاو بیشتر: تفسیرهای دراماتیک (نمایشی) از غزل غزل‌ها

در زیر نمایشنامهٔ دوشخصیتی و شش‌پرده‌ای دلیتچ خلاصه‌وار آمده است.

۱- پردهٔ اول: ۲:۱-۷:۲. علاقهٔ متقابل میان سلیمان و دختر شولمی، که با «ای دختران اورشلیم، شما را قسم می‌دهم» به آخر می‌رسد.

۲- پردهٔ دوم: ۸:۲-۵:۳. جستجوی هر دو دلداده برای یافتن یکدیگر، که با «ای دختران اورشلیم، شما را قسم می‌دهم» پایان می‌یابد.

۳- پردهٔ سوم: ۶:۳-۱:۵. رفتن سراغ عروس و داماد و آوردنِ ایشان. این پرده با «این کیست که ...؟» شروع، و با «بخورید و بیاشامید، ای دوستان! سرمست عشق گردید، ای دلدادگان!» تمام می‌شود.

۴- پردهٔ چهارم: ۲:۵-۹:۶. عشق مورد استهزاء قرار می‌گیرد، اما در نهایت پیروزی با عشق است.

۵- پردهٔ پنجم: ۱۰:۶-۴:۸. دختر شولمی، زیبارویی جذاب، اما شاهزاده خانمی فروتن است. این پرده با «این کیست که ...؟» آغاز می‌شود و با «ای دختران اورشلیم، شما را قسم می‌دهم» پایان می‌یابد.

۶- پردهٔ ششم: ۵:۸-۱۴. بر پیمان عشق میان سلیمان و عروسش، در خانهٔ دختر شولمی مهر تأیید زده می‌شود. این پرده با «این کیست که ...؟» شروع می‌شود.

اکنون این را با نمایشنامهٔ سه‌پرده‌ایِ پرووان مقایسه کنید.

۱- فصل‌های ۱-۲. زن، که یکی از زنان حرمسرا است، عشق ماندگار خود را نسبت به معشوقی که از وی جدایش کرده‌اند، ابراز می‌نماید و مرد هم متقابلاً به این ابراز عشق پاسخ می‌دهد.

۲- فصل ۳. زن از تصمیم خود مبنی بر غلبه بر تهدیدها در مورد رابطه داشتن با مردی که واقعاً دوستش دارد، و نیز دیدگاه منفی‌اش نسبت به بستر شاهانه و صاحبش (یعنی شخص پادشاه- م.)، پرده برمی‌دارد.

1. Provan

۳- فصل‌هـــای ۴-۵. عمـــق رابطـــهٔ عاشـــقانهٔ زن و عمق تهدیدها، آشکارتر می‌شـــوند. لحن و تصویرپردازی آیات از رابطـــه‌ای مبتنی بر تعهد و ازدواج‌گونه سخن می‌گویند.

۴- فصل‌هـــای ۶-۷. ماهیت این رابطه با جزئیات تصویری بیشـــتری توصیف می‌شـــود. به‌ویژه دیدگاه‌های مرد تشریح می‌شوند.

۵- فصل ۸. این قســـمت پایانی حاوی عباراتی است که به‌روشنی شور عاشقانهٔ زن را نسبت به معشوق، و ایستادگی‌اش را در برابر مردان دیگری که بر وی ادعای مالکیت دارنـــد، خـــواه برادرانش خواه پادشاه، نشان می‌دهد.

در کل پرووان این کتاب را داستانی از وفاداری به عشق اول و ایستادگی در برابر قدرت و تهدید پادشـــاه و وسوسه‌های دربار می‌بیند. از نـــگاه وی، غزل غزل‌ها بیانگـــر برتری رابطهٔ عاشـــقانهٔ واقعی بر روابط صرفاً مشروع است.

شـــما این تلاش‌هایـــی را کـــه برای نمایشنامه جلوه‌دادنِ غزل غزل‌ها صورت گرفته‌انـــد، تا چـــه انـــدازه متقاعدکننده می‌دانید؟

تفسیرهای آیینی

کشـــف دوبارهٔ ادبیـــات خاور نزدیک باستان در ســـدهٔ نوزدهم آشـــکار ساخت کـــه از غزل غزل‌هـــا تفســـیرهای «آیینی» نیز شده اســـت. متون ســـومری از ازدواج مقدس میـــان خدایان دوموزی و اینانا، برای تضمین بـــاروری زمین در ســـال پیش رو، ســـخن می‌گویند. در متن‌هـــای اکدی، این به ازدواج میان تموز و ایشـــتار تبدیل شده اســـت. در کنعان، ازدواج بعل و اســـتارته[1] (عشـــتاروت- م.) احتمالاً از همین اهمیت برخوردار بوده اســـت. ظاهـــراً این ازدواج نمودی عینـــی هم داشـــته، بدین‌ترتیب که پادشاه و ملکه، یا پادشاه و یکی از کاهنه‌های الاههٔ مزبور، بـــه نمایندگی از جانب خدایان یادشده با همبستر می‌شدند. در کتاب‌مقدس عبری (علناً در حزقیال ۱۴:۸ و شاید تلویحاً در اشعیا ۱۰:۱۷-۱۱ و زکریا ۱۱:۱۲) از آیین تموز (به‌طرزی منفی) یاد شـــده است، پس عبرانی‌ها با آیین مزبور آشـــنایی داشـــته‌اند. میـــک[2] در رواج ایـــن نظریه که خاســـتگاه غزل غزل‌ها، مراسم عبادی آیین تموز بوده، سهم عمده‌ای داشت. با وجود این، در خود غزل غزل‌ها هیـــچ اشـــاره‌ای دال بر اینکه روایت مزبور جزو مراســـم ازدواج آیینی و مقدس عبرانی بوده، به چشـــم نمی‌خورد و در جاهـــای دیگر کتاب‌مقـــدس عبری هم هیچ اشـــاره‌ای به آیین یادشده وجود ندارد. چنان که پیداست، غزل غزل‌ها به عشق میان انســـان‌ها پرداخته، نه روابط عاشـــقانه میان خدایان. بنا به شـــواهد- یعنی کلام نبوتی‌ای کـــه در محکومیت این رفتارها بیان شـــده- روشن است که شـــماری از بنی‌اسرائیل در آیین تموز، یا چیزی شـــبیه به آن شـــرکت داشـــته‌اند. با این‌حال، بســـیار عجیب است اگر تصور کنیم که پرســـتندگان یهوه، یعنی آنانی که بـــه جریان اصلـــی یهودیت تعلق دارند، یادوارهٔ مراســـم عبادی بت‌پرستان را که از نظر ایشان مردود بود، در زمرهٔ ادبیات مقدس خـــود بپذیرند. نظریـــهٔ میک برای

1. Baal and Astarte; 2. Meek

دوره‌ای طرفدارانی پیدا کرد، اما اکنون به نظریه‌ای نخ‌نما تبدیل شده است.

اخیراً پوپ این نظریه را مطرح ساخته که پس‌زمینهٔ اصلی غزل غزل‌ها، جشنوارهٔ مرزیه[1] بوده که در خاور نزدیک باستان برگزار می‌شده است. مرزیه ضیافتی بود که مدعی بودند خوراکش بر نیروی حیاتی می‌افزاید، و به گمان پوپ این جشنواره با آمیزش جنس- به‌عنوان عاملی برای غلبه بر مرگ- نیز همراه بوده است. در این مراسم که در حاشیهٔ آیین کفن و دفن انجام می‌شد، شرکت‌کنندکان می‌خوردند، باده‌گساری می‌کردند، آواز می‌خواندند و به آمیزش جنسی می‌پرداختند. مدرکی که پوپ برای تأیید ادعای خود می‌آورد، غزل ۶:۸ب است که می‌گوید: «زیرا عشق همچون مرگ نیرومند است، و شور عاشقانه ستمکیش چون گور»، که به‌زعم وی نقطهٔ اوج غزل است. شاید در ارمیا ۵:۱۶ و عاموس ۷:۶ به همین جشنواره اشاره شده باشد، ولی اگر چنین هم باشد، باز استدلال به‌کاررفته در مورد ارتباط غزل غزل‌ها با مراسم آیین تموز، در مورد آن هم کاربرد دارد. همچنین، به‌نظر می‌رسد که پوپ بیش از اندازه روی یکی دو آیه از غزل غزل‌ها مانور داده، و حتی اگر این آیه نقطهٔ اوج کتاب هم باشد، باز بسیاری از محققان با دیدگاه وی مخالفند. به احتمال قوی‌تر، برداشت غزل غزل‌ها و جشنوارهٔ مرزیه از برتری نیروی عشق بر مرگ، کاملاً با هم فرق دارد.

کشف سروده‌های عاشقانهٔ مصری، و در پی آن شعرهای عاشقانهٔ خاور نزدیک باستان، این نظریه را تقویت کرد که غزل غزل‌ها، خواه این غزل‌ها کار یک نویسنده باشند یا گلچینی از آثار شعرای متعدد، مجموعه‌ای است از شعرهای عاشقانه. در حال حاضر دیدگاه اکثریت پژوهشگران بر این است، و ما پیش‌تر، هنگام بررسی ساختار غزل غزل‌ها، پیرامون برخی از نمونه‌های آن بحث کردیم.

تفسیرهای فمینیستی

در سال ۱۸۵۷ گینزبرگ تفسیری بر غزل غزل‌ها منتشر کرد. در بخشی از مقدمهٔ این کتاب، زیر عنوان «اهمیت کتاب» قویاً این استدلال را مطرح کرد که غزل غزل‌ها کتابی است که از آزادی زنان سخن می‌گوید. وی روی چند موضوع انگشت گذاشت که اکنون دغدغه‌های اصلی فمینیست‌ها را تشکیل می‌دهند: برابری اخلاقی و عقلانی زنان و مردان، سرکوب فرهنگی زنان چه در دوران کتاب‌مقدسی چه در عصر مدرن، اعادهٔ تصویر زن در غزل غزل‌ها، و پیوندهای میان کتاب غزل غزل‌ها و داستان باغ عدن در فصل‌های ۲-۳ پیدایش.

پیشتر در بحث پیرامون هویت نگارندهٔ کتاب به ویژگی‌های غزل غزل‌ها که از سوی محققان فمینیست و دیگران مورد تأکید قرار می‌گیرند، اشاره کردیم: فقدان دیدگاه‌های جنسیتی؛ برابری زن و مرد در رابطهٔ عاشقانه‌ای که این کتاب به تصویر می‌کشد، و در آن غالباً زن است که ابتکار عمل را در دست دارد؛ برجستگی نقش مادر، بدون هیچ اشاره‌ای به پدر؛ احتمال زن بودن نگارندهٔ بخش‌هایی از کتاب و یا همهٔ سروده‌های آن، چراکه انگار غزل‌ها از منظری زنانه سروده شده‌اند.

1. Marzeah

تریبل[1] دو متن داستان باغ عدن، مندرج در پیدایش ۴:۲ب-۲۴:۳ و غزل غزل‌ها را کنار هم قرار داده و به بررسی دقیق آنها پرداخته است. بنا بر استدلال وی، در حالی که داستان باغ عدن روایتگر نافرمانی غم‌انگیزی است که به مخدوش شدن رابطهٔ عاشقانهٔ زن و مرد می‌انجامد، غزل غزل‌ها تصویری از این رابطهٔ ترمیم‌شده ارائه می‌کند. تصویرپردازی باغ در غزل غزل‌ها، که به‌عنوان تمثیلی برای بهره‌مندی از لذت شهوانی به‌کار رفته، یادآور باغ عدن است، و ظاهراً خوردن میوه هم کنایه‌ای ادبی برای کامجویی و بهره‌مندی از لذت شهوانی می‌باشد (غزل ۳:۲؛ ۱۶:۴؛ ۱:۵). چیزی که میان این دو متن کتاب‌مقدسی ارتباطی خیره‌کننده ایجاد می‌کند، استفاده از واژه‌ای است که در غزل غزل‌ها ۱۰:۷ و پیدایش ۱۶:۳ برای اشتیاق *(t e shuqah)* به‌کار رفته است. در کتاب‌مقدس عبری، تنها جای دیگری که این واژه به‌کار رفته، پیدایش ۷:۴ است. مقایسهٔ میان پیدایش ۱۶:۳ و غزل غزل‌ها ۱۰:۷ مطلب را روشن می‌سازد:

> اشتیاق تو به شوهرت خواهد بود، و او بر تو فرمان خواهد راند. (پیدایش ۱۶:۳)
>
> من از آنِ دلداده‌ام هستم، و اشتیاق او بر من است. (غزل ۱۰:۷)

عبارت مندرج در پیدایش، بخشی از «داوری الاهی» بر زن است. این آیات از اشتیاق زن در پس‌زمینهٔ ناهماهنگی جنسیتی و تسلط مرد بر او سخن می‌گویند. غزل غزل‌ها از اشتیاق مرد به زن در پس‌زمینهٔ هماهنگی جنسیتی و متقابل دم می‌زند (ر.ک. غزل ۱۶:۲الف: «دلداده‌ام از آنِ من است و من از آنِ اویم»). همچنین، نافرمانی در باغ عدن منجر به مرگ گردید، اما عشق غزل غزل‌ها می‌تواند بی‌واهمه با مرگ روبه‌رو شود:

> زیرا عشق همچون مرگ نیرومند است، و شور عاشقانه، ستمکیش چون گور،
> شعله‌هایش، شعله‌های آتش است، شعله‌های سرکش آتش. (غزل ۶:۸ب‌پ)

تصویرپردازی آتش شاید تداعی‌کنندهٔ شمشیر آتش‌بار کروبیانی باشد که از دروازهٔ باغ عدن و درخت حیات نگاهبانی می‌کردند (پیدایش ۲۴:۳). بدین‌ترتیب، تریبل غزل غزل‌ها را مدرکی دال بر این می‌بیند که راه‌حلی برای آزاد شدنِ عشق از چنگال لعنت و به تبع آن، بهره‌مند شدن از لذت جنسیِ بدون شرم- چنانکه آدم و حوا پیش از نافرمانی در باغ عدن از آن برخوردار بودند (پیدایش ۱۰:۳)- وجود دارد و این می‌تواند به رابطه‌ای منتهی گردد که در آن، زن دیگر زیر سیطرهٔ مرد قرار ندارد، و هیچ جنسی از جنس دیگر برتر نیست.

کندوکاو بیشتر: غزل غزل‌ها و داستان باغ عدن

خودتان بررسی تریبل زیر عنوان «ترانه‌هایی در وصف رهایی عشق»[2] را که به‌صورت خلاصه در زیربخش «تفسیر

1. Trible

2. 'Love's Lyrics Redeemed

فمینیستی» آمده، بخوانید و ارزیابی خود را از آن ارائه دهید.

پیام غزل غزل‌ها

غزل غزل‌ها سروده‌ای است بی‌پرده در بزرگداشت لذت‌های عشق انسانی و آمیزش جنسی. با وجودی که اشعار غالباً از صراحتی شهوانی برخوردارند، اما هرگز در دام هرزه‌نگاری[1] نمی‌افتند. کتاب نه بر جزئیات بالینیِ عشق‌بازی، که بر احساسات عاشقانه متمرکز است. رابطهٔ عاشقانه‌ای که غزل غزل‌ها به تصویر می‌کشد، دارای مؤلفه‌های مشخصی است. چنانکه دیدیم، یکی از این مؤلفه‌ها که به‌طور خاص در بررسی‌های اخیر مورد تأکید قرار گرفته، برابری جنسیتی در رابطه است. مؤلفهٔ دیگر، متقابل بودن رابطه است، که در دو عبارت ساده خلاصه شده: «دلداده‌ام از آنِ من است و من از آنِ اویم» (۲:۱۶) و «من از آنِ دلداده‌ام هستم و دلداده‌ام از آنِ من است» (۶:۳). این عبارات به‌طور ضمنی حاکی از آنند که رابطه‌ای عمیقاً وفادارانه میان دو عاشق وجود دارد. چیزی که اغلب مغفول می‌ماند این است که آنها تلویحاً بیانگر انحصارگرایی در رابطه هستند. این انحصارگرایی در ۸:۶الف صورتی آشکار می‌گیرد. معنای تصویرپردازی به‌کاررفته در این آیه در ترجمهٔ زیر *(Good News Bible)* نمودار است:

دلت را جز من به هیچ‌کس مسپار؛
جز من کسی را در آغوش مگیر.

مؤلفهٔ دیگری هم وجود دارد که شاید بتوان نامش را نگرش «مسئولانه» نسبت به عشق گذاشت. در ۸:۶ب-۷ بر این واقعیت تأکید می‌شود که عشق نیرومند و گرانبهاست. با در نظر گرفتن این نگرش، دیگر تردیدی نیست که هشدار «عشق را تا سیر نگشته، زحمت مرسانید و بازمدارید» را که سه بار تکرار شده (۲:۷؛ ۳:۵؛ ۸:۴)، باید جدی گرفت.

با توجه به تصویری که در غزل غزل‌ها از رابطهٔ عاشقانه ارائه شده، دیگر مبنای چندانی برای بیان اینکه غزل غزل‌ها «عشق آزاد» یا بی‌بندوباری اخلاقی و جنسی را ترویج می‌کند، باقی نمی‌ماند و شمار پژوهشگرانی که به این نظریه اعتقاد دارند، انگشت‌شمار است. تنها موضوعی که برای عده‌ای این شبهه را ایجاد کرده، استفاده از واژهٔ نامتداولی است که در کتاب برای عروسی به‌کار رفته (واضح‌ترین اشارات در ۳:۱۱؛ ۴:۸ و ۹-۱۲ هستند). این موضوع برای تفسیرهایی که کتاب را روایت‌کنندهٔ داستانی می‌بینند که به ازدواج و وصال زن و معشوقش می‌انجامند (چه معشوق سلیمان باشد چه شبانی روستایی) اشکال ایجاد می‌کنند، چونکه از ظواهر امر پیداست که پیش از وصال، شاهد صمیمیت جنسی درخور توجهی میان این دو هستیم- تازه اگر نامش را آمیزش جنسی نگذاریم. اگر کتاب را گلچینی از شعرهای عاشقانه ببینیم که فاقد انسجام روایی هستند، این اشکال برطرف خواهد شد.

چایلدز استدلال کرده که برای داشتن قرائتی «کاننی» از کتاب، به‌عنوان جزئی از کتاب‌مقدس عبری، ناگزیریم که انتساب

1. Pornography

غزل غزل‌ها به سلیمان را جدی بگیریم، یعنی نه تنها به‌خاطر ادعای نگارش آن، بلکه به دلیل قرار گرفتنش در زمرهٔ ادبیات حکمتی. او بر اساس این استدلال، این ادعا را رد می‌کند که این کتاب صرفاً به این دلیل که ذکری از خدا در آن نیامده اثری ادبی و کاملاً دنیوی است. در ادبیات حکمتیِ کتاب‌مقدسی غالباً اشارهٔ صریحی به خدا نمی‌شود. با این‌حال، «ترس خداوند سرآغاز حکمت [در ترجمهٔ NRSV "شناخت / دانش"] است» (امثال ۷:۱)، شالودهٔ درک این ادبیات می‌باشد. بر این مبنا، تعمق غزل غزل‌ها بر ماهیت عشق را باید در پس‌زمینهٔ تحقق صحیح عشق درچارچوب ازدواج تلقی کرد، چنان که در پیدایش ۲:‏۲۳-۲۴ هم آمده که مقصود آفریدگار از ابتدا همین بوده است.

کاملاً درست است که باید غزل غزل‌ها را در ردیف کتاب‌های کانُنی کتاب‌مقدس قرار داد، زیرا خود کانن تصریح می‌کند که رابطهٔ جنسی بخشی از هدفی است که خدای آفریننده برای انسان در نظر گرفته بود (پیدایش ۱۸:۲-۲۵). در دنبالهٔ داستان شاهد هستیم که رابطهٔ هماهنگی که میان زن و مرد وجود داشت، خدشه‌دار گردید و در نتیجهٔ آن، انسان با خالق خود بیگانه شد (پیدایش ۱:۳-۲۱). پیش‌تر دیدیم که چطور تریبل نشان داد که غزل غزل‌ها از وعدهٔ ترمیم رابطهٔ عاشقانهٔ انسان حکایت می‌کند.

با اینکه تقریباً همهٔ محققان امروزی تفسیرهای تمثیلی غزل غزل‌ها را رد می‌کنند، اما باید اذعان داشت که آنها هم به نکته‌ای مهم اشاره می‌کنند. در کتاب‌مقدس عبری تمثیل ازدواج بارها، در جاهای مختلف و به طرق گوناگون برای دلالت بر رابطهٔ خدا با قوم اسرائیل به‌کار رفته است. در عهدجدید هم تمثیل ازدواج برای بیان رابطهٔ مسیح با کلیسا مورد استفاده قرار گرفته. بنابراین، چندان بی‌مناسبت نیست که برای درک رابطهٔ خودمان با خدا، روی ارتباط گفته‌های غزل غزل‌ها در مورد رابطهٔ عاشقانهٔ میان انسان‌ها، و ربطش با رابطهٔ میان انسان و خدا، تأمل کنیم. تمثیل‌ها زمانی غلط‌انداز می‌شوند که سعی می‌کنند بُعد انسانی غزل غزل‌ها را سرکوب کنند و برای یافتن مفاهیم مذهبی، مستبدانه می‌کوشند جزئیاتی را بر متن تحمیل نمایند. نکتهٔ شایان توجهی که در کتاب‌مقدس عبری مورد تأکید قرار گرفته، کاربرد تمثیل ازدواج برای بیان رابطهٔ خدا با قومش است که در آن «حسادت» جایز است و نقشی مثبت ایفا می‌نماید: هم در رابطهٔ مبتنی بر عهد خدا با قومش، و هم در رابطهٔ زناشویی انسانی- زیرا قرار بر این است که هر دو رابطه از گزند رقیبان مصون و محفوظ بمانند.

در موردش بیندیشید
حسادت

در زبان انگلیسی امروزی، واژه "حسادت" بار معنایی منفی‌ای دارد، و بیانگر احساسی خودخواهانه و مخرب است. با این‌حال، دیکشنری انگلیسی آکسفورد در میان معانی متعددی که برای این واژه به‌کار برده، یک واژهٔ «خنثی» هم آورده: "مراقبت سرسختانه". این به معنای ریشهٔ عبری *(qn')* که ترجمهٔ NRSV در غزل غزل‌ها ۶:۸ آن را

«شور عاشقانه» ترجمه کرده، نزدیکتر است. در کتاب‌مقدس عبری، هرگاه این واژه در ارتباط با خدا به‌کار رفته، «حسادت» ترجمه شده است. گفته شده که خدای اسرائیل «حسود» (در ترجمهٔ فارسی "غیور" برگردان شده- م.) است، زیرا مراقب رابطهٔ مبتنی بر عهد خود با قومش می‌باشد (خروج ۲۰:۱-۶). این حسادت زمانی که بنی‌اسرائیل به‌خاطر پرستش خدایان دیگر این رابطه را تهدید می‌کنند و مورد مجازات واقع می‌شوند، نمودی منفی پیدا می‌کند. نمود مثبت آن هم زمانی است که خدا برای رهانیدن قومش، در مواقعی که زیر ستم ملت‌های دیگر هستند، وارد عمل می‌شود (زکریا ۱۴:۱-۱۷). به‌نظر می‌رسد که «حسادت» همان «دغدغهٔ مراقبت سرسختانهٔ» خدا برای سعادت و نیکبختی قوم اسرائیل است. این سعادت بر عهدی استوار است که میان ایشان و خدای‌شان بسته شده، و از این‌رو باید از این رابطهٔ مبتنی بر عهد پاسداری کنند.

آیا واژهٔ بهتری به ذهن‌تان می‌رسد که آن را جایگزین «حسادت» کنید و به‌خوبی بیان مقصود کند؟ ترجمهٔ NRSV در غزل غزل‌ها ۶:۸ به‌جای حسادت از «شور عاشقانه»، و در اشعیا ۷:۹ از «غیرت» استفاده کرده. با توجه به زمینهٔ متن، هر دو معقول به‌نظر می‌رسند، ولی آیا این اصطلاحات و یا واژه‌ای دیگر می‌توانند در زمینهٔ متن دیگر، مثلا خروج ۵:۲۰، یوئیل ۱۸:۲ و زکریا ۱۴:۱، مفهومی بهتر از «حسادت» را القا کنند؟

خواندنی‌های بیشتر

مواردی که با * علامت‌گذاری شده‌اند، مرجع دست اول به‌شمار می‌آیند، حال آنکه مأخذهای دیگر یا پیچیده‌ترند یا به موضوعات خاصی مربوط می‌شوند.

تفسیرها

کار[1] تفسیری نسبتاً عامه‌پسندانه از غزل غزل‌ها ارائه کرده و در آن رویکردهای مختلف را لحاظ قرار داده است. گوردیس و سنیت هم تفسیرهایی خوب و به نسبت موجز در معرفی این کتاب نگاشته‌اند، البته هر یک از چشم‌اندازی متفاوت به موضوع نگریسته است. تفسیر لانگمن در عین‌حال که مشروح‌تر و پژوهشی‌تر است، ولی برای همگان قابل فهم می‌باشد. تفسیر دیویدسن، همچون سایر مجلدات DSB گرایشی عبادی دارد و تحلیلی سودمند از کاربرد تصویرپردازی در کتاب غزل غزل‌ها ارائه می‌نماید. ویژگی بارز کار کیل[2] آن است که نسخه‌هایی از آثار هنری خاور نزدیک مرتبط با موضوع را هم در کتاب خود گنجانده است. این کتاب در پاسداشت غزل غزل‌ها به‌خوبی حق مطلب را ادا کرده است. دلیتچ و پرووان نمونه‌هایی از تفسیرهای «نمایشنامه‌ای» سده‌های نوزدهم و بیست‌ویکم هستند که بر غزل غزل‌ها نگاشته شده‌اند. مورفی و پوپ، هر دو تفسیرهایی برجسته و دانشگاهی نوشته‌اند. در هر دو مورد، «پیشگفتارها» حاوی اطلاعات ارزنده و مفیدی است.

* G. L. Carr *The Song of Solomon*. TOTC. Leicester: IVP, 1984.

1. Carr; 2. Keel

M. Falk *Love Lyrics from the Bible*. Sheeld: Almond Press, 1982.
M. V. Fox *The Song of Songs and Ancient Egyptian Love Songs*. Madison, WI: University of Wisconsin Press, 1985.
C. D. Ginsburg 'The Importance of the Book', in A. Brenner (ed.), *A Feminist Companion to the Song of Songs*. Sheeld: Sheeld Academic Press, 1993; pp. 47^ 54.
M. D. Goulder *The Song of Fourteen Songs*. Sheeld: JSOT Press, 1986.
W. W. Hallo and K. L. Younger Jnr (eds.) *The Context of Scripture*, vol. 1. Leiden: Brill, 1997.
S. N. Kramer *The Sacred Marriage Rite*.
London: Indiana University Press, 1969.
T. J. Meek 'Babylonian Parallels to the Song of Songs', *JBL* 43 (1924), 245^ 252.
J. M. Munro *Spikenard and Sa;ron*. Sheeld: Sheeld Academic Press, 1995.
R. E. Murphy *Wisdom Literature*. FOTL 13. Grand Rapids, MI: Eerdmans, 1981.
C. Rabin 'The Song of Songs and Tamil Poetry', *SR* 3 (1973), 205^219.
* H. H. Rowley 'The Interpretation of the Song of Songs', in H. H. Rowley *The Servant of the Lord*. Oxford: Blackwell, 1965 (2nd rev. edn), pp. 187^234.
M. Sadgrove 'The Song of Songs as Wisdom Literature', in E. A. Livingstone (ed.) *Studia Biblica 1978*, vol. 1, JSOTSup 11. Sheeld: JSOT Press, 1979; pp. 245^ 248.
M. H. Segal 'The Song of Songs', *VT* 12 (1962), 470^490.
W. H. Shea 'The Chiastic Structure of the Song of Songs', *ZAW* 92 (1980), 378^396.
*P. Trible 'Love's Lyrics Redeemed', in P. Trible *God and the Rhetoric of Sexuality*.
Philadelphia, PA: Fortress Press, 1978; pp. 144^165.
J. G. Westenholz 'Love Lyrics from the Ancient Near East', in J. M. Sasson (ed.) *Civilizations of the Ancient Near East*, vol. 4. New York, NY: Charles Scribner's Sons, 1995; pp. 2471^2482.
J. B. White *A Study of the Language of Love in the Song of Songs and Ancient Egyptian Love Poetry*. Missoula, MT: Scholars Press, 1975.
R. Davidson *Ecclesiastes and Song of Solomon*. DSB. Edinburgh: Saint Andrew Press, 1986.
F. Delitzsch *Proverbs, Ecclesiastes, Song of Solomon*. Grand Rapids, MI: Eerdmans, 1975 (translation by M. G. Easton of the 1885 edn).
* R. Gordis *The Song of Songs and Lamentations*. New York, NY: Ktav, 1974 (rev. edn).
O. Keel *The Song of Songs*. Continental Commentary. Minneapolis, MN: Fortress, 1994.
T. Longman III *Song of Songs*. NICOT. Grand Rapids, MI: Eerdmans, 2001.
R. E. Murphy *The Song of Songs*.
Hermeneia. Minneapolis, MN: Fortress Press, 1990.
M. H. Pope *Song of Songs*. AB. New York, NY: Doubleday, 1977.
I. Provan *Ecclesiastes and Song of Solomon*. NIVAC. Grand Rapids, MI: Zondervan, 2001.
* J. G. Snaith *Song of Songs*. NCB. London: Marshall Pickering, 1993.

سایر کتاب‌ها و مقالات

J. Bekkenkamp and F. Van Dijk, 'The Canon of the Old Testament and Women's Cultural Traditions', in A. Brenner (ed.) *A Feminist Companion to the Song of Songs*.
Sheeld: Sheeld Academic Press, 1993; pp. 67^85.
A. Brenner 'Aromatics and Perfumes in the Song of Songs', *JSOT* 25 (1983), 75^81.
*A. Brenner *The Song of Songs*. OT Guide. Sheeld: JSOT Press, 1989.
A. Brenner (ed.) *A Feminist Companion to the Song of Songs*. Sheeld: Sheeld Academic Press, 1993.
A. Brenner 'Women Poets and Authors', in A. Brenner (ed.), *A Feminist Companion to the Song of Songs*. Sheeld: Sheeld Academic Press, 1993; pp. 86^97.
Brenner and C. R. Fontaine, *The Song of Songs: A Feminist Companion to the Bible (2nd Series)*. Sheeld: Sheeld Academic Press, 2000.
S. Childs *Introduction to the Old Testament as Scripture*. Philadelphia, PA: Fortress, 1979.
J. S. Cooper 'New Cuneiform Parallels to the Song of Songs', *JBL* 90 (1971), 157^ 162.
P. C. Craigie 'Biblical and Tamil Poetry: Some Further Re£ections', *SR* 8 (1979), 169^175.
S. R. Driver *An Introduction to the Literature of the Old Testament*. Edinburgh: T. & T. Clark, 1913 (9th edn).
J. C. Exum 'A Literary and Structural Analysis of the Song of Songs', *ZAW* 85 (1973), 47^79.